쉽게 읽는 월인석보 11 (상)

月印千江之曲 第十一·釋譜詳節 第十一

쉽게 읽는

월인석보 11(상)

月印千江之曲 第十一·釋譜詳節 第十一

나찬연

경진출판

『월인석보』는 조선의 제7대 왕인 세조(世祖)가 부왕인 세종(世宗)과 소헌왕후(昭憲王后), 그리고 아들인 의경세자(懿敬世子)를 추모하기 위하여 1549년에 편찬하였다.

『월인석보』에는 석가모니의 행적과 석가모니와 관련된 인물에 관한 여러 일화가 소개되어 있다. 따라서 이 책은 불교를 배우는 이들뿐만 아니라, 국어 학자들이 15세기 국어를 연구하는 데에도 매우 귀중한 자료가 된다. 특히 이 책은 한문 원문을 국어의 문법 규칙에 맞게 번역하였기 때문에 문장이 매우 자연스럽다. 따라서『월인석보』는 훈민정음으로 지은 초기의 문헌임에도 불구하고, 당대에 간행된 그 어떤 문헌보다도 자연스러운 우리말 문장으로 지은 문헌이라고 할 수 있다.

이처럼『월인석보』가 중세 국어와 국어사 연구에 매우 중요한 역할을 하기 때문에, 일찍부터 이 책은 중세 국어 연구의 대상이 되었고 현대어로 옮기는 작업도 이루어졌다. 그 대표적인 성과가 '세종대왕기념사업회'에서 편찬한『역주 월인석보』의 모둠책이다. 『역주 월인석보』의 간행 작업에는 허웅 선생님을 비롯한 그 분야의 대학자들이 참여하였기 때문에,『역주 월인석보』는 그 차제로서 대단한 업적이다. 그러나 이『역주 월인석보』는 1992년부터 순차적으로 간행되었는데, 간행된 책마다 역주한 이가 달라서 내용의 번역이나 형태소의 분석, 그리고 편집 방법이 통일되지 못한 아쉬움이 있다. 지은이는 이러한 점을 감안하여 15세기의 중세 국어를 익히는 학습자들이『월인석보』를 쉽게 이해할 수 있도록, 현대어로 옮기는 방식과 형태소 분석 및 편집 형식을 새롭게 바꾸었다. 이러한 편찬 의도를 반영하여 이 책의 제호도『쉽게 읽는 월인석보』로 정했다.

이 책은 중세 국어 학습자들이『월인석보』를 쉽게 이해할 수 있는 책을 편찬하겠다는 원래의 취지를 살리기 위하여, 다음과 같은 방법으로 책의 내용과 형식을 구성하였다.

첫째, 현재 남아 있는『월인석보』의 권 수에 따라서 이들 문헌을 현대어로 옮겼다. 이에 따라서『월인석보』의 1, 2, 4, 7, 8, 9, 10 등의 순서로 현대어 번역 작업이 이루진다. 둘째, 이 책에서는『월인석보』의 원문의 영인을 페이지별로 수록하고, 그 영인 바로 아래에 현대어 번역문을 첨부했다. 셋째, 그리고 중세 국어의 문법을 익히는 이들에게 편의를 제공하기 위하여, 원문의 텍스트에 나타나는 어휘를 현대어로 풀이하고 각 어휘에 실현된 문법 형태소를 형태소 단위로 분석하였다. 넷째, 원문 텍스트에 나타나는 불교 용어를 쉽게 풀이함으로써, 불교의 교리를 모르는 일반 국어학자도 『월인석보』의 내용을 이해할 수 있도록 하였다. 다섯째, 책의 말미에 [부록]의 형식으로 [원문과 번역문의 벼리]를 실었다. 여기서는 『월인석보』의 텍스트에서 주문장의 사이에 삽입되어 있는 협주문(夾註文)을 생략하여 본문 내용의 맥락이 끊기지 않게 하였다. 여섯째, 이 책에 쓰인 문법 용어와 약어(略語)의 정의와 예시를 책 머리의 '일러두기'와 [부록]에 수록하여서, 이 책을 통하여 중세 국어를 익히려는 독자에게 도움을 주었다.

이 책에 쓰인 문법 용어는 가급적 『고등학교 문법』(2010)에서 사용되는 문법 용어를 그대로 사용하였다. 다만 일부 문법 용어는 허웅 선생님의 『우리 옛말본』(1975), 고영근 선생님의 『표준중세국어문법론』(2010), 지은이의 『중세 국어의 이해』(2020)에서 사용한 용어를 빌려 썼다. 중세 국어의 어휘 풀이는 대부분 '한글학회'에서 지은 『우리말 큰사전 4－옛말과 이두 편』의 내용을 참조했으며, 일부는 남광우 님의 『교학고어사전』을 참조했다. 각 어휘에 대한 형태소 분석은 지은이가 2010년에 『우리말연구』의 제27집에 발표한 「옛말 문법 교육을 위한 약어와 약호의 체계」의 논문과 『중세 근대 국어의 강독』(2020)에서 사용한 방법을 따랐다.

그리고 불교와 관련된 어휘는 국립국어원의 인터넷판 『표준국어대사전』, 인터넷판의 『두산백과사전』, 인터넷판의 『한국민족문화대백과』, 인터넷판의 『원불교사전』, 한국불교대사전편찬위원회의 『한국불교대사전』, 홍사성 님의 『불교상식백과』, 곽철환 님의 『시공불교사전』, 운허·용하 님의 『불교사전』 등을 참조하여 풀이하였다.

이 책을 간행하는 데에는 여러 사람의 도움이 있었다. 지은이는 2014년 겨울에 대학교 선배이자 독실한 불교 신자인 정안거사(正安居士, 현 동아고등학교의 박진규 교장)을 사석에서 만났다. 그 자리에서 정안거사로부터 국어학자뿐만 아니라 일반 사람들도 부처님의 생애를 쉽게 알 수 있는 책이 필요하다는 당부의 말을 들었는데, 이 일이 계기가 되어서 『쉽게 읽는 월인석보』의 모둠책이 세상에 나오게 되었다. 그리고 고려대학교 교육대학원의 국어교육전공에 재학 중인 나벼리 군은 『월인석보』의 원문의 모습을 디지털 영상으로 제작하고 편집하는 작업을 해 주었다. 이 책을 거친 원고를 수정하여 보기 좋은 책으로 편집·출판해 주신 경진출판의 양정섭 대표께 감사의 뜻을 전한다.

정안거사님의 뜻과 지은이의 바람이 이루어져서, 중세 국어를 익히거나 석가모니 부처의 일을 알고자 하는 일반인들에게 이 책이 조금이나마 도움이 되기를 바란다.

2023년 1월
나찬연

▍차례

1. 이 책에서 형태소 분석에 사용하는 문법적 단위에 대한 약어는 다음과 같다.

범주	약칭	본디 명칭	범주	약칭	본디 명칭
품사	의명	의존 명사	조사	보조	보격 조사
	인대	인칭 대명사		관조	관형격 조사
	지대	지시 대명사		부조	부사격 조사
	형사	형용사		호조	호격 조사
	보용	보조 용언		접조	접속 조사
	관사	관형사	어말 어미	평종	평서형 종결 어미
	감사	감탄사		의종	의문형 종결 어미
불규칙 용언	ㄷ불	ㄷ 불규칙 용언		명종	명령형 종결 어미
	ㅂ불	ㅂ 불규칙 용언		청종	청유형 종결 어미
	ㅅ불	ㅅ 불규칙 용언		감종	감탄형 종결 어미
어근	불어	불완전(불규칙) 어근		연어	연결 어미
파생 접사	접두	접두사		명전	명사형 전성 어미
	명접	명사 파생 접미사		관전	관형사형 전성 어미
	동접	동사 파생 접미사	선어말 어미	주높	상대 높임의 선어말 어미
	조접	조사 파생 접미사		객높	주체 높임의 선어말 어미
	형접	형용사 파생 접미사		상높	객체 높임의 선어말 어미
	부접	부사 파생 접미사		과시	과거 시제의 선어말 어미
	사접	사동사 파생 접미사		현시	현재 시제의 선어말 어미
	피접	피동사 파생 접미사		미시	미래 시제의 선어말 어미
	강접	강조 접미사		회상	회상 표현의 선어말 어미
	복접	복수 접미사		확인	확인 표현의 선어말 어미
	높접	높임 접미사		원칙	원칙 표현의 선어말 어미
조사	주조	주격 조사		감동	감동 표현의 선어말 어미
	서조	서술격 조사		화자	화자 표현의 선어말 어미
	목조	목적격 조사		대상	대상 표현의 선어말 어미

---

* 이 책에서 쓰인 '문법 용어'와 '약어(略語)'에 대한 자세한 내용은 [부록]에 첨부된 '문법 용어의 풀이'를 참고하기 바란다.

2. 이 책의 형태소 분석에서 사용되는 약호는 다음과 같다.

부호	기능	용례
#	어절의 경계 표시.	철수가 # 국밥을 # 먹었다.
+	한 어절 내에서의 형태소 경계 표시.	철수 + -가 # 먹- + -었- + -다
( )	언어 단위의 문법 명칭과 기능 설명.	먹(먹다)- + -었(과시)- + -다(평종)
[ ]	파생어의 내부 짜임새 표시.	먹이[먹(먹다)- + -이(사접)-]- + -다(평종)
	합성어의 내부 짜임새 표시.	국밥[국(국) + 밥(밥)] + -을(목조)
-a	a의 앞에 다른 말이 실현되어야 함.	-다, -냐 ; -은, -을 ; -음, -기 ; -게, -으면
a-	a의 뒤에 다른 말이 실현되어야 함.	먹(먹다)-, 자(자다)-, 예쁘(예쁘다)-
-a-	a의 앞뒤에 다른 말이 실현되어야 함.	-으시-, -었-, -겠-, -더-, -느-
a(← A)	기본 형태 A가 변이 형태 a로 변함.	지(← 짓다, ㅅ불)- + -었(과시)- + -다(평종)
a(⇠ A)	A 형태를 a 형태로 잘못 적음(오기)	국빱(⇠ 국밥) + -을(목)
Ø	무형의 형태소나 무형의 변이 형태	예쁘- + -Ø(현시)- + -다(평종)

3. 다음은 중세 국어의 문장을 약어와 약호를 사용하여 어절 단위로 분석한 예이다.

> 불휘 기픈 남ㄱㄴ ㅂㄹ매 아니 뮐씨 곶 됴코 여름 하ㄴ니   [용가 2장]

① 불휘: 불휘(뿌리, 根) + -Ø(← -이: 주조)
② 기픈: 깊(깊다, 深)- + -Ø(현시)- + -은(관전)
③ 남ㄱㄴ: 낡(← 나모: 나무, 木) + -ㄴ(-은: 보조사)
④ ㅂㄹ매: ㅂㄹㅁ(바람, 風) + -애(-에: 부조, 이유)
⑤ 아니: 아니(부사, 不)
⑥ 뮐씨: 뮈(움직이다, 動)- + -ㄹ씨(-으므로: 연어)
⑦ 곶: 곶(꽃, 花)
⑧ 됴코: 둏(좋아지다, 좋다, 好)- + -고(연어, 나열)
⑨ 여름: 여름[열매, 實: 열(열다, 結)- + -음(명접)]
⑩ 하ㄴ니: 하(많아지다, 많다, 多)- + -ㄴ(현시)- + -니(평종, 반말)

4. 단, 아래의 경우에는 예외적으로 다음과 같은 방법으로 어절의 짜임새를 분석한다.

　가. 명사, 동사, 형용사는 특별한 경우가 아니면 품사의 명칭을 표시하지 않는다.
　　단, 의존 명사와 보조 용언은 예외적으로 각각 '의명'과 '보용'으로 표시한다.

　　① 부톄: 부텨(부처, 佛) + -ㅣ(← -이: 주조)
　　② 괴오쇼셔: 괴오(사랑하다, 愛)- + -쇼셔(-소서: 명종)
　　③ 올ᄒᆞ시이다: 옳(옳다, 是)- + -ᄋᆞ시(주높)- + -이(상높)- + -다(평종)

　나. 한자말로 된 복합어는 더 이상 분석하지 않는다.

　　① 中國에: 中國(중국) + -에(부조, 비교)
　　② 無上涅槃을: 無上涅槃(무상열반) + -을(목조)

　다. 특정한 어미가 다른 어미의 내부에 끼어들어서 실현될 때에는 다음과 같이 표기한
　　다. 이때 단일 형태소의 내부가 분리되는 현상은 '…'로 표시한다.

　　① 어리니잇가: 어리(어리석다, 愚: 형사)- + -잇(← -이-: 상높)- + -니…가(의종)
　　② 자거시늘: 자(자다, 宿: 동사)- + -시(주높)- + -거…늘(-거늘: 연어)

　라. 형태가 유표적으로 존재하지 않으면서도 문법적이 있는 '무형의 형태소'는 다음
　　과 같이 'Ø'로 표시한다.

　　① 가ᄆᆞ라 비 아니 오ᄂᆞᆫ 짜히 잇거든
　　　• ᄀᆞᄆᆞ라: [가물다(동사): ᄀᆞ믈(가뭄, 旱: 명사) + -Ø(동접)-]- + -아(연어)
　　② 바ᄅᆞ 自性을 ᄉᆞᄆᆞᆺ 아ᄅᆞ샤
　　　• 바ᄅᆞ: [바로(부사): 바ᄅᆞ(바르다, 正: 형사)- + -Ø(부접)]
　　③ 불휘 기픈 남ᄀᆞᆫ
　　　• 불휘(뿌리, 根) + -Ø(← -이: 주조)
　　④ 내 ᄒᆞ마 命終호라
　　　• 命終ᄒᆞ(명종하다: 동사)- + -Ø(과시)- + -오(화자)- + -라(← -다: 평종)

마. 무형의 형태소로 실현되는 시제 표현의 선어말 어미는 다음과 같이 표기한다.

① 동사나 형용사의 종결형과 관형사형에서 나타나는 '과거 시제 표현'의 무형의
  선어말 어미는 '-∅(과시)-'로, '현재 시제 표현'의 무형의 선어말 어미는 '-∅
  (현시)-'로 표시한다.

  ㉠ 아들히 아비 죽다 듣고
    • 죽다: 죽(죽다, 死: 동사)- + -∅(과시)- + -다(평종)
  ㉡ 엇던 行業을 지서 惡德애 뻐러딘다
    • 뻐러딘다: 뻐러디(떨어지다, 落: 동사)- + -∅(과시)- + -ㄴ다(의종)
  ㉢ 獄은 罪 지슨 사룸 가도는 짜히니
    • 지슨: 짓(짓다, 犯: 동사)-+ -∅(과시)- + -ㄴ(관전)
  ㉣ 닐굽 히 너무 오라다
    • 오라: 오라(오래다, 久: 형사)- + -∅(현시)- + -다(평종)
  ㉤ 여슷 大臣이 힝뎌기 왼 둘 제 아라
    • 왼: 외(외다, 그르다, 誤: 형사)- + -∅(현시)- + -ㄴ(관전)

② 동사나 형용사의 연결형에 나타나는 과거 시제나 현재 시제 표현의 무형의
  선어말 어미는 표시하지 않는다.

  ㉠ 몸앳 필 뫼화 그르세 다마 男女를 내ᅀᆞᄫᅵ니
    • 뫼화: 뫼호(모으다, 集: 동사)- + -아(연어)
  ㉡ 고히 길오 놉고 고ᄃᆞ며
    • 길오: 길(길다, 長: 형사)- + -오(←-고: 연어)
    • 놉고: 높(높다, 高: 형사)- + -고(연어, 나열)
    • 고ᄃᆞ며: 곧(곧다, 直: 형사)- + -ᄋᆞ며(-으며: 연어)

③ 합성어나 파생어의 내부에서 실현되는 과거 시제나 현재 시제 표현의 무형의
  선어말 어미는 표시하지 않는다.

  ㉠ 왼녁: [왼쪽, 左: 옳(오른쪽이다, 右)- + -은(관전▷관접) + 녁(녁, 쪽: 의명)]
  ㉡ 늘그니: [늙은이: 늙(늙다, 老)- + -은(관전) + 이(이, 者: 의명)]

『월인석보』의 해제

　세종대왕은 1443년(세종 25년) 음력 12월에 음소 문자(音素文字)인 훈민정음(訓民正音)의 글자를 창제하였다. 훈민정음 글자는 기존의 한자나 한자를 빌어서 우리말을 표기하는 글자인 향찰, 이두, 구결 등과는 전혀 다른 표음 문자인 음소 글자였다. 실로 글자의 역사상 유래를 찾아볼 수 없는 매우 독창적인 글자이면서도, 글자의 수가 28자에 불과하여 아주 배우기 쉬운 글자였다.

　훈민정음을 창제한 이후에 세종은 이 글자를 널리 보급하기 위하여 훈민정음의 제자 원리를 이론화하고 성리학적인 근거를 부여하는 데에 힘을 썼다. 곧, 최만리 등의 상소 사건을 통하여 사대부들이 훈민정음에 대하여 취하였던 부정적인 인식과 태도를 파악하였으므로, 이를 극복하는 적극적인 방법으로 훈민정음 글자에 대한 '종합 해설서'를 발간하기로 하였는데, 이것이 곧 『훈민정음 해례본』이다.

　그리고 새로운 글자를 창제하고 반포하는 데에 그치는 것이 아니라, 실제로 백성들이 널리 사용할 수 있도록 하기 위하여 여러 가지 뒷받침 사업을 진행하였다. 이를 위하여 세종은 새로운 문자인 훈민정음을 이용하여 국어의 입말을 실제로 문장의 단위로 적어서 그 실용성을 시험하는 작업을 수행하였다. 그 첫 번째 노력으로 『용비어천가(龍飛御天歌)』의 노랫말을 훈민정음으로 지어서 간행하였는데, 이로써 훈민정음 글자로써 국어의 입말을 실제로 적을 수 있는 가능성을 보였다. 그리고 소헌왕후 심씨가 사망함에 따라서 세종은 왕후의 명복을 빌기 위하여 아들인 수양대군(首陽大君)으로 하여금 석가모니의 연보(年譜)를 훈민정음으로 번역하여 『석보상절(釋譜詳節)』을 편찬하게 하였다. 이어서 『석보상절』의 내용을 바탕으로 『월인천강지곡(月印千江之曲)』을 직접 지어서 간행하였다. 이로써 국어의 입말을 훈민정음으로써 완벽하게 구현할 수 있음을 보였다. 그리고 한문본인 『훈민정음 해례본』의 내용 중에서 '어제 서(御製 序)'와 예의(例義)를 훈민정음으로 번역한 것도 대략 이 무렵의 일인 것으로 추정된다.

　세종이 승하한 후에 문종(文宗), 단종(端宗)에 이어서 세조(世祖)가 즉위하였는데, 1458년(세조 3년)에 세조의 맏아들인 의경세자(懿敬世子)가 요절하였다. 이에 세조는 1459년(세조 4년)에 부왕인 세종(世宗)과 세종의 정비인 소헌왕후 심씨, 그리고 요절한 의경세자의 명복을 빌기 위하여 『월인석보(月印釋譜)』를 편찬하였다. 그리고 어린 조카 단종을 폐위하고 왕위에 오른 후에, 단종을 비롯하여 자신의 집권에 반기를 든 수많은 신하를 죽인 업보에 대한 인간적인 고뇌를 불법의 힘으로 씻어 보려는 것도 『월인석보』를 편찬한 간접적인 동기였다.

『월인석보』는 세종이 지은 『월인천강지곡(月印千江之曲)』의 내용을 본문으로 먼저 싣고, 그에 대응되는 『석보상절(釋譜詳節)』의 내용을 붙여 합편하였다. 합편하는 과정에서 책을 구성하는 방법이나 한자어 표기법, 그리고 내용도 원본인 『월인천강지곡』이나 『석보상절』과 부분적으로 차이를 보인다. 예를 들어서 『월인천강지곡』에서는 한자음을 표기할 때 '씨時'처럼 한글을 큰 글자로 제시하고, 한자를 작은 글자로써 한글의 오른쪽에 병기하였다. 반면에 『월인석보』에서는 '時씽'처럼 한자를 큰 글자로써 제시하고 한글을 작은 글자로써 한자의 오른쪽에 병기하였다. 그리고 종성이 없는 한자음을 한글로 표기할 때에 『월인천강지곡』에서는 '씨時'처럼 종성 글자를 표기하지 않았는데, 『월인석보』에서는 '동국정운(東國正韻)식 한자음의 표기법'에 따라서 '時씽'처럼 종성의 자리에 음가가 없는 'ㅇ' 글자를 종성의 위치에 달았다. 이러한 차이는 『월인천강지곡』과 『석보상절』을 합본하여 『월인석보』를 편찬하는 과정에서 어쩔 수 없이 한자음을 표기하는 방법을 통일하였기 때문에 일어났다.

『월인석보』는 원간본인 1, 2, 7, 8, 9, 10, 12, 13, 14, 15, 17, 18, 23권과 중간본(重刊本)인 4, 21, 22권 등이 남아 있다. 그 당시에 발간된 책이 모두 발견된 것은 아니어서, 당초에 전체 몇 권으로 편찬하였는지 알 수가 없다.

『석보상절』, 『월인천강지곡』, 『월인석보』의 편찬은 세종 말엽에서 세조 초엽까지 약 13년 동안에 이룩된 사업이다. 따라서 그 최종 사업인 『월인석보』는 석가모니의 일대기를 기술하는 사업을 완결 짓는 결정판이다. 따라서 『월인석보』는 『석보상절』, 『월인천강지곡』과 더불어 훈민정음(訓民正音)이 창제된 이후 제일 먼저 나온 불경 번역서로서의 가치가 있다. 그리고 세종과 세조 당대에 쓰였던 자연스러운 말과 글의 모습이 잘 반영되어 있어서, 중세 국어나 국어사를 연구하는 데에도 매우 귀중한 가치가 있는 문헌으로 평가받고 있다.

『월인석보 제십일』의 해제

　이 책에서 번역한 『월인석보』 권11은 세조 5년(1459)에 간행된 초간본으로서, 권12와 합본되어 있으며, 현재 보물 제935호로 지정되어 있다(호암미술관 소장). 권11에는 『월인천강지곡』의 운문은 其272부터 其275까지 실렸고, 『석보상절』의 산문은 『묘법연화경(妙法蓮華經)』 권1의 내용이 실려 있다. 곧, 『월인석보』 권11의 내용은 『묘법연화경』 1권의 제일(第一)의 '서품(序品)'의 내용과 제이(第二)의 '방편품(方便品)'의 내용을 훈민정음으로 언해한 것이다. (이 책에서는 서품은 이 책 상권과 이 책 하권의 94장까지 실었으며, 방편품은 이 책 하권의 94장부터 129장까지 실었다.)

　『묘법연화경』은 석가모니 부처가 가야성(迦耶城)에서 도를 이루고 난 뒤에, 영산회(靈山會)을 열어서 자신이 세상에 나온 본뜻을 말한 경전이다. 『묘법연화경』은 옛날로부터 모든 경전들 중의 왕으로 인정받았고, 초기 대승경전(大乘經典) 중에서도 가장 중요한 불경으로 인정받았다. 우리나라에서는 『화엄경(華嚴經)』과 함께 한국 불교사상을 확립하는 데에 가장 크게 영향을 미친 경전이 되었다.

　첫째, 서품(序品)은 『묘법연화경』의 머리말에 해당한다. 서품에서는 석가모님의 설법을 듣기 위해서 영축산(靈鷲山)에 모인 성문(聲聞), 연각(緣覺), 보살(菩薩), 천룡팔부(天龍八部) 등의 모습과 설법하는 부처님의 모습, 희유(希有)한 부처님의 깨달음, 법화경(法華經)을 설법하는 연유 등을 기술했다.

　둘째, 제2의 방편품(方便品)은 삼승(三乘)이 결국은 일승(一乘)으로 귀일(歸一)한다는 '회삼귀일사상(會三歸一思想)'을 설명하고 있다. 석가모니 부처는 이 '방편품'에서 제자인 사리불(舍利弗)에게 다음과 같이 설법하였다. 부처가 깨달은 진리는 심심무량(深深無量)하여 그 누구라도 쉽게 이해할 수 없다고 했다. 따라서 부처는 불자들에게 불법(佛法)을 직접적으로 가르치기보다는 여러 가지 교묘한 방편을 써서 가르침을 설명한다는 것이다. 부처님은 성문(聲聞)과 연각(緣覺)과 보살(菩薩)의 무리들에게 맞게 갖가지의 법(法)을 방편으로 설(說)하였다. 하지만 그것이 모두 부처의 한없이 높고 깊은 지견(智見)을 열어 보이고 깨달음으로 들어오게 하기 위한 방편이었을 뿐이다. 시방불토(十方佛土)에는 오직 일불승(一佛乘)의 법만이 있음을 밝혔다. 석가모니 부처는 이러한 가르침을 통하여 부처가 되는 길이 누구에게나 열려 있음을 설법하였는데, 이것을 '삼승방편 일승진실(三乘方便 一乘眞實)'이라고 한다.

　『월인석보』 권11의 내용은 후진(後秦) 구자국(龜茲國)의 구마라집(鳩摩羅什)이 한문으로 번역한 『묘법연화경』을 저본으로 하고 있다(전7권 28품).

月印千江之曲(월인천강지곡) 第十一(제십일)

釋譜詳節(석보상절) 第十一(제십일)

[第一卷(제1권) 第一(제일) 序品(서품)]

其二百七十二(기이백십십이)

靈山(영산)에 天花(천화)가 떨어지거늘 一萬二千(일만이천)의 羅漢(나한)과
菩薩(보살)과 天(천)·人(인)·鬼(귀)가 다 모여 있으시더니.

東方(동방)에 白毫(백호)가 비치시어

月_윓印_힌千_천江_강之_징曲_콕　第_똉十_씹一_힗

釋_셕譜_봉詳_썅節_졇　第_똉十_씹一_힗

　　其_끵二_싱百_빅七_칧十_씹二_싱

靈_령山_산¹⁾애　天_텬花_황ㅣ²⁾　듣거늘³⁾　一_힗萬_먼二_싱千_쳔　羅_랑漢_한⁴⁾과　菩_뽕
薩_삻⁵⁾　天_텬⁶⁾　人_신　鬼_귕⁷⁾　다　모댓더시니⁸⁾

東_동方_방애　白_삑毫_흫ㅣ⁹⁾　비취샤¹⁰⁾

---

* 『월인석보』 원본은 권 11은 원래 권 12와 함께 묶여서 1책으로 합본되어 있는데, 여기서는 권 11을 상(上)과 하(下)로 구분하여 번역하였다. 상권은 제1장부터 제62장까지의 내용이며, 하권은 제63장부터 제129장의 내용을 실었다.

1) 靈山: 영산. 영취(靈鷲)·취두(鷲頭)·취봉(鷲峰)이라고 번역한다. 고대 인도에 있던 마가다국(magadha國)의 도읍지인 왕사성(王舍城)에서 동쪽 약 3km 지점에 있는 산이다.

2) 天花ㅣ: 天花(천화) + -ㅣ(←-이: 주조) ※ '天花(천화)'는 천상계에 핀다는 영묘한 꽃이다. 또는 천상계의 꽃에 비길 만한 영묘한 꽃이다.

3) 듣거늘: 듣(떨어지다, 落)- + -거늘(연어, 상황)

4) 羅漢: 나한. '아라한(阿羅漢)'이라고도 한다. 아라한은 본래 부처를 가리키는 명칭이었는데, 후에 불제자들이 도달하는 최고의 계위(階位)로 바뀌었다. 수행 결과에 따라서 범부(凡夫)·현인(賢人)·성인(聖人)의 구별이 있다. 아라한과(果)는 더 이상 배우고 닦을 만한 것이 없으므로 무학(無學)이라고 하며, 그 이전의 계위는 아직도 배우고 닦을 필요가 있는 단계이므로 유학(有學)의 종류로 불린다.

5) 菩薩: 보살. 부처가 전생에서 수행하던 시절, 수기를 받은 이후의 몸이다.

6) 天: 천. 천상계의 모든 천신(天神)이다.

7) 鬼: 귀. 귀신.

8) 모댓더시니: 몯(모이다, 集)- + -아(연어) + 잇(←이시다: 있다, 보용, 완료 지속)- + -더(회상)- + -시(주높)- + -니(평종, 반말) ※ '모댓더시니'는 '모댓더시니이다'에서 '-이(상높, 아높)- + -다(평종)'이 생략된 형태이다. ※ 이 책에서는 상대 높임의 등분을 약어로 다음과 같이 표시한다. 곧, '아주 높임'은 '아높'으로 '예사 높임'은 '예높'으로 약어로 표시하고, '예사 낮춤'은 '예높'으로 '아주 낮춤'은 '아낮'으로 약어로 표시한다.

9) 白毫ㅣ: 白毫(백호) + -ㅣ(←-이: 주조) ※ 부처의 두 눈썹 사이에 있다는 흰 털로서, 오른쪽으로 말려 있고 여기에서 광명을 발한다고 한다. 백호상(白毫相)이라고도 한다.

10) 비취샤: 비취(비치다, 照: 자동)- + -샤(←-시-: 주높)- + -Ø(←-아: 연어)

八千(만 팔천) 世界(세계)와 地獄(지옥)·色界天(색계천)이 다 밝아지셨으니.

其二百七十三(기이백칠십삼)

諸佛(제불)과 菩薩(보살)·比丘(비구)와 衆生(중생)을 보며, 說法(설법)의 音聲(음성)을 또 들었으니.

布施(보시)와 修行(수행)·得道(득도)와

萬_먼八_밣千_쳔 世_솅界_갱와 地_띵獄_옥[11] 色_식界_갱天_텬[12]이 다 뷜ㄱ시니[13]

其_끵二_싱百_빅七_칧十_씹三_삼

諸_졍佛_뿛와[14] 菩_뽕薩_삷[15] 比_뼁丘_쿨[16]와 衆_즁生_싱을 보ᅀᆞᄫᅥ며[17] 說_쉃法_법音_흠聲_셩을 쏘[18] 듣ᄌᆞᄫᅵ니[19]

布_봉施_싱[20]와 修_슣行_{ᅘᆡᇰ} 得_득道_똘와

---

11) 地獄: 지옥(地獄). 삼악도(三惡道)의 하나이다. 죄를 지은 중생이 죽은 뒤에 태어나는 세계이다.

12) 色界天: 색계천. 3계의 하나로서, 욕계에서 벗어난 깨끗한 물질의 세계를 이른다. 선정(禪定)을 닦는 사람이 가는 곳으로, 욕계와 무색계의 중간 세계이다.

13) 뷜ㄱ시니: 뷝(밝아지다, 明: 동사)- + -ㅇ시(주높)- + -Ø(현시)- + -니(평종, 반말)

14) 諸佛와: 諸佛(제불, 모든 부처) + -와(← -과: 접조)

15) 菩薩: 보살. 위로는 깨달음을 구(求)하고 아래로는 중생(衆生)을 교화(敎化)하는, 부처의 버금이 되는 성인(聖人)이다. 개사(開士). 보리살타. 상사(上士).

16) 比丘: 비구. 출가하여 구족계를 받은 남자 승려이다. ※ '구족계(具足戒)'는 비구와 비구니가 지켜야 할 계율. 비구에게는 250계, 비구니에게는 348계가 있다.

17) 보ᅀᆞᄫᅥ며: 보(보다, 見)- + -ᅀᆞᆸ(← -ᅀᆞᆸ-: 객높)- + -ᄋᆞ며(연어, 나열)

18) 쏘: 또, 又(부사, 접속)

19) 듣ᄌᆞᄫᅵ니: 듣(듣다, 聞)- + -ᄌᆞᇦ(← -ᄌᆞᆸ-: 객높)- + -Ø(과시)- + -니(평종, 반말)

20) 布施: 보시. 자비심으로 남에게 재물이나 불법을 베푸는 것이다.

涅槃(열반)을 보며 舍利(사리)·寶塔(보탑)을 또 보았으니.【彌勒菩薩(미륵보
살)의 偈(게)에 이르시되 "혹시 布施(보시)를 行(행)하되, 金(금)·銀(은)·珊瑚
(산호)·眞珠(진주)·摩尼(마니)·硨磲(차거)·瑪瑙(마노)·金剛(금강)의 여러 가
지의 보배와 奴婢(노비)와 수레와 보배로 꾸민 輦(연)으로 歡喜(환희)하여 布施
(보시)하여 佛道(불도)에 廻向(회향)하여 이 乘(승)을 得(득)하고져 願(원)하니,
(이것이) 三界(삼계)에 第一(제일)이라서 諸佛(제불)이 讚歎(찬탄)하시는 바이며,
혹시 菩薩(보살)이 네 (마리의) 말에게 맨

涅_녕槃_빤²¹⁾을 보ᅀᆞᄫᅥ며 舍_샹利_링²²⁾ 寶_봉塔_탑²³⁾을 쏘 보ᅀᆞᄫᅳ니【彌_밍勒_륵

菩_뽕薩_삻ㅅ²⁴⁾ 偈_꼥예²⁵⁾ 니ᄅᆞ샤ᄃᆡ²⁶⁾ 시혹²⁷⁾ 布_봉施_싱를 行_{ᅘᅢᆼ}호ᄃᆡ 金_금 銀_은 珊_산瑚

_萼 眞_진珠_즁 摩_망尼_닝²⁸⁾ 硨_챵磲_껑²⁹⁾ 瑪_망瑙_놓³⁰⁾ 金_금剛_강³¹⁾ 여러 가짓 보ᄇᆡ와 奴_농

婢_뼹와 술위³²⁾와 보ᄇᆡ 꾸뮨³³⁾ 輦_련과로³⁴⁾ 歡_환喜_힁ᄒᆞ야 布_봉施_싱ᄒᆞ야 佛_뿛道_똫애

廻_{ᅘᆼ}向_향³⁵⁾ᄒᆞ야 이 乘_씽³⁶⁾을 得_득고져 願_원ᄒᆞ니 三_삼界_갱³⁷⁾예 第_뗑一_힗이라 諸_졍佛

_뿛이 讚_잔歎_탄ᄒᆞ시논³⁸⁾ 배며³⁹⁾ 시혹 菩_뽕薩_삻이 네 몰 메윤⁴⁰⁾

21) 涅槃: 열반(nirvāṇa). 모든 번뇌의 얽매임에서 벗어나고, 진리를 깨달아 불생불멸의 법을 체득한 경지. 불교의 궁극적인 실천 목적이다.
22) 舍利: 사리(sarira). 석가모니나 고승이나 덕망 높은 사람을 화장한 뒤에 유해에서 발견되는 구슬 모양의 결정체이다.
23) 寶塔: 보탑. 귀한 보배로 장식한 탑이나 절에 세운 탑을 이른다.
24) 彌勒菩薩ㅅ: 彌勒菩薩(미륵보살) + -ㅅ(-의: 관조) ※ '彌勒菩薩(미륵보살)'은 내세에 성불하여 사바세계에 나타나서 중생을 제도하리라는 보살이다.
25) 偈예: 偈(게) + -예(←-에: 부조, 위치) ※ '偈(게)'는 부처의 공덕이나 가르침을 찬탄하는 노래 글귀이다. 가타(伽陀)라고도 한다.
26) 니ᄅᆞ샤ᄃᆡ: 니ᄅᆞ(이르다, 曰-) + -ᄋᆞ샤(←-ᄋᆞ시-: 주높) + -ᄃᆡ(←-오ᄃᆡ: -되, 연어, 설명 계속)
27) 시혹: 혹시, 或(부사)
28) 摩尼: 마니. 보주(寶珠)를 일상적으로 이르는 말이다.
29) 硨磲: 차거(musāra-galva). 백산호(白珊瑚) 또는 대합(大蛤)이다.
30) 瑪瑙: 마노. 석영, 단백석(蛋白石), 옥수(玉髓)의 혼합물이다.
31) 金剛: 금강. 다이아몬드이다.
32) 술위: 수레, 車.
33) 꾸뮨: 꾸미(꾸미다, 粧-) + -Ø(과시)- + -우(대상)- + -ㄴ(관전)
34) 輦과로: 輦(연) + -과(접조) + -로(부조, 방편) ※ '輦(연)'은 가마, 손수레이다.
35) 廻向: 회향. 불교에서 자기가 닦은 선근공덕(善根功德)을 다른 사람이나 자기의 불과(佛果: 수행의 결과)로 돌려 함께 하는 일이다.
36) 乘: 승. 승(乘)은 수레인데, 비유로서 가르침 혹은 수행도(修行道)를 가리킨다.
37) 三界: 삼계. 중생이 생사 왕래하는 세계로서, '욕계(慾界), 색계(色界), 무색계(無色界)'가 있다.
38) 讚歎ᄒᆞ샤: 讚歎ᄒᆞ[찬탄하다: 讚歎(찬탄: 명사) + -ᄒᆞ(동접)-] + -샤(←-시-: 주높) + -Ø(←-아: 연어) ※ '讚歎(찬탄)'은 칭찬하며 감탄하는 것이다.
39) 배며: 바(바, 所: 의명) + -ㅣ며(←-이며: 접조)
40) 메윤: 메(메다, 結-) + -Ø(과시)- + -유(←-우-: 대상)- + -ㄴ(관전)

ᄇᆡ로 ᄭᅮ뮨 술위와 欄楯과 華蓋와 軒과로 布施ᄒᆞ며 ᄯᅩ 菩薩이 모매 잇ᄂᆞᆫ 고기와 손발와 妻子로 布施ᄒᆞ야 우 업슨 道理를 求ᄒᆞ리도 보며 ᄯᅩ 菩薩이 머리와 눈과 몸과ᄅᆞᆯ 즐겨 布施ᄒᆞ야 부텻 智慧를 求ᄒᆞ리도 보며 시혹 菩薩이 됴ᄒᆞᆫ 飮食과 온가짓 湯藥ᄋᆞ로 부텨와 쥬ᇰ괏긔 布施ᄒᆞ며 일훔난 爲頭ᄒᆞᆫ 오시 갑시 千萬이 ᄊᆞ며 시혹 갑 업슨 오ᄉᆞ로 부텨와 쥬ᇰ괏긔 布施ᄒᆞ리도 보며 千萬億 가짓 栴檀

보배로 된 수레와 欄楯(난순)과 華蓋(화개)와 軒(헌)을 꾸민 것으로 布施(보시)하며, 또 菩薩(보살)이 몸에 있는 고기와 손발과 妻子(처자)로 布施(보시)하여 위가 없는 道理(도리)를 求(구)하는 이도 보며, 또 菩薩(보살)이 머리와 눈과 몸을 즐겨 布施(보시)하여 부처의 智慧(지혜)를 求(구)하는 이도 보며, 혹시 菩薩(보살)이 좋은 飮食(음식)과 온갖 湯藥(탕약)으로 부처께와 중에게 布施(보시)하는 이도 보며, 이름난 으뜸가는 옷이 값이 千萬(천만)이 나가며, 혹시 값을 매길 수 없이 귀한 옷으로 부처께와 중에게 布施(보시)하는 이도 보며, 千萬億(천만 억) 가지의 栴檀(전단)

보비옛[41] 술위와 欄란楯쓘[42]과 華勢蓋갱[43]와 軒헌[44] 꾸뮤ᄆ로[45] 布봉施싱ᄒ며 ᄯ 菩뽕薩삻이 모맷[46] 고기와 손발와 妻쳉子중로 布봉施싱ᄒ야 우 업슨[47] 道똥理링 求꿀ᄒ리도[48] 보며 ᄯ 菩뽕薩삻이 머리와 눈과 몸과를 즐겨 布봉施싱ᄒ야 부텻 智딩慧휑 求꿀ᄒ리도 보며 시혹 菩뽕薩삻이 됴ᄒ[49] 飮ᅙᆷ食씩과 온가짓[50] 湯탕藥약 ᄋ로 부텻긔와[51] 즁의 게[52] 布봉施싱ᄒ리도 보며 일홈난[53] 爲윙頭뚤ᄒ[54] 오시 갑 시 千쳔萬먼이 ᄊ며[55] 시혹 갑 업슨[56] 오ᄉ로 부텨ᄭᅴ와 즁의 게 布봉施싱ᄒ리도 보며 千쳔萬먼億흑 가짓 栴젼檀딴[57]

---

41) 보비옛: 보비(보배, 寶) + -예(←-에: 부조, 위치) + -ㅅ(-의: 관조) ※ '보비옛'은 '보배로 된' 으로 의역하여 옮긴다.

42) 欄楯: 난순. 난간(欄干)과 난간에 있는 널이다.

43) 華蓋: 화개. 꽃으로 장식된 햇볕이나 비를 가리는 천개(天蓋)이다. '蓋(개)'는 불좌 또는 높은 좌대를 덮는 장식품이다. 나무나 쇠붙이로 만들어 법회 때 법사의 위를 덮는다.

44) 軒: 헌. 수레 위에 있는 欄干(난간)의 널빤지이다.

45) 꾸뮤ᄆ로: 꾸미(꾸미다, 飾)- + -움(명전) + -ᄋ로(부조, 방편)

46) 모맷: 몸(몸, 身) + -애(-에: 부조, 위치) + -ㅅ(-의: 관조)

47) 우 업슨: 우(← 우ㅎ: 위, 上) # 없(없다, 無)- + -Ø(현시) + -은(관전) ※ '우 업슨 도리'는 '無 上道理(무상도리)'를 직역한 것이다.

48) 求ᄒ리도: 求ᄒ[구하다: 求(구: 불어) + -ᄒ(동접)- + -ㄹ(관전) # 이(이, 者: 의명) + -도(보조 사, 첨가)

49) 됴ᄒ: 둏(좋다, 妙)- + -Ø(현시)- + -은(관전)

50) 온가지: 온가지[온갖 종류, 가지가지, 百種: 온(백, 百) + 가지(가지, 種: 의명)] + -ㅅ(-의: 관조)

51) 부텻긔와: 부텨(부처, 佛) + -ᄭᅴ(-께: 부조, 상대) + -와(접조)

52) 즁의 게: 즁(중, 僧) + -의(관조) # 게(거기에: 의명) ※ '즁의 게'는 '중에게'로 의역하여 옮긴다.

53) 일홈난: 일홈나[이름나다, 有名: 일홈(이름, 名) + 나(나다, 現)-]- + -Ø(과시)- + -ㄴ(관전)

54) 爲頭ᄒ: 爲頭ᄒ[으뜸가다, 上首: 爲頭(으뜸: 명사) + -ᄒ(동접)-]- + -Ø(과시)- + -ㄴ(관전)

55) ᄊ며: ᄊ(값이 나가다, 值)- + -며(연어, 나열) ※ '비디 千萬이 ᄊ며'는 '값이 千萬(천만)이 나 가며'로 의역하여 옮긴다.

56) 갑 업슨: 갑(← 값: 값, 價) # 없(없다, 無)- + -Ø(현시) + -은(관전) ※ '갑 업슨'은 '값을 매길 수가 없을 정도로 귀한'의 뜻으로 쓰였다.

57) 栴檀: 전단. 산스크리트어 candana의 음사이다. 남인도의 서해안에 뻗어 있는 서(西)고츠 산맥 에서 많이 자라는 상록 교목으로, 끝이 뾰족한 타원형의 잎이 마주나고 꽃은 주머니 모양이다.

보빙옛 집과 여러 더러 가짓 微밍妙묠ᄅᆞᆯ 臥왕具꿍로 부텨씌와 즁의게 布봉施씽ᄒᆞ노니도 보며 淸쳥淨쪙ᄒᆞᆫ 園원林림에 곳과 菓광實씷이 盛썽ᄒᆞ며 흐르는 심과 沐목浴욕홀 모ᅀᅡ로 부텨씌와 즁의게 布봉施씽ᄒᆞ야 이러틋 類ᇰ예 屬쑉ᄒᆞᆫ 種죵種죵 微밍妙묠ᄒᆞ니를 歡환喜횡ᄒᆞ야 슬ᄒᆞ며 아쳐러 아니ᄒᆞ야 우 업슨 道똘理링ᄅᆞᆯ 求꿀ᄒᆞ거든 보리라 ᄒᆞ시니라

尸싱毗삥王왕이 ᄀᆞ장 精졍進진ᄒᆞ샤 一ᅙᅵᆶ切쳬 衆즁生ᄉᆡᆼ을 보샤ᄃᆡ 어미 子子息식 ᄉᆞ랑ᄒᆞ듯 ᄒᆞ시더니 그제 世솅間간애 부텨 업스시더니 釋셕提똉桓ᅘᅪᆫ因힌이

보배로 된 집과 여러 가지의 微妙(미묘)한 臥具(와구)로 부처께와 중에게 布施(보시)하는 이도 보며, 淸淨(청정)한 園林(원림)에 꽃과 菓實(과실)이 盛(성)하며 흐르는 샘과 沐浴(목욕)할 못(淵)으로 부처께와 중에게 布施(보시)하여, 이 틀(따위, 類)에 속하는 布施(보시)를 種種(종종)의 微妙(미묘)한 것으로 歡喜(환희)하여 싫어하고 미워하지 아니하여 위가 없는 道理(도리)를 求(구)하거든 보겠도다."라고 하셨니라.

尸毗王(시비왕)이 매우 精進(정진)하시어, 一切(일체)의 衆生(중생)을 보시되 어머니가 子息(자식)을 사랑하듯 하시더니, 그때에 世間(세간)에 부처가 없으시더니, 釋提桓因(석제환인)이

보비옛 집과 여러 가짓 微ᄝᅵᆼ妙ᄜᅭᇢᄒᆞᆫ 臥ᇄ具꾸ᇢ[58]로 부텨끠와 즁의 게 布ᄫᅩᆼ施ᄉᆡᆼᄒᆞ리도 보며 淸쳐ᇰ淨쪄ᇰᄒᆞᆫ 園웬林림[59]에 곳과[60] 菓광實씷왜[61] 盛쎄ᇰᄒᆞ며 흐르는 심과[62] 沐목浴욕호ᇙ 모ᄉᆞ로[63] 부텨끠와 즁의 게 布ᄫᅩᆼ施ᄉᆡᆼᄒᆞ야 이 트렛[64] 布ᄫᅩᆼ施ᄉᆡᆼ 種죠ᇰ種죠ᇰ 微ᄝᅵᆼ妙ᄜᅭᇢ로[65] 歡환喜ᅙᅴᆼᄒᆞ야 슬믜디[66] 아니ᄒᆞ야 우 업슨 道또ᇢ理리ᇙᄅᆞᆯ 求끃ᄒᆞ거든 보리로다[67] ᄒᆞ시니라[68]

尸시ᇰ毗삥王와ᇰ[69]이 ᄀᆞ장[70] 精져ᇰ進진ᄒᆞ샤 一ᅙᅵᇙ切쳉 衆즁生ᄉᆡᆼ을 보샤ᄃᆡ[71] 어미[72] 子ᄌᆞᆼ息식 ᄉᆞ랑ᄐᆞᆺ[73] ᄒᆞ더시니[74] 그제[75] 世쎼間간애 부톄 업스시더니 釋셕提뗴ᇰ桓ᅘᅪᆫ因ᅙᅵᆫ[76]이

---

58) 臥具: 와구. 이불, 베개 따위와 같은 누울 때에 쓰는 물건을 통틀어 이르는 말이다.

59) 園林: 원림. 집터에 딸린 숲이나 명사 정원이나 공원의 숲이다.

60) 곳과: 곳(← 곶: 꽃, 花) + -과(접조)

61) 菓實왜: 菓實(과실) + -와(← -과: 접조) + -ㅣ(← -이: 주조)

62) 심과: 심(샘, 泉) + -과(접조)

63) 모ᄉᆞ로: 못(못, 淵) + -ᄋᆞ로(부조, 방편)

64) 트렛: 틀(따위, 형식, 型) + -에(부조) + -ㅅ(-의: 관조)

65) 微妙로: 微妙(미묘, 미묘한 것) + -로(부조, 방편)

66) 슬믜디: 슬믜[싫어하고 미워하다: 슬(← 슳다: 싫어하다, 厭, 동사)- + 믜(미워하다, 憎, 동사)-]- + -디(-지: 연어, 부정)

67) 보리로다: 보(보다, 見)- + -리(미시)- + -로(← -도-: 감동)- + -다(평종)

68) ᄒᆞ시니라: ᄒᆞ(하다, 曰)- + -시(주높)- + -Ø(과시)- + -니(원칙)- + -라(← -다: 평종)

69) 尸毗王: 시비왕. 석가모니가 전생에 임금이었을 때의 칭호이다. 매에게 쫓기는 비둘기를 위하여 자기의 살을 베어서 매에게 주어 비둘기를 구한 데서 온 말이다.

70) ᄀᆞ장: 매우, 甚(부사)

71) 보샤ᄃᆡ: 보(보다, 見)- + -샤(← -시-: 주높)- + -ᄃᆡ(← -오ᄃᆡ: 연어, 설명 계속)

72) 어미: 어미(어머니, 母) + -Ø(← -이: 주조)

73) ᄉᆞ랑ᄒᆞ: ᄉᆞ랑ᄒᆞ[← ᄉᆞ랑ᄒᆞ다(사랑하다, 慈): ᄉᆞ랑(사랑, 慈: 명사) + -ᄒᆞ(동접)-]- + -ᄃᆞᆺ(-듯: 연어, 흡사)

74) ᄒᆞ더시니: ᄒᆞ(하다: 보용, 의도)- + -더(회상)- + -시(주높)- + -니(연어, 설명 계속)

75) 그제: [그때, 爾時: 그(그, 彼: 관사) + 제(제, 때, 時: 의명)]

76) 釋提桓因: 석제환인. 제석(帝釋)이라고도 한다. 십이천(十二天)의 하나이다. 수미산(須彌山) 꼭대기에 있는 도리천(忉利天)의 임금으로, 사천왕과 삼십이천을 통솔하면서 불법과 불법에 귀의하는 사람을 보호하고 아수라(阿修羅)의 군대를 정벌한다고 한다.

心심을 決결ᄒᆞ야 ᄃᆞᆫ티 몯고 一切쳉智딩 엣 因힌ᄒᆞᆫ 이

ᅀᅵᆫᄉᆞ랑ᄒᆞ야 疑읭心심을 決결ᄒᆞ야 ᄃᆞᆫ티 몯ᄒᆞ야 시름ᄒᆞ얫거늘 毗뼁首슐羯걇摩망天텬

이 묻ᄌᆞ보ᄃᆡ 天텬主즁ㅣ 엇뎨 시름ᄒᆞ야 ᄒᆞ시ᄂᆞ니잇고 對됭答답호ᄃᆡ 一切쳉智딩人ᅀᅵᆫ을

내 求꿀호ᄃᆡ 몯 어더 시름호라 毗뼁首슐羯걇摩망ㅣ 닐오ᄃᆡ ᄒᆞᆫ 菩뽕薩삻이 겨샤ᄃᆡ

布봉施싱ㆍ持띵戒갱ㆍ禪쎤定뗭ㆍ智딩慧휑를 ᄒᆞ샤 아니 오라 당다이 부텨 ᄃᆞ외시리라

釋셕提똉桓ᅘᅪᆫ因힌이 닐오ᄃᆡ 보ᅀᆞᄫᅡ지라 ᄒᆞ고 毗뼁

帝뎽釋셕이 묻ᄌᆞ보ᄃᆡ 뉘닛고 對됭答답호ᄃᆡ 尸싱毗뼁王왕이시니ᅌᅵ다

여기되 "어디에야 一切智(일체지)를 갖춘 사람이 있느냐? 곳곳에 묻되 疑心(의심)을 決斷(결단)하지 못한다."라고 하고 시름하여 있거늘, 毗首羯摩天(비수갈마천)이 묻되 "天主(천주)가 어찌 시름하여 계신가?" (석제환인이) 對答(대답)하되 "一切智人(일체지인)을 내가 求(구)하되 못 얻어 시름하고 있다." 毗首羯摩(비수갈마)가 이르되 "한 菩薩(보살)이 계시되, 布施(보시)ㆍ持戒(지계)ㆍ禪定(선정)ㆍ智慧(지혜)를 하시어, 아니 오래어서 마땅히 부처가 되시겠습니다." 帝釋(제석)이 묻되 "(그 사람이) 누구인가?" (비수갈마가) 對答(대답)하되 "尸毗王(시비왕)이십니다." 釋提桓因(석제환인)이 이르되 "만나 보고 싶다."하고, 毗首羯摩(비수갈마)는

너교딕⁷⁷⁾ 어듸사⁷⁸⁾ 一_힗切_쳉智_딩옛⁷⁹⁾ 사ᄅ미 잇거뇨⁸⁰⁾ 곧고대⁸¹⁾ 무로딕⁸²⁾ 疑_읭心_심을 決_궗斷_돤티⁸³⁾ 몯ᄒᄂ다 ᄒ고 시름ᄒ야 잇거늘 毗_뼁首_슣羯_겷摩_망天_텬⁸⁴⁾이 무로딕 天_텬主_즁⁸⁵⁾ㅣ 엇뎨 시름ᄒ야 겨신고⁸⁶⁾ 對_됭答_답호딕 一_힗切_쳉智_딩人_{ᅀᅵᆫ}을 내 求_꿯호딕 몯 어더 시름ᄒ앳노라 毗_뼁首_슣羯_겷摩_망ㅣ 닐오딕 ᄒ 菩_뽕薩_삻이 겨샤딕⁸⁷⁾ 布_봉施_싱 持_띵戒_갱⁸⁸⁾ 禪_쎤定_뗭⁸⁹⁾ 智_딩慧_{ᅍᆒ}ᄒ샤 아니 오라아⁹⁰⁾ 당다이⁹¹⁾ 부톄 ᄃ외시리이다⁹²⁾ 帝_뎽釋_셕이 무로딕 누고⁹³⁾ 對_됭答_답호딕 尸_싱毗_뼁王_왕이시니이다⁹⁴⁾ 釋_셕提_뗑桓_{ᅘᅯᆫ}因_힌이 닐오딕 맛보져라⁹⁵⁾ ᄒ고 毗_뼁首_슣羯_겷摩_망ᄂ

---

77) 너교딕: 너기(여기다, 思)- + -오딕(-되: 연어, 설명 계속)

78) 어듸사: 어듸(어디, 何處: 지대, 미지칭) + -사(-야말로: 보조사, 한정 강조)

79) 一切智옛: 一切智(일체지) + -예(←-에: 부조, 위치) + -ㅅ(-의: 관조) ※ '一切智(일체지)'는 현상계의 모든 존재의 각기 다른 모습과 그 속에 감추어져 있는 참모습을 알아내는 부처의 지혜이다. ※ '一切智옛'는 '일체지를 갖춘'로 의역하여 옮긴다.

80) 잇거뇨: 잇(← 이시다: 있다, 有)- + -Ø(현시)- + -거(확인)- + -뇨(-느냐: 의종, 설명)

81) 곧고대: 곧곧[곳곳, 處處: 곧(곳, 處) + 곧(곳, 處)] + -애(-에: 부조, 위치)

82) 무로딕: 물(← 묻다, ㄷ불: 묻다, 問)- + -오딕(-되: 연어, 설명의 계속)

83) 決斷티: 決斷ᄒ(← 決斷ᄒ다(결단하다): 決斷(결단) + -ᄒ(동접)-]- + -디(-지: 연어, 부정)

84) 毗首羯摩天: 비수갈마천. 제석천의 신하로서 여러 가지의 수공품을 만들고 건축을 맡아보는 천신이다.

85) 天主: 천주. 하늘의 주인이라는 뜻이다. 제천(諸天)의 왕이다.

86) 겨신고: 겨시(계시다: 보용, 완료 지속)- + -Ø(현시)- + -ㄴ고(-으냐: 의종, 설명)

87) 겨샤딕: 겨샤(← 겨시다: 계시다, 有)- + -딕(←-오딕: 연어, 설명 계속)

88) 持戒: 지계. 육바라밀 중의 하나이다. 계율을 몸에 지녀 자발적으로 지키고 피하지 않는 것이다.

89) 禪定: 선정. 육바라밀 중의 하나이다. 마음이 산란해지는 것을 멈추고, 마음을 고요하게 통일하여 입정삼매(入定三昧)에 들어가는 것을 의미한다.

90) 오라아: 오라(오래다, 久)- + -아(연어)

91) 당다이: [마땅히, 必(부사): 당당(마땅: 불어) + -Ø(←-ᄒ-: 형접)- + -이(부접)]

92) ᄃ외시리이다: ᄃ외(되다, 爲)- + -시(주높)- + -리(미시)- + -이(상높, 아높)- + -다(평종)

93) 누고: 누(← 누구: 누구, 誰, 인대, 미지칭) + -고(-인가: 보조사, 의문)

94) 尸毗王이시니이다: 尸毗王(시비왕) + -이(서조)- + -Ø(현시)- + -시(주높)- + -니(원칙)- + -이(상높, 아높)- + -다(평종)

95) 맛보져라: 맛보[만나 보다, 遇: 맛(← 맞다: 맞다, 迎)- + 보(보다, 見)-]- + -져라(평종, 희망)

首쓩羯걇摩망因힌ᄂᆞᆫ 비두리 ᄃᆞ외야 時씽急급히 ᄧᅩ차 비두리 王왕ㅅ 겯 아래 드러 두리여 ᄠᅥᆯ거늘 매 갓가ᄫᆞᆫ 나모애 와 안자 王왕ᄭᅴ ᄉᆞᆲ오ᄃᆡ 주쇼셔 王왕이 니ᄅᆞ샤ᄃᆡ 내 처ᅀᅥᆷ 發ᄫᅡᇙ意ᅙᅴᆼ호ᄃᆡ 一ᅙᅵᇙ切쳉 衆즁生ᄉᆡᆼ을 다 濟뎽度똥호려 호다 매 ᄉᆞᆲ오ᄃᆡ 나ᄂᆞᆫ 一ᅙᅵᇙ切쳉 衆즁生ᄉᆡᆼ이 아니니 어엿비 아니 너기샤 내 바ᄇᆞᆯ 앗ᄋᆞ시ᄂᆞ니잇가 王왕이 니ᄅᆞ샤ᄃᆡ 네 어느 바ᄇᆞᆯ 求ᄭᅮᆯ다 내 誓쎯願ᄋᆑᆫ호ᄃᆡ 衆즁生ᄉᆡᆼ이 내게 올 이 잇거든 구틔여 救궇護ᅘᅩᆼ호려 ᄒᆞᄂᆞ니 네 어느 바ᄇᆞᆯ 求ᄭᅮᆯ다 주료리라 매 ᄉᆞᆲ오ᄃᆡ 나ᄂᆞᆫ ᄀᆞᆺ주균 더운

비둘기가 되고 釋提桓因(석제환인)은 매가 되어 時急(시급)히 (비둘기를) 쫓아, 비둘기가 王(왕, 尸毗王)의 겨드랑이 아래 들어서 두려워하여 떨거늘, 매가 가까운 나무에 와서 앉아서 王(왕)께 사뢰되 "(비둘기를) 주소서." 王(왕)이 이르시되 "내가 처음 發意(발의)하되 一切(일체) 衆生(중생)을 다 濟度(제도)하려 하였다." 매가 사뢰되 "나는 一切(일체) 衆生(중생)이 아니니까 (왕이 나를) 불쌍히 아니 여기시어 나의 밥을 빼앗으십니까? 王(왕)이 이르시되 "네가 어떤 밥을 求(구)하는가? 내가 誓願(서원)하되 衆生(중생)이 나에게 올 이가 있거든 반드시 (그를) 救護(구호)하려 하니, 네가 어떤 밥을 求(구)하는가? (내가) 주리라." 매가 사뢰되 "나는 갓 죽인 더운

비두리⁹⁶⁾ ᄃᆞ외오 釋_셕提_똉桓_{ᅘᅪᆫ}因_{ᅙᅵᆫ}은 매 ᄃᆞ외야 時_씽急_급이 ᄲᅩ차⁹⁷⁾ 비두리 王_왕ㅅ 겯⁹⁸⁾ 아래 드러 두리여⁹⁹⁾ ᄠᅥ러늘¹⁾ 매 갓가ᄫᆞᆯ²⁾ 남긔³⁾ 와 안자셔 王_왕ᄭᅴ 슬ᄫᅩᄃᆡ⁴⁾ 주쇼셔⁵⁾ 王_왕이 니ᄅᆞ샤ᄃᆡ 내 처ᅀᅥᆷ⁶⁾ 發_벓意_{ᅙᅴᆼ}⁷⁾호ᄃᆡ 一_{ᅵᇙ}切_쳉 衆_즁生_{ᄉᆡᆼ}을 다 濟_졩度_똥호려⁸⁾ 호라⁹⁾ 매 슬ᄫᅩᄃᆡ 나는 一_{ᅵᇙ}切_쳉 衆_즁生_{ᄉᆡᆼ} 아니완ᄃᆡ¹⁰⁾ 어엿비¹¹⁾ 아니 너기샤 내 바ᄇᆞᆯ 아ᅀᆞ시ᄂᆞ니잇가¹²⁾ 王_왕이 니ᄅᆞ샤ᄃᆡ 네 엇던¹³⁾ 바ᄇᆞᆯ 求_ꥩᄒᆞᄂᆞᆫ다¹⁴⁾ 내 誓_쎙願_원호ᄃᆡ 衆_즁生_{ᄉᆡᆼ}이 내 게 오리옷¹⁵⁾ 잇거든 모로매 救_ꥩ護_{ᅘᅩᆼ}호려 호니 네 엇던 바ᄇᆞᆯ 求_ꥩᄒᆞᄂᆞᆫ다 주리라 매 슬ᄫᅩᄃᆡ 나는 ᄀᆞᆺ¹⁶⁾ 주균¹⁷⁾ 더븐¹⁸⁾

---

96) 비두리: 비둘(← 비두리: 비둘기, 鴿)- + -Ø(← -이: 보조)

97) ᄲᅩ차: 좇(쫓다, 따르다, 逐)- + -아(연어)

98) 겯: 겨드랑이, 腋.

99) 두리여: 두리(두려워하다, 畏)- + -여(← -어: 연어)

1) ᄠᅥ러늘 : ᄠᅥᆯ(떨다, 振)- + -어늘(← -거늘: 연어, 상황)

2) 갓가ᄫᆞᆯ: 갓갈(← 갓갑다, ㅂ불: 가깝다, 近)- + -Ø(현시)- + -은(관전)

3) 남긔: 남ㄱ(← 나모: 나무, 木)+ -의(-에: 부조, 위치)

4) 슬ᄫᅩᄃᆡ: 숣(← 숣다, ㅂ불: 사뢰다, 아뢰다, 奏)- + -오ᄃᆡ(-되: 연어, 설명 계속)

5) 주쇼셔: 주(주다, 授)- + -쇼셔(-소서: 명종, 아높)

6) 처ᅀᅥᆷ: [처음, 初: 첫(첫: 관사, 初) + -엄(명접)]

7) 發意: 발의. ① 의견을 내놓는 것이다. ② 무슨 일을 생각해 내는 것이다.

8) 濟度호려: 濟度ᄒᆞ[← 濟度ᄒᆞ다(제도하다, 구하다): 濟度(제도) + -ᄒᆞ(동접)-]- + -오려(연어, 의도)

9) 호라: ᄒᆞ(← ᄒᆞ다: 하다, 보용, 의도)- + -Ø(과시)- + -오(화자)- + -라(← -다: 평종)

10) 아니완ᄃᆡ: 아니(아니다, 非)- + -오(화자)- + -완ᄃᆡ(← -관ᄃᆡ: 연어, 이유)

11) 어엿비: [불쌍히, 憐(부사): 어엿ㅂ(← 어엿브다: 불쌍하다, 憐: 형사)- + -이(부접)]

12) 아ᅀᆞ시ᄂᆞ니잇가: 앗(빼앗다, 奪)- + -ᄋᆞ시(주높)- + -ᄂᆞ(현시)- + 잇(← -이-: 상높, 아높)- + -니…가(의종, 판정)

13) 엇던: [어떤, 何(관사, 지시): 엇더(불어)- + -Ø(← -ᄒᆞ-: 형접)- + -ㄴ(관전)]

14) 求ᄒᆞᄂᆞᆫ다: 求ᄒᆞ[구하다: 求(구: 불어) + -ᄒᆞ(동접)-]- + -ᄂᆞ(현시)- + -ㄴ다(-ㄴ가: 의종, 2인칭)

15) 오리옷: 오(오다, 來)- + -ㄹ(관전) # 이(이, 사람, 者: 의명) + -옷(← -곳: 보조사, 한정 강조)

16) ᄀᆞᆺ: 갓, 이제 막, 纔(부사)

17) 주균: 주기[죽이다, 殺: 죽(죽다, 死)- + -이(사접)-]- + -Ø(과시)- + -우(대상)- + -ㄴ(관전)

18) 더븐: 덟(← 덥다, ㅂ불: 덥다, 暑)- + -Ø(현시)- + -은(관전)

샤본 되고 이거로 求꿀ᄒᆞ노ᅵ다 王왕이 너기샤ᄃᆡ 이거슬 어두미 어려ᄫᅳᆯᄉᆡ 산 거슬 아니 주기면 어들 슈 업스니 내 엇뎨 ᄒᆞ나ᄒᆞᆯ 주겨 ᄒᆞ나ᄒᆞᆯ 주료 ᄒᆞ시고 너기샤ᄆᆞᆯ 一ᅙᅵᆯ定뗭 호ᄆᆞᆯ 一ᅙᅵᆯ切촁ᄒᆞ시고 니ᄅᆞ샤ᄃᆡ 내 이 모매 읻ᄂᆞᆫ 고기 時씽常ᄊᆞᆼ 老료ᇢ病뼈ᇰ死ᄉᆞᆼ애 屬쑉호ᄆᆞᆯ ᄒᆞ야 이셔 오라디 아니ᄒᆞ야 서그리니 求꿀ᄒᆞ면 내 반ᄃᆞ기 주리라 이리 너기시고 갈 가져오라 ᄒᆞ샤 허ᄫᅥᆺ 고기ᄅᆞᆯ 손ᅀᅩ 버혀 매 주신대 매 술ᄫᅩᄃᆡ 고기ᄅᆞᆯ 비두리와 ᄀᆞ티 주쇼셔 王왕이 저ᄫᅳᆯ 가져오라 ᄒᆞ샤 모매 읻ᄂᆞᆫ 고기ᄅᆞᆯ 다 버혀 내야ᅀᅡ 비두리와 ᄀᆞ튼대 ᄆᆞᅀᆞ매 너기샤ᄃᆡ 네 ᄆᆞᅀᆞᄆᆞᆯ 구디 가져 셜ᄫᅥ 말라 一ᅙᅵᆯ切촁 衆ᅀᅮᇰ生ᄉᆡᇰ이

고기를 求(구)합니다." 王(왕)이 여기시되 "이것(갓 죽은 더운 고기)을 얻는 것이 어려우니 산 것을 아니 죽이면 얻을 수가 없으니, 내가 어찌 하나를 죽여 하나를 주겠느냐?" (왕이) 생각하는 것을 一定(일정)하시고 이르시되 "나의 이 몸에 있는 고기가 時常(시상) 老(노)·病(병)·死(사)에 屬(속)하여 있어서 오래지 않아서 썩겠으니, (누가 나의 고기를) 求(구)하면 내가 마땅히 주리라." 이리 생각하시고, 칼을 가져오라 하시어 다리에 있는 고기를 손수 베어 매를 주시니, 매가 사뢰되 "고기의 무게가 비둘기와 같게 주소서." 王(왕)이 저울을 가져오라 하시어, 몸에 있는 고기를 다 베어 내셔야 비둘기와 같거늘, 마음에 여기시되 "네가 마음을 굳게 가져 괴로워 말라. 一切(일체) 衆生(중생)이

고기를 求_꿇ᄒ노이다¹⁹⁾ 王_왕이 너기샤ᄃᆡ 이 어두미²⁰⁾ 어려ᄫᆞ니²¹⁾ 산 것곳²²⁾ 아니 주기면 어둟²³⁾ 주리 업스니 내 엇뎨 ᄒ나 주겨 ᄒ나 주리오 ᄉᆞ랑호ᄆᆞᆯ²⁴⁾ 一_힗定_뗭ᄒ시고²⁵⁾ 니ᄅᆞ샤ᄃᆡ 내 이 모맷²⁶⁾ 고기 時_씽常_쌍²⁷⁾ 老_{로ᇢ}病_뼝死_{ᄉᆞᆼ}애 屬_쑉ᄒ야 이셔 아니 오라아²⁸⁾ 서그리니²⁹⁾ 求_꿇ᄒ면 내 당다이 주리라 이리³⁰⁾ ᄉᆞ랑ᄒ시고 갈³¹⁾ 가져오라 ᄒ샤 다리옛 고기를 손소³²⁾ 버혀³³⁾ 매ᄅᆞᆯ 주신대³⁴⁾ 매 슬ᄫᅩᄃᆡ 고깃 므긔³⁵⁾ 비두리와 ᄀᆞᆮ게 주쇼셔 王_왕이 저울 가져오라 ᄒ샤 모맷 고기를 다 버혀 내샤ᅀᅡ³⁶⁾ 비두리와 ᄀᆞᆮ거늘 ᄆᆞᅀᆞ매 너기샤ᄃᆡ 네 ᄆᆞᅀᆞᆷᄋᆞᆯ³⁷⁾ 구디 가져 셜ᄫᅥ³⁸⁾ 말라 一_힗切_촁 衆_즁生_{ᄉᆡᆼ}이

---

19) 求ᄒ노이다: 求ᄒ[구하다: 求(구: 불어) + −ᄒ(동접)−] + −ᄂ(←−ᄂᆞ−: 현시) + −오(화자)− + −이(상높, 아높)− + −다(평종)

20) 어두미: 얻(얻다, 得)− + −움(명전) + −이(주조)

21) 어려ᄫᆞ니: 어렿(←어렵다, ㅂ불: 어렵다, 難)− + −으니(연어, 설명 계속)

22) 것곳: 것(것, 者: 의명) + −곳(보조사, 한정 강조)

23) 어둟: 얻(얻다, 得)− + −우(대상)− + −ᇙ(관전)

24) ᄉᆞ랑호ᄆᆞᆯ: ᄉᆞ랑ᄒ[생각하다, 思: ᄉᆞ랑(생각: 명사) + −ᄒ(동접)−] + −옴(명전) + −ᄋᆞᆯ(목조)

25) 一定ᄒ시고: 一定ᄒ[일정하다, 하나로 정하다(동사): 一定(일정: 명사)− + −ᄒ(동접)−] + −시(주높)− + −고(연어, 나열)

26) 모맷: 몸(몸, 身) + −애(−에: 부조, 위치) + −ㅅ(−의: 관조) ※ '모맷'은 '몸에 있는'으로 의역한다.

27) 時常: 시상. 언제나 늘, 평상시, 항상(부사)

28) 오라아: 오라(오래다, 久)− + −아(연어)

29) 서그리니: 석(썩다, 朽)− + −으리(미시)− + −니(연어, 설명 계속, 이유)

30) 이리: [이리, 然(부사, 지시): 이(이, 此: 지대, 정칭) + −리(부접, 방향)]

31) 갈: (←갈ᄒ: 칼, 刀)

32) 손소: [손수, 스스로, 自(부사): 손(손, 手: 명사) + −소(부접)]

33) 버혀: 버히[베다, 斬: 벟(베어지다: 자동)− + −이(사접)−] + −어(연어)

34) 주신대: 주(주다, 遺)− + −시(주높)− + −ㄴ대(−는데, −니: 연어, 반응)

35) 므긔: [무게, 荷重: 듥(불어)− + −의(명접)]

36) 내샤ᅀᅡ: 내[내다, 出: 나(나다, 出: 자동)− + −ㅣ(←−이−: 사접)−] + −샤(←−시−: 주높)− + −ᅀᅡ(←−아ᅀᅡ: 연어, 필연적 조건)

37) ᄆᆞᅀᆞᆷᄋᆞᆯ: ᄆᆞᅀᆞᆷ(마음, 心) + −ᄋᆞᆯ(목조)

38) 셜ᄫᅥ: 셟(←셟다, ㅂ불: 고통스럽다, 서럽다, 痛)− + −어(연어)

定떵香향·이·며讚·잔嘆·탄ᄒᆞᆞ·스·ᄫᅩ·ᄃᆡ
·쎠·놀·애·블·러讚·잔嘆·탄ᄒᆞᆞ·스·ᄫᅩ·ᄃᆡ
·거·리·ᄂᆞᆯ·오
·룩種·죵定·떵震·진動·똥ᄒᆞᆞ·고大·땡海·ᄒᆡ·예믈·ᄂᆞᆯ
·힘定·떵·ᄒᆞ·신時·씽節·졄·에天·텬地·띵六·륙
·앳智·딩慧·ᄒᆑᆼ精·졋업·슨사·ᄅᆞᆷ·이ᄯᆞ·녀地·띵獄·옥一·ᅙᅵᇙ
·쏨智·딩慧·ᄒᆑᆼ·뼝定·떵慧·ᄒᆑᆼ精·졋進·진持·띵
戒·갱智·딩·ᄒᆞ·니·내智·딩慧·ᄒᆑᆼ精·졋進·진受·쓩苦·콩
·콩甚·씸히·져·그·데셜·ᄫᆞᆼ리·ᄯᅡ·이地·띵獄·옥受·쓩苦·콩
·눈눈·ᄒᆞ·니와地·띵獄·옥受·쓩苦·콩
·흐거·늘盟·명誓·쎙·ᄒᆞ·야濟·졩度·똥·ᄒᆞ·려
·잇거·늘盟·명誓·쎙·ᄒᆞ·야清·쳥度·똥·ᄒᆞ·려·어
生·ᄉᆡᆼ·이·큰受·쓩苦·콩·ᄒᆞᆞ바·ᄅᆞ·래

큰 受苦(수고)의 바다에 떨어져 있거늘 盟誓(맹서)하여 濟度(제도)하려 하니, 어찌 (몸에 있는 고기를 베어 내는 것을) 괴로이 하겠느냐? 이 受苦(수고)는 甚(심)히 적거니와 地獄(지옥)의 受苦(수고)는 많으니, 내가 智慧(지혜)·精進(정진)·持戒(지계)·禪定(선정)이 있고도 오히려 이 受苦(수고)를 시름하는데, 하물며 地獄(지옥)에 있는 智慧(지혜)가 없는 사람이랴?" 마음을 一定(일정)하신 時節(시절, 때)에, 天地(천지)가 六種(육종)으로 震動(진동)하고, 大海(대해)에 물결이 일고, 시든 나무에 꽃이 피고, 하늘에서 香(향)비가 오며, 좋은 꽃을 흩뿌리고, 天女(천녀)가 노래를 불러 讚嘆(찬탄)하되 "(시비왕이) 반드시(= 一定하여) 부처가 되시리라." 하더니, 帝釋(제석)이

큰 受쓩苦콩ㅣ 바르래³⁹⁾ 뻐러디여⁴⁰⁾ 잇거늘 盟밍誓쎙ᄒ야 濟졩度똥호려 ᄒ거니 엇뎨 셜비⁴¹⁾ ᄒ리오 이 受쓩苦콩ᄂᆞᆫ 甚씸히 젹거니와 地띵獄옥 受쓩苦콩ᄂᆞᆫ 하니 내 智딩慧똉 精졍進진 持띵戒갱 禪쎤定뗭이 잇고도⁴²⁾ 오히려 이 受쓩苦콩ᄅᆞᆯ 시름ᄒ곤⁴³⁾ ᄒ믈며⁴⁴⁾ 地띵獄옥앳 智딩慧똉 업슨 사ᄅᆞ미ᄯᆞ녀⁴⁵⁾ ᄆᆞᄉᆞᆷ 一ᇙ定뗭ᄒ신 時씽節졇에 天텬地띵 六륙種죵震진動똥⁴⁶⁾ᄒ고 大땡海ᄒᆡᆼ예 믌겨리⁴⁷⁾ 닐오⁴⁸⁾ 이운⁴⁹⁾ 남긔⁵⁰⁾ 고지 프고⁵¹⁾ 하ᄂᆞᆯ해셔⁵²⁾ 香ᄒ향비 오며 됴ᄒᆞᆫ 곳 비코⁵³⁾ 天텬女녕ㅣ 놀애⁵⁴⁾ 블러 讚잔嘆탄ᄒᆞᅀᆞᆸ보ᄃᆡ⁵⁵⁾ 一ᇙ定뗭ᄒ야⁵⁶⁾ 부텨 ᄃᆞ외시리라 ᄒ더니 帝뎽釋셕이

---

39) 바르래: 바를(바다, 海) + -애(-에: 부조, 위치)

40) 뻐러디여: 뻐러디[떨어지다, 墮: 뻘(떨다, 離)- + -어(연어) + 디(지다, 落)-]- + -여(←-어: 연어)

41) 셜비: [서러이, 서럽게, 哀(부사): 셟(← 셟다, ㅂ불: 서럽다, 슬프다, 哀, 형사)- + -이(부접)]

42) 잇고도: 잇(← 이시다: 있다, 有)- + -고(연어, 나열) + -도(보조사, 강조)

43) 시름ᄒ곤: 시름ᄒ[시름하다, 걱정하다, 愁: 시름(시름, 걱정) + -ᄒ(동접)-]- + -곤(-는데: 연어, 대조)

44) ᄒ믈며: 하물며, 況(부사)

45) 사ᄅᆞ미ᄯᆞ녀: 사름(사람, 人) + -이ᄯᆞᆫ(보조사, 반어적 강조) + -이(서조)- + -Ø(현시)- + -어(-어 ←-아 ←-가: 의종, 판정)

46) 六種震動: 육종진동. 세간(世間)에 상서가 있을 때에 대지(大地)가 진동하는 여섯 가지 모양이다. 흔들려서 불안한 동(動), 아래로부터 위로 오르는 기(起), 솟아오르고 꺼져 내려가 육방(六方)으로 출몰(出沒)하는 용(湧), 은은한 소리가 울리는 진(震), 꽝 하는 소리가 나는 후(吼), 물건을 깨닫게 하는 각(覺)이다.

47) 믌겨리: 믌결[물결, 波浪: 믈(물, 水) + -ㅅ(관조, 사잇) + 결(결, 紋)] + -이(주조)

48) 닐오: 닐(일다, 일어나다, 起)- + -오(←-고: 연어, 나열)

49) 이운: 이우(← 이울다: 시들다, 枯)- + -Ø(과시)- + -ㄴ(관전)

50) 남긔: 남ㄱ(← 나모: 나무, 木) + -의(-에: 부조, 위치)

51) 프고: 프(피다, 發)- + -고(연어, 나열)

52) 하ᄂᆞᆯ해셔: 하ᄂᆞᆯㅎ(하늘, 天) + -애(-에: 부조, 위치) + -셔(-서: 보조사, 위치 강조)

53) 비코: 빟(흩뿌리다, 散)- + -고(연어, 나열, 계기)

54) 놀애: [노래, 歌: 놀(놀다, 遊: 동사)- + -애(명접)]

55) 讚嘆ᄒᆞᅀᆞᆸ보ᄃᆡ: 讚嘆ᄒ[찬탄하다: 讚嘆(찬탄: 명사) + -ᄒ(동접)-]- + -ᅀᆞᆸ(←-ᅀᆞᆸ-: 객높)- + -오ᄃᆡ(-되: 연어, 설명의 계속)

56) 一定ᄒᆞ야: '하나로 정하여'의 뜻인데 '반드시(必)'로 의역하여 옮긴다.

釋석이 王왕ᄭᅴ ᄉᆞᆲ보ᄃᆡ 아니 잇가 王왕이 니ᄅᆞ샤ᄃᆡ 내 ᄆᆞᅀᆞ미 歡환喜횡ᄒᆞ야 셟디 아니ᄒᆞ니라 帝뎅釋석이 ᄉᆞᆲ보ᄃᆡ 뉘 信신ᄒᆞ리ᅌᅵᆺ고 王왕이 盟誓쎵ᄒᆞ야 니ᄅᆞ샤ᄃᆡ 나옷 怒노티 아니ᄒᆞ며 셟디 아니ᄒᆞ며 一힗心심ᄋᆞ로 佛뿛道ᄠᅶᆯ 求꾸호리니 내 모미 즉자히 ᄒᆞ가지오져 ᄒᆞ노라 ᄒᆞ시니 즉자히 녜 ᄀᆞᆮ더시니라 尸싱毗삥王왕ᄋᆞᆫ 釋석迦강ㅣ시니라 ○ 乾꺼陁땅尸利國귁王왕ㅅ 太탱子ᄌᆞㅣ 榮ᅌᅯᆼ華황ᄅᆞᆯ 즐겨 아니ᄒᆞ샤 뫼해 逃똘亡망ᄒᆞ야 가 겨시더니 그제 기픈 ᄀᆞᆯ해 주으린 버미 닐굽 삿기ᄅᆞᆯ 나ᄒᆞ고 눈 하 오나ᄂᆞᆯ 삿기 얼

王(왕)께 사뢰되 "아니 괴로우십니까?" 王(왕)이 이르시되 "내 마음이 歡喜(환희)하여, 괴롭지 아니하다." 帝釋(제석)이 사뢰되 "누가 (그 말을) 信(신)하겠습니까?" 王(왕)이 盟誓(맹서)하여 이르시되 "나야말로 怒(노)하지 아니하며 괴롭지 아니하며, 一心(일심)으로 佛道(불도)를 求(구)할 것이면 내 몸이 즉시 (예전의 몸과) 한가지이기를 바란다." 하시니, 즉시 예전과 한가지가 되셨니라. 尸毗王(시비왕)은 釋迦(석가)이시니라. ○ 乾陁尸利國王(건타시리국왕)의 太子(태자)가 榮華(영화)를 즐기지 아니하시어 산에 逃亡(도망)하여 가 계시더니, 그때에 깊은 골짜기에 굶주린 범이 일곱 새끼를 낳아, 눈이 많이 오거늘 새끼가 얼까

王_왕씌 슬ᄫᅩ디 아니 셜ᄫᅳ시니잇가⁵⁷⁾ 王_왕이 니ᄅᆞ샤디 내 ᄆᆞᅀᆞ미 歡_환喜_횡ᄒᆞ야 셟디 아니호라⁵⁸⁾ 帝_뎅釋_셕이 슬ᄫᅩ디 뉘⁵⁹⁾ 信_신ᄒᆞ리잇고⁶⁰⁾ 王_왕이 盟_{ᄆᆡᇰ}誓_쎙ᄒᆞ야 니ᄅᆞ샤디 나옷⁶¹⁾ 怒_놓티⁶²⁾ 아니ᄒᆞ며 셟디 아니ᄒᆞ야 一_{ᅙᅵᇙ}心_심ᄋᆞ로 佛_뿛道_뚱를 求_꿀ᄒᆞ논 딘댄⁶³⁾ 내 모미 즉자히⁶⁴⁾ ᄒᆞᆫ가지오라⁶⁵⁾ ᄒᆞ신대⁶⁶⁾ 즉자히 녜⁶⁷⁾ ᄒᆞᆫ가지 ᄃᆞ외시니라⁶⁸⁾ 尸_싱毗_삥王_왕ᄋᆞᆫ 釋_셕迦_강 ㅣ시니라⁶⁹⁾ ○ 乾_껀陁_땅尸_싱利_링國_귁王_왕 太_탱子_{ᄌᆞᆼ}ㅣ 榮_{ᅌᅯᇰ}華_{ᅘᅪᆼ}를 즐기디⁷⁰⁾ 아니ᄒᆞ샤 뫼해⁷¹⁾ 逃_똫亡_망ᄒᆞ야 가 겨시더니 그제 기픈 고래 주으린⁷²⁾ 버미 닐굽 삿기⁷³⁾ 나하 눈 하⁷⁴⁾ 오거늘 삿기 얼까

---

57) 셜ᄫᅳ시니잇가: 셟(← 셟다, ㅂ불: 괴롭다, 苦)- + -으시(주높) + -잇(← -이-: 상높, 아높)- + -니…가(의종, 판정)

58) 아니호라: 아니ᄒᆞ[← 아니ᄒᆞ다(아니하다, 不: 보용, 부정): 아니(아니, 不: 부사, 부정) + -ᄒᆞ(동접)-]- + -Ø(현시)- + -오(화자)- + 라(← -다: 평종)

59) 뉘: 누(누구, 誰: 인대, 미지칭) + -ㅣ(← -이: 주조)

60) 信ᄒᆞ리잇고: 信ᄒᆞ[신하다, 믿다: 信(신: 불어) + -ᄒᆞ(동접)-]- + -리(미시)- + -잇(← -이-: 상높, 아높)- + -고(의종, 설명)

61) 나옷: 나(나, 我: 인대, 1인칭) + -옷(← -곳: -야말로, 보조사, 한정 강조)

62) 怒티: 怒ᄒᆞ[← 怒ᄒᆞ다(노하다): 怒(노: 불어) + -ᄒᆞ(동접)-]- + -디(-지: 연어, 부정)

63) 求ᄒᆞ논 딘댄: 求ᄒᆞ[구하다: 求(구: 불어) + -ᄒᆞ(동접)-]- + -ㄴ(← -ᄂᆞ-: 현시)- + -오(대상)- + -ㄴ(관전) # 딘댄: ᄃᆞ(← ᄃᆞ: 것, 者, 의명) + -이(서조)- + -ㄴ댄(-면: 연어, 조건)

64) 즉자히: 즉시로, 곧, 即(부사)

65) ᄒᆞᆫ가지오라: ᄒᆞᆫ가지[한가지, 마찬가지, 同(명사): ᄒᆞᆫ(한, 一: 관사, 양수) + 가지(가지, 種: 의명)] + -Ø(← -이-: 서조)- + -오라(← -고라: 명종, 희망)

66) ᄒᆞ신대: ᄒᆞ(하다, 曰)- + -시(주높)- + -ㄴ대(-는데, -니: 연어, 반응)

67) 녜: 녜(옛날, 昔) + -Ø(← -이: -과, 부조, 비교)

68) ᄃᆞ외시니라: ᄃᆞ외(되다, 爲)- + -시(주높)- + -Ø(과시)- + -니(원칙)- + -라(← -다: 평종)

69) 釋迦ㅣ시니라: 釋迦(석가) + -ㅣ(← -이-: 서조)- + -시(주높)- + -Ø(현시)- + -니(원칙)- + -라(← -다: 평종)

70) 즐기디: 즐기[즐기다, 樂: 즑(즐거워하다, 歡: 자동)- + -이(사접)-]- + -디(-지: 연어, 부정)

71) 뫼해: 뫼ㅎ(산, 山) + -애(-에: 부조, 위치)

72) 주으린: 주으리(주리다, 飢)- + -Ø(과시)- + -ㄴ(관전)

73) 삿기: 새끼, 子.

74) 하: [많이(부사): 하(많다, 多)- + -아(← -아: 연어 ▷ 부접)]

ᄒᆞ야 사ᄋᆞᆯ이 디나ᄃᆡ ᄇᆞ리고 나가디 몯ᄒᆞ야 하 주으려 도로 삿기ᄅᆞᆯ 머구려 ᄒᆞ더니 그 제 仙人ᄉᆞᆫ인ᄃᆞᆯ히 닐오ᄃᆡ 뉘 能ᄂᆞᆼ히 모ᄆᆞᆯ ᄇᆞ려 이ᄅᆞᆯ 救귷ᄒᆞ려뇨 太퇭子ᄌᆞㅣ 니ᄅᆞ샤ᄃᆡ 됴타 내 願원이 일어다 ᄒᆞ시고 砓崖ᅇᅢᆼㅅ 머리예 가샤 구버보시고 大땡悲빙心심ᄋᆞᆯ 내샤 山산 머리예 셔 겨샤 괴외히 定뗭에 드르샤 즉자히 淸쳥淨쪙 無뭉生ᄉᆡᆼ法법忍ᅀᅵᆫ에 니르르샤 디난 無뭉數숭 劫겁ㅅ 일와 아니 왯ᄂᆞᆫ 無뭉數숭 劫겁ㅅ 일ᄅᆞᆯ 보시고 도라와 즁과 五ᅌᅩᆼ百ᄇᆡᆨ 同똥學ᄒᆞᆨ도ᄃᆡ 니ᄅᆞ샤ᄃᆡ 내 이제 모ᄆᆞᆯ ᄇᆞ료리니 願원호ᄂᆞᆫ 各각各각 隨쒕喜흥ᄒᆞ라

하여 사흘이 지나되 (새끼를) 버리고 나가지 못하여, 하도 굶주려서 도로 새끼를 먹으려 하더니, 그때에 仙人(선인)들이 이르되 "누가 能(능)히 몸을 버려서 이를 救(구)하겠느냐?" 太子(태자)가 이르시되 "좋다. 내 願(원)이 이루어졌다." 하시고 砓崖(예애)의 머리에 가시어 (아래를) 굽어보시고, 大悲心(대비심)을 내시어 山(산) 머리에 서 계시어, 고요히 定(정)에 드시어 즉시 淸淨(청정)한 無生法忍(무생법인)에 이르시어, 지난 無數(무수) 劫(겁)의 일과 아니 와 있는 無數(무수) 劫(겁)의 일을 보시고 돌아오시어, 스승과 五百(오백) 同學(동학)에게 이르시되 "내가 이제 몸을 버리겠으니, 願(원)컨대 各各(각각)

ㅎ야 사ᅀᅡ리⁷⁵⁾ 디나ᄃᆡ ᄇ리고 나가디 몯ㅎ야 하 주으려 도로⁷⁶⁾ 삿기를 머구려⁷⁷⁾

터니⁷⁸⁾ 그제⁷⁹⁾ 仙_션人_{ᅀᅵᆫ}ᄃᆞᆯ히⁸⁰⁾ 닐오ᄃᆡ⁸¹⁾ 뉘 能_{ᄂᆞᆼ}히⁸²⁾ 모믈 ᄇ려 이를 救_굴ㅎ려

뇨⁸³⁾ 太_탱子_{ᄌᆞᆼ} ㅣ 니ᄅᆞ샤ᄃᆡ 됴타⁸⁴⁾ 내 願_원이 일어다⁸⁵⁾ ㅎ시고 砅_펑崖_{ᅇᆡ}ㅅ⁸⁶⁾ 머리

예 가샤 구버보시고 大_땡悲_빙心_심⁸⁷⁾을 내샤 山_산 머리예 셔 겨샤 괴외히⁸⁸⁾ 定_명

에 드르샤 즉자히 淸_쳥淨_쪙ᄒᆞᆫ 無_뭉生_{ᄉᆡᆼ}法_법忍_{ᅀᅵᆫ}⁸⁹⁾에 미츠샤⁹⁰⁾ 디나건 無_뭉數_숭劫

_겁⁹¹⁾ㅅ 일와 아니 왯ᄂᆞᆫ⁹²⁾ 無_뭉數_숭劫_겁ㅅ 이를 보시고 도라오샤 스승과 五_옹百_{ᄇᆡᆨ}

同_똥學_{ᄒᆞᆨ}ᄃᆞ려 니ᄅᆞ샤ᄃᆡ 내 이제 모믈 ᄇ료리니⁹³⁾ 願_원ᄒᆞᆫ든⁹⁴⁾ 各_각各_각

---

75) 사ᅀᅡ리: 사ᅀᅩᆯ(사흘, 三日) + -이(주조)
76) 도로: [도로, 逆(부사): 돌(돌다, 回: 동사)- + -오(부접)]
77) 머구려: 먹(먹다, 食)-+ -우려(-으려: 연어, 의도)
78) 터니: ㅎ(← ᄒᆞ다: 하다, 보용, 의도)- + -더(회상)- + -니(연어, 설명 계속)
79) 그제: [그제, 그때, 於時: 그(그, 彼: 관사, 지시, 정칭) + 제(제, 때, 時: 의명)] ※ '제'는 [(때, 時) + -의(부조, 시간)]으로 분석되는 의존 명사이다.
80) 仙人ᄃᆞᆯ히: 仙人ᄃᆞᆯㅎ[선인들, 신선들: 仙人(선인, 신선) + -ᄃᆞᆯㅎ(-들: 복접)] + -이(주조)
81) 닐오ᄃᆡ: 닐(← 니ᄅᆞ다: 이르다, 言)- + -오ᄃᆡ(-되: 연어, 설명의 계속)
82) 能히: [능히(부사): 能(능: 불어) + -ㅎ(←-ᄒᆞ-: 동접)- + -이(부접)]
83) 求ㅎ려뇨: 求ㅎ[구하다: 求(구: 불어) + -ㅎ(동접)-]- + -리(미시)- + -어(확인)- + -뇨(-냐: 의종, 설명)
84) 됴타: 둏(좋다, 善)- + -Ø(현시)- + -다(평종)
85) 일어다: 일(이루어지다, 成)- + -Ø(과시)- + -어(←-거-: 확인)- + -다(평종)
86) 砅崖ㅅ: 砅崖(예애, 낭떠러지) + -ㅅ(-의: 관전)
87) 大悲心: 대비심. 보살이 남의 고통을 함께 아파하고 그를 불쌍하게 여기는 마음이다.
88) 괴외히: [고요히, 寂(부사): 괴외(고요: 명사) + -ㅎ(←-ᄒᆞ-: 형접)- + -이(부접)]
89) 無生法忍: 무생법인. 존재하는 모든 것은 태어난 바가 없다는 깨달음을 확신하는 것이다.
90) 미츠샤: 및(미치다, 及)- + -으샤(←-으시-: 주높)- + -Ø(←-아: 연어)
91) 無數劫: 무수겁. 헤아릴 수 없을 만큼 긴 시간이다.
92) 왯ᄂᆞᆫ: 오(오다, 來)- + -아(연어) + 잇(← 이시다: 있다, 보용, 완료 지속)- + -ᄂᆞ(현시)- + -ㄴ(관전)
93) ᄇ료리니: ᄇ리(버리다, 棄)- + -리(미시)- + -오(화자)- + -니(연어, 설명 계속)
94) 願ᄒᆞᆫ든: 願ᄒᆞ[원하다: 願(원: 명사) -ㅎ(동접)-]- + -ㄴ든(-건대: 연어, 주제 제시) ※ '-ㄴ든'은 [-ㄴ(관전) + ᄃᆞ(것, 者: 의명) + -ㄴ(←-ᄂᆞᆫ: 보조사, 주제)]의 방식으로 형성된 연결 어미다.

長댱〯者쟝〯ㅣ 男남女녕〯五옹〯百ᄇᆡᆨ〮ᄃᆞᆯ
노〮라〮神씬仙션〯이〮울〮며〮그〮날〮富ᄫᅮᆼ蘭란
ᄇᆡᆨ〮子ᄌᆞᆼ〮神씬仙션〯이〮울〮며〮太탱子ᄌᆞᆼ〮富ᄫᅮᆼ五옹〯百ᄇᆡᆨ〮
득〮妙ᄆᅃᆞᆯ〮ᄒᆞ〮야〮외〮실〮太탱子ᄌᆞᆼ〮과五옹〯百ᄇᆡᆨ〮
밍〯ᄒᆞ〮니〮ᄂᆞ〮야〮ᄫᅵ〮리〮더〮스〮ᇰ과道똥理링太탱得
이〮다리〮스〮면〮즌〮이〮눌〮다부〮리〮저〮마道똥理링微
九굴〯百ᄇᆡᆨ〮호ᇰ〮디〮니〮아〮ᄒᆞ〮옴모미〮ᄯᅳᆺᄯᅥᄫᅵ〮다놈〮고〮
額원ᄒᆞ〮니〮데太탱子ᄌᆞᆼ〮즌아몰볼료〮보〮려〮니〮ᄂᆞᆫ〮마
ᄒᆞ〮셔〮ᄂᆞᆫ엇〮ᄌᆞᆼㅣ론ᄒᆞ〮ᄅᆞᆯ모리〮ᄒᆞ〮오〮
이〮시〮ᄂᆞᆫ〮엇〮ᄃᆡ太탱子ᄌᆞᆼㅣ론화보미ᄂᆞᆫ
ᄃᆡ〮셔〮니〮뎌子ᄌᆞᆼ〮랑ᄒᆞ〮ᄂᆞᆫ〮몰ᄫᅩᆷ네료〮
ᄒᆞ〮아고〮라〮ㅅ승〮이〮솔〮ᄫᅩ디〮道똥理링ᄒᆞ〮비〮야〮환

隨喜(수희)하기 바란다. 스승이 사뢰되 "道理(도리)를 배운 지가 아니 오래 어서 알며 보는 것이 넓지 못하여 있어, 어찌 문득 사랑하는 몸을 버리려 하시나니?" 太子(태자)가 이르시되 "내가 옛날에 願(원)하되 천(千)의 몸을 버리려 하였는데, 이미 九百(구백) 아홉 몸을 버렸으니, 오늘 (몸을) 버리면 천의 몸이 차겠으므로 (몸을) 버리려 합니다." 스승이 이르되 "그대의 뜻이 높고 微妙(미묘)하여 마땅히 먼저 道理(도리)를 得(득)하겠으니, 다시 (몸을) 버리지 말기 바란다." 太子(태자)가 하직(下直)하고 가실 때에 스승과 五百 (오백) 神仙(신선)이 울며 太子(태자)를 보내느라고 山(산)머리에 가며, 그날 富蘭長者(부란장자)가 男女(남녀) 五百(오백)을 더불고

隨_쒱喜_횡ᄒ고라⁹⁵⁾ 스승이 술보디 道_똘理_링ᄅ 비환⁹⁶⁾ 디⁹⁷⁾ 아니 오라아 알며 보미 넙디 몯ᄒ야 이셔 엇뎨 믄득⁹⁸⁾ ᄉ랑ᄒ논⁹⁹⁾ 모ᄅᆯ ᄇ료려¹⁾ ᄒ시ᄂ니²⁾ 太_탱子_ᄌㅣ 니ᄅ샤디 내 녜 願_원호디 즈믄³⁾ 모ᄅᆯ ᄇ료려 호니 ᄒ마 九_굴百_빅아흔 아홉 모ᄅᆯ ᄇ료니 오늘 ᄇ리면 즈믄 모미 ᄎ릴ᄊᆡ⁴⁾ ᄇ료려 ᄒ노이다⁵⁾ 스승이 닐오디 그딋⁶⁾ ᄠ디⁷⁾ 놉고 微_밍妙_묠ᄒ야 당다이 몬져⁸⁾ 道_똘理_링ᄅ 得_득ᄒ리니 ᄂ외야⁹⁾ ᄇ리디 마오라 太_탱子_ᄌㅣ 하딕고¹⁰⁾ 가싫 제 스승과 五_옹百_빅 神_씬仙_션이 울며 太_탱子_ᄌ 보내ᅀᆞ노라¹¹⁾ 山_산머리예¹²⁾ 가며 그 날 富_붕蘭_란長_당者_쟝ㅣ 男_남女_녕 五_옹百_빅 더블오¹³⁾

---

95) 隨喜ᄒ고라: 隨喜ᄒ[수희하다: 隨喜(수희) + -ᄒ(동접)-] + -고라(명종, 희망) ※ '隨喜(수희)'는 남의 좋은 일을 보고 함께 기뻐하는 것이다. 혹은 남의 선행을 칭찬하는 것이다.

96) 비환: 비호[배우다, 學: 빟(습관이 되다, 習)- + -오(사접)-] + -Ø(과시)- + -아(확인)- + -ㄴ(관전)

97) 디: 디(지: 의명, 시간의 경과) + -Ø(← -이: 주조)

98) 믄득: 문득, 瞥(부사)

99) ᄉ랑ᄒ논: ᄉ랑ᄒ[사랑스럽게 생각하다, 愛念: ᄉ랑(사랑, 생각: 명사) + -ᄒ(동접)-] + ㄴ(← -ᄂ-: 현시)- + -오(대상)- + -ㄴ(관전)

1) ᄇ료려: ᄇ리(버리다, 棄)- + -오려(-려: 연어, 의도)

2) ᄒ시ᄂ니: ᄒ(하다: 보용, 의도)- + -시(주높)- + -ᄂ(현시)- + -니(의종, 반말)

3) 즈믄: 일천, 一千(관사, 양수)

4) ᄎ릴ᄊᆡ: ᄎ(차다, 滿)- + -리(미시)- + -ㄹᄊᆡ(-ᄆᆞ로: 연어, 이유, 원인)

5) ᄒ노이다: ᄒ(하다: 보용, 의도)- + -ㄴ(← -ᄂ-: 현시)- + -오(화자)- + -이(상높, 아높)- + -다(평종)

6) 그딋: 그듸[그대(인대, 2인칭, 예높): 그(그, 彼: 지대, 정칭) + -듸(높접)] + -ㅅ(-의: 관전, 의미상 주격)

7) ᄠ디: ᄠᆮ(뜻, 意) + -이(주조)

8) 몬져: 먼저, 先(부사)

9) ᄂ외야: [다시, 거듭하여, 復(부사): ᄂ외(거듭하다, 復: 동사)- + -야(← -아: 연어 ▷부접)]

10) 하딕고: 하딕(← 하직ᄒ다(하직하다): 하직(下直) + -ᄒ(동접)-] + -고(연어, 나열)

11) 보내ᅀᆞ노라: 보내(보내다, 遣)- + -ᅀᆞ(객높)- + -노라(연어, 목적, 원인)

12) 山머리예: 山머리[산머리, 山頂: 산(산, 山) + 머리(머리, 頂)] + -예(← -에: 부조, 위치)

13) 더블오: 더블(더불다, 俱)- + -오(← -고: 연어, 계기)

오 供공養양가져 山산익올아가 보습
고 슬허우러 太탱子중조쪄 방山산
리예 니거늘 太탱子중익 한 사익를 알
큰 誓쏑願원을 發벓호샤 뒤 내이제 몸
니몰뒷논 功공德득으로 菩뽕提똉를 쐴노
일워 金금剛강法법身신 常썅樂락我앙
두生싱死중 아니호미 常썅이오 두
淨쩡受쓩在찡淨쩡我앙ㅣ오 八밝自쯩在찡清청
自쯩受쓩在찡我앙ㅣ라 八밝自쯩在찡
淨쩡이 淨쩡하며 져구미 自쯩在찡호미
니 호나호미 호모미 한 몸보요
니 호모미한 몸보요몰 니르니라 둘은

供養(공양)을 가져 山(산)에 올라가 (태자를) 보고, 슬퍼하여 울어 太子(태자)를 쫓아서 山(산) 머리에 가거늘, 太子(태자)가 많은 사람의 앞에서 큰 誓願(서원)을 發(발)하시되 "내가 이제 몸을 버려 衆生(중생)의 목숨을 救(구)하니, (이전에 쌓아) 둔 功德(공덕)으로 菩提(보리)를 빨리 이루어, 金剛身(금강신)과 常樂我淨(상락아정)의 無爲法身(무위법신)을 得(득)하여

두 生死(생사)가 없는 것이 常(상)이요, 두 녘의 가장자리를 受(수)하지 아니하는 것이 樂(낙)이요, 八自在(팔자재)가 我(아)이요, 三業((삼업)의 淸淨(청정)이 淨(정)이다. 八自在(팔자재)는 하나는 많으며 적음이 自在(자재)한 것이니, 한 몸이 많은 몸을 보이는 것을 일렀니라. 둘은

供공養양 가져 山산이 올아가 보ᅀᆞᆸ고 슬허[14] 우러 太탱子ᄌᆞ 조ᄍᆞ바[15] 山산 머리예

니거늘[16] 太탱子ᄌᆞ | 한 사ᄅᆞᆷ 알ᄑᆡ[17] 큰 誓쎙願원을 發벓ᄒᆞ샤ᄃᆡ 내 이제 모ᄆᆞᆯ ᄇᆞ려

衆즁生ᄉᆡᆼ이 목수믈 救굴ᄒᆞ노니[18] 뒷논[19] 功공德득[20]으로 菩뽕提똉[21]를 ᄲᆞᆯ리[22] 일워

金금剛강身신[23] 常쌍 樂락 我앙 淨쪙[24] 無뭉爲윙法법身신[25]을 得득ᄒᆞ야

두 生ᄉᆡᆼ死ᄉᆞᆼ 업수미 常쌍이오 두 녁 ᄀᆞᆺ[26] 受쓩티[27] 아니호미 樂락이오 八밣

自쭝在찡[28] 我앙ㅣ오 三삼業업[29] 淸쳥淨쪙이 淨쪙이라 八밣自쭝在찡ᄂᆞᆫ ᄒᆞ나

ᄒᆞᆫ[30] 하며 져구미 自쭝在찡홀 씨니 ᄒᆞᆫ 모미 한 몸 ᄆᆡ요ᄆᆞᆯ[31] 니ᄅᆞ니라 둘흔

---

14) 슬허: 슳(슬퍼하다, 哀)- + -어(연어)

15) 조ᄍᆞ바: 조(← 좇다: 쫓다, 따르다, 從)- + -ᄍᆞᆸ(←-ᄌᆞᆸ-: 객높)- + -아(연어)

16) 니거늘: 니(가다, 行)- + -거늘(연어, 상황)

17) 알ᄑᆡ: 앒(앞, 前) + -ᄋᆡ(-에: 부조, 위치)

18) 救ᄒᆞ노니: 救ᄒᆞ[구하다, 救: 救(구: 불어) + -ᄒᆞ(동접)-]- + -ᄂᆞ(←-ᄂᆞ-: 현시)- + -오(화자)- + 니(연어, 설명 계속)

19) 뒷논: 두(두다, 置)- + -Ø(←-어: 연어) # 잇(보용, 완료 지속)- + -ᄂᆞ(←-ᄂᆞ-: 현시)- + -오(대상)- + -ㄴ(관전) ※ '뒷논'은 '두어 잇논'이 축약된 형태이다.

20) 功德: 공덕. 좋은 일을 행한 덕으로 훌륭한 결과를 가져오게 하는 능력이다.

21) 菩提: 보리. 불교에서 수행 결과 얻어지는 깨달음의 지혜나 그 지혜를 얻기 위한 수도 과정이다.

22) ᄲᆞᆯ리: [빨리, 速(부사): ᄲᆞᆯ르(←ᄲᆞᆯᄅᆞ다: 빠르다, 速, 형사)- + -이(부접)]

23) 金剛身: 금강신. 삼신(三身)의 하나. 불법의 이치와 일치하는 부처의 몸을 이른다.

24) 常樂我淨: 상락아정. 대승 불교에서 말하는 열반의 네 가지 덕이다. 열반의 세계는 절대 영원하고(常) 즐겁고(樂) 자재(自在)한 참된 자아가 확립되어 있으며(我) 청정함(淨)을 이른다.

25) 無爲法身: 무위법신. 인연에 의하여 생멸하지 않는 법신(法身)의 부처(佛)이다.

26) ᄀᆞᆺ: 가, 가장자리, 邊.

27) 受티: 受ᄒᆞ[← 受ᄒᆞ다(수하다, 받다): 受(수: 불어) + -ᄒᆞ(동접)-]- + -디(-지: 연어, 부정)

28) 八自在: 팔자재. 열반(涅槃) 사덕(四德)의 아덕(我德)에 팔종(八種)의 대자재(大自在)한 뜻이 있는 것이다. ※ 自在(자재)는 일체의 속박이나 장애가 없이 마음대로인 것이다.

29) 三業: 삼업. '신체·언어·마음'으로 이루어지는 선악의 행위이다. 몸으로 짓는 것은 신업(身業), 말로 짓는 것은 구업(口業), 생각으로 짓는 것은 의업(意業)이라고 한다.

30) ᄒᆞ나ᄒᆞᆫ: ᄒᆞ나ᄒᆞ(하나, 一: 수사, 양수) + -ᄋᆞᆫ(보조사, 주제)

31) ᄆᆡ요ᄆᆞᆯ: ᄆᆡ[보이다, 示: 보(보다, 見: 타동)- + -ㅣ(←-이-: 사접)-]- + -욤(←-옴: 명전) + -ᄋᆞᆯ(목조)

크며 적음이 自在(자재)한 것이요, 셋은 가벼우며 무거움이 自在(자재)한 것
이요, 넷은 한가지며 다름이 自在(자재)한 것이요, 다섯은 境(경)을 對(대)하
여 自在(자재)한 것이니 한 根(근)이 色聲(색성)을 보며 듣는 것들이다. 여
섯은 法(법)에 自在(자재)한 것이요, 일곱은 퍼뜨려서 說法(설법)하는 것이
自在(자재)한 것이요, 여덟은 널리 現(현)함이 自在(자재)한 것이니 함께 一
切(일체)를 보게 하는 것이다.
度(도)하지 못한 이를 度(도)하며, 알지 못한 이를 알게 하며, 便安(편안)하지
못한 이를 便安(편안)하게 하리라. 나의 이 몸이 無常(무상) 苦惱(고뇌)며 많은
毒(독)이 모인 것이니,

크며 져구미 自쫑在찡홀 씨오 세흔 가비야ᄫᅵ며³²⁾ 므거부미³³⁾ 自쫑在찡홀 씨오 네흔 ᄒᆞᆫ가지며 달오미³⁴⁾ 自쫑在찡홀 씨오 다ᄉᆞᆫ 境경³⁵⁾을 對됭ᄒᆞ야 自쫑在찡홀 씨니 ᄒᆞᆫ 根ᄀᆞᆫ³⁶⁾이 色ᄉᆡᆨ聲셩³⁷⁾을 보며 드롬ᄃᆞᆯ히라³⁸⁾ 여스슨 法법에 自쫑在찡홀 씨오 닐구븐 불어³⁹⁾ 說ᅘᅯᇙ法법호미 自쫑在찡홀 씨오 여들븐 너비⁴⁰⁾ 現현호미 自쫑在찡홀 씨니 ᄒᆞᆫᄢᅴ⁴¹⁾ 一ᅙᅵᇙ切촁 보게 홀 씨라

度똥티⁴²⁾ 몯ᄒᆞ니를⁴³⁾ 度똥ᄒᆞ며 아디 몯ᄒᆞ니를 알에⁴⁴⁾ ᄒᆞ며 便뼌安ᅙᅡᆫ티⁴⁵⁾ 몯ᄒᆞ니를 便뼌安ᅙᅡᆫ케 호리라⁴⁶⁾ 내 이 모미 無뭉常썅 苦콩惱ᄂᆞᆯ이며 한 毒똑이⁴⁷⁾ 모ᄃᆞᆫ⁴⁸⁾ 거시니

---

32) 가비야ᄫᅵ며: 가비얗(← 가비얍다, ㅂ불: 가볍다, 輕)-+-ᄋᆞ며(연어, 나열)

33) 므거부미: 므겇[← 므겁다, ㅂ불(무겁다, 重): *믁(불어)-+-업(형접)-]-+-움(명전)-+-이(주조)

34) 달오미: 달(← 다ᄅᆞ다: 다르다, 異)-+-옴(명전)+-이(주조)

35) 境: 경. 산스크리트어 viṣaya를 의역한 말로서 '대상. 인식 대상'이나 '경지'를 뜻한다. 여기서는 '인식의 대상'의 뜻으로 쓰였다.

36) 根: 근. 어떤 작용을 일으키는 강력한 힘으로서, 육근(六根)의 능력을 이른다. ※ '六根(육근)'은 육식(六識)을 낳는 눈, 귀, 코, 혀, 몸, 뜻의 여섯 가지 근원이다.

37) 色聲: 색성, '色(색)'은 빛이며, '聲(성)'은 소리이다.

38) 드롬ᄃᆞᆯ히라: 듣(← 듣다, ㄷ불: 듣다, 聽)-+-옴(명전) # ᄃᆞᆯᄒᆞ(들, 等: 의명)+-이(서조)-+-Ø(현시)-+-라(←-다: 평종)

39) 불어: 불(← 부르다: 널리 퍼뜨리다, 演)-+-어(연어)

40) 너비: [널리, 廣(부사): 넙(넙다, 廣: 형사)-+-이(부접)]

41) ᄒᆞᆫᄢᅴ: [함께, 同(부사): ᄒᆞᆫ(한, 一: 관사, 양수)+ᄢ(←ᄢᅥ: 때, 時)+-의(부조, 위치, 시간)]

42) 度티: 度ᄒᆞ[← 度(도: 불어)+-ᄒᆞ(동접)-]-+-디(-지: 연어, 부정) ※ '度(도)'는 제도(濟度)하는 것이다. 미혹한 세계에서 생사만을 되풀이하는 중생을 건져 내어 생사 없는 열반의 언덕에 이르게 하는 것이다.

43) 몯ᄒᆞ니를: 몯ᄒᆞ[못하다, 不能(보용, 부정): 몯(못, 不: 부사, 부정)+-ᄒᆞ(동접)-]-+-Ø(과시)-+-ㄴ(관전) # 이(이, 者: 의명)+-를(목조)

44) 알에: 알(알다, 깨우치다, 悟)-+-에(←-게: 연어, 사동)

45) 便安티: 便安ᄒᆞ[← 便安ᄒᆞ다(편안하다): 便安(편안: 명사)+-ᄒᆞ(동접)-]-+-디(-지: 연어, 부정)

46) 호리라: ᄒᆞ(← ᄒᆞ-: 하다, 爲, 보용, 사동)-+-오(화자)-+-리(미시)-+-라(←-다: 평종)

47) 毒이: 毒(독)+-이(관조, 의미상 주격)

48) 모ᄃᆞᆫ: 몯(모이다, 集: 자동)-+-Ø(과시)-+-ᄋᆞᆫ(관전)

ᄒᆞ니 ·이 모·미 조·ᄒᆞ·디 몯ᄒᆞ·야 아·홉 굼·긔 ᄀᆞ·ᄃᆞᆨᄒᆞ·야 흘·러 네 큰 毒·똥蛇·쌰ㅣ 너·흘·며 다·ᄉᆞᆺ 갈 ᄲᅡᆫ 盜·도ᇢ賊·쯱 오 조·차 바·히ᄂᆞ·니 ·이ᄀᆞ·ᄐᆞᆫ 모·ᄆᆞᆯ 도·라오·디 아·니케 ᄃᆞ외·요·니 오·직 차·반·과 五·욕欲樂·락ᄋᆞ·로 ·이 모·ᄆᆞᆯ 供·공養·양ᄒᆞ·다·가 命·명終·즁ᄒᆞᆫ 後·ᅘᅮᇢ·에 地·띵獄·옥ᄋᆡ ᄠᅥ·러·디·여 그·지 업·슨 受·쓩苦·콩ᄒᆞᄂᆞ·니 사·ᄅᆞᄆᆡ 모·미·라 호·ᄆᆞᆫ 오·직 受·쓩苦·콩ᄒᆞ·고 즐·거·부미 업·스·니·라 ᄯᅩ 盟·ᄆᆡᇰ誓·쎼ᄒᆞ·야 닐·오·ᄃᆡ 이·제 내 고기·와 피·로 주·린 버·믈 救·굴ᄒᆞ노·니 나·ᄆᆞᆫ 舍·샹利·링·로 父·뿡母·ᄆᆞᆯ ㅣ 塔·탑 일·우·샤 一·힗切·촁 衆·즁生·싱·이 아·래 罪·쬥業·업因·힌緣·원·으·로 몯 고·틸 病·뼝·을

이 몸이 깨끗하지 못하여 아홉 구멍에 (독이) 가득하여 흘러서, 네 (마리의) 큰 毒蛇(독사)가 (내 몸을) 씹으며 다섯 칼을 뺀 盜賊(도적)이 쫓아 (몸을) 베나니, 이와 같은 몸을 돌아오지 아니하게 되리라. 단 음식과 五欲樂(오욕락)으로 이 몸을 供養(공양)하다가, 命終(명종)한 後(후)에 地獄(지옥)에 떨어지어 그지없는 受苦(수고)를 하나니, 사람의 몸이라 하는 것은 오직 受苦(수고)하지만 즐거움이 없으니라." (태자가) 또 盟誓(맹서)하여 이르시되 "이제 내 고기와 피로 굶주린 범을 救(구)하니, 남은 舍利(사리)로 父母(부모)가 塔(탑)을 이루시어, 一切(일체) 衆生(중생)이 예전의 罪業(죄업)의 因緣(인연)으로 못 고칠 病(병)을 한 이가

이 모미 조티[49] 몯ᄒ야 아홉 굼긔[50] ᄀᆞ득ᄒ야[51] 흘러 네 큰 毒똑蛇썅ㅣ 너흘며[52] 다ᄉᆞᆺ 갈[53] ᄲᅢ현[54] 盜똘賊쯕이 ᄲᅩ차 바히ᄂᆞ니[55] 이[56] ᄀᆞ톤[57] 모ᄆᆞᆯ 도라오디 아니케 ᄃᆞ외요리라[58] ᄃᆞᆫ[59] 차반과[60] 五옹欲욕樂락[61]ᄋᆞ로 이 몸 供공養양ᄒᆞ다가 命명終쥬ᇰᄒᆞᆫ[62] 後ᅘᅮᇢ에 地띵獄옥애 ᄠᅥ러디여[63] 그지업슨[64] 受쓩苦콩 ᄒᆞᄂᆞ니 사ᄅᆞ미 모미라 ᄒᆞᇙ 거슨 오직 受쓩苦콩ᄒᆞ디비[65] 즐거부미 업스니라 ᄯᅩ 盟명誓쎵ᄒᆞ야 니ᄅᆞ샤ᄃᆡ 이제 내 고기와 피와로 주으린 버를 救구ᇢᄒᆞ노니 나ᄆᆞᆫ 舍샹利링[66]ᄅᆞᆯ 父뿡母뭉ㅣ 塔탑 이르샤[67] 一ᅙᅵᇙ切촁 衆쥬ᇰ生ᄉᆡᇰ이 아릿 罪쬥業업 因ᅙᅵᆫ緣원ᄋᆞ로 몯 고티ᇙ 病뼈ᇰᄒᆞ니[68]

---

49) 조티: 좋(깨끗하다, 맑다, 淨)-+-디(-지: 연어, 부정)

50) 굼긔: 굵(← 구무: 구멍, 孔)+-의(-에: 부조, 위치)

51) ᄀᆞ득ᄒ야: ᄀᆞ득ᄒ[가득하다, 滿: ᄀᆞ득(가득, 滿: 부사)+-ᄒ(형접)-]-+-야(←-아: 연어)

52) 너흘며: 너흘(씹다, 嚙)-+-며(연어, 나열)

53) 갈: 갈(← 갈ㅎ: 칼, 刀)

54) ᄲᅢ현: ᄲᅢ혀[빼다, 拔: ᄲᅢ(빼다, 拔)-+-혀(강접)-]-+-Ø(과시)-+-ㄴ(관전)

55) 바히ᄂᆞ니: 바히[베다, 斬: 밯(벟다: 베어지다, 자동)-+-이(사접)-]-+-ᄂᆞ(현시)-+-니(연어, 설명 계속)

56) 이: 이(이것, 此: 지대, 정칭)+-Ø(←-이: -와, 부조, 비교)

57) ᄀᆞ톤: ᄀᆞ토(같다, 如)-+-Ø(현시)-+-ㄴ(관전)

58) ᄃᆞ외요리라: ᄃᆞ외(되다, 爲)-+-요(←-오-: 화자)-+-리(미시)-+-라(←-다: 평종)

59) ᄃᆞᆫ: ᄃᆞ(← ᄃᆞᆯ다: 달다, 甘)-+-Ø(현시)-+-ㄴ(관전)

60) 차반과: 차반(음식, 飮食)+-과(접조)

61) 五欲樂: 오욕락. 재욕(財欲)·성욕·음식욕·명예욕·수면욕(睡眠欲)의 즐거움이다.

62) 命終ᄒᆞᆫ: 命終ᄒᆞ[명종하다, 죽다: 命終(명종)+-ᄒᆞ(동접)-]-+-Ø(과시)-+-ㄴ(관전)

63) ᄠᅥ러디여: ᄠᅥ러디[떨어지다, 墮: ᄠᅥᆯ(떨다, 離)-+-어(연어)+디(지다, 落)-]-+-여(←-어: 연어)

64) 그지업슨: 그지없[그지없다, 無量: 그지(끝, 한도, 限)+없(없다, 無)-]-+-Ø(현시)-+-은(관전)

65) 受苦ᄒᆞ디비: 受苦ᄒᆞ[수고하다: 受苦(수고)+-ᄒᆞ(동접)-]-+-디비(-지만: 연어, 대조)

66) 舍利: 사리. 고승이나 불자를 화장한 뒤에 유해에서 발견되는 구슬 모양의 결정체이다.

67) 이르샤: 이르[세우다, 建: 일(일우어지다, 成: 자동)-+-으(사접)-]-+-샤(←-시-: 주높)-+-Ø(←-아: 연어)

68) ᄒᆞ니: ᄒᆞ(하다, 爲)-+-Ø(과시)-+-ㄴ(관전) # 이(이, 사람, 者: 의명)+-Ø(←-이: 주조)

정天텬과 썬러崖ᅟᅢᆼ 쇠ᄲᅥ 과탱 ᄤᅡᆼ 하ᄒ 반 로ᄒ니
悔횡 ᄉᆞ랑 버ᄉᆞ 子ᄌᆞᆼ 리롤 면ᄃ 供공 내 塔탑
텬과 ᄒᆞ리 두드 머리고 시고 라비 ᄒ기 養양 애 와
과天 도잇 리도 리옛 鹿록 ᄒ코 듣ᄒ ᄒᆞ면 至징
텬帝 더니 시며 사ᄀᆞ 皮삥 ᄊᆞ니 定뎡 百빅 極끅
뎅 首슘 머리 룰돌 옷 바 히 天텬 日ᅀᅵᆯ ᄒᆞᄆᆞᆺ
釋셕 陁땅 도조 ᄒᆞ니 더디 즉자 이라 몯디 ᄉᆞ며
과 會ᅘᅬᆼ ᄉᆞ시 슬허 샤 신 히 振진 ᄒ 香향 나아
四ᄉᆞᆼ 諸 ᄆᆞᆯ며 그제 머리 動뚱 華ᅘᅪᆼ ᄶᅥ
會ᅘᅬᆼ 懷참 砅예 에ᅀᅡ ᄒᆞ 陁땅 룰 비
天텬 禪 崖ᅟᅢᆼ 平 어예 太華 羅랑 티아 니셔

내 塔(탑)에 와 至極(지극)한 마음으로 供養(공양)하면, 百日(백일)이 못 지나서 (병이) 반드시 좋아지리라. 만일 (내가 한 말이) 虛(허)하지 아니하면 諸天(제천)이 香華(향화)를 흩뿌리시리라."고 하시니, 즉시 (제천이) 曼陁羅華(만다라화)를 흩뿌리고 땅이 다 振動(진동)하더니, 太子(태자)가 鹿皮(녹피, 사슴가죽) 옷을 벗으시어 머리에 감으시고 범의 앞에 몸을 던지시니, 어미 범이 먹고 새끼도 살았니라. 그때에 砅崖(예애)의 머리에 있는 사람들이 슬퍼하여 매우 울어 가슴을 두드리고 (땅에) 구르는 이도 있으며, 禪(선)을 생각하는 이도 있으며, 머리를 조아려 懺悔(참회)하는 이도 있더니, 首陁會諸天(수타회제천)과 天帝釋(천제석)과

내 塔_탑애 와 至_징極_끅한 무수무로⁶⁹⁾ 供_공養_양학면 百_빅日_싏 몯 디나셔⁷⁰⁾ 반도 기⁷¹⁾ 됴학리라⁷²⁾ 학다가⁷³⁾ 虛_헝티⁷⁴⁾ 아니학면 諸_정天_텬이 香_향華_꾏를 비학시리 라⁷⁵⁾ 학시니 즉자히 曼_만陁_땅羅_랑華_꾏⁷⁶⁾를 비코 짜히⁷⁷⁾ 다 振_진動_똥학더니 太_탱子_중ㅣ 鹿_록皮_뼁 옷 바ᄉ샤⁷⁸⁾ 머리예 가무시고 버믜 알ᄑᆡ 모믈 더디신대⁷⁹⁾ 어싀⁸⁰⁾ 버미 먹고 삿기도 사니라⁸¹⁾ 그제 砬_펑崖_앵ㅅ 머리옛 사름들히 슬허 ᄀ 장 우러 가슴⁸²⁾ 두드리고 그울리도⁸³⁾ 이시며 禪_쎤 ᄉ랑학리도⁸⁴⁾ 이시며 머리 조사⁸⁵⁾ 懺_참悔_횡학리도 잇더니 首_슣陁_땅會_뼁 諸_정天_텬⁸⁶⁾과 天_텬帝_뎽釋_셕⁸⁷⁾과

---

69) 무수무로: 무슴(마음, 心) + -우로(부조, 방편)

70) 디나셔: 디나(지나다, 過)- + -아(연어) + -셔(-서: 보조사, 강조)

71) 반도기: [반드시, 必(부사): 반독(불어) + -Ø(←-ᄒ-: 형접) + -이(부접)]

72) 됴학리라: 됴(좋아지다, 好: 동사)- + -우리(미시) + -라(←-다: 평종)

73) 학다가: 만일, 만약, 若(부사)

74) 虛티: 虛ᄒ[←虛ᄒ다(허하다): 虛(허: 불어) + -ᄒ(형접)]- + -디(-지: 연어, 부정)

75) 비학시리라: 빟(흩뿌리다, 散)- + -우시(주높)- + -리(미시) + -라(←-다: 평종)

76) 曼陁羅華: 만다라화(mandārava). 불전에 보이는 천화(천계의 꽃)의 하나이다. 석가나 여래들의 깨달음이나 설법시에 이를 기뻐하는 신들의 뜻에 따라서 스스로 공중에 피어서 내려온다고 한다.

77) 짜히: 짜ᄒ(땅, 地) + -이(주조)

78) 바ᄉ샤: 밧(벗다, 脫)- + -우샤(←-으시-: 주높)- + -Ø(←-아: 연어)

79) 더디신대: 더디(던지다, 投)- + -시(주높)- + -ㄴ대(-는데, -니: 연어, 반응)

80) 어싀: 어머니, 어미, 母.

81) 사니라: 사(← 살다, 生)- + -Ø(과시)- + -니(원칙)- + -라(←-다: 평종)

82) 가슴: 가슴, 胸.

83) 그울리도: 그울(구르다, 轉)- + -ㄹ(관전) # 이(이, 者: 의명) + -도(보조사, 첨가)

84) ᄉ랑학리도: ᄉ랑ᄒ[생각하다, 思惟: ᄉ랑(생각, 思惟: 명사) + -ᄒ(동접)]- + -ㄹ(관전) # 이(이, 者: 의명) + -도(보조사, 첨가)

85) 조사: 좃(← 좃다, ㅅ불: 조아리다, 敬禮)- + -아(연어)

86) 首陁會 諸天: 수타회 제천. 색계(色界)의 제사(第四) 선천(禪天)에 구천(九天)이 있는데, 그 중에 서 수타회천(首陁會)은 불환과(不還果)를 증득(證得)한 성인(聖人)이 나는 하늘이다. 여기서는 수타회천(首陁會天)을 주관하는 천신들을 이른다. '정거천(淨居天)'이라고도 한다.

87) 天帝釋: 천제석(= 제석천). 십이천의 하나이다. 수미산 꼭대기에 있는 도리천(忉利天)의 임금이다.

[9앞]

王왕ᄃᆞᆯ콰 日ᅀᅵᇙ月워ᇙ 諸졍天텬 數숭千쳔
萬먼衆즁이 다 無뭉上썅菩뽕提똉
心심을 發벓ᄒᆞ야 풍류ᄒᆞ고 香햐ᇰ 퓌우
며 곳 비허 太탱子ᄌᆞᆼᄅᆞᆯ 供공養ᅌᅣᆼᄒᆞᅀᆞᆸ
고 닐오ᄃᆡ 됴ᄒᆞ실쎠 摩망訶항薩삻埵
ᅀᅧ 아니 오라 당다이 道똘ᇢ場땨ᇰ애
안ᄌᆞ시리로다 ᄒᆞ더니 五ᅌᅩᆼ百ᄇᆡᆨ 仙션
人ᅀᅵᆫ이 다 無뭉上썅正져ᇰ眞진 道똘ᇢ
ㅣ 힝 無뭉生ᄉᆡᇰ 忍ᅀᅵᆫ을 得득ᄒᆞ니라
摩망訶항薩삻埵 神씬仙션大땡師ᄉᆞᆼ
太탱子ᄌᆞᆼᆺ 일후미시니라
王왕과 夫붕人ᅀᅵᆫ과 妃핑后ᅘᅮᇢ왜 드르
시고 山산애 가샤 몯과 내 슬허시 더니

四天王(사천왕)들과 日月(일월) 諸天(제천) 數千萬(수천만) 衆(중)이 다 無上(무상) 菩提心(보리심)을 發(발)하여 풍류하시고, 香(향)을 피우며 꽃을 흩뿌려 太子(태자)를 供養(공양)하고 이르되 "좋으시구나! 摩訶薩埵(마하살다)여! 아니 오래어서 마땅히 道場(도량)에 앉으시겠구나!"라고 하더니, 五百(오백) 仙人(선인)이 다 無上(무상)한 正眞(정진)의 道意(도의)를 發(발)하며, 神仙大師(신선대사)가 無生忍(무생인)을 得(득)하였느니라.

摩訶薩埵(마하살타)는 太子(태자)의 이름이시니라.

王(왕)과 夫人(부인)과 妃后(비후)가 들으시고 山(산)에 가시어 못내 슬퍼하시더니,

四_숭天_텬王_왕들콰⁸⁸⁾ 日_싪月_웛 諸_졍天_텬 數_숭千_천萬_먼 衆_즁이 다 無_뭉上_썅 菩_뽕提_똉心_심⁸⁹⁾을 發_벓ᄒᆞ야 풍류ᄒᆞ시고 香_향 퓌우며⁹⁰⁾ 곳 비허 太_탱子_{ᄌᆞ}를 供_공養_양ᄒᆞ습고 닐오ᄃᆡ 됴ᄒᆞ실쎠⁹¹⁾ 摩_망訶_항薩_삻埵_둫여⁹²⁾ 아니 오라아 당다이 道_똘場_땽⁹³⁾애 안ᄌᆞ시리로다⁹⁴⁾ ᄒᆞ더니 五_옹百_빅 仙_션人_{ᅀᅵᆫ}이 다 無_뭉上_썅 正_졍眞_진⁹⁵⁾ 道_똘意_{ᄒᆡᆼ}⁹⁶⁾를 發_벓ᄒᆞ며 神_씬仙_션 大_땡師_승ㅣ 無_뭉生_싱忍_{ᅀᅵᆫ}⁹⁷⁾을 得_득ᄒᆞ니라

摩_망訶_항薩_삻埵_둫ᄂᆞᆫ 太_탱子_{ᄌᆞ}ㅅ 일후미시니라⁹⁸⁾

王_왕과 夫_붕人_{ᅀᅵᆫ}과 妃_굉后_쓯왜⁹⁹⁾ 드르시고 山_산애 가샤 몯내¹⁾ 슬허ᄒᆞ시더니²⁾

---

88) 四天王들콰: 四天王들ㅎ[사천왕들: 四天王(사천왕) + -들ㅎ(-들: 복접)] + -과(접조) ※ '四天王(사천왕)'은 사왕천(四王天)의 주신(主神)으로 사방을 진호(鎭護)하며 국가를 수호하는 네 신이다. 동쪽의 지국천왕, 남쪽의 증장천왕, 서쪽의 광목천왕, 북쪽의 다문천왕이 있다.

89) 菩提心: 보리심. 불도의 깨달음을 얻고 그 깨달음으로써 널리 중생을 교화하려는 마음이다.

90) 퓌우며: 퓌우[피우다, 發: 푸(← 프다: 피다, 發, 자동)- + -ㅣ(← -이-: 사접)- + -우(사접)-]- + -며(연어, 나열)

91) 됴ᄒᆞ실쎠: 둏(좋다, 好)- + -ᄋᆞ시(주높)- + -ㄹ쎠(-구나: 감종)

92) 摩訶薩埵여: 摩訶薩埵(마하살타) + -여(← -이여: 호조, 예높) ※ '摩訶薩埵(마하살타)'는 위대한 사람이라는 뜻으로, '보살(菩薩)'을 높여 이르는 말이다.

93) 道場: 도장(도량). 부처나 보살이 도를 얻는 곳이나, 도를 얻으려고 수행하는 곳이다. 여러 가지로 뜻이 바뀌어, 불도를 수행하는 절이나 승려들이 모인 곳을 이르기도 한다.

94) 안ᄌᆞ시리로다: 앉(앉다, 坐)- + -ᄋᆞ시(주높)- + -리(미시)- + -로(← -도-: 느낌)- + -다(평종)

95) 正眞: 정진. 바르고 아주 참되어서, 거짓이 없는 것이다.

96) 道意: 도의. 깨달음을 구하려는 마음. 깨달음의 경지에 이르려는 마음. 깨달음의 지혜를 갖추려는 마음. 곧, 부처가 되려는 마음이다.

97) 無生忍: 무생인. 오인(五忍)의 넷째 단계이다. 모든 사물과 현상이 무상함을 깨달아 마음의 평정을 얻는 단계이다. ※ '五忍(오인)'은 불보살(佛菩薩)의 다섯 가지 수행 단계이다.

98) 일후미시니라: 일훔(이름, 名) + -이(서조)- + -시(주높)- + -∅(현시)- + -니(원칙)- + -라(← -다: 평종)

99) 妃后(비후) + -와(접조) + -ㅣ(← -이: 주조) ※ '妃后(비후)'는 왕후를 이르는 말이다.

1) 몯내: [몯내, 이루 다 말할 수 없이(부사, 부정): 몯(못, 不能: 부사, 부정) + -내(-내: 접미)]

2) 슬허ᄒᆞ시더니: 슬허ᄒᆞ[슬퍼하다, 哀: 슳(슬퍼하다, 哀)- + -어(연어) + ᄒᆞ(보용)-]- + -시(주높)- + -더(회상)- + -니(연어, 설명 계속)

臣下(신하)들이 王(왕)께 사뢰되 "太子(태자)가 '布施(보시)하여 衆生(중생)을 濟度(제도)하리라.'고 盟誓(맹서)하시니, 이는 無常(무상)한 殺鬼(살귀)가 (태자의 목숨을) 빼앗은 것이 아니니, (태자의 몸이) 썩지 아니하실 때까지 供養(공양)하셔야 하겠습니다."라고 하거늘, 즉시 (태자의) 뼈를 주워 산골에 나와 栴檀香(전단향)을 쌓고 香蘇油(향소유)로 (불)살고 舍利(사리)로 七寶塔(칠보탑)을 세우니, 薩埵太子(살타태자)는 釋迦(석가)이시고 父王(부왕)은 淨飯王(정반왕, 석가의 아버지)이시고 夫人(부인)은 摩耶(마야, 석가의 어머니)이시고 后妃(후비)는 瞿夷(구이, 석가의 아내)이시고 (불)살던 이는 阿難(아난, 석가의 사촌동생)이요 神仙大師(신선대사)는 彌勒(미륵)이시니라. ○ 지난 時節(시절)에

臣씬下행들히 王왕씌 슬보디 太탱子중ㅣ 布붕施싱[3]ᄒᆞ샤 衆즁生싱 濟졩度똥ᄒᆞ리라 盟밍誓쎙ᄒᆞ시니 無뭉常썅[4] 殺싫鬼귕의[5] 아ᅀᆞ미[6] 아니니 석디 아니ᄒᆞ신 제 미처[7] 供공養양ᄒᆞ샤ᅀᅡ[8] ᄒᆞ리이다 ᄒᆞ야ᄂᆞᆯ 즉자히 쎠를[9] 주ᅀᅥ[10] 묏고래[11] 나와 栴젼檀딴香향[12] 싸코[13] 香향蘇송油율[14]로 ᄉᆞ습고[15] 舍샹利링로 七칧寶봉塔탑[16] 셰ᅀᆞᆸ니[17] 薩ᇙ埵돵太탱子중ᄂᆞᆫ 釋셕迦강ㅣ시고 父뽕王왕ᄋᆞᆫ 淨쪙飯뻔王왕이시고 夫붕人ᅀᅵᆫᄋᆞᆫ 摩망耶양ㅣ시고 后홀妃핑ᄂᆞᆫ 瞿꿍夷잉시고 ᄉᆞ습더닌[18] 阿항難난이오 神씬仙션大땡師ᄉᆞᆼᄂᆞᆫ 彌밍勒륵이시니라[19] 디나건[20] 時씽節졇에

---

3) 布施: 보시. 자비심으로 남에게 재물이나 불법을 베푸는 것이다.

4) 無常: 무상. 상주(常住)하는 것이 없다는 뜻으로, 나고 죽고 흥하고 망하는 것이 덧없는 것이다.

5) 殺鬼의: 殺鬼(살귀) + -의(관조, 의미상 주격). ※ '殺鬼(살귀)'는 사람이나 물건을 망하게 하여 없애는 귀신이다.

6) 아ᅀᆞ미: 앗(← 앗다, ㅅ불: 앗다, 빼앗다, 奪)- + -옴(명전) + -이(주조)

7) 미처: 및(미치다, 이르다, 及)- + -어(연어) ※ '석디 아니ᄒᆞ신 제 미처'는 '(태자의 몸이) 아직 썩지 않을 때에'의 뜻으로 쓰였다.

8) 供養ᄒᆞ샤ᅀᅡ: 供養ᄒᆞ[공양하다: 供養(공양: 명사) + -ᄒᆞ(동접)-]- + -샤(←-시-: 주높)- + -ᅀᅡ(←-아ᅀᅡ: 연어, 필연적 조건)

9) 쎠를: 쎠(뼈, 骨)- + -를(목조)

10) 주ᅀᅥ다가: 줏(← 줏다, ㅅ불: 줍다, 拾)- + -어(연어)

11) 묏골: [산골짜기, 山谷: 뫼(← 뫼ㅎ: 산, 山) + -ㅅ(관조, 사잇) + 골(골짜기, 谷)] + -애(-에: 부조, 위치)

12) 栴檀香: 전단향. 인도에서 나는 향나무의 일종이다.

13) 싸코: 쌓(쌓다, 積)- + -고(연어, 나열, 계기)

14) 香蘇油: 향소유. 쥐꼬리망촛과의 한해살이풀인 향소(香蘇)의 기름이다.

15) ᄉᆞ습고: ᄉᆞ(← ᄉᆞᆯ다: 사르다, 燒)- + -ᅀᅳᆸ(객높)- + -고(연어, 나열)

16) 七寶塔: 칠보탑. 칠보(七寶)로 만든 탑이다.

17) 셰ᅀᆞᆸ니: 셰[세우다, 立: 셔(서다, 立: 자동)- + -ㅣ(←-이-: 사접)-]- + -ᅀᅳᆸ(←-ᅀᆸ-: 객높)- + -ᄋᆞ니(연어, 설명 계속)

18) ᄉᆞ습더닌: ᄉᆞ(← ᄉᆞᆯ다: 사르다, 燒)- + -ᅀᅳᆸ(객높)- + -더(회상)- + -ㄴ(관전) # 이(이, 者: 의명) + -ㄴ(←-ᄂᆞᆫ: 보조사, 주제)

19) 彌勒이시니라: 彌勒(미륵) + -이(서조)- + -시(주높)- + -Ø(현시)- + -니(원칙)- + -라(-다: 평종)

20) 디나건: 디나(지나다, 過)- + -Ø(과시)- + -거(확인)- + -ㄴ(관전)

한 王(왕)이 계시되 이름이 月明(월명)이시더니, 端正(단정)하여 고우시고 威神(위신)이 크시더니, 길에 나 계시거늘 한 盲眼(맹안)이 굶주려 빌어먹다 가 王(왕)께 가서 사뢰되 "王(왕)은 오직 尊貴(존귀)하시어 便安(편안)하고 즐거우시거늘, 나는 오직 艱難(간난)하고 또 눈이 멀었습니다." 王(왕)이 애 달프고 슬프게 여기시어 이르시되 "어떤 藥(약)이 그대의 病(병)을 고치겠 느냐?" 盲眼(맹안)이 사뢰되 "오직 王(왕)의 눈을 얻어야 내 눈이 좋아지겠 습니다." 王(왕)이 두 눈을 손수 빼어 주시고 마음이 맑아 하나의 뉘우치는 뜻도 없으시더니, 月明王(월명왕)은 釋迦(석가)이시니라. 부처가 阿難(아난) 이더러 이르시되

흔 王_왕이 겨샤디 일후미 月_웛明_명이러시니²¹⁾ 端_돤正_졍ᄒ야 고ᄫ시고²²⁾ 威_휭

神_씬이 크시더니 길헤 나 겨시거늘 흔 盲_밍眼_안²³⁾이 주으려 빌먹다가²⁴⁾ 王_왕

ᄭᅴ 가 ᄉᆞᆯ보디 王_왕은 ᄒ오ᅀᅡ²⁵⁾ 尊_존貴_귕ᄒ샤 便_뼌安_한코 즐겁거시늘²⁶⁾ 나는

ᄒ오ᅀᅡ 艱_간難_난코²⁷⁾ ᄯᅩ 누니 머로이다²⁸⁾ 王_왕이 믈비²⁹⁾ 너기샤 니ᄅ샤디³⁰⁾

엇던 藥_약이 그딋³¹⁾ 病_뼝을 고티료³²⁾ 盲_밍眼_안이 ᄉᆞᆯ보디 오직 王_왕ᄉ 누늘 어

더ᅀᅡ³³⁾ 내 누니 됴ᄒ리이다³⁴⁾ 王_왕이 두 누늘 손소³⁵⁾ ᄲᅢ혀 주시고 ᄆᆞᅀᆞ미 믈

가 흔 뉘읏븐³⁶⁾ ᄠᅳ도 업더시니 月_웛明_명王_왕은 釋_셕迦_강ㅣ시니라 부톄 阿_항難_난

이ᄃ려³⁷⁾ 니ᄅ샤디

---

21) 月明이러시니: 月明(월명) + -이(서조)- + -러(←-더-: 회상)- + -시(주높)- + -니(연어, 설명 계속)

22) 고ᄫ시고: 골(← 곱다, ㅂ불: 곱다, 麗)- + -ᄋ시(주높)- + -고(연어, 나열)

23) 盲眼: 맹안. '시각 장애인'을 달리 이르는 말이다.

24) 빌먹다가: 빌먹[빌어먹다, 乞食: 빌(빌다, 乞)- + 먹(먹다, 食)-]- + -다가(연어, 전환)

25) ᄒ오ᅀᅡ: 혼자, 獨(부사)

26) 즐겁거시늘: 즐겁[← 즐겁다, ㅂ불(즐겁다, 喜): 즑(즐거워하다, 歡: 자동)- + -업(형접)-]- + -시(주높)- + -거…늘(관전, 상황)

27) 艱難코: 艱難ᄒ[艱難ᄒ다(간난하다): 艱難(간난: 명사) + -ᄒ(형접)-]- + -고(연어, 나열) ※ '艱難(간난)'은 몹시 힘들고 고생스러운 것이다.

28) 머로이다: 멀(멀다, 盲)- + -∅(과시)- + -오(화자)- + -이(상높, 아높)- + -다(평종)

29) 믈비: [애달프고 슬프게(부사): 믏(← 믚다, ㅂ불: 애달프고 슬프다, 형사)- + -이(부접)]

30) 니ᄅ샤디: 니ᄅ(이르다, 曰)- + -ᄋ샤(←-ᄋ시-: 주높)- + -디(←-오디: -되, 연어, 설명의 계속)

31) 그딋: 그듸[그대(인대, 2인칭, 예높): 그(그, 彼: 지대, 정칭) + -듸(높접)] + -ㅅ(-의: 관전)

32) 고티료: 고티[고치다, 治: 곧(곧다, 直: 형사)- + -히(사접)-]- + -료(의종, 미시, 설명)

33) 어더ᅀᅡ: 얻(얻다, 得)- + -어ᅀᅡ(←-어야: 연어, 필연적 조건)

34) 됴ᄒ리이다: 둏(좋아지다, 好: 동사)- + -ᄋ리(미시)- + -이(상높, 아높)- + -다(평종)

35) 손소: [손수, 自(부사): 손(손, 手) + -소(부접)]

36) 뉘읏븐: 뉘읏브[뉘우쁘다, 후회스럽다, 悔(형사): 뉘읏(← 뉘읓다: 뉘우치다, 悔, 동사)- + -브(형접)-]- + -∅(현시)- + -ㄴ(관전)

37) 阿難이ᄃ려: 阿難이[아난이: 阿難(아난: 인명) + -이(접미, 어조 고룸)] + -ᄃ려(-더러, -에게: 부조, 상대)

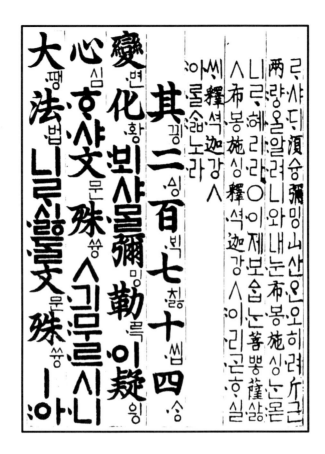

其<small>끵</small>二<small>싱</small>百<small>빅</small>七<small>칧</small>十<small>씹</small>四<small>숭</small>

變<small>변</small>化<small>황</small>뵈샤몰 彌<small>밍</small>勒<small>륵</small>이 疑<small>읭</small>
心<small>심</small>ᄒᆞ샤 文<small>문</small>殊<small>쓩</small>ㅅ긔 무르시니

大<small>땡</small>法<small>법</small> 니르시릻 돌 文<small>문</small>殊<small>쓩</small>ㅣ 아

ㅣ 샤ᄃᆡ 須<small>슝</small>彌<small>밍</small>山<small>산</small>ᅌᅳᆫ 오히려 斤<small>근</small>
兩<small>량</small>ᄋᆞᆯ 알려니와 내 눈 布<small>봉</small>
施<small>싱</small>ᄂᆞᆫ 몯
니릋 혜리라 ○이제 菩<small>뽕</small>薩<small>삻</small>
ᄉ 布<small>봉</small>施<small>싱</small>ᄂᆞᆫ 菩<small>뽕</small>薩<small>삻</small>
釋<small>셕</small>迦<small>강</small>ᄉ 이리ᄀᆞᆮᄒᆞ실
ᄊᆡ 釋<small>셕</small>迦<small>강</small>ᄉ
ᄋᆞᆯ 숪 노라 】

"須彌山(수미산)은 오히려 斤兩(근량)을 알겠거니와 내 눈의 布施(보시)는 (그 가치를) 이루 못 헤아리겠다. 지금 (내가) 보는 菩薩(보살)의 布施(보시)가 釋迦(석가)의 일과 같으시므로, 釋迦(석가)의 일을 사뢴다."】

其二百七十四(기이백칠십사)

變化(변화)를 보이심을 彌勒(미륵)이 疑心(의심)하시어 文殊(문수)께 물으셨으니.

(彌勒이) 大法(대법)을 일으키실 것을 文殊(문수)가 아시어

須_슝彌_밍山_산³⁸⁾은 오히려 斤_근兩_량³⁹⁾을 알려니와⁴⁰⁾ 내 눈 布_붕施_싱⁴¹⁾는 몯 니른⁴²⁾ 혜리라⁴³⁾ 이제 보습는⁴⁴⁾ 菩_뽕薩_삻ㅅ 布_붕施_싱⁴⁵⁾ 釋_셕迦_강ㅅ 이리⁴⁶⁾ 근호실씨⁴⁷⁾ 釋_셕迦_강ㅅ 이롤 숣노라⁴⁸⁾ 】

其_끵二_싱百_빅七_칧十_씹四_숭

變_변化_황 뵈샤물⁴⁹⁾ 彌_밍勒_륵이 疑_읭心_심ᄒ샤 文_문殊_쓩ㅅ긔 무르시니

大_땡法_법 니른싫⁵⁰⁾ 둘⁵¹⁾ 文_문殊_쓩ㅣ 아른샤

---

38) 須彌山: 수미산. 불교의 우주관에서, 세계의 중앙에 있다는 산이다. 꼭대기에는 제석천이, 중턱에는 사천왕이 살고 있으며, 그 높이는 물 위로 팔만 유순이고 물속으로 팔만 유순이며, 가로의 길이도 이와 같다고 한다. 북쪽은 황금, 동쪽은 은, 남쪽은 유리, 서쪽은 파리(玻璃)로 되어 있고, 해와 달이 그 주위를 돌며 보광(寶光)을 반영하여 사방의 허공을 비추고 있다. 산 주위에 칠금산이 둘러섰고 수미산과 칠금산 사이에 칠해(七海)가 있으며 칠금산 밖에는 함해(鹹海)가 있고 함해 속에 사대주가 있으며 함해 건너에 철위산이 둘러 있다.
39) 斤兩: 근량. 근과 냥으로 헤아린 물건의 무게이다.
40) 알려니와: 알(알다, 知)- + -리(미시)- + -어니와(←-거니와: 연어) ※ '-거니와'는 앞 절의 사실을 인정하면서 관련된 다른 사실을 이어 주는 연결 어미이다.
41) 布施: 보시. 자비심으로 남에게 재물이나 불법을 베푸는 것이다.
42) 니른: [이루, 여간해서는 도저히(부사): 니른(이르다, 曰)- + -Ø(부접)]
43) 혜리라: 혜(헤아리다, 깊이 생각하다, 量)- + -리(미시)- + -라(←-다: 평종)
44) 보습는: 보(보다, 見)- + -습(객높)- + -ᄂ(현시))- + -ㄴ(관전)
45) 布施: 布施(보시) + -Ø(←-이: 주조)
46) 이리: 일(일, 事) + -이(주조)
47) 근호실씨: 근호(같다, 如)- + -ᄋ시(주높)- + -ㄹ씨(-므로: 연어, 이유)
48) 숣노라: 숣(사뢰다, 白)- + -ㄴ(←-ᄂ-: 현시)- + -오(화자)- + -라(←-다: 평종)
49) 뵈샤물: 뵈[보이다, 示: 보(보다, 見)- + -ㅣ(←-이-: 사접)-]- + -샤(←-시-: 주높)- + -ㅁ(←-옴: 명전) + -올(목조)
50) 니른싫: 니른[일으키다, 起: 닐(일다, 起: 타동)- + -ᄋ(사접)-]- + -시(주높)- + -ᇙ(관전)
51) 둘: ᄃ(것, 者: 의명) + -ㄹ(←-롤: 목조)

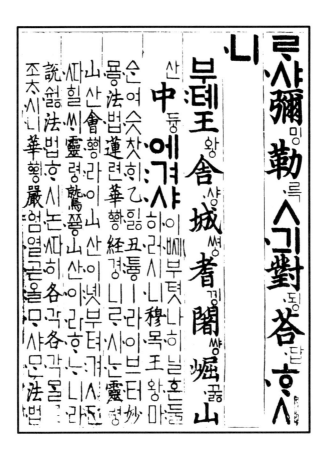

彌勒(미륵)께 對答(대답)하셨으니.

부처가 王舍城(왕사성)의 耆闍崛山(기사굴산) 中(중)에 계시어 【이때가 부처의 나이가 일흔둘이시더니 穆王(목왕)의 마흔여섯째 해인 乙丑(을축)이다. 여기로부터 (부처가) 妙法蓮華經(묘법연화경)을 이르시는 靈山會(영산회)이다. 이 山(산)이 옛날의 부처가 계시던 곳이므로 靈鷲山(영취산)이라 하느니라. 說法(설법)하시는 곳이 各各(각각)의 마루(산꼭대기)를 좇으셨으니, 華嚴(화엄)의 (법회를) 열 곳(處)이 옮으신 것은 法界(법계)를

彌_밍勒_륵ㅅ긔 對_됭答_답ᄒ시니

부톄 王_왕舍_샹城_쎵[52] 耆_낑闍_쌍堀_꿇山_산[53] 中_듕에 겨샤【이 ᄢᅴ[54] 부텻 나

히[55] 닐흔둘히러시니[56] 穆_목王_왕[57] 마ᅀᆞᆫ여슷찻[58] ᄒᆡ 乙_읧丑_튷ㅣ라 이브터[59] 妙_묠

法_법蓮_련華_{ᅘᅯᇰ}經_경[60] 니ᄅ시ᄂᆞᆫ 靈_령山_산會_{ᅘᅬᇰ}라[61] 이 山_산이 녯[62] 부텨 겨시던 짜힐

ᄊᆡ[63] 靈_령鷲_쯯山_산이라[64] ᄒᆞᄂ니라 說_{ᅀᆑᇙ}法_법ᄒ시논 짜히 各_각各_각 ᄆᆞᄅᆞᆯ[65] 조ᄎ시

니[66] 華_{ᅘᅯᇰ}嚴_엄[67] 열 곧[68] 올ᄆ샤ᄆᆞᆫ[69] 法_법界_갱[70]ᄅᆞᆯ

---

52) 王舍城: 왕사성. 석가모니가 살던 시대의 강국인 마가다의 수도이다. 석가모니가 중생을 제도 한 중심지로서, 불교에 관한 유적이 많다. '라자그리하(Rajagriha)'라고도 한다.

53) 耆闍堀山: 기사굴산(Grdhrakuta). 왕사성의 동북에 있는 산의 이름이다.

54) ᄢᅴ: ᄢ(← ᄢᅳ: 때, 時) + -의(주조)

55) 나히: 나ᅘ(나이, 齡) + -이(주조)

56) 닐흔둘히러시니: 닐흔둘ᄒ[일흔둘(일흔, 七十: 수사) + 둘ᄒ(둘, 二: 수사)] + -이(서조)- + -러(← -더-: 회상)- + -시(주높)- + -니(연어, 설명 계속)

57) 穆王: 목왕. 주(周)나라의 제5대 왕으로, 기원전 10세기경의 사람이다.

58) 마ᅀᆞᆫ여슷찻: 마ᅀᆞᆫ여슷차[마흔여섯째, 第四十六(수사, 서수): 마ᅀᆞᆫ(마흔, 四十六) + 여슷(여섯, 六: 수사, 양수) + -차(-째, 番: 접미, 서수)] + -ㅅ(-의: 관조)

59) 이브터: 이(이, 이곳, 여기, 此: 지대, 정칭) + -브터(-부터: 보조사, 비롯함)

60) 妙法蓮華經: 묘법연화경. 법화삼부경의 하나이다. 가야성(迦耶城)에서 도를 이룬 부처가 세상 에 나온 본뜻을 말한 것으로, 모든 불교 경전 가운데 가장 존귀하게 여겨지는 경전이다.

61) 靈山會라: 靈山會(영산회) + -Ø(← -이-: 서조)- + -Ø(현시)- + -라(← -다: 평종) ※ '靈山會 (영산회)'는 석가모니 부처가 영축산에서 법화경을 설법하던 때에 있었던 모임의 이름이다.

62) 녯: 녜(옛날, 예전, 昔: 명사) + -ㅅ(-의: 관조)

63) 짜힐ᄊᆡ: 짜ᅘ(땅, 곳, 地, 處) + -이(서조)- + -ㄹᄊᆡ(-므로: 연어, 이유)

64) 靈鷲山이라: 靈鷲山(영취산) + -이(서조)- + -Ø(현시)- + -라(← -다: 평종) ※ '靈鷲山(영취 산)'은 고대 인도 마갈타국(摩竭陀國)의 왕사성 동북쪽에 있는 산이다.

65) ᄆᆞᄅᆞᆯ: ᄆᆞᄅ(← ᄆᆞᄅᆞ: 마루, 頂) + -ᄋᆞᆯ(목조) ※ 'ᄆᆞᄅᆞ'는 (산)마루나 꼭대기(頂上)이다.

66) 조ᄎ시니: 좇(좇다, 쫓다, 따르다, 從)- + -ᄋᆞ시(주높)- + -니(연어, 설명 계속)

67) 華嚴: 화엄. 석가모니가 성도(成道)한 깨달음의 내용을 그대로 설법한 경문(經文)이다. 여기서 는 석가모니 부처가 화엄경을 설법한 법회를 이른다.

68) 곧: 곳, 處(의명)

69) 올ᄆ샤ᄆᆞᆫ: 옮(옮다, 移)- + -ᄋᆞ샤(← -ᄋᆞ시-: 주높)- + -ㅁ(← -옴: 명전) + -ᄋᆞᆫ(보조사, 주제)

70) 法界: 법계. 우주 만법의 본체인 진여(眞如)인데, 이는 사물의 있는 그대로의 모습이다.

> 界(갱)를 두려ᄫᅵ 나토ᄂᆞ리 호미오 圓(원)覺(각)과 大(땡)光(광)明(명)藏(짱)애 브트샤ᄆᆞᆫ 根(권)源(원) 니르와ᄃᆞ샤ᄆᆞᆯ 바ᄅᆞ 뵈ᄂᆞ리 ᄒᆞ시고 이 人(ᅀᅵᆫ)間(간) 城(쎵)에 브트샤ᄆᆞᆫ 더러ᄫᅳ며 조호ᄆᆞᆯ ᄒᆞᆫ가지로 ᄒᆞ샤 蓮(련)華(ᅘᅪᆼ)ㅅ ᄠᅳ들 ᄇᆞᆯ기시니라 녯 부텨 겨시던 ᄯᅡ해 브트샤ᄆᆞᆫ 祖(종)述(쓣)ᄒᆞ샤 燈(등)明(명)ㅅ 道(뚜ᇦ)理(링)를 니ᅀᅳ샤ᄆᆞᆯ 뵈시니라 祖(종)ᄂᆞᆫ 하나비오 述(쓣)은 조ᄎᆞᆯ씨니 道(뚜ᇦ)理(링)를 머리 본바ᄃᆞᆯ씨라 ○ 實(씨ᇙ)相(샤ᇰ)妙(묳)法(법)을 蓮(련)華(ᅘᅪᆼ)애 工(고ᇰ)巧(쿃)히 가ᄌᆞᆯ비니 안ᄒᆞ론 一(ᅙᆞᇙ)心(심)을 바ᄅᆞ ᄀᆞᄅᆞ치고 밧ᄀᆞ론 萬(먼)境(겨ᇰ)에 너비 ᄉᆞᄆᆞᆾ니 고지 퍼 이셔 여름 여ᄅᆞ며 더러ᄫᅳᆫ ᄃᆡ 이셔 샤ᇰ녜

온전히 나타내느라고 (그렇게) 하시고, 圓覺(원각)과 大光明藏(대광명장)에 의존한 것은 根源(근원)을 일으키신 것을 바로 보이느라고 (그렇게) 하시고, 이 人間(인간)의 城(성)에 의존하신 것은 더러우며 깨끗함을 한가지로 하시어 蓮華(연화)의 뜻을 밝히셨니라. 옛날의 부처가 계시던 곳에 의존하신 것은 祖述(조술)하여 燈明(등명)의 道理(도리)를 이으신 것을 보이셨니라. 祖(조)는 할아버지요 述(술)은 좇는 것이니 道理(도리)를 멀리 본받는 것이다. ○ 實相妙法(실상묘법)을 蓮華(연화)에 工巧(공교)히 비유하니, 안으로는 一心(일심)을 바로 가르치고 밖으로는 萬境(만경)에 널리 통하니, 꽃이 피어 있어 열매가 열며 더러운 데에 있어서 항상

두려비⁷¹⁾ 나토노라⁷²⁾ ᄒᆞ시고 圓_윈覺_각⁷³⁾ 大_땡光_광明_명藏_짱 브트샤ᄆᆞ⁷⁴⁾ 根_{ᄀᆞᆫ}源_원 니르와ᄃᆞ샤ᄆᆞᆯ⁷⁵⁾ 바ᄅᆞ⁷⁶⁾ 뵈노라⁷⁷⁾ ᄒᆞ시고 이 人_신間_간⁷⁸⁾ 城_쎵에 브트샤ᄆᆞ 더러브며 조호ᄆᆞᆯ ᄒᆞᆫ가지로 ᄒᆞ샤 蓮_련華_{ᅘᅪ}ㅅ 뜨들 ᄇᆞᆯ기시니라⁷⁹⁾ 녯 부텨 겨시던 ᄯᅡ해 브트샤ᄆᆞ 祖_종述_쓩⁸⁰⁾ᄒᆞ야 燈_등明_명⁸¹⁾ 道_똘理_링를 니ᄅᆞ샤ᄆᆞᆯ 뵈시니라 한아비오⁸²⁾ 述_쓩은 조츨 씨니 道_똘理_링를 머리 본바ᄃᆞᆯ 씨라 ○ 實_씷相_샹⁸³⁾ 妙_묳法_법⁸⁴⁾을 蓮_련華_{ᅘᅪ}애 工_공巧_{쿌}히 가줄비니⁸⁵⁾ 안ᄒᆞ론⁸⁶⁾ 一_{ᅙᅵᆶ}心_심을 바ᄅᆞ ᄀᆞᄅᆞ치고 밧ᄀᆞ론⁸⁷⁾ 萬_먼境_경에 너비 ᄉᆞᄆᆞᄎᆞ니⁸⁸⁾ 곳 펴 이셔 여름⁸⁹⁾ 열며 더러븐 ᄃᆡ 이셔 샹녜

71) 두려비: [둥그렇게, 온전히, 圓(부사): 두렫(← 두렵다, ㅂ불: 둥글다, 圓)- + -이(부접)]

72) 나토노라: 나토[나타내다, 顯: 낟(나타나다, 現: 자동)- + -호(사접)-] - + -노라(-ᄂᆞ라: 연어, 목적)

73) 圓覺: 원각. 부처의 원만한 깨달음이다.

74) 브트샤ᄆᆞ: 븥(붙다, 기대다, 의존하다, 말미암다, 依)- + -ᄋᆞ샤(← -ᄋᆞ시-: 주높)- + -ㅁ(← -옴: 명전) + -ᄋᆞᆫ(보조사, 주제)

75) 니르와ᄃᆞ샤ᄆᆞᆯ: 니르완[일으키다, 起: 닐(일어나다, 起: 자동)- + -으(사접)- + -왇(강접)-] - + -ᄋᆞ샤(← -ᄋᆞ시-: 주높)- + -ㅁ(← -옴: 명전) + -ᄋᆞᆯ(목조)

76) 바ᄅᆞ: [바로, 直(부사): 바ᄅᆞ(바르다, 直)- + -Ø(부접)]

77) 뵈노라: 뵈[보이다, 示: 보(보다, 見)- + -ㅣ(← -이-: 사접)]- + -노라(-ᄂᆞ라: 연어, 목적)

78) 人間: 인간. 사람이 사는 세상이다.

79) ᄇᆞᆯ기시니라: ᄇᆞᆯ기[밝히다, 明: 붉(밝다: 형사)- + -이(사접)-] - + -시(주높)- + -Ø(과시)- + -니(원칙)- + -라(-다: 평종)

80) 祖述: 조술. 선인(先人)이 말한 바를 근본으로 하여 서술하고 밝히는 것이다.

81) 燈明: 등명. 신령이나 부처를 위하여 켜 놓은 등불이다.

82) 한아비니: 한아비[할아버지, 祖: 하(크다, 大: 형사)- + -ㄴ(관전) + 아비(아버지, 父)] + -Ø(← -이-: 서조)- + -니(연어, 설명 계속)

83) 實相: 실상. 모든 것의 있는 그대로의 참모습이다.

84) 妙法: 묘법. 불교의 신기하고 묘한 법문이다.

85) 가줄비니: 가줄비(비교하다, 비유하다, 比度)- + -니(연어, 설명 계속)

86) 안ᄒᆞ론: 안ᄒ(안, 內)- + -ᄋᆞ로(부조, 방향) + -ㄴ(← -ᄂᆞᆫ: 보조사, 주제)

87) 밧ᄀᆞ론: 밖(밖, 外) + -ᄋᆞ로(부조, 방향) + -ㄴ(← -ᄂᆞᆫ: 보조사, 주제)

88) ᄉᆞᄆᆞᄎᆞ니: ᄉᆞᄆᆞᆾ(통하다, 通)- + -ᄋᆞ니(연어, 설명 계속)

89) 여름: [열매, 實: 열(열다, 結: 동사)- + -음(명접)]

녜 조호미 蓮련의 實씷相샹이오 衆즁
生싱과 부텨 本본來링 이시며 세여
變변相샹이 오매 다르디 아니호미 ᄆᆞᅀᆞ미 實
씷相샹이오 그 얼굴 거츠디 虛헝假강호ᄃᆡ 그
精졍이 甚씸히 眞진實씷ᄒᆞᆫ 거시 心심境경의
實씷相샹이라 心심境경에 萬먼類
룡ᄅᆞᆯ 다 法법이라 ᄒᆞᄂ니 精졍과 粗총ㅣ
ᄒᆞᆫ가지며

粗총ᄂᆞᆫ 멀터블 씨라

凡뻠과 聖셩괘 根ᄀᆞᆫ源원이 ᄒᆞᆫ가지라
世솅諦뎽예 다ᄃᆞ라 일마다 眞진實씷ᄒᆞ
야 말ᄊᆞ므로 보디 몯ᄒᆞ며 分분別볋
로 아디 몯홀ᄊᆡ 妙ᄋᆢᆷ라 ᄒᆞ니라

깨끗한 것이 蓮(연)의 實相(실상)이요, 衆生(중생)과 부처가 本來(본래) 있으며 꺼지어 變(변)하는 것에 다르지 아니한 것은 마음의 實相(실상)이요, 그 모습이 虛假(허가)하되 그 精(정)이 甚(심)히 眞實(진실)한 것이 境(경)의 實相(실상)이다. 心境(심경)에 있는 萬類(만류)를 다 法(법)이라 하나니, 精(정)과 粗(조)가 한가지며

粗(조)는 거친 것이다.

凡(범)과 聖(성)이 根源(근원)이 한가지이다. 世諦(세제)에 다달아, 일마다 眞實(진실)하여 말씀으로 보이지 못하며 分別(분별)로 알지 못하므로, 妙(묘)이라 하였느니라.

조호미⁹⁰⁾ 蓮_련의 實_씷相_샹이오 衆_즁生_싱과 부텨왜⁹¹⁾ 本_본來_링 이시며 써디여⁹²⁾ 變_변호매 다ᄅ디 아니호ᄆ ᄆᅀᆞ미 實_씷相_샹이오 그 양ᄌᆡ⁹³⁾ 虛_헝假_강호ᄃᆡ⁹⁴⁾ 그 精_졍⁹⁵⁾이 甚_씸히 眞_진實_씷호미 境_경⁹⁶⁾의 實_씷相_샹이라 心_심境_경엣⁹⁷⁾ 萬_먼類_륑⁹⁸⁾를 다 法_법이라 ᄒᆞᄂᆞ니 精_졍과 粗_총왜 ᄒᆞᆫ가지며⁹⁹⁾

粗_총ᄂᆞᆫ 멀터볼¹⁾ 씨라

凡_뺌과 聖_셩괘 根_군源_원이 ᄒᆞᆫ가지라 世_솅諦_뎽예²⁾ 다ᄃᆞ라³⁾ 일마다 眞_진實_씷ᄒᆞ야 말ᄊᆞᄆ로⁴⁾ 뵈디 몯ᄒᆞ며⁵⁾ 分_분別_볋⁶⁾로 아디 몯홀씨 妙_뮿ㅣ라⁷⁾ ᄒᆞ니라

---

90) 조호미: 좋(깨끗하다, 맑다, 淨)- + -옴(명전) + -이(주조)

91) 부텨왜: 부텨(부처, 佛) + -와(접조) + -ㅣ(←-이: 주조)

92) 써디여: 써디[꺼지다, 陷: 씨(← ᄣᅵ다: ᄢᅳ다, 消)- + -어(연어) + 디(지다, 피동)-]- + -어(연어)

93) 양ᄌᆡ: 양ᄌᆞ(양자, 모습, 樣子) + -ㅣ(←-이: 주조)

94) 虛假호ᄃᆡ: 虛假ᄒᆞ[← 虛假ᄒᆞ다(허가하다): 虛假(허가) + -ᄒᆞ(형접)-]- + -오ᄃᆡ(-되: 연어, 설명 계속) ※ '虛假(허가)'는 어떠한 사물(대상)이 미더움이 없거나 실체가 없는 것이다.

95) 精: 정. 정성을 들여서 거칠지 아니하고 매우 고운 것이다.

96) 境: 경. 인식의 대상이다. ※ 인식의 기관을 근(根)이라 하고, 인식의 대상을 경(境)이라 하고, 인식의 주체를 식(識)이라 한다.

97) 心境엣: 心境(심경, 마음의 상태) + -에(부조, 위치) + -ㅅ(-의: 관조)

98) 萬類: 만류. 각각의 물건이나 온갖 것이다.

99) ᄒᆞᆫ가지며: ᄒᆞᆫ가지[한가지, 같은 것, 同(명사): ᄒᆞᆫ(한, 一: 관사, 양수) + 가지(가지, 類: 의명)] + -Ø(←-이-: 서조)- + -며(연어, 나열)

1) 멀터볼: 멀텅(← 멀텁다, ㅂ불: 거칠다, 荒)- + -을(관전)

2) 世諦예: 世諦(세제) + -예(←-에: 부조, 위치) ※ '世諦(세제)'는 속세(俗世)의 실상(實相)에 따라 알기 쉽게 설명한 진리이다.

3) 다ᄃᆞ라: 다들[← 다듣다, ㄷ불(다다르다, 至): 다(다, 悉: 부사) + 들(닫다, 달리다, 走)]- + -아(연어)

4) 말ᄊᆞᄆ로: 말ᄊᆞᆷ[말씀, 言: 말(말, 言) + -ᄊᆞᆷ(-씀: 접미)] + -ᄋᆞ로(부조, 방편)

5) 몯ᄒᆞ며: 몯ᄒᆞ[못하다(보용, 부정): 몯(못, 不能: 부사, 부정) + -ᄒᆞ(동접)-]- + -며(연어, 나열)

6) 分別: 분별. 세상의 물정(物情)에 대한 바른 생각이나 판단(判斷)이다.

7) 妙ㅣ라: 妙(묘) + -ㅣ(←-이-: 서조)- + -Ø(현시)- + -라(←-다: 평종) ※ '妙(묘)'는 말할 수 없이 빼어나고 훌륭하거나 또는 매우 교묘한 것이다.

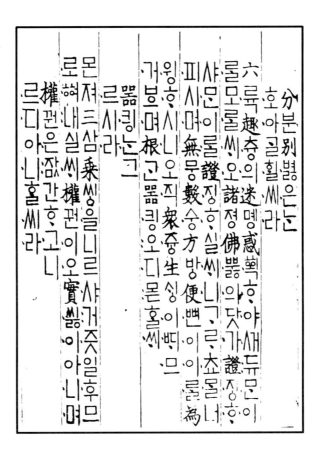

[12 뒤]

分別(분별)은 나누어서 가리는(選) 것이다.

(중생들이) 六趣(육취)에 迷惑(미혹)하여 꺼지는 것은 이(실상묘법)를 모르기 때문이요, 諸佛(제불)이 닦아 證(증)하신 것은 이(실상묘법)를 證(증)하시기 때문이니, 가르침을 넓히시며 無數(무수)한 方便(방편)이 이를 爲(위)하시니, 오직 衆生(중생)이 때가 무거우며 根器(근기)가 온전하지 못하므로,

器(기)는 그릇이다.

(제불이) 먼저 三乘(삼승)을 이르시어 거짓의 이름으로 (진리를) 끌어내시므로, 權(권)이고 實(실)이 아니며,

權(권)은 잠깐 (동안) 하고 (진리에) 이르지(至) 아니하는 것이다.

分분別별은 는호아[8] 글힐[9] 씨라

六륙趣츙[10]의 迷몡惑획ᄒ야[11] 써듀믄[12] 이를 모롤씨오[13] 諸졍佛뿷의 닷가[14] 證징ᄒ샤믄[15] 이를 證징ᄒ실씨니 ᄀᆞᄅ쵸믈[16] 너피시며[17] 無뭉數숭 方방便뼌[18]이 이를 爲윙ᄒ시니 오직 衆즁生ᄉᆡᆼ이 ᄠᅴ[19] 므거ᄫᅳ며[20] 根ᄀᆞᆫ器킝 오디[21] 몯홀씨

器킝ᄂᆞᆫ 그르시라

몬져 三삼乘씽[22]을 니르샤 거즛[23] 일후므로 혀[24] 내실씨 權꿘이오 實씷이 아니며

權(권)은 잢간[25] ᄒ고 니르지 아니하는 것이다.

---

8) 는호아 : 는호(나누다, 分)- + -아(연어)

9) 글힐: 글히(가리다, 구분하다, 選)- + -ㄹ(관전)

10) 六趣: 육취. 불교에서 중생이 깨달음을 증득하지 못하고 윤회할 때에 자신이 지은 업(業)에 따라 태어나는 세계를 6가지로 나눈 것이다. 악업(惡業)을 쌓은 사람이 가는 '지옥도·아귀도·축생도'와 선업(善業)을 쌓은 사람이 가는 '아수라도·인간도·천상도'가 있다.

11) 迷惑ᄒ야: 迷惑ᄒ[미혹하다: 迷惑(미혹) + -ᄒ(동접)-] + -야(←-아: 연어) ※ '迷惑(미혹)'은 무엇에 홀려 정신을 차리지 못하는 것이다.

12) 써듀믄: 써디(꺼지다, 消)- + -움(명전) + -은(보조사, 주제)

13) 모롤씨오: 모ᄅ(모르다, 不知)- + -ㄹ씨(연어, 이유, 원인) + -ㅣ(←-이-: 서조)- + -오(←-고: 연어, 나열)

14) 닷가: 닭(닦다, 修)- + -아(연어)

15) 證ᄒ샤믄: 證ᄒ[증하다, 깨닫다: 證(증: 불어) + -ᄒ(동접)-] + -샤(←-시-: 주높)- + -ㅁ(←-옴: 명전) + -은(보조사, 주제)

16) ᄀᆞᄅ쵸믈: ᄀᆞᄅ치(가르치다, 敎)- + -옴(명전) + -을(목조)

17) 너피시며: 너피[넓히다, 擴: 넙(넓다, 廣: 형사)- + -히(사접)-] + -시(주높)- + -며(연어, 이유)

18) 方便: 방편. 십바라밀(十波羅蜜)의 하나로서, 중생을 구제하기 위하여 쓰는 수단과 방법이다.

19) ᄠᅴ: ᄠᅴ(때, 垢) + -Ø(←-이: 주조)

20) 므거ᄫᅳᆫ: 므겁[←므겁다, ㅂ불(무겁다, 重): 므기(무겁게 하다)- + -업(형접)-]- + -으며(연어, 나열)

21) 오디: 오(←올다←오올다: 온전하다, 全)- +

22) 三乘: 삼승. 부처가 중생의 능력이나 소질에 따라 설한 세 가지 가르침이다. 대승불교에서는 불제자의 능력을 '성문승(聲聞乘)·연각승(緣覺乘)·보살승(菩薩乘)'의 3종으로 나누었다.

23) 거즛: 거짓, 假.

24) 혀아: 혀(끌다, 引)- + -어(연어)

25) 잢간: [잠간, 暫間(부사): 잠(잠, 暫) + -ㅅ(관조, 사잇) + 간(간, 間)]

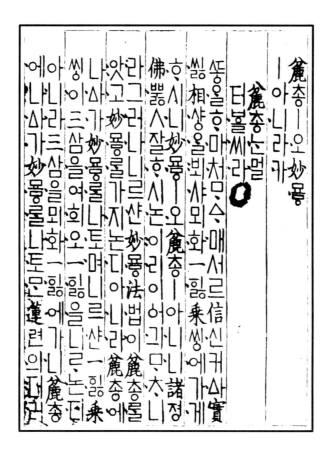

[13 앞]

麁(추)이고 妙(묘)가 아니다가

　麁(추)는 거친 것이다.

똥을 이미 치워 마음에 서로 信(신)하여야 實相(실상)을 보이시어, (그 실상을) 모아 一乘(일승)에 가게 하시니, (이것이) 妙(묘)이고 麁(추)가 아니니, 諸佛(제 불)이 잘하시는 일이 여기에서 마쳤니라. 그러나 부처가 일으키신 妙法(묘법)이 麁(추)를 빼앗고 妙(묘)를 가지는 것이 아니라 麁(추)에 나아가 妙(묘)를 나타내 며, 이르신 一乘(일승)이 三(삼)을 떨치고 一(일)을 일으키는 것이 아니라 三 (삼)을 모아서 一(일)에 가니, 麁(추)에 나아가 妙(묘)를 나타낸 것은 蓮(연)이 더러운

麁쳥ㅣ오 妙묳ㅣ 아니라가²⁶⁾

　麁쳥ᄂᆞᆫ 멀터볼²⁷⁾ 씨라

똥을²⁸⁾ ᄒᆞ마 처²⁹⁾ ᄆᆞᅀᆞ매 서르³⁰⁾ 信신커ᅀᅡ³¹⁾ 實씷相샹ᄋᆞᆯ 뵈샤³²⁾ 뵈화 一힗乘씽에 가게 ᄒᆞ시니 妙묳ㅣ오 麁쳥ㅣ 아니니 諸졍佛뿛ㅅ 잘ᄒᆞ시논³³⁾ 이리 이어긔³⁴⁾ ᄆᆞᆺ니라³⁵⁾ 그러나 니르샨³⁶⁾ 妙묳法법이 麁쳥ᄅᆞᆯ 앗고 妙묳ᄅᆞᆯ 가지논³⁷⁾ 디³⁸⁾ 아니라 麁쳥에 나ᅀᅡ가³⁹⁾ 妙묳ᄅᆞᆯ 나토며⁴⁰⁾ 니르샨 一힗乘씽이 三삼을 여희오⁴¹⁾ 一힗을 니ᄅᆞ논⁴²⁾ 디 아니라 三삼을 뵈화 一힗에 가니 麁쳥에 나ᅀᅡ가 妙묳ᄅᆞᆯ 나토ᄆᆞᆫ 蓮련의 더러볼

---

26) 아니라가: 아니(아니다, 非)- + -라가(← -다가: 연어, 전환)
27) 멀터볼: 멀텁(← 멀덥다, ㅂ불: 거칠다, 荒)- + -을(관전)
28) 똥을: 똥(똥, 糞) + -을(목조)
29) 처: ㅊ(← 츠다: 치우다, 除)- + -어(연어)
30) 서르: 서로, 相(부사)
31) 信커ᅀᅡ: 信ᄒᆞ[← 信ᄒᆞ다(신하다, 믿다): 信(신: 불어) + -ᄒᆞ(동접)-]- + -거(확인)- + -어ᅀᅡ(-어야: 연어, 필연적 조건)
32) 뵈샤: 뵈[보이다, 現: 보(보다, 見)- + -ㅣ(← -이-: 사접)-]- + -샤(← -시-: 주높)- + -Ø(← -아: 연어)
33) 잘ᄒᆞ시논: 잘ᄒᆞ[잘하다, 善: 잘(잘, 善: 부사) + -ᄒᆞ(동접)-]- + -시(주높)- + -ㄴ(← -ᄂᆞ-: 현시)- + -오(대상)- + -ㄴ(관전)
34) 이어긔: 여기, 여기에, 此處(지대, 지시, 정칭)
35) ᄆᆞᆺ니라: 몿(마치다, 끝나다, 終)- + -ᄋᆞ니(원칙)- + -Ø(과시)- + -라(← -다: 평종)
36) 니르샨: 니르(이르다, 說)- + -샤(← -시-: 주높)- + -Ø(과시)- + -Ø(← -오-: 대상)- + -ㄴ(관전)
37) 가지논: 가지(가지다, 持)- + -ㄴ(← -ᄂᆞ-: 현시)- + -오(대상)- + -ㄴ(관전)
38) 디: ㄷ(← ᄃᆞ: 것, 의명) + -이(주조)
39) 나ᅀᅡ가: 나ᅀᅡ가[나아가다, 進: 났(← 낫다, ㅅ불: 나가다)- + -아(연어) + 가(가다)-]- + -아(연어)
40) 나토며: 나토[나타내다, 現: 낟(나타나다, 現: 자동)- + -호(사접)-]- + -며(연어, 나열)
41) 여희오: 여희(떨치다, 없애다, 除)- + -오(← -고: 연어, 나열, 계기)
42) 니ᄅᆞ논: 니ᄅᆞ[일으키다, 起: 닐(일어나다)- + -ᄋᆞ(사접)-]- + -ㄴ(← -ᄂᆞ-: 현시)- + -오(대상)- + -ㄴ(관전)

데에 있으면서 깨끗한 것과 같고, 三(삼)을 모아서 一(일)에 간 것은 蓮(연)이 꽃에 의지하여 열매가 여는 것과 같아서, 法(법)과 비교한 것(= 연화)이 둘이 밝으며 이름과 實(실)이 다 顯(현)하므로 妙法蓮華(묘법연화)라고 하였니라. 이 法(법)을 證(증)하는 사람은 모름지기 本智(본지)로 體(체)를 삼고 妙行(묘행)으로 用(용)을 삼을 것이니, 智(지)를 비유한다면 蓮(연)이고 行(행)을 비유한다면 華(화)이니; 智(지)와 行(행)과 둘이 갖추어져야 妙(묘)를 다하리라. 그러므로 經文(경문)에 한 光(광)이 東(동)녘으로 비친 것에서 始作(시작)하여 智境(지경)이 온전히 밝고, 四法(사법)을 이룬 것에서 (끝)마치어 行門(행문)이 다 갖추어졌으니, 正宗(정종)의 처음에

딕 이셔 조호미 근고 三삼을 뫼화 一힗에 가문 蓮련의 곳 브터⁴³⁾ 여름 여로미 근

호야 法법과 가줄뵴괘⁴⁴⁾ 둘히 불ㄱ며 일홈과 實씷왜 다 顯현홀씨⁴⁵⁾ 妙묳法법蓮련

華황ㅣ라 ㅎ니라 이 法법 證징홍 사르믄 모로매 本본智딩⁴⁶⁾로 體톙⁴⁷⁾를 삼고 妙묳

行힝⁴⁸⁾으로 用용⁴⁹⁾을 사뭃 디니⁵⁰⁾ 智딩를 가줄비건댄⁵¹⁾ 蓮련이오 行힝을 가줄비건

댄 華황ㅣ니 智딩와 行힝과 둘히 ㄱ자사⁵²⁾ 妙묳를 다ㅎ리라 그럴씨⁵³⁾ 經경文문⁵⁴⁾

에 흔 光광이 東동녀그로 비취샤매⁵⁵⁾ 始싱作작ㅎ야 智딩境경⁵⁶⁾이 오로⁵⁷⁾ 붉고 四

ㅿ법法법⁵⁸⁾ 일우매 ㅁ차 行힝門몬⁵⁹⁾이 다 ㄱ즈니 正정宗종⁶⁰⁾ 처어믜⁶¹⁾

---

43) 브터: 븥(붙다, 의지하다, 말미암다, 따르다, 근거하다, 附, 依, 由)- + -어(연어)

44) 가줄뵴괘: 가줄비(비유하다, 比喩)- + -움(명전) + -과(접조) + -ㅣ(←-이: 주조)

45) 顯홀씨: 顯ㅎ[현하다, 드러나다: 顯(현: 불어) + -ㅎ(동접)-]- + -ㄹ씨(-므로: 연어, 이유)

46) 本智: 본지. 본래 가지고 있는 지혜이며, 스승이 없이 스스로 깨달은 지혜이다.

47) 體: 체. 상주불변하는 진리의 본래 모습 또는 진리 그 자체를 의미한다.

48) 妙行: 묘행. 뛰어난 행법(行法)을 이른다.

49) 用: 용. 작용 또는 현상으로서 파생적인 것을 가리키는 개념이다.

50) 디니: ㄷ(←ᄃᆞ: 것, 의명) + -이(서조)- + -니(연어, 설명 계속)

51) 가줄비건댄: 가줄비(비교하다, 비유하다, 比)- + -건댄(-면: 연어, 조건)

52) ㄱ자사: 곳(갖추어져 있다, 具)- + -아사(-아야: 연어, 필연적 조건)

53) 그럴씨: [그러므로(부사): 그러(←그러ㅎ다: 그러하다)- + -ㄹ씨(-므로: 연어 ▷부접)]

54) 經文: 경문. 불경의 문구이다.

55) 비취샤매: 비취(비치다, 照: 자동)- + -샤(←-시-: 주높)- + -ㅁ(←-옴: 명전) + -애(-에: 부
   조, 위치)

56) 智境: 지경. 智는 능관(能觀)의 심(心), 곧 주관(主觀)이다. 境(경)은 소대(所對)의 법(法) 곧 客
   觀의 대상(對象)이다.

57) 오로: [온전히, 온통, 全(부사): 올(←오올다: 온전하다, 형사)- + -오(부접)]

58) 四法: 사법. 법보(法寶)를 나눈 네 가지 법이다. 교법(敎法), 이법(理法), 행법(行法), 과법(果法)
   이다.

59) 行門: 행문. 수행문(修行門). 사문(四門)의 하나이다. ※ '사문(四門)'은 '발심(發心), 수행(修行),
   보리(菩提), 열반(涅槃)'이다.

60) 正宗: 정종. 불교에서 개조(開祖)의 정통을 이어받은 종파(宗派)를 말한다. 또는 『묘법연화경』
   (妙法蓮華經)을 말하기도 한다.

61) 처서믜: 처섬[처음, 初: 첫(←첫: 첫, 第一, 관사, 서수) + -엄(명접)] + -의(-에: 부조, 위치)

體톙롤 ᄇᆞᆯ기시고
즁로 여러 뵈샤ᄆᆞᆫ 다
이 經경 스믈 여듧 品픔을 세헤 ᄂᆞ
화 序쎵分분ᄋᆞᆫ ᄒᆞᆫ 品픔이오 正졍經
종分분ᄋᆞᆫ 열아홉 品픔이오 流륳通
통分분ᄋᆞᆫ 여듧 品픔이라 三삼周
즁ᄂᆞᆫ 세 이리 足죡ᄒᆞᆯ씨니 法법
說셠周즁와 喩융說셠周즁와 因ᅙᅵᆫ
緣원說셠周즁왜니 法법說셠周
즁ᄂᆞᆫ 上썅根곤ᄋᆞᆯ 니피시니 方
便뼌品픔이오 喩융說셠周즁ᄂᆞᆫ 中듕
根곤ᄋᆞᆯ 니피시니 譬핑喩융品
픔이오 因ᅙᅵᆫ緣원說셠周즁ᄂᆞᆫ 下
行ᅘᅡᆼ根곤ᄋᆞᆯ 니피시니 化황城
셩品픔이라 根곤이 비록 세헤

三周(삼주)로 열어 보이시는 것은 다 體(체)를 밝히시고,

이 經(경) 스물여덟 品(품)을 셋에 나누어, 序分(서분)은 한 品(품)이요 正宗
分(정종분)은 열아홉 品(품)이요 流通分(유통분)은 여덟 品(품)이다. 三周(삼
주)는 세 (가지의) 일이 足(족)한 것이니, 法說周(법설주)와 喩說周(유설주)
와 因緣說周(인연설주)이다. 法說周(법설주)는 上根(상근)을 입히시니 方便
品(방편품)이요, 喩說周(유설주)는 中根(중근)을 입히시니 譬喩品(비유품)이
요, 因緣說周(인연설주)는 下根(하근)을 입히시니 化城品(화성품)이다. 根
(근)이야말로 비록 셋에

三삼周즐로 여러 뵈샤믄 다 體톙를 불기시고

이 經경 스믈여듧 品픔을 세헤 논호아 序썽分뿐[62] 훈 品픔이오 正정宗종分뿐[63] 열아홉 品픔이오 流률通통分뿐[64] 여듧 品픔이라 三삼周즐[65]는 세 이리 足죡홀 씨니 法법說쉃周즐[66]와 喩융說쉃周즐[67]와 因힌緣원說쉃周즐왜라[68] 法법說쉃周즐[69]는 上썅根군[70]을 니피시니 方방便뼌品픔이오 喩융說쉃周즐는 中듕根군을 니피시니[71] 譬핑喩융品픔이오 因힌緣원說쉃周즐는 下행根군을 니피시니 化황城썽品픔이라 根군이사[72] 비록 세헤

---

62) 序分: 서분. 경전을 세 부분으로 나누었을 때에, 서론에 해당하는 부분이다.

63) 正宗分: 정종분. 경전을 세 부분으로 나누었을 때에, 본론에 해당하는 부분이다.

64) 流通分: 유통분. 경전을 세 부분으로 나누었을 때에, 결론에 해당하는 마지막 부분이다. 교법(敎法)을 후세에 널리 전하도록 제자에게 하는 말을 적은 부분이다.

65) 三周: 삼주. 세가지 일이 족한 것으로 법화삼주(法華三周)를 말한다. 법화삼주는 부처님이 『법화경』을 말씀하실 적에 듣는 이의 기근(機根)에 상·중·하의 삼류가 있어, 깨닫는 데 빠르고 늦은 차이가 있으므로 이것을 삼단으로 나누어 거듭 말하신 것이니, 곧 법설주(法說周)·유설주(喩說周:譬喩說周)·인연설주(因緣說周)가 그것이다.

66) 法說周: 법설주. 법화 삼주(法華三周) 설법(說法) 중에서 제일(第一)이다. 부처께서 최상 근기(根機)를 위하여 삼승(三乘) 권교(權敎)와 일승(一乘) 실교(實敎)를 말하되, 권교 가운데 포함된 실교를 나타내는 동안을 말한다. 법화경의 방편품(方便品)의 설법이 그것이다.

67) 喩說周: 유설주. 법화 삼주(法華三周) 설법(說法)의 제이(第二)이다. 부처께서 법설주(法說周)에서 깨닫지 못한 중근기(中根機)의 이들을 위하여 삼거(三車)의 비유(譬喩)로써 일승(一乘)에 깨달아 들어가게 하는 동안을 말함. ≪법화경≫의 비유품(譬喩品) 등의 설법이 그것이다.

68) 因緣說周왜라: 因緣說周(인연설주) + -와(←-과: 접조) + -ㅣ(←-이-: 서조) + -Ø(현시) + -라(←-다: 평종) ※ '因緣說周(인연설주)'는 법화삼주(法華三周) 설법(說法)의 제삼(第三)이다. 부처께서 제2주(第二周)에 비유(譬喩)를 말하였으나, 아직 깨닫지 못하는 어리석은 성문(聲聞)을 위하여 대통지승불(大通智勝佛) 전세의 인연을 가차하여 묘법을 말한 부문이다. 곧 법화경의 화성품(化城品: 化城喩品) 이하의 설법이 그것이다.

69) 法說周: 법설주. 법화 삼주(法華三周) 설법(說法)의 제일(第一)이다. 부처께서 최상 근기(根機)를 위하여 삼승(三乘) 권교(權敎)와 일승(一乘) 실교(實敎)를 말하되, 권교 가운데 포함된 실교를 나타내는 동안을 말한다. 법화경의 방편품(方便品)의 설법이 그것이다.

70) 上根: 상근. 불교의 진리를 이해하고 실천할 수 있는 능력이 남보다 뛰어난 사람이다. 불도를 잘 닦은 사람을 이른다.

71) 니피시니: 니피[입히다: 닙(입다, 被)- + -히(사접)-]- + -시(주높)- + -니(연어, 설명 계속)

72) 根이사: 根(근, 매우는 능력) + -이사(-이야: 보조사, 한정 강조)

머리나 ᄀᆞ르치샤ᄆᆞᆫ 通통하니 피시니라
囑쵹累룽 後ᅘᅮᇢ에 六 品픔을 펴샤 ᄃᆡ며 다 用용을 ᄇᆞᆯ기시니 中듕間간앳 이리 다 智디行ᅘᆡᆼ이 겨트로 顯현ᄒᆞ며 體톙用용이 ᄒᆞᆫ가지로 ᄇᆞᆯ가 實씷相샹이 大땡全쪈ᄒᆞ니라
大땡全쪈은 키 올ᄋᆞᆫ 디라
여러 알외시ᄂᆞᆫ 眞진實씷ㅅ 法법을 펴며 種죵智딩ᄅᆞᆯ 發벓明명ᄒᆞ야 果광德득을 일우그ᇰ실ᄊᆡ ᄒᆞ다가 든ᄌᆞᄫᅳᆫ 사ᄅᆞ미면 成쎠ᇰ佛ᄈᆞᇙ 몯ᄒᆞ리 업스며 믈읫

벌이나 가르친 것은 通(통)히 입히셨니라.

囑累(촉루) 後(후)에 여섯 品(품)을 펴신 것은 다 用(용)을 밝히셨으니, 中間(중간)에 있는 일이 다 智行(지행)이 곁으로 顯(현)하며 體(체)와 用(용)이 함께 밝아서, 實相(실상)의 大全(대전)을 밝히시며,

大全(대전)은 크게 온전한 것이다.

열어서 알리시는 眞實(진실)의 法(법)을 벌이시며 種智(종지)를 發明(발명)하여 果德(과덕)을 이루게 하시므로, 만일 (실상의 묘법을) 들은 사람은 成佛(성불)을 못 할 이가 없으며, 무릇

버리나⁷³⁾ ᄀᆞᄅ치샤ᄆᆞᆫ⁷⁴⁾ 通_통히⁷⁵⁾ 니피시니라

囑_쑉累_륑⁷⁶⁾ 後_{ᅘᅮᇢ}에 여슷 品_픔을 펴샤ᄆᆞᆫ 다 用_용을 ᄇᆞᆯ기시니 中_듕間_간앳⁷⁷⁾ 이리 다 智_딩行_{ᅘᆡᆼ}⁷⁸⁾이 겨트로⁷⁹⁾ 顯_현ᄒᆞ며 體_톙用_용이 ᄒᆞᆫᄢᅴ⁸⁰⁾ ᄇᆞᆯ가 實_씷相_샹⁸¹⁾이 大_땡全_쭪⁸²⁾을 ᄇᆞᆯ기시며

大_땡全_쭪은 키⁸³⁾ 올⁸⁴⁾ 씨라

여러 알외시ᄂᆞᆫ⁸⁵⁾ 眞_진實_씷ㅅ 法_법을 버리샤 種_쫑智_딩⁸⁶⁾를 發_뻢明_명⁸⁷⁾ᄒᆞ야 果_광德_득⁸⁸⁾을 일우긔⁸⁹⁾ ᄒᆞ실ᄊᆡ ᄒᆞ다가⁹⁰⁾ 듣ᄌᆞᄫᆞᆯ 사ᄅᆞᆷ 成_쎵佛_뿛 몯 ᄒᆞ리⁹¹⁾ 업스며 믈읫⁹²⁾

---

73) 버리나: 버리[벌이다, 列: 벌(벌어지다, 開)- + -이(사접)-]- + -나(연어, 대조)

74) ᄀᆞᄅ치샤ᄆᆞᆯ: ᄀᆞᄅ치(가르치다, 敎)- + -샤(←-시-: 주높)- + -ㅁ(←-옴)- + -ᄋᆞᆯ(목조)

75) 通히: [통히, 통틀어, 두루(부사): 通(통: 불어) + -ᄒᆞ(←-ᄒᆞ-: 형접)- + -이(부접)]

76) 囑累: 촉루. 촉루품(囑累品)을 줄인 이름으로, 이미 말한 경전(經典)을 널리 유포하도록 부탁한 것을 밝힌 편장(篇章)이다.

77) 中間앳: 中間(중간) + -애(-에: 부조, 위치) + -ㅅ(-의: 관조)

78) 智行: 지행. 지혜(智慧)와 수행(修行)을 아울러서 이르는 말이다.

79) 겨트로: 곁(곁, 傍) + -으로(부조, 방향)

80) ᄒᆞᆫᄢᅴ: [함께, 如(부사): ᄒᆞᆫ(한, 一: 관사, 양수) + ᄢᅴ(←ᄢᅴ: 때, 時, 명사) + -의(부조, 위치)]

81) 實相: 실상. 모든 현상의 있는 그대로의 참모습이다. 대립이나 차별을 떠난 있는 그대로의 참모습이다.

82) 大全: 대전. 완전히 갖추어 모자람이 없는 것이다.

83) 키: [크게, 大(부사): ㅋ(←크다: 크다, 大)- + -이(부접)]

84) 올: 올(←오올다: 온전하다, 全)- + -ㄹ(관전)

85) 알외시ᄂᆞᆫ: 알외[알리다, 告: 알(알다, 知) + -오(사접)- + -ㅣ(←-이-: 사접)-]- + -시(주높)- + -ㄴ(←-ᄂᆞ-: 현시)- + -ㄴ(관전)

86) 種智: 종지. 일체 만물의 각각 다른 상을 낱낱이 정밀하게 아는 부처의 지혜이다.

87) 發明: 발명. 경서의 뜻 따위를 스스로 깨달아서 밝히는 것이다.

88) 果德: 과덕. 수행의 결과로 얻어지는 공덕이다.

89) 일우긔: 일우[이루다, 成: 일(이루어지다, 成: 자동)- + -우(사접)-]- + -긔(-게: 연어)

90) ᄒᆞ다가: 만약, 若(부사)

91) ᄒᆞ리: ᄒᆞ(하다, 爲)- + -ㄹ(관전) # 이(이, 者: 의명) + -∅(←-이: 주조)

92) 믈읫: 무릇, 凡(부사)

能ᇰ히 아ᄅ
샤ᄆᆞᆯ 호ᇦ로 相샤ᇰ이 妙묳
法법 아니니 업스니 일로브
터 가 山산河ᄒᆞᆼ 大땡地띵
며 明며ᇰ暗함色ᄉᆡᆨ空코ᇰ애 너펴 다
ᄋᆞ면 物뭀마다 燈드ᇰ明며ᇰ智디ᇰ
오 미러 行ᅘᆡᇰᄒᆞ면 거름마다 普퐁
賢ᅘᅧᆫ行ᅘᆡᇰ이라 곧 法법에 나ᅀᅡ ᄆᆞ
ᅀᆞᆷ 불기고 다시 物뭀을 여희여 妙묳
ᄅᆞᆯ 보ᄆᆞᆯ 아니 ᄒᆞ리니 닐온 大땡事ᄊᆞᆼ
ㅅ 因ᅙᅵᆫ緣원이 ᄒᆞᆫ 題뗑예 다ᄋᆞ니
라 ○이브터 序品픔이라】 큰 比삥丘쿠ᇢ 衆즁 萬먼 二ᅀᅵᆼ千쳔
사ᄅᆞᆷ과 ᄒᆞᆫ ᄃᆡ 잇더시니다 阿항羅랑漢

能(능)히 (실상의 묘법을) 안 이(人)가 곧 受記(수기)를 得(득)하여 한(一) 일, 한(一) 相(상)이 妙法(묘법) 아닌 것이 없으니, 이로부터 가서 (실상의 묘법을) 山河(산하)와 大地(대지)며 明(명)·暗(암)·色(색)·空(공)에 넓히어 다하면 物(물)마다 燈明智(등명지)이고, 밀어서 行(행)하면 걸음마다 普賢行(보현행)이다. 즉시 法(법)에 나아가 마음을 밝히고 다시 物(물)을 떠나서 妙(묘)를 보는 것을 아니 하겠으니, 이른바 大事(대사)의 因緣(인연)이 한 題(제)에 다하였니라. ○ 여기부터 序品(서품)이다. 】 (부처가) 큰 比丘(비구) 衆(중) 萬二千(만이천)의 사람과 한데에 있으시더니 (이들은) 다 阿羅漢(아라한)이다.

能늫히 아ᅀᆞᆸ니⁹³⁾ 곧 受쓩記긩⁹⁴⁾를 得득ᄒᆞ야 ᄒᆞᆫ 일 ᄒᆞᆫ 相샹이 妙묠法법 아니니⁹⁵⁾ 업스니 일로브터⁹⁶⁾ 가 山산河ᅘᅡᆼ 大땡地띵며 明명 暗함 色식⁹⁷⁾ 空콩⁹⁸⁾애 너펴 다 ᄒᆞ면 物묳마다 燈ᄃᆞᆼ明명智딩오⁹⁹⁾ 미러 行ᅘᅢᆼᄒᆞ면 거름마다 普퐁賢ᅘᅧᆫ行ᅘᆼ¹⁾이라 고대²⁾ 法법에 나ᅀᅡ가 ᄆᆞᅀᆞ믈 ᄇᆞᆯ기고 ᄂᆞ외야³⁾ 物묳을 여희여 妙묠 보ᄆᆞᆯ 아니 ᄒᆞ리니 니르논 大땡事쑹 因ᅙᅵᆫ緣원이 ᄒᆞᆫ 題똉⁴⁾ 다ᄒᆞ니라⁵⁾ ○ 이브터⁶⁾ 序쎵品픔이라 】 굴근⁷⁾ 比삥丘쿨 衆즁 萬먼二ᇫ千쳔 사름과 ᄒᆞᆫᄃᆡ⁸⁾ 잇더시니 다 阿항羅랑漢한⁹⁾이라

---

93) 아ᅀᆞᆸ니: 아(← 알다, 知) - + -ᅀᆞᆸ(←-ᇢ-: 객높) - + -Ø(과시) - + -은(관전) # 이(이, 者: 의명) + -Ø(-이: 주조)

94) 受記: 수기. 부처로부터 내생에 부처가 되리라고 하는 예언을 받는 것이다.

95) 아니니: 아니(아니다, 非) - + -Ø(현시) - + -ㄴ(관전) # 이(것, 者: 의명) + -Ø(←-이: 주조)

96) 일로브터: 일(← 이: 이, 此, 지대, 정칭) + -로(부조, 방편) + -브터(보조사, 비롯함)

97) 色: 색. 물질적인 형체가 있는 모든 존재이다.

98) 空: 공. 우주 만물은 인연에 의하여 일시적으로 생겨나서 곧 없어지고 마는 것이므로 영원하고 고정된 실체가 없다는 의미이며, 유(有)에 대한 비유(非有)로 존재를 부정하는 말이다.

99) 燈明智오: 燈明智(등명지) + -오(←-고: 연어, 나열) ※ '燈明智(등명지)'는 등명의 지혜이다. 등명은 불(佛) · 보살(菩薩)의 앞에 받드는 등불인데, 이것은 불보살의 지혜가 밝은 것을 표시한 것이라고 한다.

1) 普賢行: 보현행. 한 가지 행(行)을 닦으면 일체 행을 갖춘다는 화엄(華嚴) 원융(圓融)의 묘행(妙行)이다. 원융은 일체의 여러 법의 사리(事理)가 구별 없이 널리 융통하여 하나가 됨을 말하는 것이다.

2) 고대: 곧, 즉시, 卽(부사)

3) ᄂᆞ외야: [다시, 復(부사): ᄂᆞ외(거듭하다, 復: 동사) - + -야(←-아: 연어 ▷ 부접)]

4) 題: 제. 제목이다. 여기서는 『묘법연화경』(妙法蓮華經)의 제호를 이른다.

5) 다ᄒᆞ니라: 다ᄒᆞ[다하다, 盡: 다(다, 悉: 부사) + ᄒᆞ(하다, 爲)-] - + -Ø(과시) - + -니(원칙) - + -라(←-다: 평종)

6) 이브터: 이(여기, 이것, 此: 지대, 정칭) + -브터(-부터: 보조사, 비롯함)

7) 굴근: 굵(굵다, 크다, 大) - + -Ø(현시) - + -은(관전)

8) ᄒᆞᆫᄃᆡ: [한데, 함께, 同處(부사): ᄒᆞᆫ(한, 一: 관사, 양수) + ᄃᆡ(데, 곳, 處: 의명)]

9) 阿羅漢: 아라한. 소승 불교의 수행자 가운데서 가장 높은 경지에 오른 이이다. 온갖 번뇌를 끊고, 사제(四諦)의 이치를 깨달아 세상 사람들의 존경을 받을 만한 공덕을 갖춘 성자를 이른다.

(이들은) 諸漏(제루)가 이미 다하여 다시 煩惱(번뇌)가 없어 己利(기리)를 得
(득)함에 미쳐서【己利(기리)는 몸이 利(이)하는 것이다. 】諸有(제유)에 있는
結(결)이 다하여 마음이 自在(자재)한 이(人)이더니【阿羅漢(아라한)은 '도적
을 죽였다.'라고 한 말이며 또 應供(응공)이라 하며, 또 不生(불생)이라 한 말이
다. 가만한 마음이 잘 오지 못하여 맑은 것이 흐리어 識(식)이 發(발)하여 흘러
나와서 境(경)에 가는 것이 漏(누)이다. 諸漏(제루)는 欲漏(욕루)와 有漏(유루)
와 無明漏(무명루)이니,

諸_정漏_룷¹⁰⁾ㅣ ᄒ마 다아¹¹⁾ ᄂ외야¹²⁾ 煩_뻔惱_놇¹³⁾ㅣ 업서 己_긩利_링¹⁴⁾ 得_득호매 미처¹⁵⁾【己_긩利_링ᄂᆫ 모미 利_링ᄒᆞᆯ 씨라】諸_졍有_{ᄋᆞᆯ}엣¹⁶⁾ 結_겷¹⁷⁾이 다아 ᄆᆞᅀᆞ미 自_쫑在_찡ᄒᄂ리러니¹⁸⁾【阿_항羅_랑漢_한ᄋᆫ 도ᄌᄀᆯ¹⁹⁾ 주기다 혼 마리며 ᄯᅩ 應_{ᅙᅵᆼ}供_공²⁰⁾이라 ᄒ며 ᄯᅩ 不_붏生_{ᄉᆡᆼ}이라 혼 마리라 이대²¹⁾ ᄀᆞᄆᆞᆫ²²⁾ ᄆᆞᅀᆞ미 오디 몯ᄒ야 ᄆᆞᆯᄀᆞᆫ 거시 흐리여 識_식²³⁾이 發_벓ᄒ야 흐르나 境_경²⁴⁾에 갈 씨²⁵⁾ 漏_{ᄅᆕᆷ}ㅣ라 諸_졍漏_룷ᄂᆫ 欲_욕漏_룷와 有_{ᄋᆞᆯ}漏_룷와 無_뭉明_명漏_룷왜니²⁶⁾

---

10) 諸漏: 제루. 몸과 마음을 미혹하게 하는 여러 가지의 번뇌(煩惱)이다. 욕루(欲漏), 有漏(유루), 無明漏(무명루)가 있다.

11) 다아: 다(← 다ᄋᆞ다: 다하다, 盡)- + -아(연어)

12) ᄂ외야: [다시, 復(부사): ᄂ외(거듭하다, 復: 동사)- + -야(← -아: 연어 ▷부접)]

13) 煩惱: 번뇌. 마음이나 몸을 괴롭히는 노여움이나 욕망 따위의 망념(妄念)이다.

14) 己利: 기리. 제 몸이 좋은 것이니, 지혜를 알아서 의심을 그치게 하는 것이다.

15) 미처: 및(미치다, 及)- + -어(연어)

16) 諸有엣: 諸有(제유) + -에(부조, 위치) + -ㅅ(-의: 관조) ※ '諸有(제유)'는 우주에 있는 유형, 무형의 모든 사물이다. 혹은 모든 살아 있는 무리이다. ※ '諸有엣'은 '諸有에 있는'으로 의역한다.

17) 結: 결. 몸과 마음을 결박하여 자유를 얻지 못하게 하는 번뇌이다.

18) 自在ᄒ니러니: 自在ᄒ[자재하다: 自在(자재) + -ᄒ(동접)-]- + -∅(과시)- + -ㄴ(관전) # 이(이, 者: 의명) + -∅(← -이-: 서조)- + -러(← -더-: 회상)- + -니(연어, 설명 계속)

19) 도ᄌᄀᆯ: 도ᄌᆨ(도적, 賊) + -ᄋᆞᆯ(목조)

20) 應供: 응공. 여래 십호(如來十號)의 하나이다. 온갖 번뇌를 끊어서 인간, 천상의 모든 중생으로부터 공양을 받을 만한 사람이라는 뜻이다.

21) 이대: [잘, 善(부사): 읻(좋다, 곱다, 善: 형사)- + -애(부접)]

22) ᄀᆞᄆᆞᆫ: ᄀᆞᄆᆞᆫ[가만하다, 微: ᄀᆞᄆᆞᆫ(가만, 微: 부사) + -ᄒ(형접)-]- + -∅(현시)- + -ㄴ(관전) ※ 'ᄀᆞᄆᆞᆫᄒ다'는 움직임 따위가 그다지 드러나지 않을 만큼 조용하고 은은한 것이다.

23) 識: 식. 대상을 인식하는 마음의 작용이며 12인연의 하나이다. 대상을 분별하는 인식 작용으로서, 식(識)은 근(根: 인식기관)이 경(境: 대상)을 연(緣)으로 하여 그 작용을 일으킨다.

24) 境: 경. 경계이다.

25) 씨: ᄊ(← ᄉ: 것, 者, 의명) + -이(주조)

26) 無明漏왜니: 無明漏(무명루) + -와(← -과: 접조) + -ㅣ(← -이-: 서조) + -니(연어, 설명 계속)

뭉明명漏룽
룽왜니
欲욕漏룽는 無뭉明명 말오 欲욕界갱
옛 一힗切촁 煩뻔惱놀ㅣ오 有薈
漏룽는 無뭉明명 말오 兩량界갱
옛 一힗切촁 煩뻔惱놀ㅣ오 無뭉明명
옛 無뭉明명이라
다 물ㄱ거시 흐리어 거즛 識식으로 읏
드믈 사마 三삼界갱 煩뻔惱놀는
源원이 두외니 十씹使ㅣ 諸졍漏룽는 貪탐嗔친
癡팅 等둥 十씹使ㅣ 諸졍漏 根ㄷ 緣천 正
정호 性셩을 보채 法법身신을 헐어 煩뻔惱 賊쯱이

欲漏(욕루)는 無明(무명) 말고 欲界(욕계)에 있는 一切(일체)의 煩惱(번뇌)이고, 有漏(유루)는 無明(무명) 말고 위의 兩界(양계)에 있는 一切(일체)의 煩惱(번뇌)이고, 無明漏(무명루)는 三界(삼계)에 있는 無明(무명)이다.

다 맑은 것이 흐리어 거짓의 識(식)으로 으뜸을 삼아 三界(삼계) 煩惱(번뇌)의 根源(근원)이 되니, 煩惱(번뇌)는 貪(탐)·嗔(진)·癡(치) 等(등)의 十使(십사)가 諸漏(제루)의 緣(연)이 되어, 法身(법신)을 헐어버려 正(정)한 性(성)을 보채므로 煩惱(賊번뇌적)이라고

欲_욕漏_룰²⁷⁾는 無_뭉明_명²⁸⁾ 말오 欲_욕界_갱²⁹⁾옛 一_힗切_촁 煩_뻔惱_놀ㅣ오 有_울漏_룰³⁰⁾는 無_뭉明_명 말오 웃³¹⁾ 兩_량界_갱옛 一_힗切_촁 煩_뻔惱_놀ㅣ오 無_뭉明_명漏_룰³²⁾는 三_삼界_갱옛³³⁾ 無_뭉明_명이라

다 믈ᄀᆞᆫ 거시 흐리여 거즛 識_식³⁴⁾으로 웃드믈³⁵⁾ 사마 三_삼界_갱 煩_뻔惱_놀ㅅ 根_근源_원이 ᄃᆞ외니 煩_뻔惱_놀ᄂᆞᆫ 貪_탐³⁶⁾ 嗔_친³⁷⁾ 癡_팅³⁸⁾ 等_등 十_씹使_숭³⁹⁾ㅣ 諸_정漏_룰ㅅ 緣_원이 ᄃᆞ외야 法_법身_신⁴⁰⁾을 ᄒᆞ야ᄇᆞ려⁴¹⁾ 正_정ᄒᆞᆫ 性_셩을 보찰씨⁴²⁾ 煩_뻔惱_놀賊_쭉이라⁴³⁾

27) 欲漏: 욕루. 삼루(三漏)의 하나이다. 욕계에서 무명을 제외한 모든 번뇌이다.

28) 無明: 무명. 세계의 참모습에 대해 깨닫지 못한 상태로, 인생에서 겪는 고통의 근본 원인이다.

29) 欲界: 욕계. 삼계(三界)의 하나. 유정(有情)이 사는 세계로, 지옥·악귀·축생·아수라·인간·육욕천을 함께 이르는 말이다. 여기에 있는 유정에게는 식욕, 음욕, 수면욕이 있어 이렇게 이른다.

30) 有漏: 유루. 번뇌가 있음을 뜻하는 말이다. 번뇌가 없는 무루(無漏)에 상대되는 말이다. 여기서 누(漏)는 누설(漏泄)이란 말로서 번뇌를 의미한다.

31) 웃: 우(← 우ㅎ: 위, 上) + -ㅅ(-의: 관조)

32) 無明漏: 무명루. 삼루(三漏)의 하나이다. 모든 현상(現象)과 본체(本體)의 어두운 데서 생기는 번뇌(煩惱)이다.

33) 三界옛: 三界(삼계) + -예(← -에: 부조, 위치) + -ㅅ(-의: 관조) ※ '三界옛'은 '삼계에 있는'으로 의역한다. '三界(삼계)'는 일체 중생이 생사(生死)하고 윤회(輪廻)하는 세 가지 세계(世界)이다. 곧 욕계(欲界), 색계(色界), 무색계(無色界)이다.

34) 識: 식. 대상을 인식하는 마음의 작용이며 12인연의 하나이다. 대상을 분별하는 인식 작용으로서, 식(識)은 근(根: 인식기관)이 경(境: 대상)을 연(緣)으로 하여 그 작용을 일으킨다.

35) 웃듬믈: 웃듬(으뜸, 第一) + -을(목조)

36) 貪: 탐. 탐내어 그칠 줄 모르는 욕심. 탐내는 마음이다. 이는 지혜를 어둡게 하고 깨달음을 방해하는 세 가지 번뇌, 즉 삼독(三毒)의 하나이다.

37) 嗔: 진. 화를 내는 것이다.

38) 癡: 치. 어리석은 것이다.

39) 十使: 십사. 사(使)는 마음을 마구 부려 산란하게 한다는 뜻으로 번뇌를 말한다. 십번뇌(十煩惱)와 뜻을 같다. 유신견(有身見), 변집견(邊執見), 사견(邪見), 견취견(見取見), 계금취견(戒禁取見), 탐(貪), 진(瞋), 치(癡), 만(慢), 의(疑) 등이다.

40) 法身: 법신. 삼신(三身)의 하나로서, 불법의 이치와 일치하는 부처의 몸을 이른다.

41) ᄒᆞ야ᄇᆞ려: ᄒᆞ야ᄇᆞ리(헐어버리다, 破)- + -어(연어)

42) 보찰씨: 보차(보채다)- + -ㄹ씨(-므로: 연어, 이유)

43) 煩惱賊이라: 煩惱(번뇌) # 賊적, 도적) + -이(서조)- + -Ø(현시)- + -라(← -다: 평종) ※ '煩惱賊(번뇌적)'은 '번뇌'를 '도적'에 비유한 것이다.

하느니라. '漏(누)가 다하여 煩惱(번뇌)가 없다.'고 한 것은 根源(근원)이 다하므로 緣(연)이 없으니, 이를 (말로) 이른 것이 '도적(을) 죽임'이다. 己利(기리)는 智(지)를 證(증)하고 惑(혹)을 斷(단)한 일이니

斷(단)은 끊는 것이다.

三界(삼계)에 있는 因果(인과)가 다 남을 爲(위)한 일이고 智斷功德(지단공덕)이야말로 己利(기리)라 하나니, 己利(기리)를 得(득)함에 미쳐야 가히 人天(인천) 福田(복전)이 되겠으므로 應供(응공)이라 하였니라. 諸有(제유)의 結(결)은 惑習(혹습)의 業(업)이 二十五有(이십오유)에

ᄒᆞᄂᆞ니라 漏_룡ㅣ 다아 煩_뻔惱_놀ㅣ 업다 호ᄆᆞ⁴⁴⁾ 根_근源_원이 다ᄋᆞᆯ씨⁴⁵⁾ 緣_원이 업스

니 이를 닐온⁴⁶⁾ 도ᄌᆞᆨ 주규미라⁴⁷⁾ 己_긩利_링ᄂᆞ 智_딩를 證_징ᄒᆞ고 惑_{ᅘᆡᆨ}⁴⁸⁾을 斷_돤혼 이

리니

　　　斷_돤ᄋᆞᆫ 그츨⁴⁹⁾ 씨라

三_삼界_갱옛 因_힌果_광⁵⁰⁾ㅣ 다 ᄂᆞᆷ 爲_윙혼⁵¹⁾ 이리오 智_딩斷_돤⁵²⁾ 功_공德_득이사⁵³⁾ 己_긩

利_링라 ᄒᆞᄂᆞ니 己_긩利_링 得_득호매 미처ᅀᅡ⁵⁴⁾ 어로⁵⁵⁾ 人_{ᅀᅵᆫ}天_텬⁵⁶⁾ 福_복田_뗜⁵⁷⁾이 ᄃᆞ외

릴씨⁵⁸⁾ 應_{ᅙᆼ}供_공⁵⁹⁾이라 ᄒᆞ니라 諸_졍有_{ᅌᅮᇢ} 結_겷은 惑_{ᅘᆡᆨ}習_씹⁶⁰⁾의 業_업이 二_{ᅀᅵᆼ}十_씹五_옹

有_{ᅌᅮᇢ}⁶¹⁾의

---

44) 호ᄆᆞ: ᄒᆞ(← ᄒᆞ다: 하다, 爲)- + -옴(명전) + -ᄋᆞᆫ(보조사, 주제)

45) 다ᄋᆞᆯ씨: 다ᄋᆞ(다하다, 盡)- + -ㄹ씨(-ᄆᆞ로: 연어, 이유)

46) 닐온: 닐(← 니르다: 이르다, 說)- + -Ø(과시)- + -오(대상)- + -ㄴ(관전, 명사적 용법) ※ '닐온' 관형사형 전성 어미의 명사적 용법으로 쓰였으므로, '이른 것이'로 의역하여 옮긴다.

47) 주규미라: 주기[죽이다, 殺: 죽(죽다, 死)- + -이(사접)-]- + -움(명전) + -이(서조)- + -Ø(현시)- + -라(← -다: 평종)

48) 惑: 혹. 깨달음에 장애가 되는 미망(迷妄)의 번뇌이다.

49) 그츨: 긏(끊다, 그치다, 斷)- + -을(관전)

50) 因果: 인과. 선악의 업에 따라 그에 해당하는 과보(果報)를 받는 일이다.

51) 爲혼: 爲ᄒᆞ[← 爲ᄒᆞ다(위하다): 爲(위: 불어) + -ᄒᆞ(동접)-]- + -오(대상)- + -Ø(과시)- + -ㄴ(관전)

52) 智斷: 지단. 진리를 관조(觀照)하는 '지덕(智德)'과 번뇌를 끊는 '단덕(斷德)'이다.

53) 功德이사: 功德(공덕) + -이(주조) + -사(-야: 보조사, 한정 강조)

54) 미처ᅀᅡ: 및(미치다, 及)- + -어ᅀᅡ(-어야: 연어, 필연적 조건)

55) 어로: 어로(← 어루: 가히, 부사)

56) 人天: 인천. 인간과 신(神). 인간계와 천상계의 중생이다.

57) 福田: 복전. 복을 거두는 밭으로, 삼보(三寶)와 부모와 가난한 사람을 비유로 이르는 말이다.

58) ᄃᆞ외릴씨: ᄃᆞ외(되다, 爲)- + -리(미시)- + -ㄹ씨(-ᄆᆞ로: 연어, 이유)

59) 應供: 응공. 온갖 번뇌를 끊어서 인간, 천상의 모든 중생으로부터 공양을 받을 만한 사람이라는 뜻이다.

60) 惑習: 혹습. 번뇌의 버릇이다.

61) 二十五有: 25유는 생사윤회(生死輪廻)의 미혹의 세계(迷界)나, 또는 유정의 미혹된 상태(迷界)를 25가지로 구분한 것이다.

五ᅌᅮᇰ有ᅌᅮᇢ의 나ᄂᆞᆫ 因ᅙᅵᆫ이 ᄃᆞ외ᄂᆞ니 이로ᄂᆞᆯ온 因
ᅙᅵᆫ이 다ᄋᆞ면 果광이 업ᄂᆞ니 이ᄅᆞᆯ
不붏生ᄉᆡᆼ이라 小숑乘씽은 自ᄍᆞᆼ定뗭과 慧ᅘᅨᆼ왜 둘히 大
阿ᅙᅡᆼ羅랑漢ᄒᆞᆫ이 影ᅙᅧᆼ響ᅘᅡᇰ衆즁인ᄃᆞᆯ
ᄇᆞᆯ기라
影ᅙᅧᆼ은 그리메오 響ᅘᅡᇰ은 뫼ᅀᅡ리니
이 衆즁이 부텻 說ᄉᆑᇙ法법을 조차
眞진實씷ㅅ 教굘化황ᄅᆞᆯ 도ᄫᅡ 펴미 影ᅙᅧᆼ響ᅘᅡᇰ 곧ᄒᆞᆯᄊᆡ라

나는 因(인)이 되나니, 因(인)이 다하면 果(과)가 없어지나니 이를 이른 것이 不生(불생)이다. 小乘(소승)은 定(정)이 있고 慧(혜)가 없어 기울게 얽매여 自在(자재)하지 못하거니와, 이제 이르되 "마음이 自在(자재)하였다."라고 한 것은 定(정)과 慧(혜)의 둘이 足(족)하여 다 解脫(해탈)한 사람이기 때문이니, 大阿羅漢(대아라한)이 影響衆(영향중)인 것을 밝혔니라.

影(영)은 그림자이고 響(향)은 메아리이니, 이 衆(중)이 부처의 說法(설법)을 좇아서 眞實(진실)의 敎化(교화)를 도와서 편 것이 影響(영향)과 같은 것이다.

나논⁶²⁾ 因_힌이 드외ᄂ니 因_힌이 다ᄋ면 果_광ㅣ 업ᄂ니⁶³⁾ 이를 닐온 不_붏生_싱⁶⁴⁾이라 小_숄乘_씽⁶⁵⁾은 定_뗭⁶⁶⁾이 잇고 慧_휑⁶⁷⁾ 업서 기우루⁶⁸⁾ 얽ᄆ이여⁶⁹⁾ 自_쫑在_찡티⁷⁰⁾ 몯거니와⁷¹⁾ 이제 닐오ᄃᆡ ᄆᆞᅀᆞ미 自_쫑在_찡타 호ᄆᆞ 定_뗭과 慧_휑와 둘히⁷²⁾ 足_죡ᄒᆞ야 다 解_갱脫_뢇⁷³⁾ᄒᆞᆫ 사ᄅᆞ밀ᄊᆡ니⁷⁴⁾ 大_땡阿_항羅_랑漢_한이 影_{ᅙᅧᆼ}響_향衆_즁⁷⁵⁾인 ᄃᆞᆯ⁷⁶⁾ 불기니라

影_{ᅙᅧᆼ}은 그리메오⁷⁷⁾ 響_향ᄋᆞᆫ 뫼ᅀᅡ리니⁷⁸⁾ 이 衆_즁이 부텻 說_쉃法_법을 조차 眞_진實_{씨ᇙ}ㅅ 敎_굘化_황를 돕ᄉᆞᄫᅡ⁷⁹⁾ 펴미 影_{ᅙᅧᆼ}響_향 ᄀᆞ홀⁸⁰⁾ ᄊᆡ라⁸¹⁾

---

62) 나논: 나(나다, 生)- + -ㄴ(←-ᄂ-: 현시)- + -오(대상)- + -ㄴ(관전)

63) 업ᄂ니: 업(← 없다: 없어지다, 滅, 동사)- + -ᄂ(현시)- + -니(연어, 설명 계속)

64) 不生: 불생. 늘 그대로 나지도 죽지도 않는다는 뜻으로, '여래(如來)'를 이르는 말이다.

65) 小乘: 소승. 수행을 통한 개인의 해탈을 가르치는 교법이다. 석가모니가 죽은 지 약 100년 뒤부터 시작하여 수백 년간 지속된 교법으로 성문승(聲聞乘)과 연각승(緣覺乘, 辟支佛)이 있다.

66) 定: 정. 불교에서 마음을 하나의 대상에 집중하여 전혀 동요가 없는 상태를 일컫는 말이다.

67) 慧: 慧(혜) + -Ø(←-이: 주조) ※ '慧(혜)'는 사리를 분별하고 의심을 끊는 슬기이다.

68) 기우루: [기울게, 傾(부사): 기울(기울다, 傾)- + -우(부접)]

69) 얽ᄆ이여: 얽ᄆ이[얽매이다: 얽(얽다)- + ᄆᆡ(매다)- + -이(피접)-]- + -어(연어)

70) 自在티: 自在ᄒᆡ[← 自在ᄒᆞ다(자재하다): 自在(자재) + -ᄒᆞ(동접)-]- + -디(-지: 연어, 부정) ※ '自在(자재)'는 속박이나 장애 없이 마음대로 하는 것이다.

71) 몯거니와: 몯[← 몯ᄒᆞ다(못하다: 보용, 부정): 몯(못, 不能: 부사, 부정) + ᄒᆞ(동접)-]- + -거니와(연어, 인정 대조)

72) 둘히: 둘ㅎ(둘, 二: 수사, 양수) + -이(주조)

73) 解脫: 해탈. 번뇌의 얽매임에서 풀리고 미혹의 괴로움에서 벗어나는 것이다. 본디 열반과 같이 불교의 궁극적인 실천 목적이다.

74) 사ᄅᆞ밀ᄊᆡ니: 사ᄅᆞᆷ(사람, 人) + -이(서조)- + -ㄹᄊᆡ(-므로: 연어, 이유) + -이(서조)- + -니(연어, 설명 계속)

75) 影響衆: 영향중. 부처님의 설법(說法)을 따라 진실한 교화(敎化)를 도와 펴는 여러 보살이다.

76) ᄃᆞᆯ: ᄃᆞ(것, 者: 의명) + -ㄹ(←-를: 목조)

77) 그리메오: 그리메(그림자, 影) + -Ø(←-이-: 서조)- + -오(←-고: 연어, 나열)

78) 뫼ᅀᅡ리니: 뫼ᅀᅡ리[메아리, 響: 뫼(← 뫼ㅎ, 山) + 살(← 살다: 살다, 在)- + -이(명접)] + -Ø(←-이-: 서조)- + -니(연어, 설명 계속)

79) 돕ᄉᆞᄫᅡ: 돕(돕다, 助)- + -ᄉᆞᆸ(←-ᄉᆞᆸ-: 객높)- + -아(연어)

80) ᄀᆞ홀: ᄀᆞᇂ(← ᄀᆞᇂ다: 같다, 如)- + -ㄹ(관전)

81) ᄊᆡ라: ᄊᆞ(← ᄉᆞ: 것, 者, 의명) + -이(서조)- + -Ø(현시)- + -라(←-다: 평종)

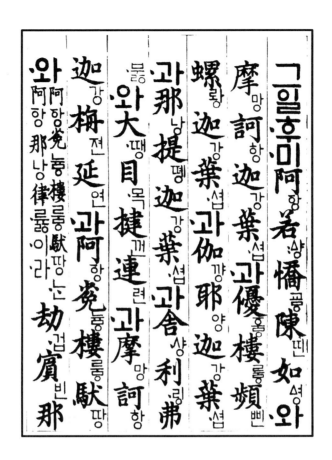

그 이름이 阿若憍陳如(아야교진여)와 摩訶迦葉(마하가섭)과 優樓頻羅迦葉(우
루빈라가섭)과 伽耶迦葉(가야가섭)과 那提迦葉(나제가섭)과 舍利弗(사리불)과 大
目揵連(대목건련)과 摩訶迦栴延(마하가전연)과 阿㝹樓馱(아누루타)와【阿㝹樓
馱(아누루타)는 阿那律(아나율)이다. 】劫賓那(겁빈나)와

그 일후미⁸²⁾ 阿항若샹憍꿀陳띤如셩⁸³⁾와 摩망訶항迦강葉섭⁸⁴⁾과 優훃樓룽頻삔羅랑迦강葉섭⁸⁵⁾과 伽강耶양迦강葉섭과 那낭提똉迦강葉섭과 舍샹利링弗붏⁸⁶⁾와 大땡目목揵껀連련⁸⁷⁾과 摩망訶항迦강栴젼延연⁸⁸⁾과 阿항㝹늏樓룽馱땅⁸⁹⁾와【阿항㝹늏樓룽馱땅ᄂᆞᆫ 阿항那낭律륧이라】 劫겁賓빈那낭⁹⁰⁾와

---

82) 일후미: 일훔(이름, 名) + -이(주조)

83) 阿若憍陳如: 아야교진여(ājñāta-kauṇḍinya). 오비구(五比丘)의 하나이다. 우루벨라(uruvelā)에서 싯다르타와 함께 고행하다가 그곳을 떠나 녹야원(鹿野苑)에서 고행하고 있었는데, 깨달음을 성취한 석가가 그곳을 찾아가 설한 사제(四諦)의 가르침을 듣고 최초의 제자가 되었다.

84) 摩訶迦葉: 마하가섭(kāśyapa). 십대제자(十大弟子)의 하나이다. 마가다국(magadha國) 출신으로, 엄격하게 수행하여 두타제일(頭陀第一)이라 일컫는다. 석가가 입멸한 직후, 왕사성(王舍城) 밖의 칠엽굴(七葉窟)에서 행한 제1차 결집(結集) 때, 의장이 되어 그 모임을 주도하였다.

85) 優樓頻羅迦葉: 우루빈라가섭(Uruvilvākāśyapa). 석가의 제자인 삼가섭(三迦葉)의 하나이다. 우루빈라가섭은 삼형제 가운데 맏형이다. 우루빈라가섭은 불을 숭상하는 사화외도(事火外道)이었으나, 부처님이 가야성에 가서 교화함을 만나 제자를 거느리고 불법에 귀의하게 되었다 한다.

86) 舍利弗: 사리불(śāriputra). 석가모니의 십대제자(十大弟子)의 하나이다. 마가다국의 바라문 출신으로, 지혜가 뛰어나 지혜 제일(智慧第一)이라 일컫는다. 원래 목건련(目犍連)과 함께 육사외도(六師外道)의 한 사람인 산자야(sañjaya)의 수제자였으나 붓다의 제자인 아설시(阿說示)로부터 그의 가르침을 전해 듣고, 250명의 동료들과 함께 석가모니 부처의 제자가 되었다.

87) 大目揵連: 대목건련(Maudgalyayana). 석가모니의 십대 제자 가운데 한 사람이다. 마가다국의 브라만 출신으로, 부처의 교화를 펼치고 신통(神通) 제일의 성예(聲譽)를 얻었다.

88) 摩訶迦栴延: 마하가전연(Mahākauṣṭhila). 서인도 아반티국의 수도 웃제니에서 태어났다. 왕명으로 석가모니 부처를 초청하러 갔다가 출가한 뒤 왕과 많은 사람들을 불교에 귀의시켰다. 부처의 말을 논리 정연하게 해설하여 논의 제일(論議第一)이라는 말을 들었다. 인도 전역을 돌아다니며 중생 교화에 힘쓴 포교사이기도 하다.

89) 阿㝹樓馱: 아누루타(Aniruddha, 阿那律, 아나율). 석가모니의 10대제자 중 한 사람으로 육안(肉眼)을 못쓰는 대신 천안(天眼)이 열려 천안 제일(天眼第一)이라고 불렸다. 석가가 경전을 결집할 때에 참석하여 일익을 담당하기도 했다.

90) 劫賓那: 가빈나(Kapphina). 석가모니의 제자이다. 인도(印度)에 있는 교살라(憍薩羅) 나라의 사람으로서, 천문역수(天文曆數)에 능통하여 부처의 제자 중에서 지성수(知星宿) 제일(第一)이라고 불리었다.

憍梵波提(교범바제)와 離婆多(이바다)와 畢陵伽婆蹉(필릉가바차)와 薄拘羅(박
구라)와 摩訶拘絺羅(마하구치라)와 難陁(난타)와 孫陁羅難陁(손타라난타)와 富
樓那彌多羅尼子(부루나미다라니자)와 須菩提(수보리)와 阿難(아난)과 羅睺羅
(나후라)와 이렇듯 한 모두

憍_꾱梵_뼘波_방提_뗑⁹¹⁾와　離_링婆_빵多_당⁹²⁾와　畢_빓陵_룽伽_깡婆_빵蹉_창⁹³⁾와　薄_빡拘_궁
羅_랑⁹⁴⁾와　摩_망訶_항拘_궁絺_팅羅_랑⁹⁵⁾와　難_난陁_땅⁹⁶⁾와　孫_손陁_땅羅_랑難_난陁_땅⁹⁷⁾와
富_붕樓_룽那_낭彌_밍多_당羅_랑尼_닝子_중⁹⁸⁾와　須_슝菩_뽕提_똉⁹⁹⁾와　阿_항難_난¹⁾과　羅_랑
睺_흫羅_랑²⁾와　이러틋³⁾혼　모다⁴⁾

---

91) 憍梵波提: 교범파제(Gavāmpati). 석가모니 부처의 제자이다. 율법 해석의 최고 권위자였다.

92) 離婆多: 이바다(Revata). 석가모니의 큰 열 제자 가운데 한 사람이다. 지율(持律)에 제일이었다.

93) 畢陵伽婆蹉: 필릉가바차(Pilindavatsa). 석가모니의 저명한 제자였으며 비록 불교에 귀의하였으나, 오만하게 남을 깔보는 나쁜 습관은 버리기 어려웠다.

94) 薄拘羅: 박구라(Bakula). 석가모니의 제자이다. 그는 얼굴과 몸매가 매우 단정하였고, 한 번도 병으로 앓은 일이 없었다고 하며, 항상 여러 사람을 피하여 한적한 곳에서 수양하기를 좋아하였다 함. 그리고 그는 1백 60세를 살아 제자 가운데 장수 제일(長壽第一)이라 한다.

95) 摩訶拘絺羅: 마하구치라. 석가모니의 십대 제자의 한 사람인 사리불(舍利弗)의 외삼촌이다. 뒤에 부처에게 귀의하였는데, 변재(辯才)가 있어 석존의 제자 가운데 문답(問答) 제일이라 하였다.

96) 難陁: 난타. 석가모니의 제자이다. 본래 소를 먹이던 사람이었으므로 목우난타(牧牛難陀)라 한다.

97) 孫陁羅難陁: 손타라난타(Sundarananda). 석가모니의 이복(異腹) 아우이다. 손타라(孫陁羅)에게 장가 들었기 때문에 '손타라 난타(孫陁羅難陁)'라고도 한다.

98) 富樓那彌多羅尼子: 부루나미다라니자. 석가모니의 십대 제자(十大弟子)의 한 사람이다. 인도(印度) 교살라국(憍薩羅國)의 사람이다. 부처님이 성도하여 녹야원(鹿野苑)에서 설법하심을 듣고 부처님께 귀의하였다. 변재(辯才)가 있어 석존의 제자 가운데 설법(說法) 제일이라 하였다.

99) 須菩提: 수보리(Subhūti). 석가모니의 십대 제자 중 한 사람이며 십육 나한(十六羅漢)의 한 사람이다. 사위성(舍衛城)의 장자(長者). 어려서는 성질이 사나웠으나 출가(出家)해서는 늘 선업(善業)을 행했다. 온갖 법이 공(空)하다는 이치를 처음 깨달았으며, 석가의 명을 받아 반야(般若)의 공(空)의 이치를 잘 설교하여 해공제일(解空第一)로 불린다.

1) 阿難: 아난(ānanda). 석가모니의 십대제자(十大弟子)의 하나이다. 석가모니의 사촌 동생으로 붓다의 나이 50여 세에 시자(侍者)로 추천되어 석가모니가 입멸할 때까지 보좌하면서 가장 많은 설법을 들어서 다문제일(多聞第一)이라 일컬었다. 석가모니가 입멸한 직후, 왕사성(王舍城) 밖의 칠엽굴(七葉窟)에서 행한 제1차 결집(結集) 때에 경장(經藏)을 주도하였다.

2) 羅睺羅: 나후라(rāhula). 석가모니의 십대제자(十大弟子)의 하나이며, 석가모니의 아들이다. 붓다가 깨달음을 성취한 후 고향에 왔을 때 출가하였으며, 지켜야 할 것은 스스로 잘 지켜 밀행제일(密行第一)이라 일컬었다.

3) 이러틋: 이러ㅎ[← 이러ㅎ다(이러하다, 如此): 이러(불어)- + -ㅎ(형접)-]- + -듯(연어, 흡사)

4) 모다: [모두, 衆(부사): 몯(모이다, 集: 동사)- + -아(연어 ▷ 부접)]

아노天땅阿항羅랑漢한돌히며大땡十씹
第똉子중ㅣ各각各각한德득이·
조·다·權꿘으로專젼門몬을·뵈야·ᄀ
올·씨·라 專젼은ᄒ·오·온·양·호·ᄂ
·올·씨·라·大땡迦강葉셥
큰敎·ᄒ·올·씨·로·大땡迦강葉셥
은頭뚱陁땅第똉一·ᅙ·이·오舍·샹利·링
·오목目 犍껀連련·ᄋ·온 神씬通통 第똉一·ᅙ·이·오目
·오 迦강 旃 延연·ᄋ·온 論론議·의 第똉一·ᅙ·이·오
·오 阿항那낭律·륫·은 天텬眼·안 第똉一·ᅙ·이·오
·오 富·붕樓룽那낭·ᄂ·ᄂ 說·ᅌᅵᆼ法·법 第똉一·ᅙ·이·오

아는 大阿羅漢(대아라한)들이며【十大弟子(십대제자)가 各各(각각) 큰 德(덕)
이 갖추어져 있되, 權(권)으로 專門(전문)을 보이어

　專(전)은 온전한 것이다.

큰 敎化(교화)를 도우므로 大迦葉(대가섭)은 頭陁(두타) 第一(제일)이요, 舍利弗
(사리불)은 智慧(지혜) 第一(제일)이요, 目揵連(목건련)은 神通(신통) 第一(제일)
이요, 迦栴延(가정연)은 論議(논의) 第一(제일)이요, 阿那律(아나율)은 天眼(천
안) 第一(제일)이요, 富樓那(부루나)는 說法(설법) 第一(제일)이요, 須菩提(수보
리)는

아논⁵⁾ 大_땡阿_항羅_랑漢_한돌 히며⁶⁾【十_씹大_땡弟_똉子_중ㅣ 各_각各_각 한⁸⁾ 德_득이 ㄱ

조딕⁹⁾ 權_꿘¹⁰⁾으로 專_쥔門_몬¹¹⁾을 뵈야¹²⁾

專_쥔은 올¹³⁾ 씨라

큰 敎_굘化_황룰 돕ᄉᆞᄫᆞᆯ씨¹⁴⁾ 大_땡迦_강葉_섭은 頭_뜰陁_땅¹⁵⁾ 第_똉一_잃이오 舍_샹利_링弗_붏

은 智_딩慧_휑 第_똉一_잃이오 目_목揵_껀連_련은 神_씬通_통¹⁶⁾ 第_똉一_잃이오 迦_강栴_젼延_연은

論_론議_읭¹⁷⁾ 第_똉一_잃이오 阿_항那_낭律_륳은 天_텬眼_안¹⁸⁾ 第_똉一_잃이오 富_붕樓_룽那_낭는

說_쉃法_법 第_똉一_잃이오 須_슝菩_뽕提_똉는

---

5) 아논: 아(← 알다: 알다, 知)- + -ㄴ(←-ᄂᆞ-: 현시)- + -오(대상)- + -ㄴ(관전)

6) 大阿羅漢돌 히며: 大阿羅漢ㅎ[대아라한들: 大阿羅漢(대아라한) + -둘ㅎ(-들: 복접)] + -이며(접조) ※ '大阿羅漢(대아라한)'은 아라한 가운데에서 나이가 많고 덕이 높은 사람이다.

7) 十大弟子: 십대제자. 부처님의 제자 가운데서 수행과 지혜가 특출한 제자 10인을 간추려 십대제자라고 부른다. 사리불, 목건련, 마하가섭, 수보리, 부루나, 가전연, 아나율, 우바리, 라후라, 아난다 등이 그들이다.

8) 한: 하(크다, 大)- + -Ø(현시)- + -ㄴ(관전)

9) ㄱ조딕: 곳(갖추어져 있다, 備)- + -오딕(연어, 설명 계속)

10) 權: 권. '방편(方便)'이나 '수단(手段)'의 다른 이름이다. 십바라밀의 하나로서, 중생을 구제하기 위하여 쓰는 묘한 수단과 방법이다.

11) 專門: 전문. 어떤 분야에 상당한 지식과 경험을 가지고 오직 그 분야만 연구하거나 맡는 것이다.

12) 뵈야: 뵈[보이다, 示: 보(보다, 見)- + -ㅣ(←-이-: 사접)-]- + -야(←-아: 연어)

13) 올: 오(← 오올다: 온전하다, 全)- + -ㄹ(관전)

14) 돕ᄉᆞᄫᆞᆯ씨: 돕(돕다, 助)- + -ᅀᆞ(←-ᅀᆞᆸ-: 객높)- + -올씨(-ᄆᆞ로: 연어, 이유)

15) 頭陀: 두타. 산과 들로 다니면서 온갖 괴로움을 무릅쓰고 불도를 닦는 일이다.

16) 神通: 신통. 우리 마음으로 헤아리기 어렵고 생각할 수 없는 무애자재(無涯自在)한 통력(通力)이다.

17) 論議: 논의. 어떤 문제에 대하여 서로 의견을 내어 토의하는 것이다.

18) 天眼: 천안. 육안으로 볼 수 없는 것을 환히 보는 신통한 마음의 눈이다.

解空(해공) 第一(제일)이요, 阿難(아난)은 多聞(다문) 第一(제일)이요, 離婆多(이
바라)는 持律(지율) 第一(제일)이요, 羅睺羅(나후라)는 密行(밀행) 第一(제일)이
다. 憍陳如(교진여)부터 羅睺羅(나후라)까지 다 큰 德(덕)이 갖추어졌으니, 法化
(법화)를 원만히 밝혔니라.】

　　解空(해공)은 空(공)을 아는 것이요, 持律(지율)은 律(율)을 지니는 것이요,
　　密行(밀행)은 秘密(비밀)한 행적(행적)이다.

또 學無學(학무학) 二千(이천) 사람과 【學無學(학무학)은

解_행空_콩¹⁹⁾ 第_똉一_힗이오 阿_항難_난은 多_당聞_문²⁰⁾ 第_똉一_힗이오 離_링婆_빵多_당ᄂᆫ 持_띵律_률²¹⁾ 第_똉一_힗이오 羅_랑睺_황羅_랑ᄂᆫ 密_밇行_행²²⁾ 第_똉一_힗이라 憍_{ᄀᆶ}陳_띤如_셩브터 羅_랑睺_황羅_랑ㅅ ᄀᆞ장²³⁾ 다 한 德_득이 ᄀᆞᄌᆞ니 法_법化_황²⁴⁾를 두려비²⁵⁾ 빌기니라】

　　解_행空_콩ᄋᆞᆫ 空_콩²⁶⁾ᄋᆞᆯ 알 씨오²⁷⁾ 持_띵律_률ᄋᆞᆫ 律_률ᄋᆞᆯ 디닐²⁸⁾ 씨오 密_밇行_행ᄋᆞᆫ 秘_빙密_밇ᄒᆞᆫ 힝뎌기라²⁹⁾

ᄯᅩ³⁰⁾ 學_{ᄒᆞᆨ}無_뭉學_{ᄒᆞᆨ}³¹⁾ 二_싕千_천 사ᄅᆞᆷ과【學_{ᄒᆞᆨ}無_뭉學_{ᄒᆞᆨ}ᄋᆞᆫ

---

19) 解空: 해공. 만유(萬有) 제법(諸法)이 공(空)하다는 이치를 깨닫는 것이다.

20) 多聞: 다문. 보고 들은 것이 많은 것이나 법문을 외워 지닌 것이 많은 것이다.

21) 持律: 지율. 계율을 굳게 지키는 것이다.

22) 密行: 밀행. 비밀히 다니거나 비밀스럽게 행동하는 것이다.

23) 羅睺羅ㅅ ᄀᆞ장: 羅睺羅(나후라: 인명) + -ㅅ(-의: 관조) # ᄀᆞ장(끝까지: 의명) ※ '羅睺羅ㅅ ᄀᆞ장'은 '나후라까지'로 의역한다.

24) 法化: 법화. 불법(佛法)의 세계가 되는 것이다.

25) 두려비: [둥그렇게, 원만히, 圓(부사): 두렇(← 두렵다, ㅂ불: 둥글다, 圓, 형사)- + -이(부접)]

26) 空: 공(Śunya). 불교의 근본 교리 중의 하나로서, 인간을 포함한 일체 만물에 고정 불변하는 실체가 없다는 사상이다. 불교 이전부터 널리 사용되어 온 말로서 인도의 수학에서는 영(零)으로 사용되었고, 힌두교에서는 브라만(梵)과 니르바나(涅槃)의 상징으로 사용되기도 하였다.

27) 씨오: ㅆ(← ᄉᆞ: 것, 者, 의명) + -이(서조)- + -오(← -고: 연어, 나열)

28) 디닐: 디니(지니다, 持)- + -ㄹ(관전)

29) 힝뎌기라: 힝뎍(행적, 行蹟) + -이(서조)- + -Ø(현시)- + -라(← -다: 평종)

30) ᄯᅩ: 또, 又(부사)

31) 學無學: 학무학. 그 당시로서는 다 알지 못하여 무학(無學)에게서 배우는 것이나, 또는 배우는 사람이다. 학(學)은 배우는 것이고, 무학(無學)은 다 알아서 더 배울 것이 없는 것이다.

배울 일 없는 사람에게 배우는 것이다. 】 摩訶波闍波提(마하파사파제) 比丘尼 (비구니)가 眷屬(권속) 六千(육천) 사람을 데려와 있으며【摩訶波闍波提(마하 파사파제는) 大愛道(대애도)라고 하는 말이다. 】 羅睺羅(나후라)의 어머님인 耶輸陁羅(야수다라) 比丘尼(비구니)가 또 眷屬(권속)을 데려와 있으며【大愛 道(대애도)와 耶輸(야수)가 다 자취를 보여서 티끌과 같은 影響衆(영향중)이 다.】

비홀[32] 일 업슨 사루미 게[33] 비홀 씨라 】 摩망訶항波방闍쌍波방提똉[34] 比뼹丘
쿨尼닝[35] 眷권屬쏙[36] 六륙千천 사룸 드려와[37] 이시며【摩망訶항波방闍쌍波
방提똉는 大땡愛힝道똘ㅣ라 ㅎ논[38] 마리라 】 羅랑睺쭁羅랑이 어마님[39] 耶양
輸슣陀땅羅랑[40] 比뼹丘쿨尼닝 쏘 眷권屬쏙 드려와 이시며【大땡愛힝道똘
와 耶양輸슣왜[41] 다 자최를[42] 뵈야 드틀와[43] 굳느[44] 影형響향衆즁[45]이라 】

---

32) 비홀: 비호[배우다, 學: 빛(버릇이 되다, 習: 자동)- + -오(사접)-]- + -ㄹ(관전)

33) 사루미 게: 사룸(사람, 人) + -이(-의: 관조) # 게(거기에 : 의명) ※ '사루미 게'은 '사람(의) 거기에'라는 뜻인데, '사람에게'로 의역한다.

34) 摩訶波闍波提: 마하파사파제(mahāprajāpatī). 대애도(大愛道)라고 번역한다. 싯다르타의 어머니인 마야(māyā)의 여동생이다. 마야가 싯다르타를 낳은 지 7일 만에 세상을 떠나자 그를 양육하였다. 정반왕(淨飯王)과 결혼하여 난타(難陀)를 낳았고, 정반왕이 세상을 떠나자 싯다르타의 아내인 야쇼다라와 함께 출가하여 비구니가 되었다.

35) 比丘尼: 比丘尼(비구니) + -Ø(←-이: 주조) ※ '比丘尼(비구니)'는 출가하여 구족계(具足戒)를 받은 여자 승려이다. ※ '구족계(具足戒)'는 비구와 비구니가 지켜야 할 계율. 비구에게는 250계, 비구니에게는 348계가 있다.

36) 眷屬: 권속. 한 집에 거느리고 사는 식구이다.

37) 드려와: 드려오[데려오다, 與俱: 드리(데리다, 與)- + -어(연어) + 오(오다, 來)-]- + -아(연어)

38) ㅎ논: ㅎ(하다, 謂)- + -ㄴ(←-ㄴ-: 현시)- + -오(대상)- + -ㄴ(관전)

39) 어마님: [어머님, 母親: 어마(← 어미: 어머니, 母) + -님(높접)]

40) 耶輸陀羅: 야수다라. 석가모니가 출가하기 전인 태자 시절에 취했던 아내이다. 선각왕(善覺王)의 딸이다. 정반왕(淨飯王)의 태자(太子)로 태어난 석가모니가 17세 되던 해에 결혼하여 아들인 나후라를 두었다.

41) 耶輸왜: 耶輸(야수, 다수다라) + -와(←-과: 접조) + -ㅣ(←-이: 주조)

42) 자최를: 자최(자취, 跡) + -룰(목조)

43) 드틀와: 드틀(티끌, 塵) + -와(←-과: 부조, 비교)

44) 굳느: 굳느(← 굳ㅎ다: 같다, 如)- + -Ø(현시)- + -ㄴ(관전) ※ '굳느'은 '굳흔'을 오각한 형태이다.

45) 影響衆: 영향중. 부처님의 설법(說法)을 따라 진실한 교화(敎化)를 도와 펴는 여러 보살이다.

菩薩摩訶薩(보살마하살) 八萬(팔만) 사람이 다 阿耨多羅三藐三菩提(아뇩다라
삼먁삼보리)에서 물러나지 아니하시어, 다 陀羅尼(다라니)와 樂說辯才(요설변
재)를 得(득)하시어 물러나지 아니할 法輪(법륜)을 굴리시어, 無量(무량)한
百千(백천)의 諸佛(제불)을 供養(공양)하여 諸佛(제불)께

菩ᄬ薩ᇙ⁴⁶⁾ 摩ᄝ訶항薩ᇙ⁴⁷⁾ 八ᄤ萬먼 사ᄅ미 다 阿항耨녹多당羅랑三삼藐
막三삼菩ᄬ提똉⁴⁸⁾예 므르디⁴⁹⁾ 아니ᄒ샤⁵⁰⁾ 다 陁땅羅랑尼닝와⁵¹⁾ 樂욜說ᄫᅯᇙ
辯변才ᅑᆼ⁵²⁾를 得득ᄒ샤 므르디 아니ᄒᆶ 法법輪륜⁵³⁾을 그우리샤⁵⁴⁾ 無뭉
量량⁵⁵⁾ 百빅千쳔 諸졍佛ᄬᇙ을 供공養양ᄒᄉᄫ바⁵⁶⁾ 諸졍佛ᄬᇙᄭᅴ⁵⁷⁾

---

46) 菩薩: 보살. 부처가 전생에서 수행하던 시절에, 수기를 받은 이후의 몸이다.

47) 摩訶薩: 마하살. 보살(菩薩)을 아름답게 이르는 말이다.

48) 阿耨多羅三藐三菩提: 아뇩다라삼먁삼보리. 일체의 진상을 모두 아는 부처님의 무상(無上)의 승지(勝地), 곧 무상정각(無上正覺)이다. 부처님의 지혜는 가장 뛰어나고 그 위가 없으며 평등한 바른 이치를 깨닫는 것이다. ※ '阿(아)'는 '없다'이다. '耨多羅(뇩다라)'는 '위'이다. '三(삼)'은 '正(정)'이다. '藐(막)'은 '等(등)'이다. '菩提(보리)'는 '正覺(정각)'이다.

49) 므르디: 므르(물러나다, 退)- + -디(-지: 연어, 부정)

50) 아니ᄒ샤: 아니ᄒ[아니하다, 不(보용, 부정): 아니(아니, 不: 부사, 부정) + -ᄒ(동접)-] + -샤(←-시-: 주높)- + -Ø(←-아: 연어)

51) 陁羅尼와: 陁羅尼(다라니) + -와(←-과: 접조) ※ '陁羅尼(다라니)'는 범문(梵文)을 번역하지 아니하고 음(音)을 그대로 외는 일이다. 이를 외는 사람은 많은 공덕을 받는다고 한다.

52) 樂說辯才: 요설변재. 교법을 설함에 자유자재한 힘이나, 또는 능란한 말로 이치를 밝히는 힘이다.

53) 法輪: 법륜. 사륜(四輪)의 하나이다. '부처의 교법'을 전륜왕의 금륜(金輪)이 산과 바위를 부수고 거침없이 나아가는 것에 비유하여 이르는 말이다.

54) 그우리샤: 그우리[굴리다, 轉: 그울(구르다, 轉: 자동)- + -이(사접)-] + -샤(←-시-: 주높)- + -Ø(←-아: 연어)

55) 無量: 무량. 헤아릴 수 없이 많음을 이르는 말이다.

56) 供養ᄒᄉᄫ바: 供養ᄒ[공양하다: 供養(공양: 명사) + -ᄒ(동접)-] + -ᅀᆞ(←-ᅀᆞᆸ-: 객높)- + -아(연어)

57) 諸佛ᄭᅴ: 諸佛(제불) + -ᄭᅴ(-께: 부조, 상대, 높임) ※ '諸佛(제불)'은 '여러 부처'이다.

많은 德(덕)의 根源(근원)을 심으시어, 늘 諸佛(제불)이 일컬어서 讚嘆(찬탄)

하시며, 慈(자)로 몸을 닦아 부처의 慧(혜)에 잘 드시어 大智(대지)를 通達

(통달)하시어【通達(통달)은 꿰뚫는 것이다.】, 저쪽(彼岸, 피안)의 가에 다다

르시어 名稱(명칭)이【稱(칭)은 맞는 것이니 德(덕)의 實(실)이 이름과 맞는

것이다.】 無量(무량)한 世界(세계)에 널리 들리시어 無數(무수)한 百千(백천)

의 衆生(중생)을

한[58] 德득 根근源원을 시므샤[59] 샹녜[60] 諸졍佛뿛이 일ᄏᆞ라[61] 讚잔嘆탄
ᄒᆞ시며[62] 慈ᄍᆞᆼ로[63] 몸 닷가[64] 부텻 慧ᅘᅰᆼ예[65] 잘 드르샤[66] 大땡智딩예
通통達ᄄᆞᇙᄒᆞ샤[67]【通통達ᄄᆞᇙ은 ᄉᆞᄆᆞᄎᆞᆯ[68] 씨라】 뎌녁[69] ᄀᆞᅀᅢ[70] 다ᄃᆞᄅᆞ샤[71] 名
명稱칭이【稱칭은 마ᄌᆞᆯ[72] 씨니 德득의 實씷이 일훔과[73] 마ᄌᆞᆯ 씨라】 無뭉量량
世솅界갱예 너비[74] 들이샤[75] 無뭉數숭ᄒᆞᆫ 百ᄇᆡᆨ千쳔[76] 衆즁生ᄉᆡᆼ ᄋᆞᆯ

---

58) 한: 하(많다, 衆)-+-∅(현시)-+-ㄴ(관전)

59) 시므샤: 시므(심다, 殖)-+-샤(←-시-: 주높)-+-∅(←-아: 연어)

60) 샹녜: 늘, 항상, 常(부사)

61) 일ᄏᆞ라: 일ᄏᆞᆯ(← 일ᄏᆮ다, ㄷ불: 일컫다, 칭찬하여 이르다, 稱)-+-아(연어)

62) 讚嘆ᄒᆞ시며: 讚嘆ᄒᆞ[찬탄하다: 讚嘆(찬탄: 명사)+-ᄒᆞ(동접)-]-+-시(주높)-+-며(연어, 나열) ※ '讚嘆(찬탄)'은 칭찬하며 감탄하는 것이다.

63) 慈로: 慈(자)+-로(부조, 방편) ※ '慈(자)'는 '慈悲心(자비심)'인데, 중생을 사랑하고 가엾게 여기는 마음이다.

64) 닷가: 닭(닦다, 修)-+-아(연어)

65) 慧예: 慧(혜)+-예(←-에: 부조, 위치) ※ '慧(혜)'는 지혜이다.

66) 드르샤: 들(들다, 入)-+-으샤(←-으시-: 주높)-+-∅(←-아: 연어)

67) 通達ᄒᆞ샤: 通達ᄒᆞ[통달하다: 通達(통달: 명사)+-ᄒᆞ(동접)-]-+-샤(←-으시-: 주높)-+-∅(←-아: 연어)

68) ᄉᆞᄆᆞᄎᆞᆯ: ᄉᆞᄆᆞᆾ(통달하다, 깊이 꿰뚫어 알다, 達通)-+-ᄋᆞᆯ(관전)

69) 뎌녁: 녀녁[저쪽, 彼: 뎌(저, 彼: 관사, 지시, 정칭)#녁(녘, 便)] ※ '뎌녁'은 '피안(彼岸)'을 뜻하는데, 피안은 사바세계의 저쪽에 있는 깨달음의 세계이다. 참고로 '피안(彼岸)'은 중생들이 나고 죽고 하는 고통이 있는 이 세상이다.

70) ᄀᆞᅀᅢ: ᄀᆞᇫ(← ᄀᆞᆺ: 가, 岸)+-애(-에: 부조, 위치)

71) 다ᄃᆞᄅᆞ샤: 다ᄃᆞᆯ[← 다ᄃᆞᆮ다, ㄷ불(다닫다, 다다르다, 到): 다(다, 悉: 부사)+ᄃᆞᆯ(← ᄃᆞᆮ다, ㄷ불: 달리다, 走)-]-+-ᄋᆞ샤(←-ᄋᆞ시-: 주높))-+-∅(←-아: 연어)

72) 마ᄌᆞᆯ: 맞(맞다, 的)-+-ᄋᆞᆯ(관전)

73) 일훔과: 일훔(이름, 名)+-과(접조)

74) 너비: [널리, 普(부사): 넙(넓다, 普: 형사)-+-이(부접)]

75) 들이샤: 들이[들리다, 聞(피동): 들(← 듣다, ㄷ불: 듣다, 聞, 타동)-+-이(피접)-]-+-샤(←-시-: 주높)-+-∅(←-아: 연어)

76) 百千: 백천. 일천의 백배, 곧 10만의 수를 나타낸다. 아주 많은 수를 나타낼 때에도 쓰인다.

生싱·오·ᄛᆞᆯ濟곙渡·뚱·ᄒᆞ·시·ᄂᆞᆫ분:내러·시
·니 摩망訶항薩·삻·이 地·띵·옛等:등覺·각菩뽕薩·삻·ᄃᆞᆯ·히·라 八·밣地·띵·옛
·ᄒᆡ
位·윙不·붏退·퇭·오
退·퇭·ᄂᆞᆫ 믈·러·ᄒᆞᆯ·씨·라
五:ᅌᅩ地·띵七·칧地·띵
得·득·ᄒᆞ·야 陁땅羅랑尼닝·ᄅᆞᆯ
·븘退·퇭 決·겷定·뗭法·법·을·닐·우·미不
·ᄯᅩ호·문 道·똘·이·라 得·득·ᄒᆞ·야 :제位·윙·예住
:소·미·오 不·붏退·퇭輪륜得·득·호·ᄆᆞᆯ 轉·둳·호·문 自·ᄍᆞᆼ
道·똘·ᄅᆞᆯ무·위·ᄂᆞᆫ :몯 利·링·케·ᄒᆞᆯ·씨·니 自·ᄍᆞᆼ

잘 濟渡(제도)하시는 분들이시더니, 그 이름이 文殊師利菩薩(문수사리보살)과 【摩訶薩(마하살)은 地(지, 十地) 위에 있는 等覺菩薩(등각보살)들이다. 八地(팔지)로부터의 위가 不退位(불퇴위)이고

退(퇴)는 물러나는 것이다.

五地(오지)·七地(칠지)가 陁羅尼(다라니)를 得(득)하여 決定法(결정법)을 일으키는 것이 不退輪(불퇴륜)이다. 不退位(불퇴위)에 住(주)한 것은 이 道(도)를 得(득)하여 자기가 가지고 있는 것이고, 不退輪(불퇴륜)을 轉(전)한 것은 이 道(도)를 움직이여 남을 利(이)하게 하는 것이니, (이는) 自覺(자각)하고

잘 濟_졩渡_똥ᄒ시ᄂᆞᆫ 분내러시니⁷⁷⁾【摩_망訶_항薩_삻⁷⁸⁾ᄋᆞᆫ 地_띵⁷⁹⁾ 우흿⁸⁰⁾ 等_등覺_각

菩_뽕薩_삻ᄃᆞᆯ히라⁸¹⁾ 八_밣地_띵롯⁸²⁾ 우히 不_붏退_퇭位_윙⁸³⁾오

退_퇭ᄂᆞᆫ 므를⁸⁴⁾ 씨라

五_옹地_띵⁸⁵⁾ 七_칧地_띵⁸⁶⁾ 陁_땅羅_랑尼_닝⁸⁷⁾ᄅᆞᆯ 得_득ᄒᆞ야 決_꾏定_땡法_법⁸⁸⁾을 닐우미⁸⁹⁾ 不_붏

退_퇭輪_륜⁹⁰⁾이라 不_붏退_퇭位_윙예 住_뜡호ᄆᆞᆫ 이 道_똫ᄅᆞᆯ 得_득ᄒᆞ야 제⁹¹⁾ 가져 이쇼미오⁹²⁾

不_붏退_퇭輪_륜을 轉_둳호ᄆᆞᆫ⁹³⁾ 이 道_똫ᄅᆞᆯ 뮈워⁹⁴⁾ ᄂᆞ믈 利_링케 홀 씨니 自_쫑覺_각ᄒᆞ고

77) 분내러시니: 분내[분들: 분(분: 의명) + -내(복접, 높임)] + -Ø(←-이-: 서조) + -러(←-더-: 회상) + -시(주높) + -니(연어, 설명 계속)

78) 摩訶薩: 마하살. 보살(菩薩)을 아름답게 이르는 말이다.

79) 地: 지. 십지(十地)이다. 보살이 수행하는 오십이위(五十二位)의 단계 중에서, 제41위에서 제50 위까지의 단계이다. 부처의 지혜를 생성하고 온갖 중생을 교화하여 이롭게 하는 단계이다.

80) 우흿: 우ㅎ(위, 上) + -의(-에: 부조, 위치) + -ㅅ(-의: 관조)

81) 等覺菩薩ᄃᆞᆯ히라: 等覺菩薩ᄃᆞᆯㅎ[등각보살들: 等覺菩薩(등각보살) + -ᄃᆞᆯㅎ(-들: 복접)] + -이(서조) + -Ø(현시) + -라(←-다: 평종) ※ '等覺(등각)'는 보살이 수행하는 단계로서, 보살의 수행이 꽉 차서 지혜와 공덕이 부처의 묘각과 같아지려는 지위이다.

82) 八地롯: 八地(팔지) + -로(부조, 방향) + -ㅅ(-의: 관조) ※ '八地(팔지)'는 보살이 수행하는 10 지(十地) 중에서 제8번째의 단계이므로, 전체 오십이위 중에서 48위를 이른다.

83) 不退位: 불퇴위. 한 번 도달한 수양의 계단으로부터 뒤로 물러나거나, 수행을 퇴폐하는 일이 없는 지위를 말한다. 불퇴지(不退地)라고도 한다.

84) 므를: 므르(물러나다, 退) + -ㄹ(관전)

85) 五地: 오지. 십지(十地) 중에서 5위, 오십이위(五十二位) 중에서 45위인 불보살의 지위이다.

86) 七地: 칠지. 십지(十地) 중에서 7위, 오십이위(五十二位) 중에서 47위인 불보살의 지위이다.

87) 陁羅尼: 다라니. 범문(梵文)을 번역하지 아니하고 음(音)을 그대로 외는 일이다. 이를 외는 사 람은 많은 공덕을 받는다고 한다.

88) 決定法: 결정법. 불변의 진리로 결정된 부처님의 법이다.

89) 닐우미: 닐[← 니르다(일으키다, 起): 닐(일어나다: 자동) + -으(사접)-] + -움(명전) + -이(주조)

90) 不退輪: 불퇴륜. 불퇴전법륜(不退轉法輪)의 준말이다. 중생을 제도하기 위하여 물러남이 없는 법륜이라는 뜻이다. 법륜은 불·보살의 설법을 말한다.

91) 제: 저(저, 자기: 인대, 재귀칭) + -ㅣ(←-이: 주조)

92) 이쇼미오: 이시(있다: 보용, 완료 지속) + -옴(명전) + -이(서조) + -오(←-고: 연어, 나열)

93) 轉호ᄆᆞᆫ: 轉ㅎ[← 轉ᄒ다(전하다, 굴리다): 轉(전: 불어) + -ㅎ(동접)-] + -옴(명전) + -ᄋᆞᆫ(보조 사, 주제)

94) 뮈워: 뮈우[움직이다, 使動: 뮈(움직이다, 움직이게 하다: 자동) + -우(사접)-] + -어(연어)

覺각ᄒᆞ고 覺각他탕ᄒᆞ논 德득이라 慈ᄍᆞ로 몸 닷고 ᄠᅳ디 너비 濟졩渡똥호ᄆᆡ 잇고 부텻 慧휑예 잘 드로ᄆᆞᆫ 方방便뻔을 잘 ᄡᅳᆯ씨오 大땡智딩예 通통達ᄯᅡᆯ호ᄆᆞᆫ 證징호미 實씷호ᄆᆡ 이셔 뎌 ᄀᆞᅀᅢ 다ᄃᆞ로ᄆᆞᆫ 나ᅀᅡ가미 實씷ᄒᆞ니 이 內ᄂᆡᆼ德득이오 일로브터 實씷ᄒᆞᆫ 德득이 나토ᄆᆞᆯ 後ᅘᅮᇢ에 일후미 너비 들이ᄂᆞ니 이 外ᅌᅬᆼ德득이라 內ᄂᆡᆼ德득이 通통達ᄯᅡᆯ호미면 보아 化황ᄒᆞ리 잇고 外ᅌᅬᆼ德득이 너비 들이면 드러 化황ᄒᆞ리 이실ᄊᆡ 그 濟졩渡똥호미 無뭉數숭ᄒᆞᆫ 百빅千쳔에 니르니 다 大땡菩뽕薩삻人ᄉ 德득이라 地띵前쪈에 업슨 거시라 그 일후미

覺他(각타)하는 德(덕)이다. 慈(자)로 몸을 닦는 것은 (그) 뜻이 널리 (중생을) 濟渡(제도)함에 있고, 부처의 慧(혜)에 잘 드는 것은 (중생을 위하여) 方便(방편)을 잘 쓰는 것이고, 大智(대지)에 通達(통달)하는 것은 證(증)하는 것이 밝고, 저 가(邊, 彼岸)에 다다르는 것은 나아가는 것이 實(실)하니 이는 內德(내덕)이다. 이로부터 實(실)한 德(덕)이 나타나므로 이름이 널리 들리니 이는 外德(외덕)이다. 內德(내덕)이 通達(통달)하면 보아서 化(화)하는 이가 있고, 外德(외덕)이 널리 들리면 들어서 化(화)하는 이가 있으므로, 그 濟渡(제도)하는 것이 無數(무수)한 百千(백천)에 이르니, (이는) 다 大菩薩(대보살)의 德(덕)이라서 地前(지전)에 없는 것이다. 】 그 이름이

覺_각他_탕⁹⁵⁾ᄒᆞᄂᆞᆫ 德_득이라 慈_쭝로 몸 닷고ᄆᆞᆫ⁹⁶⁾ ᄠᅳ디 너비 濟_젱渡_똥호매 잇고 부텻

慧_{ᅙᅱᇙ}예 잘 드로ᄆᆞᆫ⁹⁷⁾ 方_방便_뼌⁹⁸⁾을 잘 쁠⁹⁹⁾ᄊᆡ오 大_땡智_딩예 通_통達_딿호ᄆᆞᆫ 證_{ᄌᆡᆼ}호미

ᄇᆞᆰ고 뎌 ᄀᆞ새 다ᄃᆞ로ᄆᆞᆫ 나ᅀᅡ가미¹⁾ 實_{ᄊᆜᇙ}ᄒᆞ니²⁾ 이ᄂᆞᆫ 內_뇡德_득이라 일로브터³⁾ 實_{ᄊᆜᇙ}

ᄒᆞᆫ 德_득이 나다날ᄊᆡ⁴⁾ 일후미 너비 들이니 이ᄂᆞᆫ 外_욍德_득이라 內_뇡德_득이 通_통達_딿

ᄒᆞ면 보아 化_황ᄒᆞ리⁵⁾ 잇고 外_욍德_득이 너비 들이면 드러 化_황ᄒᆞ리 이실ᄊᆡ 그 濟_젱

渡_똥ᄒᆞ샤미⁶⁾ 無_뭉數_숭 百_{ᄇᆡᆨ}千_쳔에 니르니 다 大_땡菩_뽕薩_삻⁷⁾ㅅ 德_득이라 地_띵前_쪈⁸⁾에 업슨 거시라 】 그 일후미

---

95) 覺他: 각타. 삼각(三覺)의 하나로서, 불보살(佛菩薩)이 중생에게 도리를 깨닫게 하는 것이다. 스스로 깨달음과 동시에 법(法)을 설(說)하여 남을 개오(開悟)시켜, 생사의 괴로움을 떠나도록 일깨우는 것이다.

96) 닷고ᄆᆞᆫ: 닦(닦다, 修)- + -옴(명전) + -ᄋᆞᆫ(보조사, 주제)

97) 드로ᄆᆞᆫ: 들(들다, 入)- + -옴(명전) + -ᄋᆞᆫ(보조사, 주제)

98) 方便: 방편. 십바라밀(十波羅蜜)의 하나로서, 중생을 구제하기 위하여 쓰는 수단과 방법이다.

99) 쁠: 쓰(쓰다, 用)- + -ㄹ(관전)

1) 나ᅀᅡ가미: 나ᅀᅡ가[나아가다, 進: 났(←낫다, ㅅ불: 나가다)- + -아(연어) + 가(가다, 去)-]- + -ㅁ (←-옴: 명전)

2) 實ᄒᆞ니: 實ᄒᆞ[실하다: 實(실: 불어) + -ᄒᆞ(동접)-]- + -니(연어, 설명 계속) ※ '實(실)'은 어떤 지역이나 목표에 이르거나 도달하는 것이다.

3) 일로브터: 일(←이: 이, 此, 지대, 정칭) + -로(부조, 방편) + -브터(-부터: 보조사, 비롯함)

4) 나다날ᄊᆡ: 나다나[나타나다, 現: 낟(나타나다, 現)- + -아(연어) + 나(나다, 現)-]- + -ㄹᄊᆡ(-ᄆᆞ로: 연어, 이유)

5) 化ᄒᆞ리: 化ᄒᆞ[화하다, 교화하다, 敎化: 化(화: 불어) + -ᄒᆞ(동접)-]- + -ㄹ(관전) # 이(이, 者: 의명) + -∅(←-이: 주조)

6) 濟渡ᄒᆞ샤미: 濟渡ᄒᆞ[제도하다: 濟渡(제도: 명사) + -ᄒᆞ(동접)-]- + -샤(←-시-: 주높)- + -ㅁ (←-옴: 명전) + -이(주조)

7) 大菩薩: 대보살. 지덕(智德)이 뛰어난 보살이다. 곧 자리(自利) 이타(利他)의 대원을 발하여 불도를 수행하는 보살 중에서 이미 불퇴위(不退位)에 이른 보살이다. 소보살(小菩薩)의 상대 말이다.

8) 地前: 지전. 십지(十地)의 초지(初地) 이전에 위치한 지위이다, 곧 보살(菩薩)이 수행하는 계위(階位)인 오십이위(五十二位) 중에서, 십지(十地) 이전의 '십회향(十廻向)·십행(十行)·십주(十住)·십신(十信)'등을 말한다.

文殊師利菩薩(문수사리보살)과　觀世音菩薩(관세음보살)과　得大勢菩薩(득대세보살)과　常精進菩薩(상정진보살)과　不休息菩薩(불휴식보살)과　寶掌菩薩(보장보살)과　藥王菩薩(약왕보살)과　勇施菩薩(용시보살)과　寶月菩薩(보월보살)과　月光菩薩(월광보살)과　滿月菩薩(만월보살)과　大力菩薩(대력보살)과　無量力菩薩(무량력보살)과

文_문殊_쓩師_숭利_링菩_뽕薩_삻⁹⁾와 觀_관世_솅音_흠菩_뽕薩_삻¹⁰⁾와 得_득大_땡勢_솅菩_뽕薩_삻¹¹⁾와 常_쌍精_졍進_진菩_뽕薩_삻¹²⁾와 不_붏休_흏息_식菩_뽕薩_삻¹³⁾와 寶_봏掌_쟝菩_뽕薩_삻¹⁴⁾와 藥_약王_왕菩_뽕薩_삻¹⁵⁾와 勇_용施_싱菩_뽕薩_삻¹⁶⁾와 寶_봏月_윓菩_뽕薩_삻¹⁷⁾와 月_윓光_광菩_뽕薩_삻¹⁸⁾와 滿_만月_윓菩_뽕薩_삻¹⁹⁾와 大_땡力_륵菩_뽕薩_삻²⁰⁾와 無_뭉量_랑力_륵菩_뽕薩_삻²¹⁾와

---

9) 文殊師利菩薩: 문수사리보살. 문수사리(文殊師利, mañjuśrī)는 석가모니불을 왼쪽에서 보좌하는 보살로서, 부처의 지혜를 상징한다.

10) 觀世音菩薩: 관세음보살(Avalokiteshvara). 아미타불의 왼편에서 교화를 돕는 보살이다. 사보살의 하나이다. 세상의 소리를 들어 알 수 있는 보살이므로, 중생이 고통 가운데 열심히 이 이름을 외면 도움을 받게 된다.

11) 得大勢菩薩: 득대세보살(Mahāsthāmaprāpta). 미타삼존(彌陀三尊)의 하나로 아미타불(阿彌陀佛)의 오른쪽 보처(補處)이다. 지혜(智慧) 광명이 모든 중생(衆生)에게 비치도록 하는 보살인데, 대세지보살(大勢至菩薩)이라고도 한다.

12) 常精進菩薩: 상정진보살. 이름 그대로 끊임없이 정진하는 보살이다. '정진(精進)'이란 작은 것을 소홀히 하지 않는 마음으로 노력하는 수행 태도를 말한다. 이 보살은 용맹정진(勇猛精進)하여 중생들에게 부처의 가르침을 몸으로 전한다.

13) 不休息菩薩: 불휴식보살. 부처님이 『법화경』(法華經)을 설법(說法)하던 때에 설법을 들은 보살이다. 일승의 불공(不共)과 묘법의 휴식(休息)이 중생과 함께하는 보살이다.

14) 寶掌菩薩: 보장보살(Ratnapāṇi). 보장보살은 수행과 공덕이 뛰어나 보배가 손에서 나오는데, 이를 다 중생들에게 나누어 준다는 보살이다.

15) 藥王菩薩: 약왕보살(Bhaiṣajyarāja). 중생들의 갖가지 고남과 질병에 대하여 대의왕(大醫王)이 되어 좋은 약으로 구호하고 부처를 이룬다는 서원에 따라 중생을 제도하는 보살이다.

16) 勇施菩薩: 용시보살. 일승의 용혜(勇慧)와 묘법의 보시(布施)가 중생과 함께하는 보살이다.

17) 寶月菩薩: 보월보살(Ratnacandra). 달이 시원하여 더위를 식혀 주듯이 중생들의 고통을 없애 주는 보살이다.

18) 月光菩薩: 월광보살(Ramaprabha). 보배의 광명과 같이 밝은 지혜를 갖춘 보살이다.

19) 滿月菩薩: 만월보살(Pūrṇacandra). 보름달같이 범행(梵行)을 오래 닦아 번뇌가 다 없어지고 지혜가 밝아졌다는 보살이다.

20) 大力菩薩: 대력보살. 부처님이 『법화경』(法華經)을 설법(說法)하던 때에 설법을 들은 보살이다. 일승의 대승(大乘)과 묘법의 대력(大力)이 중생과 함께하는 보살이다.

21) 無量力菩薩: 무량력보살. 부처님이 『법화경』(法華經)을 설법(說法)하던 때에 설법을 들은 보살이다. 일승의 무량(無量)과 묘법의 대력(大力)이 중생과 함께하는 보살이다.

大力菩薩(대력보살)과 無量力菩薩(무량력보살)과 越三界菩薩(월삼계보살)과 跋
陁婆羅菩薩(발타바라보살)과 彌勒菩薩(미륵보살)과 寶積菩薩(보적보살)과 導師
菩薩(도사보살)과 이렇듯 한 菩薩(보살) 摩訶薩(마하살) 八萬(팔만) 사람이 다
와 계시며【이 經(경)이

大땡力륵菩뽕薩삻²²⁾와 無뭉量량力륵菩뽕薩삻²³⁾와 越윓三삼界갱菩뽕薩삻와 跋뻃陁땅婆뺑羅랑菩뽕薩삻²⁴⁾와 彌밍勒륵菩뽕薩삻²⁵⁾와 寶뵿積젹菩뽕薩삻²⁶⁾와 導뚷師ᄉᆞᆼ菩뽕薩삻²⁷⁾와 이러틋²⁸⁾ ᄒᆞᆫ 菩뽕薩삻 摩망訶항薩삻 八밣萬먼 사ᄅᆞ미 다 와 겨시며²⁹⁾【이 經겅이

---

22) 大力菩薩: 대력보살. 부처님이 『법화경』(法華經)을 설법(說法)하던 때에 설법을 들은 보살이다. 일승의 대승(大乘)과 묘법의 대력(大力)이 중생과 함께하는 보살이다.

23) 無量力菩薩: 무량력보살. 부처님이 『법화경』(法華經)을 설법(說法)하던 때에 설법을 들은 보살이다. 일승의 무량(無量)과 묘법의 대력(大力)이 중생과 함께하는 보살이다.

24) 跋陁婆羅菩薩: 발타바라보살(Bhadrapāla). 정견(正見)을 잘 지니어 보호한다는 보살이다.

25) 彌勒菩薩: 미륵보살(Maitreya). 내세에 성불하여 사바세계에 나타나서 중생을 제도하리라는 보살이다. 사보살(四菩薩)의 하나이다. 인도 파라나국의 브라만 집안에서 태어나 석가모니의 교화를 받고, 미래에 부처가 될 수기(受記)를 받은 후 도솔천(兜率天)에 올라갔다.

26) 寶積菩薩: 보적보살(Ratnākāra). 여러 겁 동안 삼매(三昧)를 닦아 법보(法寶)를 무수히 쌓아 중생을 이롭게 한다는 보살이다.

27) 導師菩薩: 도사보살(Suārthavāha). 헛된 도에 떨어진 중생에 대해서 대자비심을 일으켜서 정도(正道)에 들어가게 하는 보살이다.

28) 이러틋: 이러ᄒᆞᆺ[← 이러ᄒᆞ다(이러하다, 如是): 이러(이러: 불어)- + -ᄒᆞ(형접)-]- + -ᄃᆞᆺ(연어, 흡사)

29) 겨시며: 겨시(계시다: 보용, 완료 지속, 높임)- + -며(연어, 나열)

智딩로 體톙를 셰ᄫᅳᆯ씨 文문殊쓩ㅣ 爲윙頭뚱ㅣ
록 아 겨시니 文문殊쓩ㅣ 大땡智딩 妙묳德득이
ᄀ자 겨샤 法법身신 體톙ㅣ 도외샤 諸정佛뿛ㅅ
스숭이 도외시며 世솅間간 누니 도외샤 부텻
知딩見견을 여르시면 이에셔 앏셜 리 업스시니
녀나ᄆᆞᆫ 各각各각 經경의 ᄒᆞᆫ 德득을 表봉ᄒᆞ
니라
表봉ᄂᆞᆫ 밧기니 나토다 ᄒᆞ논 ᄠᅳ디라
觀관音음은 智딩를 도바 悲빙를 行ᄒᆡᆼᄒᆞ시고 大땡勢솅ᄂᆞᆫ 큰 德득用용이
ᄀᆞ자시고 精정進진ᄋᆞᆫ 念념이 믈러가디 아니ᄒᆞ시고 不불息식은 億흑劫겁을

智(지)로 體(체)를 세우므로 '文殊(문수)'가 爲頭(위두)하여 계시니, 文殊(문수)가 大智(대지)·妙德(묘덕)이 갖추어져 있으시어, 法身(법신)의 體(체)가 되시어 諸佛(제불)의 스승이 되시며, 世間(세간)의 눈이 되시어 부처의 知見(지견)을 여신다면, 이에서 앞선 이가 없으시니 다른 사람은 各各(각각)이 經(경)의 한 德(덕)을 表(표)하였니라.

表(표)는 밖이니 '나타내었다.'고 한 뜻이다.
'觀音(관음)'은 智(지)를 도와 悲(비)를 行(행)하시고, '大勢(대세)'는 큰 德用(덕용)이 갖추어지시고, '精進(정진)'은 念(염)이 물러지지 아니하시고, '不息(불식)'은 億劫(억겁)을 부지런히

智띵로 體톙를 셸씨³⁰⁾ 文문殊쓩ㅣ 爲윙頭뚷ᄒ야³¹⁾ 겨시니 文문殊쓩ㅣ 大땡智띵 妙
묳德득³²⁾이 ᄀᆞᄌᆞ샤 法법身신³³⁾ 體톙³⁴⁾ ᄃᆞ외샤 諸정佛뿛ㅅ 스승이 ᄃᆞ외시며 世솅間
간 누니 ᄃᆞ외샤 부텻 知띵見견³⁵⁾을 여르샳뎬³⁶⁾ 이에셔³⁷⁾ 앒셔니³⁸⁾ 업스시니 년
근³⁹⁾ 各각各각이 經경의 ᄒᆞᆫ 德득을 表뵹ᄒ니라

　　表뵹ᄂᆞᆫ 밧기니⁴⁰⁾ 나토다⁴¹⁾ 혼⁴²⁾ ᄠᅳ디라⁴³⁾

觀관音음은 智띵를 도바⁴⁴⁾ 悲빙를 行ᅘᆡᆼᄒ시고 大땡勢솅ᄂᆞᆫ 큰 德득用용⁴⁵⁾이 ᄀᆞᄌᆞ시
고 精정進진은 念념⁴⁶⁾이 므르디⁴⁷⁾ 아니ᄒ시고 不붏息식은 億흑劫겁⁴⁸⁾을 브즈러니⁴⁹⁾

---

30) 셸씨: 세[세우다, 立: 셔(서다, 立)-+-ㅣ(←-이-: 사접)-]-+-ㄹ씨(-ᄆᆞ로: 연어, 이유)
31) 爲頭ᄒ야: 爲頭ᄒ[으뜸가다, 上首: 爲頭(으뜸: 명사)+-ᄒ(동접)-]-+-야(←-아: 연어)
32) 妙德: 묘덕. 신비하게 뛰어난 덕(德), 또는 매우 뛰어난 덕이다.
33) 法身: 법신. 삼신(三身)의 하나. 불법의 이치와 일치하는 부처의 몸을 이른다.
34) 體: 體(체)+-Ø(←-이: 보조)
35) 知見: 지견. 사리를 증지(證智)하는 견해이다.
36) 여르샳뎬: 열(열다, 開)-+-으샤(←-으시-: 주높)-+-Ø(←-오-: 대상)-+-ㅭ뎬(연어, 인정
　　조건)
37) 이에셔: 이에(여기에, 此處: 지대, 정칭)+-셔(-서: 보조사, 위치 강조)
38) 앒셔니: 앒셔[앞서다: 앒(←앒: 앞, 前)+셔(서다, 立)-]-+-Ø(과시)-+-ㄴ(관전) # 이(이,
　　者: 의명)+-Ø(←-이: 주조)
39) 년근: 년ㄱ(←녀느: 다른 사람, 他人)+-은(보조사, 주제) ※ '녀느(다른 사람)'는 문수보살을
　　제외하는 나머지 보살을 이른다.
40) 밧기니: 밝(밖, 外)+-이(서조)-+-니(연어, 설명 계속)
41) 나토다: 나토[나타내다, 表: 낟(나타나다: 자동)-+-호(사접)-]-+-Ø(과시)-+-다(평종)
42) 혼: ᄒ(← ᄒ다: 하다, 말하다, 曰)-+-Ø(과시)-+-오(대상)-+-ㄴ(관전)
43) ᄠᅳ디라: ᄠᅳᆮ(뜻, 意)+-이(서조)-+-Ø(현시)-+-라(←-다: 평종)
44) 도바: 돌(←돕다, ㅂ불: 돕다, 助)-+-아(연어)
45) 德用: 덕용. 덕이 있고 응용의 재주가 있는 것이다.
46) 念: 염. 주관인 마음이 객관인 대경(對境)을 마음에 분명히 기억하여 잊지 않는 정신이다.
47) 므르디: 므르(상하다, 물러지다, 弊)-+-디(-지: 연어, 부정)
48) 億劫: 업겁. 劫(겁)은 어떤 시간의 단위로도 계산할 수 없는 무한히 긴 시간이다. 따라서 億劫
　　(업겁)은 끝없는 세월을 말한다.
49) 브즈러니: [부지런히, 勤(부사): 브즈런(부지런, 勤: 명사)+-Ø(←-ᄒ-: 형접)-+-이(부접)]

즈러 니ᄉ…닷ᄀᆞ시고 寶ᄫᅩᆼ掌쟝ᄋᆞᆫ 法법寶ᄫᅩᆼ를 솑바다ᇰ애 쥐시고 藥약王왕ᄋᆞᆫ 機긩를 조차 藥약ᄋᆞᆯ 내시고 勇용施시ᄂᆞᆫ 一ᅵᇙ切쳉ᄅᆞᆯ 能능히 ᄇᆞ리시고 寶ᄫᅩᆼ月월은 覺각體톙 ᄇᆞᆯ가 조ᄒᆞ시고 月월光ᄋᆞᆫ 어린 어드부믈 잘 ᄃᆞ러시고 滿만月월光은 우흿 두 德득을 兼ᄒᆞ시고 大땡力ᄅᆞᆨ은 큰 法법德득을 져 메시고 無뭉量량力ᄅᆞᆨᄋᆞᆫ 境경을 對됭ᄒᆞ얀 뮈디 아니ᄒᆞ시고 越ᄫᅯᇙ三삼界갱ᄂᆞᆫ 身신意ᇰ를 現현티 아니ᄒᆞ니 跋ᄈᆞᆳ陁땅羅랑ᄂᆞᆫ 正졍見견을 잘 護ᅘᅩᆼ念념ᄒᆞ시고 彌밍勒륵은 慈ᄍᆞᆼ로 부텨를 니ᅀᅳ시고 寶ᄫᅩᆼ積젹은 能능히 모도고 能능히 利링ᄒᆞ시고

닦으시고, '寶掌(보장)'은 法寶(법보)를 손바닥에 쥐시고, '藥王(약왕)'은 機(기)를 좇아 藥(약)을 내시고, '勇施(용시)'는 一切(일체)를 能(능)히 버리시고, '寶月(보월)'은 覺體(각체)가 밝아 깨끗하시고, '月光(월광)'은 어리석은 어두움을 잘 더시고, '滿月(만월)'은 위의 두 德(덕)을 兼(겸)하시고, '大力(대력)'은 큰 法(법)을 져 메시고, '無量力(무량력)'은 境(경)을 對(대)하여서 움직이지 아니하시고, '越三界(월삼계)'는 身意(신의)를 現(현)하지 아니하시고, '跋陁羅(발다라)'는 正見(정견)을 잘 護念(호념)하시고, '彌勒(미륵)'은 慈(자)로써 부처를 이으시고, '寶積(보적)'은 能(능)히 (중생을) 모으고 能(능)히 (중생에게) 利(이)하시고

닷ᄀ시고[50] 寶ᄫᅡᆼ掌쟝은 法법寶ᄫᅡᆼ[51]를 솑바당[52]애 쥐시고 藥약王왕은 機긩[53]를 조차 藥약을 내시고 勇용施싱ᄂᆞᆫ 一ᅙᅵᆳ切쳉를 能늉히 ᄇᆞ리시고[54] 寶ᄫᅡᆼ月ᅀᆑᆯ은 覺각體톙[55] 블가 조ᄒᆞ시고 月ᅀᆑᆯ光광은 어린[56] 어두부믈[57] 잘 더ᄅᆞ시고[58] 滿만月ᅀᆑᆯ은 웃[59] 두 德득을 兼겸ᄒᆞ시고 大땡力륵은 큰 法법을 지여[60] 메시고 無뭉量량力륵은 境경을 對됭ᄒᆞ야셔 뮈디[61] 아니ᄒᆞ시고 越ᅄᅥᇙ三삼界갱ᄂᆞᆫ 身신意ᅙᅵᆼ[62]를 現ᅘᅧᆫ티 아니ᄒᆞ시고 跋빠ᇙ陁땅羅랑ᄂᆞᆫ 正정見견[63]을 이대[64] 護ᅘᅩᆼ念념ᄒᆞ시고[65] 彌밍勒륵은 慈ᄍᆞᆼ로 부텨를 니스시고[66] 寶ᄫᅡᆼ積젹은 能늉히 모도고[67] 能늉히 利링ᄒᆞ시고[68]

---

50) 닷ᄀ시고: 닸(닦다, 修)- + -ᄋᆞ시(주높)- + -고(연어, 나열)

51) 法寶: 법보. 삼보(三寶)의 하나로서, 깊고 오묘한 불교의 진리를 적은 불경을 보배에 비유하여 이르는 말이다.

52) 솑바당: [손바닥, 掌: 손(손, 手) + -ᄉ(관조, 사잇) + 바당(바닥, 面)]

53) 機: 기. 본래는 '조종'이나 '용수철 장치'라는 뜻이다. 불교에서는 석가의 가르침에 접하여 발 동되는 수행자의 정신적 능력이나, 중생의 종교적 소질·역량·기근(機根) 등을 이른다.

54) ᄇᆞ리시고: ᄇᆞ리(버리다, 捨)- + -시(주높)- + -고(연어, 나열)

55) 覺體: 覺體(각체) + -Ø(←-이: 주조) ※ '覺體(각체)'는 청정한 깨달음을 얻은 몸이다.

56) 어린: 어리(어리석다, 愚)- + -Ø(현시)- + -ㄴ(관전)

57) 어두부믈: 어듭(← 어둡다, ㅂ불: 어둡다, 暗)- + -움(명전) + -을(목조)

58) 더ᄅᆞ시고: 덜(덜다, 減)- + -ᄋᆞ시(주높)- + -고(연어, 나열)

59) 웃: 우(← 우ㅎ: 위, 上) + -ᄉ(-의: 관조)

60) 지여: 지(지다, 등에 짊어지다, 負)- + -여(←-어: 연어)

61) 뮈디: 뮈(움직이다, 動)- + -디(-지: 연어, 부정)

62) 身意: 신의. 몸과 뜻이다.

63) 正見: 정견. 팔정도의 하나이다. 사제(四諦)의 이치를 알고, 제법(諸法)의 참된 모습을 바르게 판단하는 지혜이다.

64) 이대: [잘, 善(부사): 읻(좋다, 곱다, 善: 형사)- + -애(부접)]

65) 護念ᄒᆞ시고: 護念ᄒᆞ[호념하다: 護念(호념: 명사) + -ᄒᆞ(동접)-]- + -시(주높)- + -고(연어, 나 열) ※ '護念(호념)'은 불보살이 선행을 닦는 중생을 늘 잊지 않고 보살펴 주는 일이다.

66) 니스시고: 닛(← 닛다, ㅅ불: 잇다, 繼)- + -으시(주높)- + -고(연어, 나열)

67) 모도고: 모도[모으다, 集: 몯(모이다, 集: 자동)- + -오(사접)-]- + -고(연어, 나열)

68) 利ᄒᆞ시고: 利ᄒᆞ[이하다, 이익이 되다: 利(이: 불어) + -ᄒᆞ(동접)-]- + -시(주높)- + -고(연어, 나열)

ㅇ·에ᇰ·ᄒᆞ·시·고 導ᄯᅳᇦ師ᄉᆞᆼ·ᄂᆞᆫ 邪쌍ᄅᆞᆯ·혀 正졍ㅅ 드·리시·니 이 八·밣萬·먼 菩뽕薩·ᇙ 上·썅首·슝ㅣㆆ호 經경·엣 表·뱡法·법이·로 브·라 大·땡智·딩·로 부텻 知딩見·견 여·로·ᄆᆞᆯ 得·득·을 智·딩ᄅᆞᆯ도·ᄫᆞ·ᄃᆡ 悲빙·로·ᄒᆞ·며 여·러 德·득 乘씽·의 體·톙ㄱ·내·야 邪쌍ᄅᆞᆯ·혀 正·졍·에·러·며 萬·먼行ᅘᅢᇰ머·러 ·用·용·이 오·올리·라 普·퐁賢현·을 觀관音음·ᄒᆞ·련마·론 오·직 處·쳐·ᅀᅥᆷ·다 得·득이 智·딩·로 體·톙ᄅᆞᆯ 셰·여 부텻 知딩 見·견·아·직 智·딩·로 乃:냉終즁·애 行ᅘᅢᇰ·ᄋᆞ·로 德·득 普·퐁賢현行ᅘᅢᇰ·ᄋᆞᆯ 버·려 ·너티 아·니·ᄒᆞ·니·라 토·니 各·각各·각·ᄋᆞ로 表·뱡ᄫᆞᇰ·ᄒᆞ니·라 ▣

‘導師(도사)’는 邪(사)를 끌어 正(정)에 들이시니, 이 八萬(팔만) 菩薩(보살)의 上首(상수)가 한 經(경)에 있는 表法(표법)이다. 大智(대지)로 부처의 知見(지견)을 여는 것을 말미암아 智(지)를 돕되 悲(비)로써 하며, 여러 德(덕)을 갖추어서 지나게 하여 邪(사)를 끌어서 正(정)에 드는 것에 이르면, 一乘(일승)의 體(체)가 갖추어져 있으며 萬行(만행)의 用(용)이 온전하리라. 普賢(보현)을 (불보살의 명단에) 벌이어 넣지 아니한 것은, 觀音(관음)으로부터의 아래가 다 普賢行(보현행)이시건마는, 오직 처음은 아직 智(지)로 體(체)를 세워 부처의 知見(지견)을 열고, 乃終(나중)에 行(행)으로 德(덕)을 이룸에 다다라야 普賢(보현)을 나타내니, 各各(각각) 온전히 表(표)하였느니라. 】 그때에

導_뚱師_승ᄂᆞᆫ 邪_썅를 혀⁶⁹⁾ 正_정에 드리시니 이 八_밣萬_먼 菩_뽕薩_삻ㅅ 上_썅首_슣ㅣ⁷⁰⁾ ᄒᆞᆫ 經_경엣⁷¹⁾ 表_표法_법⁷²⁾이라 大_땡智_딩로 부텻 知_딩見_견⁷³⁾ 여로믈브터⁷⁴⁾ 智_딩를 도보ᄃᆡ 悲_빙로 ᄒᆞ며 여러 德_득을 ᄀᆞ초⁷⁵⁾ 디내야⁷⁶⁾ 邪_썅를 혀 正_정에 드료매 니를면⁷⁷⁾ 一_{ᅙᅵᆯ}乘_씽⁷⁸⁾의 體_톙 ᄀᆞ즈며 萬_먼行_{ᅘᅢᆼ}이 用_용이 올리라⁷⁹⁾ 普_퐁賢_{ᅘᅧᆫ}을 아니 버료믄⁸⁰⁾ 觀_관音_흠ᄋᆞ롯⁸¹⁾ 아래⁸²⁾ 다 普_퐁賢_{ᅘᅧᆫ}行_{ᅘᅢᆼ}이어신마른⁸³⁾ 오직 처서믄⁸⁴⁾ 아직 智_딩로 體_톙를 셰여 부텻 知_딩見_견을 열오 乃_냉終_즁⁸⁵⁾애 行_{ᅘᅢᆼ}ᄋᆞ로 德_득 일우메 다ᄃᆞ라ᅀᅡ⁸⁶⁾ 普_퐁賢_{ᅘᅧᆫ}을 나토니⁸⁷⁾ 各_각各_각 오로 表_표ᄒᆞ니라⁸⁸⁾ 】 그제

---

69) 혀: 혀(켜다, 點火)- + -어(연어)

70) 上首ㅣ: 上首(상수) + -ㅣ(←-이: 보조) ※ '上首(상수)'는 가장 높은 사람이다.

71) 經엣: 經(경, 經典) + -에(부조, 위치) + -ㅅ(-의: 관조)

72) 表法: 표법. 표준이 되는 법이다.

73) 知見: 지견. 지식과 견문을 아울러 이르는 말이다.

74) 여로믈브터: 열(열다, 開)- + -옴(명전) + -을(목조) + -브터(-부터: 보조사, 시작)

75) ᄀᆞ초: [갖추, 고루, 詮(부사): ᄀᆞᆾ(갖추어져 있다, 具: 형사)- + -호(사접) + -Ø(부접)]

76) 디내야: 디내[지내다, 經: 디나(지나다, 經)- + -ㅣ(←-이-: 사접)-]- + -야(←-아: 연어)

77) 니를면: 니를(이르다, 至)- + -면(연어, 조건)

78) 一乘: 일승(eka-yāna). 깨달음에 이르게 하는 오직 하나의 궁극적인 부처의 가르침이다.

79) 올리라: 올(← 오올다: 온전하다, 全)- + -리(미시)- + -라(←-다: 평종)

80) 버료믄: 버리[벌이다, 나열하다: 벌(벌다, 列: 자동)- + -이(사접)-]- + -옴(명전) + -은(보조사, 주제) ※ '버료믄' 보현을 불보살의 명단에 넣어서 나열하는 것이다.

81) 觀音ᄋᆞ롯: 觀音(관음)- + -ᄋᆞ로(-으로: 부조, 위치)- + -ㅅ(-의: 관조)

82) 아래: 아래(아래, 下) + -Ø(←-이: 주조)

83) 普賢行이어신마른: 普賢行(보현행)- + -이(서조)- + -시(주높)- + -어…ㄴ마른(-건마는: 연어, 인정 대조) ※ '普賢行(보현행)'은 한 가지 행을 닦으면 일체의 행을 갖춘다는 묘행(妙行)이다.

84) 처서믄: 처섬[처음, 初: 첫(← 첫: 관사) + -엄(명접)] + -은(주조)

85) 乃終: 내중, 나중(명사)

86) 다ᄃᆞ라ᅀᅡ: 다ᄃᆞᆯ[← 다ᄃᆞᆮ다, 다달(다닫다, 到): 다(다, 悉: 부사) + ᄃᆞᆮ(닫다: 달리다, 走)-]- + -아ᅀᅡ(-아야: 연어, 필연적 조건)

87) 나토ᄃᆡ: 나토[나타내다, 現: 낟(나타나다, 現)- + -호(사접)-]- + -ᄃᆡ(-지: 연어, 부정)

88) 表ᄒᆞ니라: 表ᄒᆞ[표하다, 겉으로 드러내다: 表(표: 불어) + -ᄒᆞ(동접)-]- + -Ø(과시)- + -니(원칙)- + -라(←-다: 평종)

釋提桓因(석제환인)이 眷屬(권속) 二萬(이만) 天子(천자)를 데려와 있으며, 또 名月天子(명월천자)와 【달이다.】 普香天子(보향천자)와 【별이다.】 寶光天子(보광천자)와 【해이다.】 四大天王(사대천왕)이 眷屬(권속) 萬(만) 天子(천자)를 데려와 있으며, 自在天子(자재천자)와 【化樂天主(화락천주)이다.】 大自在天子(대자재천자)가

釋_석提_똉桓_뙨因_힌[89]이 眷_권屬_쇽 二_싱萬_먼 天_텬子_{ᄌᆞ}[91] ᄃᆞ려와[92] 이시며[93]
쏘 名_명月_{ᅌᅯᇙ}天_텬子_{ᄌᆞ}[94]와 【ᄃᆞ리라[95]】 普_퐁香_향天_텬子_{ᄌᆞ}와 【벼리라[96]】 寶_{ᄫᅩᇢ}光_광天_텬子_{ᄌᆞ}와 【ᄒᆡ라[97]】 四_{ᄉᆞᆼ}大_땡天_텬王_왕[98]이 眷_권屬_쇽 萬_먼 天_텬子_{ᄌᆞ} ᄃᆞ려와 이시며 自_{ᄍᆞᆼ}在_찡天_텬子_{ᄌᆞ}[99]와 【化_황樂_락天_텬主_즁[1]ㅣ라】 大_땡自_{ᄍᆞᆼ}在_찡天_텬子_{ᄌᆞ}ㅣ

---

89) 釋提桓因: 석제환인(Śakro devānāṃ indraḥ). 제석(帝釋)·천제석(天帝釋)이라 번역한다. 수미산 정상에 있는 도리천의 왕으로, 사천왕(四天王)과 32신(神)을 통솔하면서 불법(佛法)을 지킨다고 한다.

90) 眷屬: 권속. 한집에 거느리고 사는 식구이다.

91) 天子: 천자. 천계(天界)에 사는 신(神)이다.

92) ᄃᆞ려와: ᄃᆞ려오[데려오다, 與俱: ᄃᆞ리(데리다, 與)- + -어(연어) + 오(오다, 來)-]- + -아(연어)

93) 이시며: 이시(있다: 보용, 완료 지속)- + -며(연어, 나열)

94) 名月天子: 명월천자. 인도 고대신화에 나오는 달(月)의 신(神)인 찬드라(Candra)를 불교에서 부르는 이름이다.

95) ᄃᆞ리라: ᄃᆞᆯ(달, 月) + -이(서조)- + -Ø(현시)- + -라(←-다: 평종)

96) 벼리라: 별(별, 星) + -이(서조)- + -Ø(현시)- + -라(←-다: 평종)

97) ᄒᆡ라: ᄒᆡ(해, 日) + -Ø(←-이-: 서조)- + -Ø(현시)- + -라(←-다: 평종)

98) 四大天王: 사대천왕. 세계의 중심에 위치하고 있다고 생각되는 수미산(須彌山)의 중턱에 있는 사왕천(四王天)의 주신(主神)인 네 명의 외호신(外護神)으로서, 욕계육천(欲界六天)의 최하위를 차지한다. 수미산 정상의 중앙부에 있는 제석천(帝釋天)을 섬기며, 불법(佛法)뿐 아니라, 불법에 귀의하는 사람들을 수호하는 호법신이다. 동쪽의 지국천왕(持國天王), 서쪽의 광목천왕(廣目天王), 남쪽의 증장천왕(增長天王), 북쪽의 다문천왕(多聞天王, 毘沙門天王)을 말한다.

99) 自在天子: 자재천자. 화락천(化樂天)에서 우두머리이다.

1) 化樂天主: 화락천주. 육욕천(六欲天)의 다섯째 하늘의 우두머리이다. 이 하늘에 나면 모든 대상을 마음대로 변하게 하여 즐겁게 할 수 있다.

쪙天텬子ᄌᆞ一ᅙᅵᇙ 他탕化황天텬 쪙라 眷궪屬쑉
三삼萬먼天텬子ᄌᆞ를 드려와 이시며 婆
상婆빵世솅界갱ㅅ 主즁인 梵뻠天텬王왕
尸싱棄킝大땡梵뻠과 尸싱棄킝ᄂᆞᆫ 大땡梵뻠天텬王왕
왕ㅅ일후미니 初총禪쎤ㅅ三삼天텬王왕이라 二ᔇ禪쎤ᄋᆞ롯 우흔말쓰미 업슬ᄊᆡ 大땡梵뻠天텬王왕이 娑상婆빵世솅界갱ᄅᆞᆯ ᄀᆞᅀᆞᆷ아ᄂᆞ니라 光광
明명大땡梵뻠ᄃᆞᆯ히 二ᔇ禪쎤 三삼天텬王왕이니 오직

【 他化天主(타화천주)이다. 】 眷屬(권속) 三萬(삼만) 天子(천자)를 데려와 있으며, 娑婆世界(사바세계)의 主(주)인 梵天王(범천왕) 尸棄大梵(시기대범)과【 尸棄(시기)는 大梵天王(대범천왕)의 이름이니, 初禪(초선) 三天王(삼천왕)이다. 二禪(이선)으로부터의 위는 말씀(이름)이 없으므로, 大梵天王(대범천왕)이 娑婆世界(사바세계)를) 주관하느니라. 】 光明大梵(광명대범) 들이【 二禪(이선) 三天王(삼천왕)이니 오직

【他_탕化_황天_텬主_쥬ㅣ라】 眷_권屬_쑉 三_삼萬_먼 天_텬子_중 드려와 이시며

娑_상婆_빠世_솅界_갱²⁾ 主_쥬 梵_뻠天_텬王_왕³⁾ 尸_싱棄_킝大_땡梵_뻠⁴⁾과【尸_싱棄_킝는

大_땡梵_뻠天_텬王_왕⁵⁾ㅅ 일후미니⁶⁾ 初_총禪_쎤⁷⁾ 三_삼天_텬王_왕이라 二_싱禪_쎤으롯⁸⁾ 우흔⁹⁾

말쓰미¹⁰⁾ 업슬씨 大_땡梵_뻠天_텬王_왕이 娑_상婆_빠世_솅界_갱를 ᄀᆞᅀᆞᆷ아ᄂᆞ니라¹¹⁾】 光_광

明_명大_땡梵_뻠 들히¹²⁾【二_싱禪_쎤 三_삼天_텬王_왕이니 오직

---

2) 娑婆世界: 사바세계. 괴로움이 많은 인간 세계이다. 석가모니불이 교화하는 세계를 이른다.

3) 梵天王: 범천왕. 색계(色界) 초선천(初禪天)의 우두머리이다. 제석천(帝釋天)과 함께 부처를 좌우에서 모시는 불법 수호의 신이다.

4) 尸棄大梵: 시기대범. 대범천왕(大梵天王)의 딴 이름이다.

5) 大梵天王: 대범천왕. 대범천(大梵天)의 주인이다. 초선천(初禪天) 중(中)의 화려(華麗)한 고루거각에 있으면서 사바세계(娑婆世界)를 차지한다. 키는 1유순(由旬) 반, 수명(壽命)은 1겁 반이라 한다.

6) 일후미니: 일훔(이름, 名) + -이(서조) + -니(연어, 설명 계속)

7) 初禪: 초선. 초선천(初禪天)이다. 색계(色界)의 사선천(四禪天)의 첫째 하늘인데, 범중천(梵衆天)·범보천(梵輔天)·대범천(大梵天)의 셋이 있다. ※ '사선천(四禪天)'은 색계(色界)의 선정(禪定)에 있는 초선천(初禪天)·제이선천(第二禪天)·제삼선천(第三禪天)·제사선천(第四禪天) 등을 통틀어 이르는 말이다.

8) 二禪으롯: 二禪(이선, 이선천) + -으로(부조) + -ㅅ(-의: 관조) ※ '二禪天(이선천)'은 사선천(四禪天)의 하나이다. 욕계 육천(欲界六天) 위에 있는 색계(色界)이며, 사선천(四禪天) 가운데 둘째 선천(禪天)이다.

9) 우흔: 우ㅎ(위, 上) + -은(보조사, 주제)

10) 말쏨미: 말쏨[말, 말쏨, 言: 말(말, 言) + -쏨(접미)] + -이(주조) ※ 여기서 '말쏨'은 '이름(名)'의 뜻으로 쓰였다.

11) ᄀᆞᅀᆞᆷ아ᄂᆞ니라: ᄀᆞᅀᆞᆷ아[← ᄀᆞᅀᆞᆷ알다(가말다, 주관하다, 主管): ᄀᆞᅀᆞᆷ(감, 재료, 材: 명사) + 알(알다, 知: 동사)-] + -ᄂᆞ(현시)- + -니(원칙)- + -라(← -다: 평종)

12) 光明大梵 들히: 光明大梵(광명대범) # 들ㅎ(들, 等: 의명) + -이(주조) ※ '光明大梵(광명대범)'은 이선(二禪) 삼천(三天)에서 우두머리이다.

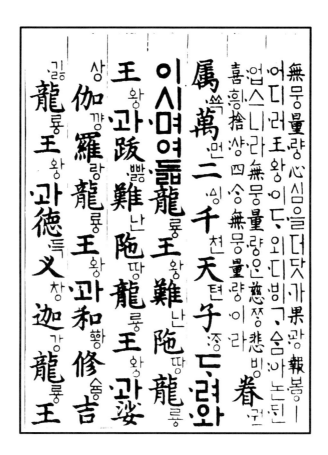

無量心(무량심)을 더 닦아 果報(과보)가 어질어서 王(왕)이 되지만, 주관하는 데는 없으니라. 無量(무량)은 慈(자)·悲(비)·喜(희)·捨(사)의 四無量(사무량) 이다.】 眷屬(권속) 萬二千(만이천) 天子(천자)를 데려와 있으며, 여덟 龍王 (용왕)인 難陁龍王(난타용왕)과 跋難陁龍王(발난타용왕)과 娑伽羅龍王(사가라 용왕)과 和修吉龍王(화수길용왕)과 德叉迦龍王(덕차가용왕)과

無_뭉量_량心_심[13]을 더 닷가 果_광報_봉ㅣ 어디러[15] 王_왕이 ᄃᆞ외디비[16] ᄀᆞ슴아ᄂᆞᆫ[17] ᄃᆡᆫ[18] 업스니라 無_뭉量_량은 慈_쫑 悲_빙 喜_횡 捨_샹 四_{ᄉᆞᆼ}無_뭉量_량이라[19] 】 眷_권屬_쑉 萬_먼二_{ᅀᅵᆼ} 天_텬子_중 ᄃᆞ려와[20] 이시며 여듧 龍_룡王_왕 龍_룡王_왕[21] 難_난陁_땅龍_룡王_왕[22]과 跋_{빠ᇙ}難_난陁_땅龍_룡王_왕[23]과 娑_상伽_깡羅_랑龍_룡王_왕[24]과 和_{ᅘᅪᆼ}修_슣吉_긿龍_룡王_왕[25]과 德_득又_챵迦_강龍_룡王_왕[26]과

---

13) 無量心: 무량심. 모든 원한을 버리고 중생을 차별하지 아니하는 보살의 네 가지 마음이다. 자무량심(慈無量心), 비무량심(悲無量心), 희무량심(喜無量心), 사무량심(捨無量心)을 이른다.

14) 果報: 과보. 과거에 지은 선악업(善惡業)이 원인이 되어 현재에 받는 결과, 또는 현재의 원인에 의하여 미래에 받는 결과를 말한다.

15) 어디러: 어딜(어질다, 仁)- + -어(연어)

16) ᄃᆞ외디비: ᄃᆞ외(되다, 爲) + -디비(-지만: 연어, 인정 대조)

17) ᄀᆞ슴아ᄂᆞᆫ: ᄀᆞ슴아[← ᄀᆞ슴알다(가말다, 주관하다, 主管): ᄀᆞ슴(감, 재료, 材: 명사) + 알(알다, 知: 동사)-]- + -ㄴ(←-ᄂᆞ-: 현시)- + -오(대상)- + -ㄴ(관전)

18) ᄃᆡᆫ: ᄃᆡ(데, 處: 의명) + -ㄴ(←-ᄂᆞᆫ: 보조사, 주제)

19) 四無量: 사무량. 네 가지 한량없는 덕(德)이다. 곧, 자무량(慈無量)·비무량(悲無量)·희무량(喜無量)·사무량(捨無量)이다.

20) ᄃᆞ려와: ᄃᆞ려오[다려오다, 與俱: ᄃᆞ리(데리다, 與)- + -어(연어) + 오(오다, 來)-]- + -아(연어)

21) 여듧 龍王: 여덟 용왕(八大龍王). 불법을 지키는 선신(善神)으로 존경받는 여덟 용왕이다. 난타(難陀), 발난타(跋難陀), 사갈라(娑羯羅), 화수길(和修吉), 덕차가(德又迦), 아누달용왕(阿耨達龍王), 마나산(摩那散), 우발라(優鉢羅) 등이다.

22) 難陁龍王: 난타용왕(nanda). 환희(歡喜)라고 번역한다. 팔대용왕(八大龍王)의 하나로서, 팔대용왕 가운데 우두머리이다. 발난타용왕(跋難陁龍王)과 형제이다.

23) 跋難陁龍王: 발난타용왕(upananda). 선환희(善歡喜)라고 번역한다. 팔대 용왕(八大龍王)의 하나로 난타 용왕(難陁龍王)의 동생인 용왕이다. 이 용왕은 형인 난타용왕과 함께 늘 마갈타국(摩竭陁國)을 지키면서, 때를 맞추어서 비를 내려 백성을 기쁘게 하고, 또 사람으로 변신하여 부처의 설법을 듣는다고 한다.

24) 娑伽羅龍王: 사가라용왕(sāgara). 해(海)라고 번역한다. 팔대용왕(八大龍王)의 하나로서, 바다의 용왕인데, 그의 딸이 8세에 성불하였다고 한다.

25) 和修吉龍王: 화수길용왕(vāsuki). 구두(九頭)·다두(多頭)라고 번역한다. 팔대용왕(八大龍王)의 하나로서, 머리가 아홉 개이며 수미산 주위를 돌면서 작은 용을 잡아먹는다는 용왕이다.

26) 德又迦龍王: 덕차가용왕(takṣaka). 다설(多舌) 혹은 시독(視毒)이라 번역한다. 팔대용왕(八大龍王)의 하나로서, 혀가 여러 개이며 한번 분노하여 사람이나 축생을 응시하면 그들은 목숨을 잃는다고 한다.

阿那婆達多龍王(아나파달다용왕)과 摩那斯龍王(마나사용왕)과 優鉢羅龍王(우발라용왕) 들이 各各(각각) 대략(若干) 百千(백천)의 眷屬(권속)을 데려와 있으며【'難陁(난타)'는 '기쁘다'고 한 말이요, '跋(발)'은 '어질다'고 한 말이니, 時節(시절)의 비로써 萬物(만물)을 기쁘게 하여 '어진 덕이 있다.'고 한 뜻이다. 이 두 龍(용)이 兄弟(형제)이니 目連(목련)이 降服(항복)시킨 龍(용)이다. '娑伽羅(사가라)'는 '바다이다.'고 한 말이요,

阿ᅙᅡᆼ那낭婆빵達따ᇙ多당龍룡王왕[27]과 摩망那낭斯ᄉᆞᆼ龍룡王왕[28]과 優ᅙᅮᆼ鉢바ᇙ羅랑 龍룡王왕[29] ᄃᆞᆯ히 各각各각 若ᅀᅣᆨ干간[30] 百ᄇᆡᆨ千쳔 眷권屬쑉 ᄃᆞ려와 이시며【難난陁땅ᄂᆞᆫ 깃브다[31] ᄒᆞᆫ[32] 마리오 跋빠ᇙᄋᆞᆫ 어디다[33] ᄒᆞᆫ 마리니 時씽節져ᇙㅅ 비로 萬物을 깃겨[34] 어딘 德득이 잇다 ᄒᆞᆫ ᄠᅳ디라[35] 이 두 龍룡이 兄ᅘᅯᆼ弟똉니 目목連련의[36] 降ᅘᅡᆼ服뽁ᄒᆡ온[37] 龍룡이라 娑상伽꺙羅랑ᄂᆞᆫ 바ᄅᆞ리라[38] ᄒᆞᆫ 마리오

---

27) 阿那婆達多龍王: 아나파달다용왕(anavatapta). 무열뇌(無熱惱)라고 번역한다. 팔대용왕(八大龍王)의 하나이다. 향취산(香醉山)의 남쪽, 대설산(大雪山)의 북쪽에 있다는 아뇩달지(阿耨達池)에 살며, 맑은 물을 흘러내려 섬부주(贍部州)를 비옥하게 한다는 용왕이다.

28) 摩那斯龍王: 마나사용왕(manasvin). 대신(大身)·자심(慈心)·고의(高意)라고 번역한다. 팔대용왕(八大龍王)의 하나이다. 몸을 휘감아 바닷물을 가로막고, 때 맞추어 구름을 모아 비를 내린다는 용왕이다.

29) 優鉢羅龍王: 우발라용왕. 팔대 용왕의 하나이다. 흔히 우발라화(優鉢羅花)가 나는 못에 산다고 하는데, 우발라(優鉢羅)는 이 용이 청련(青蓮) 꽃이 있는 못에 있으므로 붙여진 이름이다.

30) 若干: 약간. 대략(부사) ※ '若干'은 '얼마쯤'의 뜻으로 쓰인 부사인데, 여기서는 '대략'으로 의역하여 옮긴다.

31) 깃브다: 깃브[기쁘다, 喜: 깃(←깄다: 기뻐하다, 歡, 동사)-+-브(형접)-]-+-Ø(현시)-+-다(평종)

32) ᄒᆞᆫ: ᄒ(←ᄒᆞ다: 하다, 謂)-+-Ø(과시)-+-오(대상)-+-ㄴ(관전)

33) 어디다: 어디(←어딜다: 어질다, 仁)-+-Ø(현시)-+-다(평종)

34) 깃겨: 깃기[기쁘게 하다, 喜: 깄(←깄다: 기뻐하다, 歡, 동사)-+-이(사접)-]-+-어(연어)

35) ᄠᅳ디라: ᄠᅳᆮ(뜻, 意)+-이(서조)-+-Ø(현시)-+-라(←-다: 평종)

36) 目連의: 目連(목련, 大目犍連)+-의(관조, 의미상 주격) ※ '目連의'는 '目連이'로 의역하여 옮긴다. ※ '目連(목련, Maudgalyayana)'은 석가모니의 십대 제자 가운데 한 사람이다. 마가다의 브라만 출신으로, 부처의 교화를 펼치고 신통(神通) 제일의 성예(聲譽)를 얻었다.

37) 降服ᄒᆡ온: 降服ᄒᆡ오[항복시키다: 降服(항복: 명사)+-ᄒᆞ(동접)-+-ㅣ(←-이-: 사접)-]-+-Ø(과시)-+-오(대상)-+-ㄴ(관전)

38) 바ᄅᆞ리라: 바ᄅᆞᆯ(바다, 海)+-이(서조)-+-Ø(현시)-+-라(←-다: 평종)

和ᅘᅪᇹ修ᄉᆕᇢ吉긣은 머리 하다 ᄒᆞᆫ 마리오 德득叉창迦강ᄂᆞᆫ 毒뚝ᄋᆞᆯ ᄂᆡᄂᆞ다 ᄒᆞᆫ 마리오 阿항那낭婆뻉達딿多당ᄅᆞᆯ 그르 닐어 阿항耨녹達딿이라 ᄒᆞᄂᆞ니 熱ᅀᅥᆯ惱ᄂᆛㅣ 업다 ᄒᆞᆫ 마리니 모ᄉᆡ 일후미라 녀느 龍룡은 快쾡樂락 受ᄊᆕ홀 時씽節졇에 더본 몰애 몸 우희 ᄠᅥ디거든 뎌 龍룡ᄃᆞᆯ히 하ᄂᆞᆯ 形ᅘᅧᆼ色ᄉᆡᆨ 일코 ᄇᆡ얌 形색色ᄉᆡᆨ 現현ᄒᆞ며 ᄯᅩ 노녀 즐길 時씽節졇에 金금翅ᄎᆞᆼ鳥됴ㅣ ᄂᆞ라 宮궁의 들어든 두리여 하ᄂᆞᆯ 形ᅘᅧᆼ色ᄉᆡᆨ 일코 ᄇᆡ얌 形ᅘᅧᆼ色ᄉᆡᆨ

'和修吉(화수길)'은 '머리가 많다.'고 한 말이요, '德叉迦(덕차가)'는 '毒(독)을 낸다.'고 한 말이요, '阿那婆達多(아나파달다)'를 잘못 일러서 '阿耨達(아누달)'이라고 하나니, (이 이름은) '熱惱(열뇌)가 없다.'고 한 말이니 '못(淵)'의 이름이다. 다른 龍(용)은 快樂(쾌락)을 受(수)할 時節(시절)에 더운 모래가 몸 위에 떨어지거든, 저 龍(용)들이 하늘의 形色(형색)을 잃고 뱀의 形色(형색)을 現(현)하며, 또 (저 용들이) 노닐어서 즐길 時節(시절)에 金翅鳥(금시조)가 날아 宮(궁)의 들거든, (저 용들이) 두려워하여 하늘의 形色(형색)을 잃고 뱀의 形色(형색)을

和ᅘᅪᆼ修슝吉긿은 머리 하다[39] 혼 마리오 德득又챵迦강는 毒똑을 내ᄂᆞ다[40] 혼 마리

오 阿ᅙᅡᆼ那낭婆빵達딿多당를 그르[41] 닐어[42] 阿ᅙᅡᆼ耨녹達딿이라 ᄒᆞᄂᆞ니 熱ᅀᅧᇙ惱놀[43]

ㅣ 업다 혼 마리니 못[44] 일후미라 녀느[45] 龍룡은 快쾡樂락 受쓩ᇢ 時씽節졇에 더

븐[46] 몰애[47] 몸 우희 ᄲᅥ러디거든[48] 뎌 龍룡ᄃᆞᆯ히 하ᄂᆞᆰ 形ᅘᅧᆼ色ᄉᆡᆨ을 일코[49] 비야

미[50] 形ᅘᅧᆼ色ᄉᆡᆨ을 現ᅘᅧᆫᄒᆞ며 ᄯᅩ 노녀[51] 즐긿 時씽節졇에 金금翅ᄉᆔᆼ鳥뚱ㅣ[52] ᄂᆞ라 宮

궁의 들어든 두리여[53] 하ᄂᆞᆰ 形ᅘᅧᆼ色ᄉᆡᆨ 일코 비야미 形ᅘᅧᆼ色ᄉᆡᆨ을

---

39) 하다: 하(많다, 多)- + -∅(현시)- + -다(평종)

40) 내ᄂᆞ다: 내[내다, 出: 나(나다, 出: 자동)- + -ㅣ(←-이-: 사접)-)-]- + -ᄂᆞ(현시)- + -다(평종)

41) 그르: [잘못, 誤(부사): 그르(그르다, 誤: 형사)- + -∅(부접)]

42) 닐어: 닐(← 니르다: 이르다, 曰)- + -어(연어)

43) 熱惱: 열뇌. 몹시 심한 마음의 괴로움이다.

44) 못: 못. 淵.

45) 녀느: 다른, 他(관사)

46) 더븐: 덥(← 덥다, ㅂ불: 덥다, 熱)- + -∅(현시)- + -은(관전)

47) 몰애: 모래, 沙.

48) ᄲᅥ러디거든: ᄲᅥ러디[떨어지다, 墜: ᄹᅥᆯ(ᄹᅥᆯ다, 離)- + -어(연어) + 디(지다, 落)-]- + -거든(연어, 조건)

49) 일코: 잃(잃다, 失)- + -고(연어, 나열)

50) 비야미: 비얌(뱀, 蛇) + -익(-의: 관조)

51) 노녀: 노니[노닐다, 遊行: 노(← 놀다: 놀다, 遊, 동사)- + 니(가다, 行: 동사)-]- + -어(연어)

52) 金翅鳥ㅣ: 金翅鳥(금시조) + -ㅣ(←-이: 주조) ※ '金翅鳥(금시조)'는 팔부중(八部衆)의 하나로 서 '가루라(迦樓羅, Garuda)'라고도 한다. 불경에 나오는 상상의 큰 새로, 매와 비슷한 머리에 는 여의주가 박혀 있으며 금빛 날개가 있는 몸은 사람을 닮고 불을 뿜는 입으로 용을 잡아먹 는다고 한다.

53) 두리여: 두리(두려워하다, 恐怖)- + -여(←-어: 연어)

現(현)하나니, '阿耨達龍王(아뇩달용왕)'은 이 일이 다 없으니라. 만일 金翅鳥(금시조)가 阿耨達龍宮(아뇩달용왕궁)에 들고자 하면 즉시 자기(= 금시조)야말로 受苦(수고)하느니라. '摩那斯(마나사)'는 '큰 몸이다.'고 한 말이요, '優鉢羅(우발라)'는 이 龍(용)이 靑蓮(청련)의 못(淵)에 있으므로 (우발라로) 이름을 붙었느니라. 若干(약간)은 一定(일정)하지 아니한 數(수)이니 이루 못 헤아리는 것이다. 】 네 緊那羅王(긴나라왕)인 法緊那羅王(법긴나라왕)과 妙法緊那羅王(묘법긴나라왕)과 大法緊那羅王(대법긴나라왕)과

現_현ᄒᆞᄂᆞ니 阿_항耨_녹達_딿龍_룡王_왕ᄋᆞᆫ 이 이리 다 업스니라 ᄒᆞ다가[54] 金_금翅_싱鳥_듛ㅣ 阿_항耨_녹達_딿龍_룡王_왕宮_궁의 들오져[55] ᄒᆞ면 즉자히[56] 제사[57] 受_쓯苦_콩ᄒᆞᄂᆞ니라 摩_망那_낭斯_{ᄼᆞ}ᄂᆞᆫ 큰 모미라 혼 마리오 優_즇鉢_밣羅_랑ᄂᆞᆫ 이 龍_룡이 靑_쳥蓮_련[58] 모새[59] 이실ᄊᆡ 일훔 지흐니라[60] 若_{ᅀᅡᆨ}干_간ᄋᆞᆫ 一_힗定_뗭티[61] 아니혼 數_숭ㅣ니 몯 니르[62] 혤[63] 씨라[64] 】 네[65] 緊_긴那_낭羅_랑王_왕[66] 法_법緊_긴那_낭羅_랑王_왕과 妙_묳法_법緊_긴那_낭羅_랑王_왕과 大_{ᄄᆡᆼ}法_법緊_긴那_낭羅_랑王_왕과

---

54) ᄒᆞ다가: 만약, 若(부사)

55) 들오져: 들(들다, 入)- + -오져(←-고져: -고자, 연어, 의도)

56) 즉자히: 즉시로, 곧, 卽(부사)

57) 제사: 저(저, 자기, 己: 인대, 재귀칭) + -ㅣ(←-이: 주조) + -사(-야: 보조사, 한정 강조)

58) 靑蓮: 청련. 수미산 밖에 있는 일곱 산의 사이에 있는 향수의 바다에 핀다고 하는 연꽃이다.

59) 모새: 못(못, 淵)- + -애(-에: 부조, 위치)

60) 일훔 지흐니라: 일훔(이름, 名) # 짛(붙이다, 附: 동사)-]- + -Ø(과시)- + -으니(원칙)- + -라(←-다: 평종)

61) 一定티: 一定ᄒᆞ[←一定ᄒᆞ다(일정하다: 一定(일정: 명사) + -ᄒᆞ(동접)-]- + -디(-지: 연어, 부정)

62) 니르: 이루, 능히, 勝(부사)

63) 혤: 혜(헤아리다, 計)- + -ㄹ(관전)

64) 씨라: ᄊᆞ(← ᄉᆞ: 것, 의명) + -이(서조)- + -Ø(현시)- + -라(←-다: 평종)

65) 네 : 넿(← 넿 : 넷, 四, 관사, 양수)

66) 緊那羅王: 긴나라왕. 긴나라의 왕이다. ※ 긴나라(kiṃnara)는 의인(疑人)·인비인(人非人)이라 번역한다. 팔부중(八部衆)의 하나로서, 노래하고 춤추는 신(神)으로 형상은 사람인지 아닌지 애매하다고 한다.

持法緊那羅王(지법긴나라왕)이 各各(각각) 대략(大略) 百千(백천)의 眷屬(권속)을 데려와 있으며【緊那羅(긴나라)가 부처가 說法(설법)하신 데마다 다 能(능)히 노래 부르므로 다 이름을 法(법)이라 하니, 法緊(법긴)은 四諦(사제)를 (노래) 부르고, 妙緊(묘긴)은 十二因緣(십이인연)을 부르고, 大緊(대긴)은 六度(육도)를 부르고, 持緊(지긴)은 一乘(일승)을 부르느니라.】, 네 乾闥婆王(건달바왕)인 樂乾闥婆王(악건달바왕)과

持띵法법緊긴那낭羅랑王왕이 各각各각 若약干간 百빅千천 眷권屬쏙 드려

와⁶⁷⁾ 이시며【緊긴那낭羅랑ㅣ 부톄 說쉃法법ᄒ신 다마다⁶⁸⁾ 다 能능히 놀애⁶⁹⁾

브를씨⁷⁰⁾ 다 일후믈 法법이라 ᄒ니 法법緊긴은 四ᄉᆞ諦뎅⁷¹⁾를 브르고⁷²⁾ 妙묠緊긴은

十씹二ᅀᅵ因ᅙᅵᆫ緣원⁷³⁾을 브르고 大땡緊긴은 六륙度똥⁷⁴⁾를 브르고 持띵緊긴은 一ᅙᅵᆳ乘

씽⁷⁵⁾을 브르ᄂᆞ니라⁷⁶⁾】 네 乾껀闥탏婆빵王왕⁷⁷⁾ 樂악乾껀闥탏婆빵王왕과

---

67) 드려와: 드려오[드려오다: 데려오다: 드리(데리다, 伴)- + -어(연어) + 오(오다, 來)-]- + -아(연어)

68) 다마다: 다(데, 곳, 處: 의명) + -마다(보조사, 각자)

69) 놀애: [노래, 歌: 놀(놀다, 遊: 동사)- + -애(명접)]

70) 브를씨: 브르(← 브르다: 부르다, 歌)- + -ㄹ씨(-ㅁ로: 연어, 이유)

71) 四諦: 사제(사체). 사성제(四聖諦)라고도 한다. '고(苦)·집(集)·멸(滅)·도(道)'의 네 가지 진리로 구성되어 있다. 석가모니의 성도(成道) 후 자기 자신의 자내증(自內證)을 고찰하여 설한 것이 십이인연(十二因緣)이라면, 사제설은 이 인연설을 알기 쉽게 타인에게 알리기 위해 체계를 세운 법문(法文)이다.

72) 브르고: 브르(부르다, 喚)- + -고(연어, 나열)

73) 十二因緣: 십이인연. 과거에 지은 업(業)을 따라서 현재의 과보(果報)를 받으며, 현재의 업을 따라 미래의 고통을 받는 열두 가지의 인연(因緣)이다. 곧 무명(無明)·행(行)·식(識)·명색(名色)·육입(六入)·촉(觸)·수(受)·애(愛)·취(取)·유(有)·생(生)·노사(老死) 등이 있다.

74) 六度: 육도. 열반(涅槃)에 이르기 위하여 보살(菩薩)이 수행해야 할 여섯 가지 덕목(德目)으로 육바라밀(六波羅蜜)이라고도 한다. 보시(布施)·지계(持戒)·인욕(忍辱)·정진(精進)·선정(禪定)·지혜(智慧)가 육도에 속한다.

75) 一乘: 일승(eka-yāna). 승(乘)은 중생을 깨달음으로 인도하는 부처의 가르침을 뜻한다. 깨달음에 이르게 하는 오직 하나의 궁극적인 부처의 가르침이다. 부처가 중생의 능력이나 소질에 따라 여러 가지로 가르침을 설하였지만, 그것은 결국 하나의 가르침으로 귀착한다는 뜻이다.

76) 브르ᄂᆞ니라: 브르(부르다, 樂)- + -ᄂᆞ(현시)- + -니(원칙)- + -라(← -다: 평종)

77) 乾闥婆王: 건달바(Gandharra)왕. 팔부중(八部衆)의 하나이다. 수미산 남쪽의 금강굴에 살며 제석천(帝釋天)의 아악(雅樂)을 맡아보는 신으로, 술과 고기를 먹지 않고 향(香)만 먹으며 공중으로 날아다닌다고 한다.

樂音乾闥婆王(악음건달바왕) 美乾闥婆王(미건달바왕)과 美音乾闥婆王(미음건달
바왕)이 各各(각각) 대략(大略) 百千(백천)의 眷屬(권속)을 데려와 있으며【樂
(악)은 풍류이니 노래와 춤 等(등)에 속한 재주이다. 樂音(악음)은 풍류의 소리
이니 북을 치는 경우이며 관현(管弦)을 일렀니라. 美(미)는 아름다운 것이니 풍
류의 재주의 中(중)에 가장 잘하는 것이다. 美音(미음)은 풍류의 소리 中(중)에
가장 좋은 것이다.】, 네 阿脩羅王(아수라왕)인

樂_악音_흠乾_껀闥_탏婆_빵王_왕과 美_밍乾_껀闥_탏婆_빵王_왕과 美_밍音_흠乾_껀闥_탏婆_빵王_왕이 各_각各_각 若_삭干_간 百_빅千_쳔 眷_권屬_쑉 드려와 이시며【樂_악은 풍류니[78] 놀애 춤[79] 等엣[80] 진죄라[81] 樂_악音_흠은 풍륫[82] 소리니 붑[83] 티는[84] ᄆᆞᄃᆡ며[85] 시우대를[86] 니르니라[87] 美_밍는 아름다볼[88] 씨니 풍륫 진좃 中_듕에 ᄆᆞᆺ[89] 잘홀[90] 씨라 美_밍音_흠은 풍륫 소릿 中_듕에 ᄆᆞᆺ 됴홀[91] 씨라 】 네 阿_항脩_슣羅_랑王_왕[92]

---

78) 풍류니: 풍류(풍류)+-ㅣ(←-이-: 서조)-+-니(연어, 설명 계속)

79) 춤: [춤, 舞: ᄎ(←츠다: 추다, 舞)-+-움(명접)]

80) 等엣: 等(등, 종류, 따위, 類)+-에(부조, 위치)+-ㅅ(-의: 관조) ※ '等엣'은 '等(등, 따위, 종류)에 속한'으로 의역하여 옮긴다.

81) 진죄라: 진조(재주, 才)+-ㅣ(←-이-: 서조)-+-Ø(현시)-+-라(←-다: 평종)

82) 풍륫: 풍류(풍류)+-ㅅ(-의: 관조)

83) 붑: 북, 鼓.

84) 티는: 티(치다, 打)-+-ᄂᆞ(현시)-+-ㄴ(관전)

85) ᄆᆞᄃᆡ며: ᄆᆞᄃᆡ(마디, 때, 경우)+-며(←-이며: 접조)

86) 시우대를: 시우대(관현, 管絃)+-를(목조) ※ '시우대'는 '관현((管絃)'을 뜻하는 말인데, 관악기와 현악기를 아울러 이르는 말이다.

87) 니르니라: 니르(이르다, 말하다, 謂)-+-Ø(과시)-+-니(원칙)-+-라(←-다: 평종)

88) 아름다볼: 아름답[←아름답다, ㅂ불: 아름(아름: 불어)+-답(형접)-]-+-을(관전)

89) ᄆᆞᆺ: 가장, 제일, 最(부사)

90) 잘홀: 잘ᄒᆞ[잘하다: 잘(잘, 善: 부사)+-ᄒᆞ(동접)-]-+-ㄹ(관전)

91) 됴홀: 둏(좋다, 好)-+-올(관전)

92) 阿脩羅王: 아수라왕. 팔부중의 하나이다. 싸우기를 좋아하는 귀신으로, 항상 제석천과 싸움을 벌인다.

婆稚阿脩羅王(바치아수라왕)과 佉羅騫馱阿脩羅王(구라건타아수라왕)과 毗摩質多羅阿脩羅王(비마질다라아수라왕)과 羅睺阿脩羅王(나후아수라왕)이 各各(각각) 대략(大略) 百千(백천)의 眷屬(권속)을 데려와 있으며【'婆稚(바치)'는 '얽매였다.'고 한 말이니, 싸움을 즐겨 자기의 軍(군)의 앞에 가다가 帝釋(제석)에게

婆_뼁稚_띵阿_항脩_슣羅_랑王_왕과 佉_컹羅_랑騫_컨馱_땅阿_항脩_슣羅_랑王_왕과 毗_뼁摩_망質_짏多_당羅_랑阿_항脩_슣羅_랑王_왕과 羅_랑睺_᯾阿_항脩_슣羅_랑王_왕이 各_각各_각 若_약干_간 百_빅千_천 眷_권屬_쑉 드려와 이시며【婆_뼁稚_띵는 얽미ᅟᅢ다⁹³⁾ᄒᆞᆫ 마리니 싸호ᄆᆞᆯ⁹⁴⁾ 즐겨⁹⁵⁾ 제⁹⁶⁾ 軍_군 알ᄑᆡ⁹⁷⁾ 가다가 帝_뎽釋_셕⁹⁸⁾ 손ᄃᆡ⁹⁹⁾

---

93) 얽미ᅟᅢ다: 얽미ᅟᅢ[얽매이다, 縛: 얽(얽다, 結)-+미(매다, 縛)-+-ᅟᅵ(←-이-: 피접)-]-+-Ø(과시)-+-다(평종)

94) 싸호ᄆᆞᆯ: 싸홈[싸움, 爭: 싸호(싸우다, 爭: 동사)-+-ㅁ(명접)]+-ᄋᆞᆯ(목조)

95) 즐겨: 즐기[즐기다, 樂: 즑(즐거워하다, 歡: 자동)-+-이(사접)-]+-어(연어)

96) 제: 저(저, 자기, 己: 인대, 재귀칭)+-ㅣ(←-의: 관조)

97) 알ᄑᆡ: 앒(앞, 前)+-ᄋᆡ(-에: 부조, 위치)

98) 帝釋: 제석. 십이천의 하나이다. 수미산(須彌山)의 꼭대기에 있는 도리천(忉利天)의 임금이다.

99) 손ᄃᆡ: 거기에, 彼處(의명) ※ '帝釋 손ᄃᆡ'는 '제석의 거기에'로 직역할 수 있는데, 여기서는 '帝釋에게'로 의역하여서 옮긴다.

매이느니라. '佉羅騫馱(거라건타)'는 '어깨가 넓다.'고 한 말이니 바닷물을 솟아 오르게 하느니라. '毗摩質多(비마질다)'는 '바다의 물결의 소리다.'고 한 말이니 바닷물을 쳐서 물결을 일으키느니라. '羅睺(나후)'는 '가리게 하였다'고 한 말이니 能(능)히 해달(日月)을 가리게 하나니, 帝釋(제석)의 앞에 있는 軍(군)이 먼저 日光(일광)을 퍼서 脩羅(수라)의 눈을 쏘아 天衆(천중)을 보지 못하게 하거든, 脩羅(수라)가 손으로 (눈을) 가리게 하느니라. ○ '羅睺阿脩羅王(나후아수라왕)'이 本來(본래)의 몸의 길이가 七百(칠백) 由旬(유순)이요 化形(화형)의 길이는 十六萬八千 由旬(유순)이니, 大海(대해) 中(중)에 미예ᄂᆞ니라¹⁾ 佉_캉羅_랑騫_컨馱_땅ᄂᆞᆫ 엇게²⁾ 넙다 혼 마리니 바ᄅᆞᆳ므를³⁾ 소사오ᄅᆞ게⁴⁾ ᄒᆞᄂᆞ니라 毗_삥摩_망質_짒多_당ᄂᆞᆫ 바ᄅᆞᆳ 믌결⁵⁾ 소리라 혼 마리니 바ᄅᆞᆳ므를 텨 겨를⁶⁾ 니르완ᄂᆞ니라⁷⁾ 羅_랑睺_{ᅘᅳᇢ}ᄂᆞᆫ ᄀᆞ리오다⁸⁾ 혼 마리니 能_능히 ᄒᆡᄃᆞᆯ⁹⁾ ᄀᆞ리오ᄂᆞ니 帝_뎽釋_셕의 알ᄑᆡᆺ¹⁰⁾ 軍_군이 몬져 日_{ᅀᅵᇙ}光_광을 펴아 脩_슣羅_랑ㅣ 누늘 쏘아 天_텬衆_즁을¹¹⁾ 보디 몯게 ᄒᆞ야ᄃᆞᆫ 脩_슣羅_랑ㅣ 소ᄂᆞ로 ᄀᆞ리오ᄂᆞ니라 ○ 羅_랑睺_{ᅘᅳᇢ}阿_항脩_슣羅_랑王_왕이 本_본來_링ㅅ 몸 기리¹²⁾ 七_칧百_{ᄇᆡᆨ} 由_율旬_쓘이오¹³⁾ 化_황形_{ᅘᅧᆼ}ㅅ¹⁴⁾ 기리ᄂᆞᆫ 十_씹六_륙萬_먼八_밣千_천 由_율旬_쓘이니 大_땡海_{ᄒᆡᆼ} 中_듕에

---

1) 미예ᄂᆞ니라: 미예[매이다, 縛: 민(매다, 縛)- + -예(←-이-: 피접)-]- + -ᄂᆞ(현시)- + -니(원칙)- + -라(←-다: 평종)
2) 엇게: 엇게(어깨, 肩) + -∅(←-이: 주조)
3) 바ᄅᆞᆳ므를: 바ᄅᆞᆳ믈[바닷물, 海水: 바를(바다, 海) + -ㅅ(관조, 사잇) + 믈(물, 水)] + -을(목조)
4) 소사오ᄅᆞ게: 소사오ᄅᆞ[솟아오르다, 飛騰: 솟(솟다, 飛)- + -아(연어) + 오ᄅᆞ(오르다, 騰)-]- + -게(연어, 사동)
5) 믌결: 믌결[물결, 波: 믈(물, 水) + -ㅅ(관조, 사잇) + 결(결, 紋)] + -ㅅ(-의: 관조)
6) 겨를: 결(결, 紋) + -을(목조)
7) 니르완ᄂᆞ니라: 니르완[일으키다: 닐(일다, 起: 자동)- + -으(사접)- + -완(강접)-]- + -ᄂᆞ(현시)- + -니(원칙)- + -라(←-다: 평종)
8) ᄀᆞ리오다: ᄀᆞ리오[가리우다, 가리게 하다: ᄀᆞ리(가리다, 蔽: 타동)- + -오(사접)-]- + -∅(과시)- + -다(평종)
9) ᄒᆡᄃᆞᆯ: ᄒᆡᄃᆞᆯ[해달, 日月: ᄒᆡ(해, 日) + ᄃᆞᆯ(달, 月)] + -ᄋᆞᆯ(목조)
10) 알ᄑᆡᆺ: 앒(앞, 前) + -ᄋᆡ(-에: 부조, 위치) + -ㅅ(-의: 관조) ※ '알ᄑᆡᆺ'은 '앞에 있는'으로 의역하여 옮긴다.
11) 天衆: 천중. 욕계(欲界), 색계(色界), 무색계(無色界)에 살고 있는 하늘의 모든 유정(有情이다).
12) 기리: 기리[길이, 長: 길(길다, 長: 형사)- + -이(명접)] + -∅(←-이: 주조)
13) 由旬이오: 由旬(유순: 의명) + -이(서조)- + -오(←-고: 연어, 나열) ※ '由旬(유순)'은 고대 인도의 이수(里數) 단위이다. 소달구지가 하루에 갈 수 있는 거리로서 80리인 대유순, 60리인 중유순, 40리인 소유순의 세 가지가 있다.
14) 化形: 화형. 부처나 보살, 신장(神將) 등이 속세에서 드러내 보이는 화신(化身)의 모습이다.

에 半반몸몰 내면 須슝彌밍山산과 ᄀᆞᆮᄂᆞ니 솑바당ᄋᆞ로 ᄃᆞᆯ을 ᄀᆞ리거든 日ᅀᅵᆯ月웛蝕씩ᄒᆞᄂᆞ니라 ○ 大땡阿항脩슈羅랑王왕이 일후미 羅랑呵항ㅣ라 ᄒᆞᄂᆞ니 큰 威윙力륵이 잇ᄂᆞ니 너교ᄃᆡ 이 忉利링天텬王왕과 日ᅀᅵᆯ月웛諸경天텬이 내 머리 우희 ᄃᆞ니ᄂᆞ니 盟ᄆᆡᆼ誓쎙코 日ᅀᅵᆯ月웛을 자바다가 귀예 ᄃᆞᄂᆞᆫ 구스를 ᄒᆞ리라 ᄒᆞ고 漸쩜漸쩜 더 怒ᄂᆞᇰᄒᆞ야 더욱 티고져 ᄒᆞ야 즉자히 舍샤摩망梨링와 毗삥摩망質짏多당 두 阿항脩슈羅랑王왕과 大땡臣씬ᄃᆞᆯ홀 命ᄒᆞ야 各각各각 兵병잠개ᄅᆞᆯ 장ᄆᆞ호리라 가 하ᄂᆞᆯ와 싸호리라 그제 難난陀땅ㅣ

半(반) 몸을 내면 須彌山(수미산)과 같나니, 손바닥으로 해달을 가리거든 日月蝕(일월식)하느니라. ○ '大阿脩羅王(대아수라왕)'이 – 그 이름이 羅呵(나가)라고 하는 이가 – 큰 威力(위력)이 있나니, 여기되 "이 忉利天王(도리천왕)과 日月諸天(일월제천)이 내 머리 위에 다니나니, 盟誓(맹세)코 日月(일월)을 잡아다가 귀에 다는 구슬로 하리라." 하고 漸漸(점점) 더 怒(노)하여 더욱 (도리천왕과 일월제천을) 치고자 하여, 즉시 舍摩梨(사마리)와 毗摩質多(비마질다)의 두 阿脩羅王(아수라왕)과 大臣(대신)들에게 命(명)하여, "各各(각각) 병장기를 장만하라. (내가) 가서 하늘(= 천신)과 싸우리라." 그때에 難陀(난타)의

半_반모물 내면 須_슝彌_밍山_산과 곹ᄂᆞ니 솑바당ᄋᆞ로¹⁵⁾ ᄒᆡᄃᆞᄅᆞᆯ ᄀᆞ리와든¹⁶⁾ 日_{ᅀᅵᆯ}月_윓蝕_씩¹⁷⁾ᄒᆞᄂᆞ니라 ○ 大_땡阿_항脩_슣羅_랑王_왕 일후미 羅_랑阿_항ㅣ라 호리¹⁸⁾ 큰 威_휭力_륵이 잇ᄂᆞ니 너교ᄃᆡ¹⁹⁾ 이 忉_돌利_링天_텬王_왕²⁰⁾과 日_{ᅀᅵᆯ}月_윓 諸_졍天_텬이 내 머리 우희 ᄃᆞ니ᄂᆞ니²¹⁾ 盟_{ᄆᆡᆼ}誓_쎙코²²⁾ 日_{ᅀᅵᆯ}月_윓을 자바다가²³⁾ 귀옛²⁴⁾ 구슬 호리라 ᄒᆞ고 漸_쪔漸_쪔 더 怒_농ᄒᆞ야 더욱 티고져²⁵⁾ ᄒᆞ야 즉자히 舍_샹摩_망梨_링와 毗_뻥摩_망質_짏多_당와 두 阿_항脩_슣羅_랑王_왕과 大_땡臣_씬ᄃᆞᆯ홀²⁶⁾ 命_명ᄒᆞ야 各_각各_각 兵_병잠개²⁷⁾ 쟝망ᄒᆞ라²⁸⁾가 하ᄂᆞᆯ콰²⁹⁾ 싸호리라³⁰⁾ 그제 難_난陀_땅

---

15) 솑바당ᄋᆞ로: 솑바당[손바닥, 掌: 손(손, 手) + -ㅅ(관조, 사잇) + 바당(바닥, 面)] + -ᄋᆞ로(부조, 방편)

16) ᄀᆞ리와든: ᄀᆞ리오[가리게 하다, 蔽]- + -오(사접)-] + -아든(-거든: 연어, 조건)

17) 日月蝕: 일월식. 일식(日蝕)과 월식(月蝕)을 아울러 이르는 말이다.

18) 호리: ᄒᆞ(← ᄒᆞ다: 하다, 謂)- + -오(대상)- + -ㄹ(관전) + 이(이, 者: 의명) + -∅(← -이: 주조)

19) 너교ᄃᆡ: 너기(여기다, 思)- + -오ᄃᆡ(-되: 연어, 설명 계속)

20) 忉利天王: 도리천왕. ※ '忉利天(도리천)'은 육욕천의 둘째 하늘이다. 섬부주 위에 8만 유순(由旬) 되는 수미산 꼭대기에 있는 곳으로, 가운데에 제석천이 사는 선견성(善見城)이 있으며, 그 사방에 권속되는 하늘 사람들이 살고 있는 8개씩의 성이 있다.

21) ᄃᆞ니ᄂᆞ니: ᄃᆞ니[다니다, 行: ᄃᆞ(닫다, 달리다, 走)- + 니(가다, 行)-]- + -ᄂᆞ(현시)- + -니(연어, 설명 계속)

22) 盟誓코: [맹세코(부사): 盟誓ᄒᆞ[← 盟誓ᄒᆞ다(맹세하다): 盟誓(맹세) + -ᄒᆞ(동접)- + -고(연어 ▷ 부접)]

23) 자바다가: 잡(잡다, 捕)- + -아(연어) + -다가(보조사: 동작 유지, 강조)

24) 귀옛: 귀(귀, 耳) + -예(← -에: 부조, 위치) + -ㅅ(-의: 관조)

25) 티고져: 티(치다, 伐)- + -고져(-고자: 연어, 의도)

26) 大臣ᄃᆞᆯ홀: 大臣ᄃᆞᆯㅎ[대신들: 大臣(대신) + -ᄃᆞᆯㅎ(-들: 복접)] + -ᄋᆞᆯ(-에게: 목조, 보조사적 용법, 의미상 부사격)

27) 兵잠개: [병장기: 兵(병) + 잠개(장기, 무기)]

28) 쟝망ᄒᆞ라: 쟝망ᄒᆞ[장만하다: 쟝망(장만) + -ᄒᆞ(동접)-]- + -라(명종)

29) 하ᄂᆞᆯ콰: 하ᄂᆞᆯㅎ(하늘, 天) + -과(부조, 공동) ※ 여기서 '하ᄂᆞᆯㅎ'은 忉利天王(도리천왕)과 日月諸天(일월제천) 등의 천신(天神)을 이른다.

30) 싸호리라: 싸호(싸우다, 爭) + -리(미시)- + -라(← -다: 평종)

두 큰 龍王(용왕)이 몸을 須彌山(수미산)에 일곱 겹으로 감으니 산이 움직이며 구름이 퍼지고, 꼬리로 바닷물을 쳐서 물결이 忉利天(도리천)에 붓거늘, 이르되 "脩羅(수라)가 싸우려 한다."고 하니, 諸龍(제용)과 鬼神(귀신)들이 各各(각각) 무기를 가져 次第(차제, 차례)로 싸우니, 하늘(천신)에게 못 이기면 다 四天王宮(사천왕궁)에 가는데, 兵馬(병마)를 整齊(정제)하여 싸우되 먼저 帝釋(제석)께 사뢰는데, 帝釋(제석)이 위에 사뢰어 他化自在天(타화자재천)에 이르니, 無數(무수)한 天衆(천중)과 諸龍(제용)과 鬼神(귀신)이 (제석의) 앞뒤에 圍遶(위요)하는데, 帝釋(제석)이 命(명)하되 "나의 軍(군)이야말로 (아수라를) 이기면 다섯 가지의 매는 것(방법)으로 두 큰 龍룡王왕이 모물 須슝彌밍山산애 닐굽 볼[31] 가무니[32] 뫼히 뮈며 구루미 펴디고[33] 소리로[34] 바룴므를[35] 텨[36] 믌겨리[37] 忉돌利링天텬에 붓거늘[38] 닐오딕 脩슐羅랑ㅣ 싸호려 흐느다 커든[39] 諸졍 龍룡 鬼귕神씬들히 各각各각 잠개[40] 가져 次층第똉로 싸호니 하늘콧[41] 몯 이긔면[42] 다 四숭天텬王왕[43] 宮궁의 니거든 兵병馬망 整정齊쪵[44]호야 싸호딕 몬져 帝뎽釋셕씌 술바든[45] 帝뎽釋셕이 우희 술바 他탕化황自쫑在찡天텬[46]의 니르니 無뭉數숭 天텬衆즁[47]과 諸졍 龍룡 鬼귕神씬이 앏뒤헤[48] 圍윙遶숖커든[49] 帝뎽釋셕이 命명호딕 내 軍군곳 이긔면 다숫 가짓 미요무로[50]

---

31) 볼: 벌(번, 벌, 겹, 重: 의명)

32) 가무니: 감(감다, 紮)- + -우니(연어, 설명 계속)

33) 펴디고: 펴디[퍼지다, 擴散: 피(피다, 發)- + -어(연어) + 디(지다: 보용)-]- + -고(연어, 나열)

34) 소리로: 소리(꼬리, 尾) + -로(부조, 방편)

35) 바룴므를: 바룴믈[바닷물, 海水: 바룰(바다, 海) + -ㅅ(관조, 사잇) + 믈(물, 水)] + -을(목조)

36) 텨: 티(치다, 擊)- + -어(연어)

37) 믌겨리: 믌결[물결, 波浪: 믈(물, 水) + -ㅅ(관조, 사잇) + 결(결, 紋)] + -이(주조)

38) 붓거늘: 붓(붓다, 注)- + -거늘(연어, 상황)

39) 커든: ㅎ(← 흐다: 하다, 曰)- + -거든(연어, 조건)

40) 잠개: 무기, 병기, 연장.

41) 하늘콧: 하늘ㅎ(하늘, 천신, 天) + -곳(보조사, 한정 강조)

42) 이긔면: 이긔(이기다, 勝)- + -면(연어, 조건)

43) 四天王: 사천왕. 사왕천(四王天)의 주신(主神)으로 사방을 진호(鎭護)하며 국가를 수호하는 네 신이다. 동쪽의 지국천왕, 남쪽의 증장천왕, 서쪽의 광목천왕, 북쪽의 다문천왕이다.

44) 整齊: 정제. 정돈하여 가지런히 하는 것이다.

45) 술바든: 숣(← 숣다, ㅂ불: 사뢰다, 아뢰다, 奏)- + -아든(-거든: 연어, 조건)

46) 他化自在天: 타화자재천. 육욕천의 여섯째 하늘이다. 욕계(欲界)에서 가장 높은 하늘로서, 여기에 태어난 이는 다른 이의 즐거움을 자기의 즐거움으로 만들 수 있다.

47) 天衆: 천중. 욕계(欲界), 색계(色界), 무색계(無色界)에 살고 있는 하늘의 모든 유정(有情)이다.

48) 앏뒤헤: 앏뒤ㅎ[앞뒤: 앏(← 앒: 앞, 前) + 뒤ㅎ(뒤, 後)] + -에(부조, 위치)

49) 圍遶커든: 圍遶ㅎ[← 圍遶ㅎ다(위요하다): 圍遶(위요: 명사) + -ㅎ(동접)-]- + -거든(연어, 조건) ※ '圍遶(위요)'는 부처의 둘레를 돌아다니는 것이다.

50) 미요무로: 미(매다, 縛)- + -욤(← -옴: 명전) + -으로(부조, 방편)

毗摩質多阿脩羅(비마질다아수라)를 얽어매어 善法堂(선법당)에 가져 돌아가서 내가 (너 = 비마질다아수라를) 보고자 한다. 脩羅(수라)가 또 이르되, "나의 衆(중)이야말로 (너를) 이기면 또 다섯 가지의 매는 것(방법)으로 帝釋(제석)을 얽어매어, 七葉堂(칠엽당)에 돌아가 내가 (너 = 제석을) 보고자 한다."하고 一時(일시)에 심하게 싸우니, 둘이 서로 傷(상)하지 아니하여 오직 몸에 닿아 괴로워하더니, 帝釋(제석)이 現身(현신)하여 천 개의 눈이고 金剛杵(금강저)를 잡고 머리에 불이 났는데, 脩羅(수라)가 보고 쫓기어 물러나니 즉시 (제석이) 毗摩質多阿脩羅(비마질다아수라)를 사로잡아 얽어매어 가져오는데, 멀리서 (아수라가) 帝釋(제석)을 보고 꾸짖는데

毗_삥摩_망質_짏多_당阿_항脩_슣羅_랑를 얽미야[51] 善_쎤法_법堂_땅[52]애 가져 도라가 내 보고

져[53] ᄒ노라 脩_슣羅_랑ㅣ ᄯ 닐오ᄃᆡ 내 衆_즁곳[54] 이긔면 ᄯ 다ᄉᆞᆺ 가짓 미요므로

帝_뎽釋_셕을 얽미야 七_칢葉_엽堂_땅[55]애 도라가 내 보고져 ᄒ노라 ᄒ고 一_힗時_씽예

ᄀᆞ장[56] 싸호니 둘히 서르 傷_샹티 아니ᄒ야 오직 모매 다하 셜버ᄒ더니[57] 帝_뎽釋

_셕이 現_현身_신[58]ᄒ야 즈믄[59] 누니오 金_금剛_강杵_청[60] 잡고 머리예 브리 나거든 脩

_슣羅_랑ㅣ 보고 믈리조치거든[61] 즉자히 毗_삥摩_망質_짏多_당阿_항脩_슣羅_랑를 사ᄅᆞ자

바[62] 얽미야 가져오거든 머리셔[63] 帝_뎽釋_셕을 보고 구짓거든[64]

---

51) 얽미야: 얽미[얽매이다, 結: 얽(얽다, 結)-+-미(매다, 結)-]-+-야(←-아: 연어)

52) 善法堂: 선법당. 수미산 꼭대기의 회견성(喜見城) 밖에 있는 제석천의 강당이다. 제천(諸天)이 모여 인간 세상의 선악에 대하여 의논한다.

53) 보고져: 보(보다, 觀)-+-고져(-고자: 연어, 의도)

54) 衆곳: 衆(중, 天衆)+-곳(-이야말로: 보조사, 한정 강조)

55) 七葉堂: 칠엽당. 미상(未詳)이다.

56) ᄀᆞ장: 심하게, 甚(부사)

57) 셜버ᄒ더니: 셜버ᄒ[서러워하다, 괴로워하다, 惱: 셟(←셟다, ㅂ불: 서럽다, 괴롭다, 哀)-+-어 (연어)+ᄒ(하다: 보용)-]-+-더((회상)-+-니(연어, 설명 계속) ※ '셜버ᄒ다'는 문맥을 감안하 여 '괴로워하다'로 옮긴다.

58) 現身: 현신. 다른 사람에게 자신을 보이는 것이다.

59) 즈믄: 천 개의(관사)

60) 金剛杵: 금강저. 승려가 불도를 닦을 때 쓰는 법구(法具)의 하나이다. 번뇌를 깨뜨리는 보리심 을 상징하는데, 독고(獨鈷), 삼고(三鈷), 오고(五鈷) 따위가 있다.

61) 믈리조치거든: 믈리조치[쫓기어 물러나다: 믈리(←므르다: 물러나다, 退, 동사)-+-이(부접) +좇(쫓다, 從: 타동)-+-이(피접)-]-+-거든(-거든: 연어, 조건) ※ '믈리조치다'는 파생 부 사인 '믈리'와 피동사인 '조치다'가 결합하여 형성된 합성 동사이다.

62) 사ᄅᆞ자바: 사ᄅᆞ잡[사로잡다, 捕: 살(살다, 생)-+-ᄋᆞ(사접)-+잡(잡다, 獲)-]-+-아(연어)

63) 머리셔: 머리[멀리, 遠(부사): 멀(멀다, 遠: 형사)-+-이(부접)]+-셔(-서: 보조사, 위치 강조)

64) 구짓거든: 구짓(←구짖다: 꾸짖다, 責)-+-거든(연어, 조건, 설명의 계속)

王시界나겨德니메땅브항닐너짓
왕업갱ᄂ틔득라드ᄒ트脩오와거든
과서롤니자이人니논니슣려ᄒ야帝
겨구梵자라ᄂ사신이히논羅커늘뎽
ᅟᅵᄂ뼘바天니오趣ᄆ것ᅵ늘釋
이王가텬이나阿항로ᄒᆡᄂ것셕이
ᅟᅵ왕져趣阿츙예脩神길데가對
이帝히츙항뼈슣ᆈ씬ᅵ지ᄂ됭荅
阿뎽미예脩러트羅通헤니ᆞ닐講답
항釋ᄉ브슣디니랑통올셔니말강ᄒ
脩셕ᄆᆞ다여논ᄂ이하ᄂ호디
羅四차니羅ᄂ하알일法鬼ᄒᄂᆞ내
랑승져논랑ᄂ려놀ᄈ법귕趣내
ᅟᅵᄂ天픈世ᄂ비히해나워護ᅟ충ᄒ야
ᅟ텬거ᄲᆼ야ᅈᆡ셔ᄂ유持ᅟ예阿ᄂᆡ

帝釋(제석)이 對答(대답)하되 "내가 너와 (함께)하여 道義(도의)를 講論(강론)하여 이르려 하거늘, 어찌 모진 말을 하는가?" ○ 阿脩羅(아수라)가 네 가지니, 鬼趣(귀취)에 붙은 것은 귀신의 길에 있어서, 法(법)을 護持(호지)하는 힘으로 神通(신통)을 이루어 비움(空)에 드니, 이 阿脩羅(아수라)는 알을 까서 나느니라. 人趣(인취)에 붙은 것은 하늘에서 德(덕)이 사나워 떨어져서 내려 해달의 곁에 사나니, 이 阿脩羅(아수라)는 배(孕)어서 나느니라. 天趣(천취)에 붙은 이는 世界(세계)를 잡아 가져서, 힘이 통하여서 두려운 것이 없어 梵王(범왕)·帝釋(제석)·四天王(사천왕)과 겨루나니, 이 阿脩羅(아수라)는

帝뎅釋석이 對됭答답하오ᄃᆡ 내 너와 ᄒᆞ야 道뚤義읭를 講강論론ᄒᆞ야 닐오려 커늘⁶⁵⁾ 엇뎨 모딘 말 ᄒᆞᄂᆞᆫ다⁶⁶⁾ ○ 阿항脩슐羅랑ㅣ 네 가지니 鬼귕趣츙⁶⁷⁾예 브트ᄂᆞᆫ⁶⁸⁾ 귓것⁶⁹⁾ 길헤 이셔 法법 護뽕持띵ᄒᆞ논⁷⁰⁾ 히ᄆᆞ로 神씬通통을 일워 뷔유메⁷¹⁾ 드니 이 阿항脩슐羅랑ᄂᆞᆫ 알 ᄢᅡ⁷²⁾ 나ᄂᆞ니라 人신趣츙⁷³⁾예 브트ᄂᆞᆫ 하ᄂᆞᆯ해셔⁷⁴⁾ 德득이 사오나바⁷⁵⁾ ᄠᅥ러디여⁷⁶⁾ ᄂᆞ려 히ᄃᆞᆲ 겨틔 사ᄂᆞ니 이 阿항脩슐羅랑ᄂᆞᆫ 빈야⁷⁷⁾ 나ᄂᆞ니라 天텬趣츙⁷⁸⁾예 브트ᄂᆞᆫ 世솅界갱를 자바 가져 히미 ᄉᆞᄆᆞ차⁷⁹⁾ 저픈⁸⁰⁾ 거시 업서 梵뼘王왕⁸¹⁾ 帝뎅釋석⁸²⁾ 四ᄉᆞ天텬王왕⁸³⁾과 겻구ᄂᆞ니⁸⁴⁾ 이 阿항脩슐羅랑ᄂᆞᆫ

---

65) 커늘: ᄒ(← ᄒᆞ다: 하다, 보용, 의도)- + -거늘(연어, 상황)

66) ᄒᆞᄂᆞᆫ다: ᄒ(하다, 曰)- + -ᄂᆞ(현시)- + -ㄴ다(-ㄴ가: 의종, 판정)

67) 鬼趣: 귀취. 아귀(餓鬼)의 세계(世界)이다. ※ '취(趣)'는 중생(衆生)의 업인(業因)에 의하여 나아 가는 곳이다. ※ '아귀(餓鬼)'는 계율을 어기거나 탐욕을 부려 아귀도에 떨어진 귀신이다.

68) 브트ᄂᆞᆫ: 븥(붙다, 附)- + -Ø(과시)- + -은(관전) # 이(이, 者: 의명) + -ᄂᆞᆫ(보조사, 주제)

69) 귓것: [귀신: 귀(鬼, 귀신) + -ㅅ(관조, 사잇) + 것(것, 者: 의명)]

70) 護持ᄒᆞ논: 護持ᄒᆞ[호지하다: 護持(호지: 명사) + -ᄒᆞ(동접)-]- + -ㄴ(← -ᄂᆞ-: 현시)- + -오(대상)- + -ㄴ(관전) ※ '護持(호지)'는 보호하여 지니는 것이다.

71) 뷔유메: 뷔(비다, 空)- + -윰(← -움: 명전) + -에(부조, 위치)

72) ᄢᅡ: ᄢ(← ᄢᆡ다: 까다, 孵)- + -아(연어) ※ 사생(四生) 중에서 난생(卵生)을 이른다.

73) 人趣: 인취. 인간 세계이다.

74) 하ᄂᆞᆯ해셔: 하ᄂᆞᆯᄒ(하늘, 天) + -애(-에: 부조, 위치) + -셔(-서: 보조사, 위치 강조)

75) 사오나바: 사오낭(← 사오납다, ㅂ불: 사납다, 猛)- + -아(연어)

76) ᄠᅥ러디여: ᄠᅥ러디[떨어지다, 落: ᄠᅥᆯ(떨다, 離)- + -어(연어) + 디(지다, 落)-]- + -여(← -어: 연어)

77) 빈야: 빈[배다, 孕: 빈(배, 腹: 명사) + -Ø(동접)-]- + -야(← -아: 연어) ※ 태생(胎生)이다.

78) 天趣: 천취. 사람이 죽어 돌아갈 하늘이다.

79) ᄉᆞᄆᆞ차: ᄉᆞᄆᆞᆾ(사무치다, 통달하다, 꿰뚫다, 通達)- + -아(연어)

80) 저픈: 저프[두렵다, 恐: 젛(두려워하다, 懼: 동사)- + -브(형접)-]- + -Ø(현시)- + -ㄴ(관전)

81) 梵王: 범왕. 범천왕(梵天王). 색계(色界) 초선천(初禪天)의 우두머리이다.

82) 帝釋: 제석. 제석천(帝釋天). 십이천(十二天)의 하나이다.

83) 四天王: 사천왕. 사왕천(四王天)의 주신(主神)으로 사방을 진호(鎭護)하며 국가를 수호하는 네 신이다. 동쪽의 지국천왕(持國天王), 남쪽의 증장천왕(增長天王), 서쪽의 광목천왕(廣目天王), 북쪽의 다문천왕(多聞天王)이다.

84) 겻구ᄂᆞ니: 겻구(겨루다, 競)- + -ᄂᆞ(현시)- + -니(연어, 설명 계속)

變·변化·황로 나ᄂᆞ·니 各·각別·별히 사ᄫᆞ·나오·ᄂᆞᆫ 阿힣脩슗羅랑ㅣ 바ᄅᆞᆯ 가온·대 나 바ᄅᆞᆳ·므리 ᄉᆡ·는 굼·긔 드·러이·셔 아ᄎᆞ·미 虛헝空콩·애 나·아 노·다·가 나조·ᄒᆡ 므·레 가 자·ᄂᆞ·니 이 阿힣脩슗羅랑·ᄋᆞᆫ 추·ᄅᆞ축호 氣킣韻·운으·로 ᄃᆞ·외·야 나·ᄂᆞ·니·라 네 迦강樓륳羅랑王왕 大땡威ᇦ德득迦강樓륳羅랑王왕·과 大땡身신迦강樓륳羅랑王왕·과 大땡滿만迦강樓륳羅랑王왕·과 如ᅀᅥᆼ意ᄒᆡᆼ

變化(변화)로 나느니라. 畜生趣(축생취)에 붙은 이는 各別(각별)히 사나운 阿脩羅(아수라)가 바다 가운데에 나서 바닷물이 새는 구멍에 들어 있어, 아침에는 虛空(허공)에 나서 놀다가 저녁에는 물에 가서 자나니, 이 阿脩羅(아수라)는 축축한 氣韻(기운)으로 되어서 나느니라. 】 네 迦樓羅王(가루라왕)인 大威德迦樓羅王(대위가루라왕)과 大身迦樓羅王(대신가루라왕)과 大滿迦樓羅王(대만가루라왕)과 如意迦樓羅王(여의가루라왕)이

變ᇢ化ᇹ로 나ᄂᆞ니라⁸⁵⁾ 畜튝生ᄉᆡᆼ趣츙⁸⁶⁾예 브트니ᄂᆞᆫ 各각別볋히 사오나ᄫᆞᆫ 阿ᅙᅡᆼ脩ᄉᆔᆯ羅랑ㅣ 바ᄅᆞᆯ 가온ᄃᆡ⁸⁷⁾ 나아 바ᄅᆞᆯ믈 시ᄂᆞᆫ⁸⁸⁾ 굼긔⁸⁹⁾ 드러 이셔 아ᄎᆞ미ᄂᆞᆫ⁹⁰⁾ 虛헝空콩애 나아 노다가⁹¹⁾ 나조ᄒᆡᆫ⁹²⁾ 므레⁹³⁾ 가 자ᄂᆞ니 이 阿ᅙᅡᆼ脩ᄉᆔᆯ羅랑ᄂᆞᆫ 축축ᄒᆞᆫ 氣킝韻운으로 ᄃᆞ외야 나ᄂᆞ니라⁹⁴⁾ 】 네 迦강樓륳羅랑王왕⁹⁵⁾ 大땡威휭德득迦강樓륳羅랑王왕과 大땡身신迦강樓륳羅랑王왕과 大땡滿만迦강樓륳羅랑王왕과 如셩意ᅙᅵᆼ迦강樓륳羅랑王왕이

---

85) 變化로 나ᄂᆞ니라: ※ '變化로 나ᄂᆞ니라'는 四生(사생) 중에서 '化生(화생)'을 직역하여 표현한 것이다. ※ '화생(化生)'은 다른 물건에 기생하지 않고 스스로 업력에 의하여 갑자기 화성(化成)하는 생물을 이른다. 현대 과학이 발전하지 않은 예전에네는 '전염병' 등이 나는 것을 화생으로 보았다.

86) 畜生趣: 축생취. 축생의 업(業)을 지은 사람이 태어나는 세계이다.

87) 가온ᄃᆡ: 가운데, 中.

88) 시ᄂᆞᆫ: 시(새다, 漏)- + -ᄂᆞ(현시)- + -ㄴ(관전)

89) 굼긔: 굼(← 구무: 구멍, 孔) + -의(-에: 부조, 위치)

90) 아ᄎᆞ미ᄂᆞᆫ: 아ᄎᆞᆷ(아침, 朝) + -ᄋᆡ(-에: 부조, 위치) + -ᄂᆞᆫ(보조사, 주제)

91) 노다가: 노(← 놀다: 놀다, 遊)- + -다가(연어, 전환)

92) 나조ᄒᆡᆫ: 나조ᄒᆞ(저녁, 夕) + -ᄋᆡ(-에: 부조, 위치) + -ㄴ(← -ᄂᆞᆫ: 보조사, 주제)

93) 므레: 믈(물, 水) + -에(부조, 위치)

94) 축축ᄒᆞᆫ 氣韻으로 ᄃᆞ외야 나ᄂᆞ라: 四生(사생) 중에서 '濕生(습생)'을 직역하여 표현한 것이다. 습생은 축축한 곳에서 자라는 것으로, 축축한 곳에서 사는 뱀, 개구리, 모기, 귀뚜라미 따위의 생물(生物)을 이른다.

95) 迦樓羅王: 가루라왕. '迦樓羅(가루라)'는 인도신화에 나오는 상상의 새이다. 모습은 독수리와 비슷하고 날개는 봉황의 날개와 같다. 한번 날개를 펴면 360리나펼쳐진다고 한다. 머리와 날개가 황금빛인 탓에 황금빛 날개라는 뜻의 새수파르나(suparna)와 동일시하여 금시조(金翅鳥)라 부르며, 묘한 날개를 지녔다해서 묘시조(妙翅鳥)라고도 한다. 사는 곳은 수미산 사해(四海)로 전해진다.

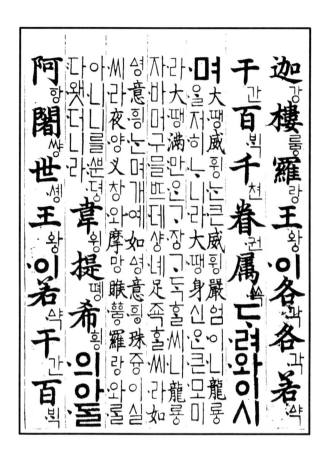

各各(각각) 대략(大略) 百千(백천)의 眷屬(권속)을 데려와 있으며【 大威(대위)
는 큰 威嚴(위엄)이니 龍(용)을 두렵게 하느니라. 大身(대신)은 큰 몸이다. 大滿
(대만)은 대단히 가득한 것이니, 龍(용)을 잡아먹는 것을 뜻에 항상 足(족)한 것
이다. 如意(여의)는 앞 목에 如意珠(여의주)가 있는 것이다. 夜叉(야차)와 摩睺
羅(마후라)를 아니 이를 뿐이지 다 와 있더니라. 】韋提希(위제희)의 아들인
阿闍世王(아사세왕)이 대략(大略) 百千(백천)의

各_각各_각 若_약干_간 百_빅千_천 眷_권屬_쪽 드려와 이시며【大_땡威_휭ᄂᆞᆫ 큰 威_휭

嚴_엄이니 龍_룡ᄋᆞᆯ 저히ᄂᆞ니라⁹⁶⁾ 大_땡身_신ᄋᆞᆫ 큰 모미라 大_땡滿_만ᄋᆞᆫ ᄀᆞ장⁹⁷⁾ ᄀᆞᄃᆞᆨᄒᆞᆯ⁹⁸⁾

씨니⁹⁹⁾ 龍_룡 자바머구믈¹⁾ ᄣᅳ데 샹녜 足_쪽ᄒᆞᆯ 씨라 如_셩意_힁ᄂᆞᆫ 며개예²⁾ 如_셩意_힁珠

_즁³⁾ 이실 씨라 夜_양叉_창⁴⁾와 摩_망睺_警羅_랑와를⁵⁾ 아니 니를ᄲᅮᆫ뎡⁶⁾ 다 왯더라⁷⁾】韋

_윙提_똉希_힁⁸⁾의 아ᄃᆞᆯ 阿_항闍_썅世_솅王_왕⁹⁾이 若_약干_간 百_빅千_천

---

96) 저히ᄂᆞ니라: 저히[두렵게 하다, 위협하다: 젛(두려워하다, 懼: 자동)-+-이(사접)-]-+-ᄂᆞ(현시)-+-니(원칙)-+-라(←-다: 평종)

97) ᄀᆞ장: 대단히, 大(부사)

98) ᄀᆞᄃᆞᆨᄒᆞᆯ: ᄀᆞᄃᆞᆨᄒᆞ[가득하다, 滿: ᄀᆞᄃᆞᆨ(가득, 滿: 부사)+-ᄒᆞ(형접)-]-+-ㄹ(관전)

99) 씨니: ᄡᅵ(← ᄉ: 것, 者, 의명)+-이(서조)-+-니(연어, 설명 계속)

1) 자바머구믈: 자바먹[잡아먹다, 捕食: 잡(잡다, 捕)-+-아(연어)+먹(먹다, 食)-]-+-움(명전)+-을(목조)

2) 며개예: 며개(목의 앞쪽)+-예(←-에: 부조, 위치)

3) 如意珠: 여의주. 용의 턱 아래에 있는 영묘한 구슬이다. 이것을 얻으면 무엇이든 뜻하는 대로 만들어 낼 수 있다고 한다.

4) 夜叉: 야차. 팔부중의 하나로서, 사람을 괴롭히거나 해친다는 사나운 귀신이다.

5) 摩睺羅와를: 摩睺羅(마후라)+-와(접조)+-를(목조) ※ '摩睺羅(마후라)'는 팔부중(八部衆)의 하나로서, 몸은 사람과 같고 머리는 뱀과 같은 형상을 한 음악의 신(神)이다. 또는 땅으로 기어 다닌다는 거대한 용(龍)이다.

6) 니를ᄲᅮᆫ뎡: 니르(이르다, 曰)-+-ㄹᄲᅮᆫ뎡(-을 뿐이지: 연어, 양보)

7) 왯더라: 오(오다, 來)-+-아(연어)+잇(←이시다: 있다, 보용, 완료 지속)-+-더(회상)-+-라(←-다: 평종) ※ '왯더라'는 '와 잇더라'가 축약된 형태이다.

8) 韋提希: 위제희(Vedehi). 마가다국의 왕비로서 남편인 빔비사라왕(bimbisāra)과 함께 독실한 불교 신자였다. 아들 아자타샤트루(ajātaśatru)가 데바다타의 꾀임에 넘어가 부왕을 감금하자, 아들을 설득하여 뉘우치게 하였으나 이미 빔비사라왕은 감옥에서 굶어 죽은 뒤였다. 아들은 후에 독실한 불교 신자가 되었다.

9) 阿闍世王: 아사세왕(ajātaśatru). 미생원(未生怨, 未生寃)이라고 번역한다. 부왕(父王)인 빔비사라(bimbisāra)를 감옥에 가두어 죽이고 즉위한 마가다국(magadha國)의 왕이다. 기원전 550년경-기원전 520년경 사이에 재위했다. 어머니는 위제희(韋提希)이다. 코살라국(kosala國)과 카시국(kāśi國)과 브리지국(vṛji國)을 정복하였고, 아들인 우다야바드라(udaya-bhadra)에게 살해되었다.

眷屬(권속)을 데려와 各各(각각) 부처의 발에 禮數(예수)하고 한쪽 面(면)에
물러 앉았니라.【各各(각각)은 위를 다 이른 말이다.】그때에 世尊(세존)께 四
衆(사중)이 圍遶(위요)하여 있어서, (세존을) 供養(공양)하며 恭敬(공경)하며
尊重(존중)히 여기어 讚歎(찬탄)하더니, (세존이) 菩薩(보살)들을 위하시어

眷_권屬_쏙 드려와 各_각各_각 부텻 바래¹⁰⁾ 禮_롕數_숭ᄒᆞᅀᆞᆸ고¹¹⁾ ᄒᆞ녁¹²⁾ 面_면에 믈러¹³⁾ 안ᄌᆞ니라¹⁴⁾【各_각各_각ᄋᆞᆫ 우흘¹⁵⁾ 다 닐온¹⁶⁾ 마리라 】 그제 世_솅尊_존ㅅ 四_{ᄉᆞᆼ}衆_즁¹⁷⁾이 圍_윙繞_{ᅀᅲᆼ}ᄒᆞᅀᆞᄫᅡ¹⁸⁾ 이셔 供_공養_양ᄒᆞᅀᆞᄫᅳ며¹⁹⁾ 恭_공敬_경ᄒᆞᅀᆞᄫᅳ며 尊_존重_뜡히²⁰⁾ 너기ᅀᆞᄫᅡ²¹⁾ 讚_잔嘆_탄ᄒᆞᅀᆞᆸ더니 菩_뽕薩_삻들²²⁾ 위ᄒᆞ샤

---

10) 바래: 발(발, 足) + -애(-에: 부조, 위치)

11) 禮數ᄒᆞᅀᆞᆸ고: 禮數ᄒᆞ[예수하다: 禮數(예수: 명사) + -ᄒᆞ(동접)-]- + -ᅀᆞᆸ(객높)- + -고(연어, 계기)
　　※ '禮數(예수)'는 명성이나 지위에 알맞게 예의를 차리는 것이다.

12) ᄒᆞ녁: ᄒᆞ녁[한쪽, 一便: ᄒᆞ(← ᄒᆞᆫ: 한, 一, 관사, 양수) + 녁(녘, 쪽, 便]

13) 믈러: 믈르(← 므르다: 물러나다, 退)- + -어(연어)

14) 안ᄌᆞ니라: 앉(앉다, 坐)- + -Ø(과시)- + -ᄋᆞ니(원칙)- + -라(← -다: 평종)

15) 우흘: 우ㅎ(위, 上) + -을(목조)

16) 닐온: 닐(← 니ᄅᆞ다: 이르다, 曰)- + -Ø(과시)- + -오(대상)- + -ㄴ(관전)

17) 四衆: 사중. 부처의 네 종류 제자이다. 비구(比丘), 비구니(比丘尼), 우바새(優婆塞), 우바니(優婆尼)이다.

18) 圍繞ᄒᆞᅀᆞᄫᅡ: 圍繞ᄒᆞ[위요하다: 圍繞(위요: 명사) + -ᄒᆞ(동접)-]- + -ᅀᅮ(← -ᅀᆞᆸ-: 객높)- + -아(연어) ※ '圍繞(위요)'는 부처의 둘레를 돌아다니는 것이다.

19) 供養ᄒᆞᅀᆞᄫᅳ며: 供養ᄒᆞ[공양하다: 供養(공양: 명사) + -ᄒᆞ(동접)-]- + -ᅀᅮ(← -ᅀᆞᆸ-: 객높)- + -ᄋᆞ며(연어, 나열)

20) 尊重히: [존중히: 尊重(존중: 명사) + -ᄒᆞ(← -ᄒᆞ-: 동접)- + -이(부접)]

21) 너기ᅀᆞᄫᅡ: 너기(여기다, 念)- + -ᅀᅮ(← -ᅀᆞᆸ-: 객높)- + -아(연어)

22) 菩薩들: [보살들: 菩薩(보살) + -들(← -들ㅎ: 복접)]

大乘經(대승경)을 이르시니 (그) 이름이 無量義(무량의)이니【無量義(무량의)는 '그지없는 뜻이다.'고 한 말이다.】, (무량의는) 菩薩(보살)을 가르치시는 法(법)이며 부처가 護念(호념)하시는 바이다. 부처가 이 經(경)을 이르시고 結跏趺坐(결가부좌)하시어 無量義處三昧(무량의처삼매)에 드시어【處(처)는 곳이다.】 몸과 마음이 움직이지 아니하여 계시거늘,

大땡乘씽經경²³⁾을 니르시니 일후미²⁴⁾ 無뭉量량義읭²⁵⁾니【無뭉量량義읭는 그지업슨²⁶⁾ 뜨디라²⁷⁾ 혼 마리라】 菩뽕薩삻 ㄱᄅ치시논²⁸⁾ 法법이며²⁹⁾ 부텨 護흫念념ᄒ시논³⁰⁾ 배라³¹⁾ 부톄 이 經경 니르시고 結겷加강趺붕坐쫭ᄒ샤³²⁾ 無뭉量량義읭處청三삼昧밍³³⁾예 드르샤【處청는 고디라³⁴⁾】 몸과 ᄆᅟᅮᆷ과³⁵⁾ 움즉디³⁶⁾ 아니ᄒ야 겨시거늘³⁷⁾

---

23) 大乘經: 대승경. 대승(大乘)의 교법(敎法)을 해설한 다섯 가지의 불경(佛經)이다. 곧 '화엄경(華嚴經)·범망경(梵網經)·반야경(般若經)·법화경(法華經)·유마경(維摩經)'이다.

24) 일후미: 일훔(이름, 名) + -이(주조)

25) 無量義: 무량의. 법화 삼부경(法華三部經)의 하나이다. 법화경의 서론이라고 할 수 있으며, 하나의 공상(空相)에서 무량(無量)의 법(法)이 나오는 것을 설명하였다. 1권.

26) 그지업슨: 그지없[그지없다, 無量: 그지(한도, 限: 명사) + 없(없다, 無: 형사)-]- + -∅(현시)- + -은(관전)

27) 뜨디라: 뜯(뜻, 義)- + -이(서조)- + -∅(현시)- + -라(← -다: 평종)

28) ㄱᄅ치시논: ㄱᄅ치(가르치다, 敎)- + -시(주높)- + -ㄴ(← -ᄂᆞ-: 현시)- + -오(대상)- + -ㄴ(관전)

29) 法이며: 法(법) + -이(서조)- + -∅(현시)- + -며(연어, 나열)

30) 護念ᄒ시논: 護念ᄒ[호념하다: 護念(호념: 명사) + -ᄒ(동접)-]- + -시(주높)- + -ㄴ(← -ᄂᆞ-: 현시)- + -오(대상)- + -ㄴ(관전) ※ '護念(호념)'은 불보살이 선행을 닦는 중생을 늘 잊지 않고 보살펴 주는 일이다.

31) 배라: 바(바, 所: 의명) + -ㅣ(← -이-: 서조)- + -∅(현시)- + -라(← -다: 평종)

32) 結加趺坐ᄒ샤: 結加趺坐ᄒ[결가부좌하다, 가부좌를 하다: 結加趺坐(결가부좌) + -ᄒ(동접)-]- + -샤(← -시-: 주높)- + -∅(← -아: 연어) ※ '跏趺坐(가부좌)'는 부처의 좌법(坐法)으로 좌선할 때 앉는 방법의 하나이다.

33) 無量義處三昧: 무량의처삼매. '삼매(Samādhi)'는 불교 수행의 한 방법으로 심일경성(心一境性)이라 하여, 마음을 하나의 대상에 집중하는 정신력이다. 따라서 '無量義處三昧'는 '무량의처'에 집중하는 정신력이다.

34) 고디라: 곧(곳, 處: 의명) + -이(서조)- + -∅(현시)- + -라(← -다: 평종)

35) ᄆᅟᅮᆷ과: ᄆᅟᅮᆷ(마음, 心) + -과(접조) + -ㅣ(← -이: 주조)

36) 움즉디: 움즉(움직이다, 動: 자동)- + -디(-지: 연어, 부정)

37) 겨시거늘: 겨시(계시다: 보용, 완료 지속, 높임)- + -거늘(연어, 상황)

【 無量義(무량의)는 한 實相(실상)을 의지하여서 그지없는 法(법)이 나는 것이니, 많은 사람이 모이거늘 (부처가) 먼저 無量義(무량의)의 經(경)을 이르시고 또 無量義(무량의)의 定(정)에 드신 것은 "妙法(묘법)의 끝을 發(발)한다."고 한 것이니, 一事(일사)·一理(일리)·一動(일동)·一寂(일적)의 사이가 다 無量義(무량의)가 갖추어진 後(후)에야 가히 妙法(묘법)에 드는 것을 보이셨니라. 】

그때에 하늘에서 曼陁羅華(만다라화)와 摩訶曼陀羅華(마하만다라화)와 曼殊沙華(만수사화)와 摩訶曼殊沙華(마하만수사화)를

【 無_뭉量_량義_읭는 혼 實_씷相_샹³⁸⁾을 브터셔 그지업슨 法_법이 날 씨니 한 사르미 몯거늘³⁹⁾ 몬져 無_뭉量_량義_읭 經_경⁴⁰⁾을 니르시고 쏘 無_뭉量_량義_읭 定_떙⁴¹⁾에 드르샤 문⁴²⁾ 妙_묳法_법 그틀⁴³⁾ 發_벓ᄒ노라⁴⁴⁾ ᄒ시니 一_힗事_쑹⁴⁵⁾ 一_힗理_링⁴⁶⁾ 一_힗動_똥⁴⁷⁾ 一_힗寂_쩍⁴⁸⁾ 쓰싀⁴⁹⁾ 다 無_뭉量_량義_읭 ᄀ준 後_홓에사 어루 妙_묳法_법에 들 둘 뵈시니라⁵⁰⁾ 】 그제⁵¹⁾ 하늘해셔⁵²⁾ 曼_만陁_땅羅_랑華_뾍⁵³⁾와 摩_밍訶_항曼_만陁_땅羅_랑華_뾍⁵⁴⁾와 曼_만殊_쓩沙_상華_뾍⁵⁵⁾와 摩_밍訶_항曼_만殊_쓩沙_상華_뾍를

---

38) 實相: 실상. 있는 그대로의 모양이다. 만유의 본체, 본성, 진여 등과 같은 뜻이다.

39) 몯거늘: 몯(모이다, 集)- + -거늘(연어, 상황)

40) 無量義 經: 무량의 경. 무량의의 내용을 담은 경전이다.

41) 無量義 定: 무량의 정. 무량의를 화두로 삼는 선정(禪定)이다. ※ '定(정)'은 불교에서 마음을 하나의 대상에 집중하여 전혀 동요가 없는 상태를 일컫는 말이다. 적정한 상태에 들어감으로써 진리를 체득하는 것으로, 선정(禪定)과 같은 뜻이다.

42) 드르샤믄: 들(들다, 入)- + -으샤(←-으시-: 주높)- + -ㅁ(←-옴: 명전) + -은(보조사, 주제)

43) 그틀: 긑(끝, 末) + -을(목조)

44) 發ᄒ노라: 發ᄒ[발하다: 發(발: 불어) + -ᄒ(동접)-]- + -ㄴ(←-ᄂ-: 현시)- + -오(화자)- + -라(←-다: 평종)

45) 一事: 일사. 하나의 일이다.

46) 一理: 일리. 하나의 이치이다.

47) 一動: 일동. 하나의 움직임이다.

48) 一寂: 일적. 하나의 고요함이다. ※ '寂(적)'은 모든 번뇌를 남김없이 소멸하여 평온하게 된 열반의 상태이다.

49) 쓰싀: 쓰싀(← 스싀: 사이, 間) + -∅(←-이: 주조)

50) 뵈시니라: 뵈[보이다, 現: 보(보다, 觀)- + -ㅣ(←-이-: 서조)-]- + -시(주높)- + -∅(과시)- + -니(원칙)- + -라(←-다: 평종)

51) 그제: 그제[그때, 彼時: 그(그, 彼: 관사, 지시) + 제(적, 때, 時: 의명)] ※ '제'는 [적(적: 의명) + -의(-에: 부조, 위치)]의 방식으로 형성된 의존 명사이다.

52) 하늘해셔: 하늘ㅎ(하늘, 天) + -애(-에: 부조, 위치) + -셔(-서: 보조사, 위치 강조)

53) 曼陁羅華: 만다라화(mandārava). 불전에 보이는 천화(천계의 꽃)의 하나이다. 석가나 여래들의 깨달음이나 설법시에 이를 기뻐하는 신들의 뜻에 따라서 스스로 공중에 피어서 내려온다고 한다.

54) 摩訶曼陁羅華: 마하만다라화. '摩訶(mahā)'는 '크다(大)'의 뜻을 나타낸다.

55) 曼殊沙華: 만수사화. 천상계에 있는 꽃 이름이다. 만수사(曼殊沙)는 보드랍다는 뜻이다. 이 꽃을 보면 악업(惡業)을 여읜다고 한다.

부처의 위와 大衆(대중)들에게 흩뿌리며 【 曼陁羅(만다라)는 '뜻에 마땅하다.' 고 한 말이요 曼殊沙(만수사)는 '보드랍다.'고 한 말이니, 다 하늘의 妙華(묘화) 이다. 꽃은 正(정)한 因(인)을 表(표)하니, 因(인)이 반드시 果(과)에 가겠으므 로, (꽃을) 부처의 위에 흩뿌리고 大衆(대중)에게 흩뿌린 것은 이 會(회)가 반드 시 正因(정인)을 得(득)할 것을 보였니라. 】, 넓은 부처의 世界(세계)가 여섯 가지로 震動(진동)하더니 【 山河(산하)와 大地(대지)가 다 無明(무명)이 맺어서 된 것이니, 六種震動(육종진동)하는 것은

부텻 우콰[56] 大땡衆즁둘히[57] 그에[58] 비흐며[59]【曼만陁땅羅랑ᄂᆞᆫ 쁘데 맛당

ᄒᆞ다[60] 혼 마리오 曼만殊쓩沙샹ᄂᆞᆫ 보ᄃᆞ랍다[61] 혼 마리니 다 하ᄂᆞᆳ 妙묠華ᅘᅪᆼㅣ라[62]

고즌 正졍ᄒᆞᆫ 因힌을 表ᄇᆈᇢᄒᆞ니 因힌이 반ᄃᆞ기[63] 果광애 가릴ᄊᆡ[64] 부텻 우희 비코[65]

大땡衆즁이 게[66] 비흐ᄆᆞᆫ 이 會ᅘᅰᆼ 반ᄃᆞ기 正졍因힌 得득ᄒᆞᇙ 둘[68] 뵈니라[69]】 너

븐[70] 부텻 世셍界갱 여슷 가지로 震진動똥ᄒᆞ더니【山산河ᅘᅡᆼ 大땡地띵 다

無뭉明명의[71] 미자 ᄃᆞ왼 거시니 六륙種죵震진動똥[72]호ᄆᆞᆫ

---

56) 우콰: 웋(위, 上) + -과(접조)

57) 大衆둘히: 大衆둘ᄒᆡ[대중들: 大衆(대중) + -둘ᄒᆡ(-들: 복접)] + -ᄋᆡ(-의: 관조)

58) 그에: 거기에, 彼處(의명) ※ '大衆둘희 그에'를 '대중들에게'로 의역하여 옮긴다.

59) 비흐며: 빟(흩뿌리다, 散)- + -으며(연어, 나열)

60) 맛당ᄒᆞ다: 맛당ᄒᆞ[마땅하다, 當: 맛당(마땅, 當: 불어) + -ᄒᆞ(형접)-]- + -Ø(현시)- + -다(평종)

61) 보ᄃᆞ랍다: 보ᄃᆞ롭[보드랍다, 柔: 보들(보들: 불어) + -압(형접)-]- + -Ø(현시)- + -다(평종)

62) 妙華ㅣ라: 妙華(묘화) + -ㅣ(←-이-: 서조)- + -Ø(현시)- + -라(←-다: 평종) ※ '妙華(묘화)'는 귀(貴)한 꽃이다.

63) 반ᄃᆞ기: [반드시, 必(부사): 반ᄃᆞᆨ(불어) + -Ø(←-ᄒᆞ-: 형접)- + -이(부접)]

64) 가릴ᄊᆡ: 가(가다, 去)- + -리(미시)- + -ㄹᄊᆡ(-ᄆᆞ로: 연어, 이유, 원인)

65) 비코: 빟(흩뿌리다, 散)- + -고(연어, 나열)

66) 大衆이 게: 大衆(대중) + -이(관조) # 게(거기에: 의명) ※ '大衆이 게'는 '大衆에게'로 의역하여 옮긴다.

67) 正因: 정인. 정토(淨土)에 왕생(往生)하는 직접적인 원인이다.

68) 둘: ᄃᆞ(것: 의명) + -ㄹ(←-ᄅᆞᆯ: 목조)

69) 뵈니라: 뵈[보이다, 示: 보(보다, 見)- + -ㅣ(←-이-: 사접)-]- + -Ø(과시)- + -니(원칙)- + -라(←-다: 평종)

70) 너븐: 넙(넓다, 普)- + -Ø(현시)- + -은(관전)

71) 無明의: 無明(무명) + -의(관조, 의미상 주격) ※ '無明(무명)'은 십이 연기의 하나. 잘못된 의견이나 집착 때문에 진리를 깨닫지 못하는 마음의 상태를 이른다. 모든 번뇌의 근원이 된다.

72) 六種震動: 육종진동. 세간(世間)에 상서가 있을 때에 대지(大地)가 진동하는 여섯 가지 모양이다. 흔들려서 불안한 동(動), 아래로부터 위로 오르는 기(起), 솟아오르고 꺼져 내려가 육방(六方)으로 출몰(出沒)하는 용(湧), 은은한 소리가 울리는 진(震), 꽝 하는 소리가 나는 후(吼), 물건을 깨닫게 하는 각(覺)이다.

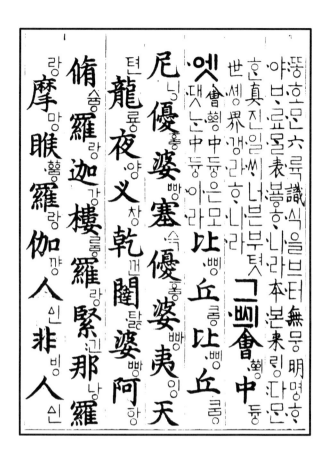

六識(육식)을 말미암아서 無明(무명)을 헐어버리는 것을 表(표)하였니라. 本來(본래)
다만 한 眞(진)이므로, 넓은 부처의 世界(세계)라 하였니라. 】 그때에 會中(회중)에 있
는 【 會中(회중)은 모여 있는 中(중)이다. 】 比丘(비구)·比丘尼(비구니)·優婆塞(우바새)·
優婆夷(우바이)·天(천)·龍(용)·夜叉(야차)·乾闥婆(건달바)·阿脩羅(아수라)·伽樓羅(가루
라)·緊那羅(긴나라)·摩睺羅迦(마후라가)·人非人(인비인)과

六륙識식⁷³⁾을 브터 無뭉明명 ᄒ야ᄇ료ᄆᆯ⁷⁴⁾ 表ᄇᆛᄒ니라 本본來링 다ᄆᆫ ᄒᆫ 眞진일씨 너븐⁷⁵⁾ 부텻 世솅界갱라 ᄒ니라 】 그 ᄢᅴ 會ᅘᆡᆼ中듕엣⁷⁶⁾ 【 會ᅘᆡᆼ中듕은 모댓ᄂᆞᆫ⁷⁷⁾ 中듕이라 】 比삥丘쿨⁷⁸⁾ 比삥丘쿨尼닝⁷⁹⁾ 優ᅙᅮᆯ婆빵塞ᄉᆡᆨ⁸⁰⁾ 優ᅙᅮᆯ婆빵夷잉⁸¹⁾ 天텬⁸²⁾ 龍룡⁸³⁾ 夜양叉창⁸⁴⁾ 乾껀闥탏婆빵⁸⁵⁾ 阿항脩슐羅랑⁸⁶⁾ 迦강樓룸羅랑⁸⁷⁾ 緊긴那낭羅랑⁸⁸⁾ 摩망睺ᅘᅮᇰ羅랑迦강⁸⁹⁾ 人ᅀᅵᆫ非빙人ᅀᅵᆫ⁹⁰⁾과

---

73) 六識: 육식. 육근(六根)에 의하여 대상을 깨닫는 여섯 가지 작용이다. '안식(眼識)·이식(耳識)·비식(鼻識)·설식(舌識)·신식(身識)·의식(意識)'을 이른다.

74) ᄒ야ᄇ료ᄆᆯ: ᄒ야ᄇ리(헐어버리다, 破)- + -옴(명전) + -ᄋᆯ(목조)

75) 너븐: 넙(넓다, 廣)- + -Ø(현시)- + -은(관전)

76) 會中엣: 會中(회중) + -에(부조, 위치) + -ㅅ(-의: 관조) ※ '會中(회중)'은 모임을 갖는 도중이다.

77) 모댓ᄂᆞᆫ: 몯(모이다, 會)- + -아(연어) + 잇(← 이시다: 있다, 보용, 완료 지속)- + -ᄂᆞ(현시)- + -ㄴ(관전) ※ '모댓ᄂᆞᆫ'은 '모다 잇ᄂᆞᆫ'이 축약된 형태이다.

78) 比丘: 비구. 출가하여 구족계를 받은 남자 승려이다.

79) 比丘尼: 비구니. 출가하여 구족계를 받은 여자 승려이다.

80) 優婆塞: 우바새. 속세에 있으면서 불교를 믿는 남자이다.

81) 優婆夷: 우바이. 속세에 있으면서 불교를 믿는 여자이다.

82) 天: 천. 각 하늘(天)을 다스리는 천신(天神)을 이른다.

83) 龍: 용. 인도 신화에서 거대한 뱀의 형상을 지닌 '나가(Naga)'는 지하세계에서 대지의 보물을 지키는 존재로 묘사되는데, 불교에서는 불법(佛法)을 수호하는 용왕(龍王)으로 표현된다.

84) 夜叉: 야차. 팔부중(八部衆)의 하나로서, 사람을 괴롭히거나 해친다는 사나운 귀신이다.

85) 乾闥婆: 건달바. 건달바(Gandharra)왕. 팔부중(八部衆)의 하나이다. 수미산 남쪽의 금강굴에 살며 제석천(帝釋天)의 아악(雅樂)을 맡아보는 신으로, 술과 고기를 먹지 않고 향(香)만 먹으며 공중으로 날아다닌다고 한다.

86) 阿脩羅: 아수라. 팔부중(八部衆)의 하나이다. 싸우기를 좋아하는 귀신으로, 항상 제석천과 싸움을 벌인다.

87) 迦樓羅: 가루라. 인도신화에 나오는 상상의 새이다. 모습은 독수리와 비슷하고 날개는 봉황의 날개와 같다. 한번 날개를 펴면 360리나 펼쳐진다고 한다. 사는 곳은 수미산 사해(四海)이다.

88) 緊那羅: 긴나라. 긴나라(kiṃnara)는 의인(疑人)·인비인(人非人)이라 번역한다. 팔부중(八部衆)의 하나로서, 노래하고 춤추는 신(神)으로 형상은 사람인지 아닌지 애매하다고 한다.

89) 摩睺羅迦: 마후라가(mahoraga). '대망신(大睺神)·대복행(大腹行)'이라 번역한다. 팔부중(八部衆)의 하나로서, 몸은 사람과 같고 머리는 뱀과 같은 형상을 한 음악의 신(神)이다. 또는 땅으로 기어 다닌다는 거대한 용(龍)이다.

90) 人非人: 인비인. 인(人)은 사람, 비인(非人)은 팔부중(八部衆)·귀신·축생 등을 말한다.

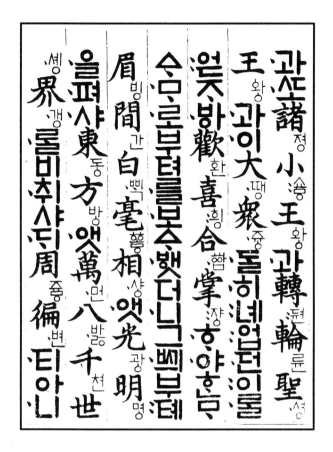

또 諸小王(제소왕)과 轉輪聖王(전륜성왕), 이 大衆(대중)들이 옛날에 없던 일을 얻어서 歡喜(환희)·合掌(합장)하여 한 마음으로 부처를 보아 있더니, 그때에 부처가 眉間(미간)의 白毫相(백호상)에서 나오는 光明(광명)을 펴시어, 東方(동방)에 있는 萬八千(만팔천)의 世界(세계)를 비추시되, 周徧(주변)하지 아니한

쏘 諸졍小숗王왕[91]과 轉뒌輪륜聖셩王왕[92]과 이 大땡衆즁들히 녜[93] 업던

이를 얻ᄌᆞ바 歡환喜힁 合ᅘᅡᆸ掌쟝ᄒᆞ야 ᄒᆞᆫ ᄆᆞᅀᆞᄆᆞ로 부텨를 보ᅀᆞᄫᅡᆺ더

니[94] 그 ᄢᅴ 부톄 眉밍間간 白ᄈᆡᆨ毫ᅘᅩᇢ相샹앳[95] 光광明명을 펴샤 東동方방

앳[96] 萬먼八바ᇙ千천 世솅界갱를 비취샤ᄃᆡ[97] 周즇徧변티[98] 아니ᄒᆞᆫ

---

91) 諸小王: 제소왕. 여러 작은 왕이다.

92) 轉輪聖王: 전륜성왕. 인도 신화에서 통치의 수레바퀴를 굴려, 세계를 통일·지배하는 이상적인 제왕이다. 몸에 32상(三十二相)과 7보(七寶)를 갖추고 있으며, 무력에 의하지 않고, 정의에 의해서만 천하를 지배한다고 하는 전륜왕에는 금륜(金輪)·은륜(銀輪)·동륜(銅輪)·철륜(鐵輪)의 네 왕이 있다. 일설에 의하면 인간의 수명이 2만세에 도달할 때 먼저 철륜왕이 출현하여 일천하의 왕이 되고, 8만세에 도달할 때 금륜왕이 출현하여 사천하를 다스린다고 한다. 수미산을 중심으로 흩어져 있는 남섬부주(南贍部洲)를 비롯한 네 개의 섬을 정법으로 통솔한다.

93) 녜: 옛날, 昔.

94) 보ᅀᆞᄫᅡᆺ더니: 보(보다, 觀)-+-ᅀᆞᇦ(←-ᅀᆞᆸ-: 객높)-+-아(연어)+잇(←이시다: 있다, 보용, 완료 지속)-+-더(회상)-+-니(연어, 설명 계속) ※ '보ᅀᆞᄫᅡᆺ더니'는 '보ᅀᆞᄫᅡ 잇더니'가 축약된 형태이다.

95) 白毫相앳: 白毫相(백호상)+-애(-에: 부조, 위치)+-ㅅ(-의: 관조) ※ '白毫相(백호상)'은 부처의 두 눈썹 사이에 있다는 흰 털로서, 오른쪽으로 말려 있고 여기에서 광명을 발한다고 한다. 불상에는 진주·비취·금 따위를 박아 표시한다. ※ '白毫相앳'은 '白毫相(백호상)에서 나오는'으로 의역하여 옮긴다.

96) 東方앳: 東方(동방)+-애(-에: 부조, 위치)+-ㅅ(-의: 관조) ※ '東方앳'은 '東方(동방)에 있는'으로 의역하여 옮긴다.

97) 비취샤ᄃᆡ: 비취(비추다, 照)-+-샤(←-시-: 주높)-+-ᄃᆡ(←-오ᄃᆡ: 연어, 설명 계속)

98) 周徧티: 周徧ᄒᆞ[←周徧ᄒᆞ다: 周徧(주변)+-ᄒᆞ(동접)-]-+-디(-지: 연어, 부정) ※ '周徧(주변)'은 모든 면에 두루 걸치는 것이다.

데가 없으시어【한 光(광)이 周亘(주궁)하신 것은 妙體(묘체)를 오롯이 나타내셨니라.

亘(궁)은 통달하는 것이다.

白毫(백호)는 곧 本覺(본각)의 妙明(묘명)이시고, 東方(동방)은 不動智(부동지)의 境(경)이고, 萬八千(만팔천)의 界(계)는 根(근)·塵(진)·識(식)의 十八(십팔)界(계)를 근거로 하여 말하였니라. 衆生(중생)이 本明(본명)·本智(본지)를 몰라서, 十八界(십팔계)가 이루어져 끝이 있어서 막음이 되어서 妙體(묘체)에 나아가는 것이 어려우므로, 法華(법화)를 장차 이르실 때에 먼저 이 祥瑞(상서)를 내시어, 行人(행인)이 즉시 本明(본명)을 스스로 發(발)하여 本智(본지)를 꿰뚫어

딕 업스샤【 훈 光광이 周즁亘궁ᄒ샤ᄆ[99] 妙묘體톙[1]를 오로[2] 나토시니라[3]

亘궁은 ᄉ무출 씨라[4]

白빅毫ᅘᅩᇢᄂ 곧 本본覺각[5] 妙묘明명[6]이시고 東동方방ᄋ 不붏動똥智딩[7] 境경[8]이

오 萬먼八밣千쳔 界갱ᄂ 根ᄀ[9] 塵띤[10] 識식[11] 十씹八밣界갱[12]를 브터 니ᄅ니라

衆즁生ᅀᅵᆼ이 本본明명[13] 本본智딩[14]를 몰라 十씹八밣界갱 이러 그지[15] 이셔 마고

미[16] ᄃ외야 妙묘體톙예 나ᅀᅡ가미 어려볼씨 法법華ᅘᅪᆼ 쟝ᄎ 니르실 쩨 몬겨 이

祥쌍瑞쓍를 내샤 行ᅘᅵᆼ人ᅀᅵᆫ[17]이 고대[18] 本본明명을 제 發벓ᄒ야 本본智딩를 ᄉ뭇

---

99) 周亘ᄒ샤ᄆ: 周亘ᄒ[주궁하다: 周亘(주궁) + -ᄒ(동접)-]- + -샤(←-시-: 주높)- + -ㅁ(←-옴: 명전) + -ᄋ(보조사, 주제) ※ '주궁(周亘)'은 두루 통달하는 것이다.

1) 妙體: 묘체. 말할 수 없이 빼어난 몹이다.

2) 오로: [온전히, 全(부사): 올(← 오올다: 온전하다, 형사)- + -오(부접)]

3) 나토시니라: 나토[나타내다, 現: 낟(나타나다, 現: 자동)- + -호(사접)-]- + -시(주높)- + -Ø (과시)- + -니(원칙)- + -라(←-다: 평종)

4) ᄉ무출 씨라: ᄉ뭊(통하다, 通)- + -을(관전) # 씨(← ᄉ: 것, 의명) + -이(서조)- + -Ø(현시)- + -라(←-다: 평종)

5) 本覺: 본각. 삼각(三覺)의 하나로서, 우주에 존재하는 모든 것의 본성을 깨달음을 이른다.

6) 妙明: 생각과 논의가 미칠 수 없이 밝다는 뜻으로, 부처의 신비로운 깨달음을 이르는 말이다.

7) 不動智: 부동지. 유혹(誘惑)에 흔들리지 않는, 분명하고 바른 지혜(智慧·知慧)이다.

8) 境: 경. 경계이다.

9) 根: 근. 육근(六根)을 이른다. 육식(六識)을 낳는 눈, 귀, 코, 혀, 몸, 뜻의 여섯 가지 근원이다.

10) 塵: 진. 육식(六識)의 대상인 육경(六境)을 달리 이르는 말이다. 중생의 참된 마음을 더럽히는 것들이라는 뜻이다.

11) 識: 식. 육식(六識)을 이른다. 육근(六根)에 의하여 대상을 깨닫는 여섯 가지 작용이다.

12) 十八界: 십팔계. 인식을 성립시키는 18가지 요소인 6근, 6경, 6식을 뜻하는 불교의 교리이다.

13) 本明: 본명. 본각(本覺)을 이른다. 우주에 존재하는 모든 것의 본성을 깨달음이다.

14) 本智: 본지. 바로 진리(眞理)에 들어맞는 절대의 참 슬기이다. 모든 슬기의 근본(根本)이 된다 하여 일컫는다.

15) 그지: 그지(끝, 限: 명사) + -Ø(←-이: 주조)

16) 마고미 : 막(막다, 碍)- + -옴(명전) + -이(보조)

17) 行人: 불도를 닦는 사람이다.

18) 고대: [즉시(부사): 곧(곧, 卽) + -애(부접)]

諸졍佛뿛·도ᄫᆞᆷ·도ᄫᆞ며諸졍佛뿛닐
眾즁生ᄉᆡᆼᄋᆞᆯ다보며ᄯᅩᄯᅡ해겨신
ᄀᆞ리이世솅界갱예셔뎌ᄯᅡ햇六륙趣
ᄋᆞ흐로阿강迦강膩닝吒당天텬에니
아래로阿항鼻삥地띵獄옥애니를오
ᄂᆞᆯ고ᄡᅥ萬먼八밣千쳔界갱라ᄒᆞ니ᅌᅵ라ᄆᆡᆼ
지ᅌᅵ서마고ᅌᅥᆷ서ᄒᆞᆫ히수ᄆᆞ두니리
通통히智딩境ᄀᆡᆼ이ᄃᆞ외야ᄂᆞ외야그
못비취의ᄒᆞ시면根곤塵띤識식界갱

비취게 하시면, 根(근)·塵(진)·識(식)의 界(계)가 通(통히) 智境(지경)이 되어 다시 '끝이 있어 막는 것'이 없어 훤히 꿰뚫어서 온전히 녹으므로, 萬八千(만팔천) 界(계)이라고 하였느니라. 】, 아래로 阿鼻地獄(아비지옥)에 이르고 위로 阿迦膩吒天(아가니타천)에 이르니, 이 世界(세계)에서 저 땅에 있는 六趣(육취)의 眾生(중생)을 다 보며, 또 저 땅에 계신 諸佛(제불)도 보며, 諸佛(제불)이 이르시는 비취의¹⁹⁾ ᄒᆞ시면 根_군 塵_띤 識_식 界_갱 通_통히²⁰⁾ 智_딩境_경이 ᄃᆞ외야 ᄂᆞ외야²¹⁾ 그지

이셔 마고미 업서 훤히²²⁾ ᄉᄆᆞᆺ 두려비²³⁾ 노ᄀᆞᆯᄊᆡ 萬_먼八_밣千_쳔 界_갱라 ᄒᆞ니라 】

아래로 阿_항鼻_삥地_띵獄_옥²⁴⁾애 니를오²⁵⁾ 우흐로²⁶⁾ 阿_항迦_강膩_닝吒_당天_텬²⁷⁾

에 니르니 이 世_솅界_갱예셔 뎌 ᄯᅡ햇²⁸⁾ 六_륙趣_츙²⁹⁾ 衆_즁生_{ᄉᆡᆼ}을 다 보

며 ᄯᅩ³⁰⁾ 뎌³¹⁾ ᄯᅡ해 겨신 諸_졍佛_뿛도 보ᅀᆞᄫᅳ며 諸_졍佛_뿛 니르시논³²⁾

---

19) 비취의: 비취(비추다, 照)- + -의(-긔: -게, 연어, 사동)

20) 通히: [통히, 통틀어, 두루(부사): 通(통: 불어) + -ᄒᆞ(←-ᄒᆞ-: 형접)- + -이(부접)]

21) ᄂᆞ외야: [다시, 거듭하여, 復(부사): ᄂᆞ외(거듭하다, 復: 동사)- + -야(←-아: 연어 ▷ 부접)]

22) 훤히: [훤히, 훤하게(부사): 훤(훤: 불어) + -ᄒᆞ(←-ᄒᆞ-: 형접)- + -이(부접)]

23) 두려비: [둥그렇게, 온전히, 圓(부사): 두렵(← 두렵다, ㅂ불: 둥글다, 圓, 형사)- + -이(부접)]

24) 阿鼻地獄: 아비지옥. 불교에서 말하는 여러 지옥 중 고통이 가장 극심한 지옥이다. '아비지옥'은 불교에서 말하는 8대 지옥 중 가장 아래에 있는 지옥으로, 잠시도 고통이 쉴 날이 없다 하여 무간지옥(無間地獄)이라고도 한다. 이곳은 부모를 살해한 자, 부처님 몸에 피를 낸 자, 삼보(보물·법물·승보)를 훼방한 자, 사찰의 물건을 훔친 자, 비구니를 범한 자 등 오역죄(五逆罪)를 범한 자들이 떨어지는 곳이다.

25) 니를오: 니를(이르다, 至)- + -오(←-고: 연어, 나열)

26) 우흐로: 웋(위, 上) + -으로(부조, 방향)

27) 阿迦膩吒天: 아가니타천(Akaniha). '색구경천(色究竟天)' 또는 '유정천(有頂天)'이라고도 번역한다. 색계(色界) 18천(天)의 맨 위에 있는 천(天)이다.

28) ᄯᅡ햇: ᄯᅡᇂ(땅, 地) + -애(-에: 부조, 위치) + -ㅅ(-의: 관조) ※ 'ᄯᅡ햇'은 '땅에 있는'으로 의역하여 옮긴다.

29) 六趣: 육취. 불교에서 중생이 깨달음을 증득하지 못하고 윤회할 때에 자신이 지은 업(業)에 따라 태어나는 세계를 6가지로 나눈 것이다. 악업(惡業)을 쌓은 사람이 가는 '지옥도(地獄道)·아귀도(餓鬼道)·축생도(畜生道)'와 선업(善業)을 쌓은 사람이 가는 '아수라도(阿修羅道)·인간도(人間道)·천상도(天上道)'가 있다.

30) ᄯᅩ: 또, 又(부사)

31) 뎌: 저, 彼(관사, 지시, 정칭)

32) 니르시논: 니르(이르다, 說)- + -시(주높)- + -ㄴ(←-ᄂᆞ-: 현시)- + -오(대상)- + -ㄴ(관전)

經法(경법)도 들으며, 저 땅에 있는 比丘(비구)·比丘尼(비구니)·優婆塞(우바
새)·優婆夷(우바이)가 修行(수행)하여 得道(득도)하는 이도 겸하여 보며, 또
菩薩摩訶薩(보살마하살)들이 種種(종종)의 因緣(인연)과 種種(종종)의 信解(신
해)와【信解(신해)는 信(신)으로 들어 法要(법요)를 아는 것이다. 要(요)는 중
요한 것이다. 】種種(종종)의 相貌(상모)로

經_경法_법³³⁾도 듣ᄌᆞᄫᅥ며³⁴⁾ 뎌 比_뼁丘_쿻 比_뼁丘_쿻尼_닝 優_{ᅙᅮᇢ}婆_뺑塞_{ᄉᆡᆨ} 優_{ᅙᅮᇢ}婆_뺑夷_잉이³⁵⁾ 修_슣行_{ᅘᆡᆼ}ᄒᆞ야³⁶⁾ 得_득道_똫ᄒᆞᄂᆞ니도³⁷⁾ 조처³⁸⁾ 보며 ᄯᅩ 菩_뽕薩_{ᄊᆞᇙ}摩_망訶_항薩_{ᄊᆞᇙ}ᄃᆞᆯ히 種_종種_종³⁹⁾ 因_{ᅙᅵᆫ}緣_원⁴⁰⁾과 種_종種_종 信_신解_{ᅘᆡᆼ}⁴¹⁾와【信_신解_{ᅘᆡᆼ}ᄂᆞᆫ 信_신ᄋᆞ로 드러 法_법要_{ᅙᅭᇢ}⁴²⁾ᄅᆞᆯ 알 씨라 要_{ᅙᅭᇢ}ᄂᆞᆫ 조ᅀᆞᄅᆞᄫᅵᆯ⁴³⁾ 씨라】 種_종種_종 相_샹貌_{ᄆᆛᇢ}⁴⁴⁾로

---

33) 經法: 경법. 불경에 담긴 교리이다.

34) 듣ᄌᆞᄫᅥ며: 듣(듣다, 聞)- + -ᄌᆞᇦ(← -ᄌᆞᆸ-: 객높)- + -ᄋᆞ며(연어, 나열)

35) 優婆夷이: 優婆夷(우바이) + -이(-의: 관조, 의미상 주격)

36) 修行ᄒᆞ야: 修行ᄒᆞ[수행하다: 修行(수행: 명사) + -ᄒᆞ(동접)-]- + -야(← -아: 연어)

37) 得道ᄒᆞᄂᆞ니도: 得道ᄒᆞ[득도하다: 得道(득도) + -ᄒᆞ(동접)-]- + -ᄂᆞ(현시)- + -ㄴ(관전) # 이(이, 者: 의명) + -도(보조사, 첨가)

38) 조처: 조치[아우르다, 겸하다, 幷(부사): 좇(따르다, 從: 자동)- + -이(사접)-]- + -어(연어)

39) 種種: 종종. 여러 가지이다.

40) 因緣: 인연. 인(因)과 연(緣)이다. 곧 안에서 결과를 만드는 직접적인 원인과 그 인을 밖에서 도와서 결과를 만드는 간접적인 힘이 되는 연줄이다. 모든 사물은 이 인연에 의하여 생멸한다고 한다.

41) 信解: 신해. 불법을 믿어서 진리를 터득하는 것이다.

42) 法要: 법요. 부처의 가르침 가운데 요긴하고 주요한 점이다.

43) 조ᅀᆞᄅᆞᄫᅵᆯ: 조ᅀᆞᄅᆞᄫᅵ[종요롭다, 중요하다(형사): 조ᅀᆞ(핵심, 중요한 것: 명사) + -ᄅᆞᄫᅵ(형접)-]- + -ㄹ(관전)

44) 相貌: 상모. 얼굴의 생김새이다.

菩薩(보살)의 道理(도리)를 行(행)하시는 모습도 보며, 菩薩(보살)의 道理(도리)를 行(행)하시는 모습도 보며【相貌(상모)는 모습이다.】, 또 諸佛(제불)이 般涅槃(반열반)하시는 것도 보며【般涅槃(반열반)은 究竟涅槃(구경열반)이다.】, 또 諸佛(제불)이 般涅槃(반열반)하신 後(후)에 부처의 舍利(사리)로 七寶塔(칠보탑)을 세우는 모습도 보겠더니,【四衆(사중)의 修行(수행)으로부터 塔(탑)을 세운 것에 이르니, (이는) 衆生(중생)과 諸佛(제불)의 처음과

菩_뽕薩_삻 道_뚷 行_행ᄒ시논⁴⁵⁾ 양도⁴⁶⁾ 보며【相_샹貌_묧ᄂᆞᆫ 양지라⁴⁷⁾】 ᄯᅩ 諸_졍佛_뿛이 般_반涅_녏槃_빤ᄒ시ᄂᆞ니도⁴⁸⁾ 보ᅀᆞᆸ며⁴⁹⁾【般_반涅_녏槃_빤ᄋᆞᆫ 究_귷竟_겅涅_녏槃_빤⁵⁰⁾이라】 ᄯᅩ 諸_졍佛_뿛이 般_반涅_녏槃_빤ᄒ신 後_흏에 부텻 舍_샹利_링⁵¹⁾로 七_칧寶_봏塔_탑⁵²⁾ 세ᅀᆞᆸ논⁵³⁾ 양도 보리러니⁵⁴⁾【四_숭衆_즁⁵⁵⁾의 修_슣行_행브터 塔_탑 세유매⁵⁶⁾ 니르니 衆_즁生_싱 諸_졍佛_뿛의 처섬⁵⁷⁾

---

45) 行ᄒ시논: 行ᄒ[행하다: 行(행: 불어) + -ᄒ(동접)-]- + -시(주높)- + -ㄴ(←-ᄂᆞ-: 현시)- + -오(대상)- + -ㄴ(관전)

46) 양도: 양(양, 樣: 의명) + -도(보조사, 첨가)

47) 양지라: 양ᄌ(모습, 樣) + -ㅣ(←-이-: 서조)- + -Ø(현시)- + -라(←-다: 평종)

48) 般涅槃ᄒ시ᄂᆞ니도: 般涅槃ᄒ[반열반하다: 般涅槃(반열반) + -ᄒ(동접)-]- + -시(주높)- + -ᄂᆞ(현시)- + -ㄴ(관전) # 이(이, 者: 의명) + -도(보조사, 첨가) ※ '般涅槃(반열반, parinirvāṇa)'은 육신의 완전한 소멸(죽음)이나 석가의 죽음을 뜻한다. 혹은 모든 번뇌를 완전히 소멸한 상태를 이르기도 한다. 여기서는 번뇌가 완전히 소멸한 상태를 이른다.

49) 보ᅀᆞᆸ며: 보(보다, 見)- + -ᅀᆞᆸ(←-ᅀᆞᆸ-: 객높)- + -ᄋᆞ며(연어, 나열)

50) 究竟涅槃: 구경열반. 가장 높은 경지에 이른 열반, 곧 부처의 경계이다.

51) 舍利: 사리. 사리는 산스크리트어에서 '육체'나 '사체'를 뜻하는 '사리라(sarira)'라는 말에서 비롯된 것으로 원래는 석가모니를 화장하고 난 뒤에 남은 유골과 잔류물을 가리켰다. 그러나 후대에 이르러서는 고승이나 덕망 높은 사람을 화장한 뒤에 유해에서 발견되는 구슬 모양의 결정체를 가리키는 말로 쓰이게 되었다.

52) 七寶塔: 칠보탑. 칠보(七寶)로 만든 탑이다.

53) 세ᅀᆞᆸ논: 세[세우다, 起: 셔(서다, 立: 자동)- + -ㅣ(←-이-: 사접)-]- + -ᅀᆞᆸ(객높)- + -ㄴ(←-ᄂᆞ-: 현시)- + -오(대상)- + -ㄴ(관전)

54) 보리러니: 보(보다, 見)- + -리(미시)- + -러(←-더-: 회상)- + -니(평종, 반말)

55) 四衆: 사중. 부처의 네 종류 제자이다. 비구(比丘), 비구니(比丘尼), 우바새(優婆塞), 우바니(優婆尼)이다.

56) 세유매: 세[세우다, 建: 셔(서다, 立)- + -ㅣ(←-이-: 사접)-]- + -윰(←-움: 명전) + -애(부조, 위치)

57) 처섬: [처음, 初: 첟(← 첫: 첫, 初, 관사) + -엄(명접)]

끝(乃終)을 나타냈니라. 한 光(광)이 東(동)녘으로 비치시어 周亘(주긍)하여 온전히 現(현)하신 것이 이와 같이 子細(자세)히 다 하신 것은 智境(지경)을 바로 의지하여 諸法(제법)의 實相(실상)을 보이셨니라. 世間(세간)의 萬法(만법)이 識境(식경)으로 본다면 다 幻惑(환혹)하여 그 實(실, 實相)을 못 얻겠거니와, 智境(지경)으로 본다면 이와 같은 性相(성상)의 因緣(인연)과 이와 같은 果報(과보)의 本末(본말)이 다 한 妙明(묘명)이라서 實相(실상)이 아님이 없으니, 만약 중생들이 本明(본명)이 완전히 發(발)하여 本智(본지)가 앞에 現(현)하며, 훤히 비치시어 온전히 現(현)하여 부처와 다르지 아니하여, 妙體(묘체)의

乃_냉終_즁을 나토니라⁵⁸⁾ 흔 光_광이 東_동녀그로⁵⁹⁾ 비취샤 周_즇亘_궁ᄒ야 두려비 現_현

ᄒ샤미 이 ᄀ티 子_중細_솅히 다 ᄒ샤ᄆ 智_딩境_경⁶⁰⁾을 바ᄅ⁶¹⁾ 브터셔⁶²⁾ 諸_경法_법 實_씷

相_샹⁶³⁾을 뵈시니라⁶⁴⁾ 世_솅間_간 萬_먼法_법이 識_식境_경으로 보건댄 다 幻_횑惑_혹⁶⁵⁾ᄒ

야 實_씷을 몯 어드려니와⁶⁶⁾ 智_딩境_경으로 보건댄 이 ᄀ흔 性_셩相_샹⁶⁷⁾ 因_힌緣_원과

이 ᄀ흔 果_광報_봏 本_본末_맗이 다 흔 妙_묳明_명이라⁶⁸⁾ 實_씷相_샹 아니니⁶⁹⁾ 업스니 ᄒ

다가⁷⁰⁾ 衆_즁生_싱들히 本_본明_명이 ᄉ뭇 發_벓ᄒ야 本_본智_딩 알ᄑ 現_현ᄒ면 훤히 비

취여 두려비 現_현ᄒ야 부텨와 다ᄅ디 아니ᄒ야 妙_묳體_톙⁷¹⁾

---

58) 나토니라: 나토[나타내다, 現: 낟(나타나다, 現: 자동)- + -호(사접)-]- + -Ø(과시)- + -니(원칙)- + -라(← -다: 평종)

59) 東녀그로: 東녁[동녘, 동쪽: 東(동) + 녁(녁, 쪽: 의명)] + -으로(부조, 방향)

60) 智境: 지경. 뚜렷하고 밝은 지혜 경계, 곧 주관과 객관이다. 즉 지(智)는 능관(能觀)하는 마음이니 주관이며, 경(境)은 대할 바 법(法)이니 객관적 대상이다.

61) 바ᄅ: [바로, 直(부사): 바ᄅ(바르다, 直: 형사)- + -Ø(부접)]

62) 브터셔: 븥(붙다, 따르다, 의지하다, 말미암다, 從)- + -어(연어) + -셔(-서: 보조사, 위치 강조)

63) 實相: 실상. 있는 그대로의 모양, 모든 존재의 참된 본성이다. 실(實)은 참, 진실이라는 뜻이며, 상(相)은 무상(無相)이라는 뜻이다.

64) 뵈시니라: 뵈[보이다, 現: 보(보다, 觀)- + -ㅣ(← -이-: 서조)-]- + -시(주높)- + -Ø(과시)- + -니(원칙)- + -라(← -다: 평종)

65) 幻惑: 환혹. 사람의 눈을 어리게 하여 마음을 어지럽게 하는 것이다.

66) 어드려니와: 얻(얻다, 得)- + -으리(미시)- + -어니와(-거니와: 연어) ※ '-어니와'는 앞 절의 사실을 인정하면서 관련된 다른 사실을 이어 주는 연결 어미이다.

67) 性相: 성상. 성(性)은 태어나면서부터 가진 본연의 성품이며, 상(相)은 외계(外界)에 나타나 마음에 상상(想像)되는 사물의 모양이다.

68) 妙明이라: 妙明(묘명) + -이(서조)- + -라(← -아: 연어)

69) 아니니: 아니(아니다, 非)- + -Ø(현시)- + -ㄴ(관전) # 이(이, 것: 의명) + -Ø(← -이: 주조)

70) ᄒ다가: 만일, 만약, 若(부사)

71) 妙體: 묘체. 진심묘체(眞心妙體)의 준말이다. 마음의 묘한 본체라는 뜻이다.

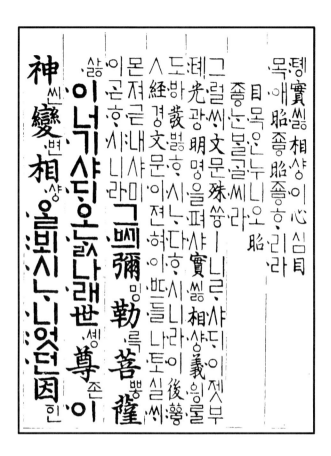

實相(실상)이 心目(심목)에 昭昭(소소)하리라.

　目(목)은 눈이고 昭(소)는 밝은 것이다.

그러므로 文殊菩薩(문수보살)이 이르시되 "이제의 부처가 光明(광명)을 펴시어 實相義(실상의)를 도와서 發(발)하신다."고 하셨나라. 이 後(후)의 經文(경문)이 오로지 이 뜻을 나타내시므로 먼저 끝(실마리, 緒)을 내시는 것이 이와 같으시니라.】 그때에 彌勒菩薩(미륵보살)이 여기시되 "오늘날에 世尊(세존)이 神變相(신변상)을 보이시나니, 어떤 因緣(인연)으로

實_씷相_샹이 心_심目_목⁷²⁾애 昭_쬿昭_쬿ᄒ리라⁷³⁾

目_목은 누니오 昭_쬿ᄂ 블ᄀᆯ 씨라

그럴ᄊᆡ 文_문殊<sub>슝</sub ᅵ 니ᄅ샤ᄃᆡ 이젯⁷⁴⁾ 부톄 光_광明_명을 펴샤 實_씷相_샹義_읭⁷⁵⁾를 도ᄫᅡ 發_벓ᄒ시ᄂ다⁷⁶⁾ ᄒ시니라 이 後_휳ㅅ 經_경文_문⁷⁷⁾이 젼혀⁷⁸⁾ 이 ᄠᅳ들 나토실ᄊᆡ⁷⁹⁾ 몬져 ᄀᆞᆯ⁸⁰⁾ 내샤미⁸¹⁾ 이⁸²⁾ ᄀᆞᆮᄒ시니라⁸³⁾ 】 그 ᄢᅴ 彌_밍勒_륵菩_뽕薩_삻⁸⁴⁾이 너기샤ᄃᆡ⁸⁵⁾ 오ᄂᆞᆳ나래⁸⁶⁾ 世_솅尊_존이 神_씬變_변相_샹⁸⁷⁾을 뵈시ᄂ니⁸⁸⁾ 엇던⁸⁹⁾ 因_힌緣_원으로

---

72) 心目: 심목. 마음의 눈이다.

73) 昭昭ᄒ리라: 昭昭ᄒ[소소하다: 昭昭(소소) + -ᄒ(형접)-]- + -리(미시)- + -라(←-다: 평종 ※ '昭昭(소소)'는 매우 밝은 것이다.

74) 이젯: 이제[이제, 이때, 此時: 이(이, 此: 관사, 정칭) + 제(때에: 의명)] + -ㅅ(-의: 관조)

75) 實相義: 실상의. 실상의 도리이다. 곧, 모든 현상의 있는 그대로의 참모습에 대한 진리이다.

76) 發ᄒ시ᄂ다: 發ᄒ[발하다, 펴다: 發(발: 불어) + -ᄒ(동접)-]- + -시(주높)- + -ᄂ(현시)- + -다(평종)

77) 經文: 경문. 불경(佛經)의 문구이다.

78) 젼혀: [오로지, 純(부사): 젼(젼, 專: 불어) + -혀(부접, 강조)]

79) 나토실ᄊᆡ: 나토[나타내다, 現: 낟(나타나다, 現: 자동)- + -호(사접)-]- + -시(주높)- + -ㄹᄊᆡ(-므로: 연어, 이유)

80) ᄀᆞᆯ: ᄀᆞᆯ(←-ᄀᆞᆯ), 끝, 실마리, 緖.

81) 내샤미: 내[내다, 出: 나(나다, 出: 자동)- + -ㅣ(←-이-: 사접)-]- + -샤(←-시-: 주높)- + -ㅁ(←-옴: 명전) + -이(주조)

82) 이: 이(이, 此: 지대, 정칭) + -Ø(←-이: 부조, 비교)

83) ᄀᆞᆮᄒ시니라: ᄀᆞᆮᄒ(같다, 同)- + -ᄋᆞ시(주높)- + -Ø(현시)- + -니(원칙)- + -라(←-다: 평종)

84) 彌勒菩薩: 미륵보살. 사보살(四菩薩)의 하나로서, 내세에 성불하여 사바세계에 나타나서 중생을 제도하리라는 보살이다. 인도 파라나국의 브라만 집안에서 태어나 석가모니의 교화를 받고, 미래에 부처가 될 수기(受記)를 받은 후 도솔천(兜率天)에 올라갔다.

85) 너기샤ᄃᆡ: 너기(여기다, 念)- + -샤(←-시-: 주높)- + -ᄃᆡ(←-오ᄃᆡ: 연어, 설명 계속)

86) 오ᄂᆞᆳ나래: 오ᄂᆞᆳ날[오늘날, 今日: 오ᄂᆞᆯ(오늘, 今) + -ㅅ(관조, 사잇) + 날(날, 日)] + -애(-에: 부조, 위치)

87) 神變相: 신변상. 신기롭게 변화하는 모습(相)이다.

88) 뵈시ᄂ니: 뵈[보이다, 現: 보(보다, 觀: 타동)- + -ㅣ(←-이-: 사접)-]- + -시(주높)- + -ᄂ(현시)- + -니(연어, 설명 계속)

89) 엇던: [어떤, 何(관사, 지시): 엇더(어떤: 불어) + -Ø(←-ᄒ-: 형접)- + -ㄴ(관전▷관접)]

縁원으로이祥썅瑞쉉 잇거시뇨이제
世솅尊존이三삼昧밍예드르시니
不붏可캉思스議읭옛希힁有융호
롤뵈시ᄂᆞ니希힁ᄂᆞᆫ드므를씨오有융ᄂᆞᆫ
이실씨니希힁有융ᄂᆞᆫ
므리잇ᄃᆞ라라놀더브러무러ᅀᆞ호리며뉘
能ᄂᆞᆼ히對됭答답ᄒᆞ려뇨ᄒᆞ시고ᄯᅩ
ᄀᆞ샤ᄃᆡᄉᆞ당文문殊쓩師ᄉᆞᆼ利링法법王

이 祥瑞(상서)가 있으시냐? 이제 世尊(세존)이 三昧(삼매)에 드시니 이 不可思議(불가사의)한 希有(희유)한 일을 보이시나니【希(희)는 드문 것이요 有(유)는 있는 것이니, 希有(희유)는 '드물게 있다.'고 한 뜻이다. 】, 누구를 더불어 (그 인연에 대하여) 물어야 하겠으며, 누구야말로 能(능)히 對答(대답)하겠느냐?"고 하시고, 또 여기시되 "文殊師利(문수사리) 法王子(법왕자)가

이 祥_쌍瑞_쒱⁹⁰⁾ 잇거시뇨⁹¹⁾ 이제⁹²⁾ 世_솅尊_존이 三_삼昧_밍⁹³⁾예 드르시니

이 不_붏可_캉思_{ᄉᆞᆼ}議_의옛⁹⁴⁾ 希_휑有_{ᅌᅮᇹ}ᄒᆞᆫ⁹⁵⁾ 이를 뵈시ᄂᆞ니【希_휑ᄂᆞᆫ 드믈 씨오

有_{ᅌᅮᇹ}ᄂᆞᆫ 이실 씨니 希_휑有_{ᅌᅮᇹ}ᄂᆞᆫ 드므리⁹⁶⁾ 잇다 혼 ᄠᅳ디라 】 눌⁹⁷⁾ 더브러⁹⁸⁾ 무러

ᅀᅡ⁹⁹⁾ ᄒᆞ리며¹⁾ 뉘ᅀᅡ²⁾ 能_{ᄂᆞᇰ}히 對_됭答_답ᄒᆞ려뇨³⁾ ᄒᆞ시고 ᄯᅩ 너기샤ᄃᆡ

文_문殊_쓩師_{ᄉᆞᆼ}利_링⁴⁾ 法_법王_왕子_{ᄌᆞᆼ}⁵⁾ㅣ

---

90) 祥瑞: 祥瑞(상서) + -∅(←-이: 주조) ※ '祥瑞(상서)'는 복(福)되고 길(吉)한 일이 일어날 조짐이다.

91) 잇거시뇨: 잇(← 이시다: 있다, 有)- + -∅(현시)- + -거(확인)- + -시(주높)- + -뇨(-느냐: 의종, 설명)

92) 이제: [이제, 今(부사): 이(이, 此: 관사, 정칭) + 제(때에, 時: 의명)]

93) 三昧: 삼매(Samādhi). 불교 수행의 한 방법으로 심일경성(心─境性)이라 하여, 마음을 하나의 대상에 집중하는 정신력이다.

94) 不可思議옛: 不可思議(불가사의) + -예(←-에: 부조, 위치) + -ㅅ(-의: 관조) ※ '不可思議(불가사의)'는 사람의 생각으로는 미루어 헤아릴 수 없이 이상하고 야릇한 것이다. ※ '不可思議옛'은 문맥을 고려하여 '不可思議한'으로 의역하여 옮긴다.

95) 希有ᄒᆞᆫ: 希有ᄒᆞ[희유하다: 希有(희유) + -ᄒᆞ(형접)-]- + -∅(현시)- + -ㄴ(관전) ※ '希有(희유)'는 드물게 있어서 흔하지 아니한 것이다.

96) 드므리: [드물게, 希(부사): 드믈(드물다, 希: 형사)- + -이(부접)]

97) 눌: 누(누, 誰: 인대, 미지칭) + -ㄹ(-와: 목조, 보조사적 용법, 의미상 부사격)

98) 더브러: 더블(더불다, 與)- + -어(연어) ※ '눌 더브러'는 '누구에게'로 의역할 수 있다.

99) 무러ᅀᅡ: 물(← 묻다, ㄷ불: 묻다, 問)- + -어ᅀᅡ(-어야: 연어, 필연적 조건)

1) ᄒᆞ리며: ᄒᆞ(하다: 보용, 필연적 조건)- + -리(미시)- + -며(연어, 나열)

2) 뉘ᅀᅡ: 누(누구, 誰: 인대, 미지칭) + -ㅣ(←-이: 주조) + -ᅀᅡ(보조사, 한정 강조)

3) 對答ᄒᆞ려뇨: 對答ᄒᆞ[대답하다: 對答(대답: 명사) + -ᄒᆞ(동접)-]- + -리(미시)- + -어(확인)- + -뇨(-느냐: 의종, 설명)

4) 文殊師利: 문수사리. 보현보살과 짝하여 석가모니불의 왼쪽에 있는 대승보살이다. 지혜를 맡고 있으며, 형상은 바른손에 지혜의 칼을 들고, 왼손에는 꽃 위에 지혜의 그림이 있는 청련화를 쥐고 있다. 사자를 타고 있는 것은 위엄과 용맹을 나타낸 것이라 한다. 이 보살은 석가모니의 교화를 돕기 위하여 일시적인 권현(權現)으로 보살의 자리에 있다고도 한다.

5) 法王子: 법왕자. 법왕(法王)은 불법 세계의 왕, 즉 석가모니 부처(佛陀)의 존칭이다. 따라서 법왕자는 석가모니 부처의 아들이라는 뜻이다.

지나신 無量(무량)의 諸佛(제불)께 이미 親近(친근)히 供養(공양)하여 있으므로【親(친)은 친한 것이요 近(근)은 가까운 것이다.】반드시 이런 希有(희유)한 相(상)을 보아 있으니, 내가 이제 (문수사리께) 물으리라.” 그때에 比丘(비구)·比丘尼(비구니)·優婆塞(우바새)·優婆夷(우바이)와 天(천)·龍(용)·鬼神(귀신) 등(等)이

디나거신⁶⁾ 無_뭉量_량 諸_정佛_뿛씌 ᄒ마⁷⁾ 親_친近_끈히⁸⁾ 供_공養_양ᄒᅀᄫᅡ 이

실씨【 親_친은 ᄌᆞ올아ᄫᆞᆯ⁹⁾ 씨오 近_끈은 갓가ᄫᆞᆯ¹⁰⁾ 씨라 】 당다이¹¹⁾ 이런 希_휭有

_{ᅌᅮᇂ}ᄒᆞᆫ 相_샹ᄋᆞᆯ 보ᅀᄫᅡ¹²⁾ 잇ᄂ니¹³⁾ 내 이제 무로리라¹⁴⁾ 그 ᄢᅴ 比_뼁丘_쿻

比_뼁丘_쿻尼_닝 優_{ᅙᅮᇢ}婆_빵塞_{ᄉᆡᆨ} 優_{ᅙᅮᇢ}婆_빵夷_잉와 天_텬 龍_룡 鬼_귕神_씬 들히¹⁵⁾

---

6) 디나거신: 디나(지나다, 過)- + -Ø(과시)- + -거(확인)- + -시(주높)- + -ㄴ(관전)

7) ᄒ마: 이미, 己(부사)

8) 親近히: [친근히(부사): 親近(친근: 명사) + -ᄒ(←-ᄒᆞ-: 형접)- + -이(부접)]

9) ᄌᆞ올아ᄫᆞᆯ: ᄌᆞ올아ᄫᆞᆯ[← ᄌᆞ올압다, ㅂ불(친하다, 親): ᄌᆞ올(불어) + -압(형접)-]- + -ᄋᆞᆯ(관전)

10) 갓가ᄫᆞᆯ: 갓갈(← 갓ᇧ다, ㅂ불: 가깝다, 近)- + -ᄋᆞᆯ(관전)

11) 당다이: [반드시, 마땅히, 必(부사): 당당(마땅: 불어) + -Ø(←-ᄒᆞ-: 형접)- + -이(부접)]

12) 보ᅀᄫᅡ: 보(보다, 見)- + -ᅀᆞᇦ(←-ᅀᆞᆸ-: 객높)- + -아(연어)

13) 잇ᄂ니: 잇(← 이시다: 있다, 보용, 완료 지속)- + -ᄂ(현시)- + -니(연어, 이유)

14) 무로리라: 물(← 묻다, ㄷ불: 묻다, 問)- + -오(화자)- + -리(미시)- + -라(←-다: 평종)

15) 鬼神 들히: 鬼神(귀신: 명사) # 들ᄒ(들, 等: 의명)] + -이(주조)

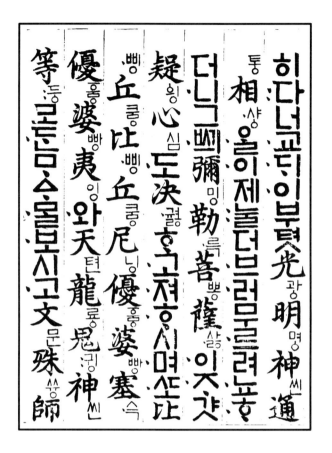

다 여기되, "이 부처의 光明(광명) 神通相(신통상)을 이제 누구에게 묻겠느냐?"고 하더니, 그때에 彌勒菩薩(미륵보살)이 자기(당신)의 疑心(의심)도 決(결)하고자 하시며, 또 比丘(비구)·比丘尼(비구니)·優婆塞(우바새)·優婆夷(우바이)와 天(천)·龍(용)·鬼神(귀신) 등(等)의 모든 마음을 보시고, 文殊師利(문수사리)께

다 너교딕 이[16] 부텻 光광明명 神씬通통相샹[17] 이제 눌[18] 더브러 무르려뇨[19] ᄒᆞ더니 그 ᄢᅴ 彌밍勒륵菩뽕薩삻이 ᄌᆞ걌[20] 疑읭心심도 決ᄀᆑᇙᄒᆞ고져[21] ᄒᆞ시며 ᄯᅩ 比삥丘큫 比삥丘큫尼닝 優ᅘᅮᇢ婆뺑塞ᄉᆡᆨ 優ᅘᅮᇢ婆뺑夷잉와 天텬 龍룡 鬼귕神씬 等ᄃᆼ 모든[22] ᄆᆞᅀᆞᆷ들 보시고 文문殊쓩師ᄉᆞᆼ利링ᄭᅴ[23]

---

16) 이: 이(이것, 是: 관사, 지시, 정칭)

17) 光明 神通相: 광명 신통상. 광명을 내는 신통하신 모습이다.

18) 눌: 누(누구, 誰: 인대, 미지칭) + -ㄹ(-와: 목조, 보조사적 용법, 의미상 부사격)

19) 무르려뇨: 물(← 묻다, ㄷ불: 묻다, 問)- + -으리(미시)- + -어(확인)- + -뇨(-느냐: 의종, 설명)

20) ᄌᆞ걌: ᄌᆞ걔(자기, 당신, 自: 인대, 재귀칭, 높임) + -ㅅ(-의: 관조)

21) 決ᄒᆞ고져[결하다]: 決(결: 불어) + -ᄒᆞ(동접)-] + -고져(-고자: 연어, 의도) ※ '疑心도 決ᄒᆞ고져'는 『묘법연화경』의 '決疑(결의)'를 직역한 표현인데, 이는 의혹(疑惑)을 푸는 것이다.

22) 모든: [모든, 衆(관사): 몯(모이다, 會: 동사)- + -은(관전▷관접)]

23) 文殊師利ᄭᅴ: 文殊師利(문수사리) + -ᄭᅴ(-께: 부조, 상대, 높임) ※ '-ᄭᅴ'는 [-ㅅ(-의: 관조) + 긔(거기에: 의명)]의 방식으로 형성된 부사격 조사이다.

물으시되 "어떤 因緣(인연)으로 이 祥瑞(상서)가 있으시어, 神通相(신통상)이 큰 光明(광명)을 펴시어 東方(동방)의 萬八千(만팔천) 土(토)를 비추시니, 저 부처 國界(국계)의 莊嚴(장엄)을 다 봅니까?"【 彌勒(미륵)이 補處主(보처주)가 되시어 當來(당래)에 있을 利益(이익)을 짓고자 하시므로, 疑心(의심)을 보이시어 文殊(문수)게 물으셨니라. 】 그때에 文殊師利(문수사리)가

[40 앞]

묻ᄌᆞᄫᆞ샤ᄃᆡ[24] 엇던 因인緣원으로 이 祥쌍瑞쒱[25] 겨샤 神씬通통相샹이 큰 光광明명 펴샤 東동方방 萬먼八밣千쳔 土통ᄅᆞᆯ 비취시니[26] 뎌 부텻 國귁界갱[27] 莊장嚴엄을 다 보ᄂᆞ니잇고[28]【彌밍勒륵이 補봉處쳥主즁[29]ㅣ ᄃᆞ외샤 當당來릥옛[30] 利링益혁을 짓고져[31] ᄒᆞ실ᄊᆡ 疑읭心심을 뵈샤 文문殊쓩ᄭᅴ 묻ᄌᆞᄫᆞ시니라】 그 ᄣᅴ[32] 文문殊쓩師ᄉᆞᆼ利링[33]

---

24) 묻ᄌᆞᄫᆞ샤ᄃᆡ: 묻(묻다, 問)-+-ᄌᆞᇦ(←-ᄌᆞᆸ-: 객높)-+-ᄋᆞ샤(←-으시-: 주높)-+-ᄃᆡ(←-오ᄃᆡ: 연어, 설명 계속)

25) 祥瑞: 상서. 복되고 길한 일이 일어날 조짐이 있는 것이다.

26) 비취시니: 비취(비추다, 照)-+-시(주높)-+-니(연어, 설명 계속) ※ 문장의 전체 구조를 감안하면 '비취시니'는 '뷔취샤'의 오기한 것으로 보인다.

27) 國界: 국계. 나라와 나라의 영역을 가르는 경계이다.

28) 보ᄂᆞ니잇고: 보(보다, 見)-+-ᄂᆞ(현시)-+-잇(←-이-: 상높)-+-니…고(의종, 설명)

29) 補處主ㅣ: 補處主(보처주)+-(←-이: 주조) ※ '補處主(보처주)'는 보살(菩薩)의 가장 높은 지위이다. 단 한 번의 생사(生死)에 관련되어서 일생을 마치면 그 다음에는 부처의 자리에 오른다.

30) 當來옛: 當來(당례)+-예(←-에: 부조, 위치)+-ㅅ(-의: 관조) ※ '當來(당례)'는 삼세(三世)의 하나로서, 죽은 뒤에 다시 태어나 산다는 미래의 세상을 이른다.

31) 짓고져: 짓(짓다, 만들다, 作)-+-고져(-고자: 연어, 의도)

32) ᄣᅴ: ᄣ(←ᄣᅳ: 때, 時)+-의(-에: 부조, 위치)

33) 文殊師利: 文殊師利(문수사리)+-Ø(←-이: 주조)

彌勒菩薩摩訶薩(미륵보살마하살)과 諸大士(제대사)에게 이르시되, "善男子(선남자)야, 내가 헤아려 보니, 이제 世尊(세존)이 큰 法(법)을 이르시며 큰 法雨(법우)를 흩뿌리시며 큰 法螺(법라)를 부시며 큰 法鼓(법고)를 치시며 큰 法義(법의)를 펴려 하신다. 【 螺(나)는 소라요 鼓(고)는 북이요 義(의)는

彌_밍勒_륵菩_뽕薩_삻摩_망訶_항薩_삻와³⁴⁾ 諸_졍大_땡士_쌍³⁵⁾ ᄃ려 니ᄅ샤ᄃ 善_쎤男_남子_ᄌ들하³⁶⁾ 내 혜여³⁷⁾ ᄒ니³⁸⁾ 이제 世_솅尊_존이 큰 法_법을 니ᄅ시며 큰 法_법雨_ᅌ³⁹⁾를 비ᄒ시며⁴⁰⁾ 큰 法_법螺_뢍⁴¹⁾를 부르시며⁴²⁾ 큰 法_법鼓_공⁴³⁾를 티시며⁴⁴⁾ 큰 法_법義_읭⁴⁵⁾를 펴려 ᄒ시ᄂ다【螺_뢍ᄂ 골이오⁴⁶⁾ 鼓_공ᄂ 부피오⁴⁷⁾ 義_읭ᄂ

---

34) 摩訶薩와: 摩訶薩(마하살) + -와(← -과: 접조) ※ '摩訶薩(마하살, mahā-sattva)'은 보살(菩薩)을 아름답게 이르는 말인데, 대사(大士)라는 뜻이다. 보살은 자리(自利) 이타(利他)의 대원행(大願行)을 가졌으므로 마하살이라 한다.

35) 諸大士: 제대사. 여러 대사이다. '대사(大士)'는 부처나 보살을 일상적으로 이르는 말이다. 흔히 대보살(大菩薩)을 이른다.

36) 善男子들하: 善男子들ㅎ[선남자들: 善男子(선남자) + -들ㅎ(복접)] + -아(호조, 낮춤) ※ '善男子(선남자)'는 불법(佛法)에 귀의한 남자이다.

37) 혜여: 혜(헤아리다, 생각하다, 惟忖)- + -여(← -어: 연어)

38) ᄒ니: ㅎ(← ᄒ다: 하다)- + -오(화자)- + -니(연어, 설명 계속)

39) 法雨: 법우. 중생을 교화하여 덕화(德化)를 입게 하는 것을 비(雨)에 비유하여 이르는 말이다.

40) 비ᄒ시며: 빟(흩뿌리다, 雨)- + -으시(주높)- + -며(연어, 나열)

41) 法螺: 법라. 나각(螺角)이다. 소라의 껍데기로 만든 옛 군악기이다. 길이가 40cm 정도인 소라 고둥의 위쪽을 깎아 내어 구멍을 뚫고 그 구멍에 혀를 대고 불게 된 것이다.

42) 부르시며: 불(불다, 吹)- + -으시(주높)- + -며(연어, 나열)

43) 法鼓: 법고. 절에서 예불할 때나 의식을 거행할 때에 치는 큰북이다.

44) 티시며: 티(치다, 擊)- + -시(주높)- + -며(연어, 나열)

45) 法義: 법의. 불법(佛法)의 근본 뜻이다.

46) 골이오: 골(소라, 螺) + -이(서조)- + -오(← -고: 연어, 나열)

47) 부피오: 붚(북, 鼓) + -이(서조)- + -오(← -고: 연어, 나열)

뜻이니, 비는 한 맛으로 고루 젖게 하고, 螺(나)는 한 소리로 다 통하고, 북은 많은 사람을 出令(출령)하고, 義(의)는 여러 내는 것을 마땅한 모습을 좇느니라. 】善男子(선남자)들아, 내가 지난 諸佛(제불)께(로부터서) 이런 祥瑞(상서)를 보니, (부처께서) 이런 光明(광명)을 펴시면 큰 法(법)을 이르시더니, 이러므로 (선남자들아) 알아라. 이제 부처가 光明(광명)을 보이신 것도 또 이와 같으시니, 衆生(중생)을 一切(일체)의

쁘디니⁴⁸⁾ 비ᄂᆞᆫ ᄒᆞᆫ 마ᄉᆞ로⁴⁹⁾ 골오⁵⁰⁾ 저지고⁵¹⁾ 螺ᄅᆞᆼᄂᆞᆫ ᄒᆞᆫ 소리로 다 ᄉᆞᄆᆞᆺ고⁵²⁾ 부픈⁵³⁾

한 사ᄅᆞ믈 出쳐슈령⁵⁴⁾ᄒᆞ고 義ᄋᆡᆼᄂᆞᆫ 여러 내요믈⁵⁵⁾ 맛당ᄒᆞᆯ⁵⁶⁾ 양ᄋᆞᆯ 좃ᄂᆞ니라⁵⁷⁾】善

쎤男남子ᄌᆞᆼ들하 내 디나건⁵⁸⁾ 諸졍佛뿛씌⁵⁹⁾ 이런 祥쌍瑞쒕⁶⁰⁾를 보ᅀᆞ보

니⁶¹⁾ 이런 光광明명을 펴시면 큰 法법을 니르시더니 이럴씨⁶²⁾ 아라

라 이제 부톄 光광明명 뵈샤도⁶³⁾ ᄯᅩ 이⁶⁴⁾ ᄀᆞᆮᄒᆞ시니 衆즁生ᄉᆡᆼ을 一

힔切쳉

---

48) 쁘디니: 뜯(뜻, 義) + -이(서조)- + -니(연어, 설명 계속)

49) 마ᄉᆞ로: 맛(맛, 味) + -ᄋᆞ로(부조, 방편)

50) 골오: [고루, 均(부사): 골(← 고ᄅᆞ다: 고르다, 均, 형사)- + -오(부접)]

51) 저지고: 저지[적시다, 潤: 젖(젖다, 潤)- + -이(사접)-]- + -고(연어, 나열)

52) ᄉᆞᄆᆞᆺ고: ᄉᆞᄆᆞᆺ(← ᄉᆞᄆᆞᆾ다: 통하다, 사무치다, 꿰뚫다, 貫)- + -고(연어, 나열)

53) 부픈: 붚(북, 鼓) + -은(보조사, 주제)

54) 出슝: 출령. 명령을 내리는 것이다.

55) 내요미: 내[내다, 出: 나(나다, 出: 자동)- + -ㅣ(←-이-: 사접)-]- + -옴(명전) + -을(목조)

56) 맛당ᄒᆞᆯ: 맛당ᄒᆞ[마땅하다, 宜: 맛당(마땅, 宜: 명사) + -ᄒᆞ(형접)-]- + -ㄹ(관전)

57) 좃ᄂᆞ니라: 좃(← 좇다: 좇다, 따르다, 隨順)- + -ᄂᆞ(현시)- + -니(원칙)- + -라(←-다: 평종)

58) 디나건: 디나(지나다, 過去)- + -Ø(과시)- + -거(확인)- + -ㄴ(관전)

59) 諸佛씌: 諸佛(제불) + -ㅅ(-의: 관조) # 긔(거기에, 彼處: 지대, 정칭) ※ '諸佛씌'는 '諸佛께로부
터'로 의역하여 옮긴다.

60) 祥瑞: 상서. 복되고 길한 일이 일어날 조짐이 있는 것이다.

61) 보ᅀᆞ보니: 보(보다, 見)- + -ᅀᆞᇦ(←-ᅀᆞᆸ-: 객높)- + -오(화자)- + -니(연어, 설명 계속)

62) 이럴씨: 이러[← 이러ᄒᆞ다(이러하다, 如是): 이러(이러: 불어) + -Ø(←-ᄒᆞ-: 형접)-]- + -ㄹ씨
(-ᄆᆞ로: 연어, 이유)

63) 뵈샤도: 뵈[보이다, 現: 보(보다, 見)- + -ㅣ(←-이-: 사접)-]- + -샤(←-시-: 주높)- + -ㅁ
(←-옴: 명전) + -도(보조사, 첨가)

64) 이: 이(이, 是: 지대, 정칭) + -Ø(←-이: -와, 부조, 비교)

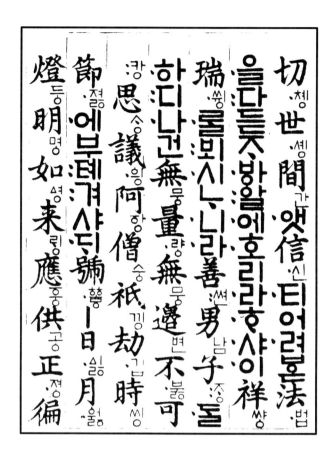

世間(세간)에 있는 信(신)하기가 어려운 法(법)을 다 들어서 알게 하리라.”
고 하시어, 이런 祥瑞(상서)를 보이시느니라. 善男子(선남자)들아, 지난 無
量無邊(무량무변)하고 不可思議(불가사의)한 阿僧祇(아승기)의 劫(겁) 時節(시
절)에 부처가 계시되, 號(호)가 日月燈明(일월등명)·如來(여래)·應供(응공)·正
遍知(정변지)·

世솅間간앳[65] 信신티[66] 어려ᄫᅳᆫ[67] 法법을 다 듣ᄌᆞ바 알에[68] 호리라[69] ᄒᆞ샤 이런 祥쌍瑞쓍ᄅᆞᆯ 뵈시ᄂᆞ니라[70] 善쎤男남子ᄌᆞᆼᄃᆞᆯ하 디나건 無뭉量량無뭉邊변[71] 不붏可캉思ᄉᆞᆼ議읭[72] 阿항僧ᄉᆞᆼ祇낑[73] 劫겁[74] 時씽節졇에 부톄 겨샤ᄃᆡ[75] 號ᅘᅩᇢ[76]ᄅᆞᆯ 日싫月웛燈등明명[77] 如ᅀᅧᆼ來링[78] 應ᅙᅳᆼ供공[79] 正졍偏변知딩[80]

---

65) 世間앳: 世間(세간, 세상) + -애(-에: 부조, 위치) + -ㅅ(-의: 관조) ※ '世間앳'은 '世間(세간)에 있는'으로 의역하여 옮긴다.

66) 信티: 信ㅎ[←信ᄒᆞ다(신하다, 믿다): 信(신: 불어) + -ᄒᆞ(동접)-]- + -디(-기: 명전) + -∅(←-이: 주조) ※ 이때의 '-디'는 서술어가 '어렵다, 쉽다' 등일 때에 실현되는 명사형 전성 어미이다.

67) 어려ᄫᅳᆫ: 어렵(←어렵다, ㅂ불: 어렵다, 難)- + -∅(현시)- + -은(관전)

68) 알에: 알(알다, 知)- + -에(←-게: 연어, 사동)

69) 호리라: ㅎ(←ᄒᆞ다: 보용, 사동)- + -오(화자)- + -리(미시)- + -라(←-다: 평종)

70) 뵈시ᄂᆞ니라: 뵈[보이다, 現: 보(보다, 見)- + -ㅣ(←-이-: 사접)-]- + -시(주높)- + -ᄂᆞ(현시)- + -니(원칙)- + -라(←-다: 평종)

71) 無量無邊: 무량무변. 헤아릴 수 없고 끝도 없이 많음을 이르는 말이다.

72) 不可思議: 불가사의. 사람의 생각으로는 미루어 헤아릴 수 없이 이상하고 야릇한 것이다.

73) 阿僧祇: 아승기. 항하사(恒河沙)의 만 배가 되는 수. 또는 그런 수의. 즉 10의 56승을 이른다.

74) 劫: 겁. 어떤 시간의 단위로도 계산할 수 없는 무한히 긴 시간이다. 하늘과 땅이 한 번 개벽한 때에서부터 다음 개벽할 때까지의 동안이라는 뜻이다.

75) 겨샤ᄃᆡ: 겨샤(←겨시다: 계시다, 有)- + -ᄃᆡ(←-오ᄃᆡ: 연어, 설명 계속)

76) 號ᄅᆞᆯ: 號(호) + -ᄅᆞᆯ(목조) ※ '號(호)'는 본명이나 자 이외에 쓰는 이름이다. 허물없이 쓰기 위하여 지은 이름이다. ※ 문장의 주술 관계를 고려한다면 '號ᄅᆞᆯ'은 '號ㅣ'를 오각한 형태이다.

77) 日月燈明: 부처의 열 가지 이름 중의 하나이다. 일월등명(日月燈明)은 지혜가 밝음이 일월등(日月燈)과 같은 것이니, 부처님의 이름을 이렇게 부른다.

78) 如來: 여래. '지금까지의 부처들과 같은 길을 걸어서 열반의 피안에 간 사람, 또는 진리에 도달한 사람이라는 뜻이다.

79) 應供: 응공. 온갖 번뇌를 끊어서 인간, 천상의 모든 중생으로부터 공양을 받을 만한 사람이라는 뜻이다.

80) 正偏知: 정변지. 온 세상의 모든 일을 모르는 것 없이 바로 안다는 뜻이다.

明行足(명행족)·善逝(선서)·世間解(세간해)·無上士(무상사)·調御丈夫(조어장
부)·天人師(천인사)·佛世尊(불세존)이시더니 【이 光(광)이 法(법)이 無始(무시)
에 始作(시작)하여 數(수)를 헤아림에 건너뛰었니라.

　　無始(무시)는 비롯함이 없는 것이다.

해는 낮을 밝히시고 달은 밤을 밝히시고, 燈(등)은 해달이 못 비추시는 데를 밝
혀, (해달과 등이) 서로

明_명行_행足_죡⁸¹⁾ 善_쎤逝_쎙⁸²⁾ 世_솅間_간解_행⁸³⁾ 無_뭉上_썅士_쑹⁸⁴⁾ 調_뜔御_엉丈_땽夫_붕⁸⁵⁾ 天_텬人_신師_승⁸⁶⁾ 佛_뿛世_솅尊_존이러시니⁸⁷⁾【이 光_광이 法_법이 無_뭉始_싱⁸⁸⁾예 始_싱作_작ᄒ야 數_숭 혜유메⁸⁹⁾ 건네ᄠ[니라⁹⁰⁾

無_뭉始_싱ᄂᆞᆫ 비르숨⁹¹⁾ 업슬 씨라

히ᄂᆞᆫ 나ᄌᆞᆯ 볼기시고⁹²⁾ ᄃ[ᄅᆞᆫ 바ᄆᆞᆯ 볼기시고 燈_둥은 히ᄃᆞᆯ 몯 비취시ᄂᆞᆫ ᄃ[ᄒ] 볼겨 서르

---

81) 明行足: 명행족. 삼명(三明)의 신통한 지혜와 육도만행(六度萬行)을 갖추었다는 뜻이다. ※ '삼명(三明)'은 아라한(阿羅漢)이 가지고 있는 세 가지 지혜로서, 숙명명(宿命明), 천안명(天眼明), 누진명(漏盡明)을 이른다. 그리고 '육도만행(六度萬行)'은 보살이 육바라밀(六波羅密)을 완전하고 원만하게 수행하는 일이다.

82) 善逝: 선서. '잘 가신 분'이라는 뜻으로, 피안(彼岸)에 가서 다시는 이 세상에 돌아오지 않는다고 하여 이렇게 이른다.

83) 世間解: 세간해. 세상의 모든 것을 안다는 뜻이다.

84) 無上士: 무상사. 정(情)을 가진 존재 가운데 가장 높아서 그 위가 없는 대사라는 뜻이다.

85) 調御丈夫: 조어장부. 중생을 잘 이끌어 가르치는 사람이라는 뜻이다.

86) 天人師: 천인사. 하늘과 인간 세상의 모든 중생들의 스승이라는 뜻이다.

87) 佛世尊이러시니: 佛世尊(불세존) + -이(서조)- + -러(← -더-: 회상)- + -시(주높)- + -니(연어, 설명 계속) ※ '佛(불)'은 진리를 깨달은 사람을 뜻하며, '世尊(세존)' 세상에서 가장 존귀하다는 뜻이다. 따라서 '불세존'은 진리를 깨달아서 세상에서 가장 존귀한 자라는 뜻이다.

88) 無始: 무시. 시작을 알 수 없을 정도로 먼 과거이다.

89) 혜유메: 혜(헤아리다. 계산하다, 計)- + -윰(← -움: 명전) + -에(부조, 위치)

90) 건네ᄠ[니라: 건네ᄠ[[← 걷내ᄠ[다(건너뛰다, 超): 걷(걷다, 步)- + 나(나다, 出)- + -ㅣ(← -이-: 사접)- + ᄠ[(뛰다, 跳)-]- + -Ø(과시)- + -니(원칙)- + -라(← -다: 평종)

91) 비르숨: 비릇(비롯하다, 始)- + -움(명전)

92) 볼기시고: 볼기[밝히다, 照明: 붉(밝다, 明: 형사)- + -이(사접)-]- + -시(주높)- + -고(연어, 나열)

이어 다하지 아니하니, 저 부처의 妙智(묘지)의 眞明(진명)이 세 德(덕)이 갖추어져 있으시므로, "日月燈(일월등)이시다."고 하였니라. 】 (부처가) 正法(정법)을 퍼뜨려서 이르시되 初善(초선)·中善(중선)·後善(후선)이시더니, 그 뜻이 깊고 멀며 그 말씀이 工巧(공교)하고 微妙(미묘)하여, 전혀 섞인 것이 없어 淸白(청백)하고 梵行(범행)의 相(상)이 갖추어져 있으시더니, 聲聞(성문)을 求(구)할 니서⁹³⁾ 다ᄋ디⁹⁴⁾ 아니ᄒ니 뎌 부텻 妙_묳智_딩⁹⁵⁾ 眞_진明_명이 세 德_득이 ᄀ즈실씨⁹⁶⁾ 日_싏月_윓燈_등이시다 ᄒ니라 】 正_정法_법⁹⁷⁾을 불어⁹⁸⁾ 니ᄅ샤ᄃ 初_총善_쎤⁹⁹⁾ 中_듕善_쎤 後_{ᅙᅮᇢ}善_쎤이러시니¹⁾ 그 ᄠ디 깁고 멀며 그 말ᄊ미 工_공巧_{ᅘᅭᇢ}코²⁾ 微_밍妙_묳ᄒ야 섯근³⁾ 거시 업서 淸_청白_빅ᄒᆫ⁴⁾ 梵_뻠行_{ᅘᆡᇰ}相_샹⁵⁾이 ᄀ더시니⁶⁾ 聲_셩聞_문⁷⁾ 求_{구ᇢ}ᄒᆯ

---

93) 니서: 닛(← 닛다, ㅅ불: 잇다, 繼)- + -어(연어)

94) 다ᄋ디: 다ᄋ(다하다, 盡)- + -디(-지: 연어, 부정)

95) 妙智: 묘지. 묘한 지혜이다.

96) ᄀ즈실씨: ᄀ(갖추어져 있다, 備: 형사)- + -ᄋ시(주높)- + -ㄹ씨(-므로: 연어, 이유)

97) 正法: 정법(sad-dharma). 바른 가르침. 진실한 가르침. 부처의 가르침이다.

98) 불어: 불(← 부르다: 퍼뜨리다, 演)- + -어(연어)

99) 初善: 초선. 삼선(三善)의 하나로서, 처음이 선(善)하다라는 뜻이다. ※ '三善(삼선)'은 초선(初善), 중선(中善), 후선(後善)의 세 가지이다. 불법(佛法)이 언제나 훌륭함을 이르는 말이다.

1) 後善이러시니: 後善(후선) + -이(서조)- + -러(← -더-: 회상)- + -시(주높)- + -니(연어, 설명 계속)

2) 工巧코: 工巧ᄒ[← 工巧ᄒ다(공교하다): 工巧(공교: 명사) + -ᄒ(형접)-]- + -고(연어, 나열) ※ '工巧(공교)'는 솜씨나 꾀 따위가 재치가 있고 교묘한 것이다.

3) 섯근: 섯(섞다, 섞이다, 雜)- + -Ø(과시)- + -은(관전)

4) 淸白ᄒᆫ: 淸白ᄒ[청백하다: 淸白(청백: 명사) + -ᄒ(형접)-]- + -Ø(현시)- + -ㄴ(관전) ※ '淸白(청백)'은 재물에 대한 욕심이 없이 곧고 깨끗한 것이다.

5) 梵行相: 범행상. 맑고 깨끗한 행실의 상(相)이다.

6) ᄀ더시니: ᄀ(← ᄀ다: 갖추어져 있다, 具)- + -더(회상)- + -시(주높)- + -니(연어, 설명 계속)

7) 聲聞: 성문. 설법을 듣고 사제(四諦)의 이치를 깨달아 아라한이 되고자 하는 불제자이다. 여기서는 '성문의 지위'이다.

사람을 爲(위)하시어는 四諦法(사제법)을 이르시어 生老病死(생로병사)를 벗
기시어 究竟涅槃(구경열반)하게 하시고, 辟支佛(벽지불)을 求(구)하는 사람
을 爲(위)하시어는 十二因緣法(십이인연법)을 이르시고, 菩薩(보살)들을 爲
(위)하시어는 六波羅蜜(육바라밀)을 이르시어, 阿耨多羅三藐菩提(아뇩다라삼
먁보리)를

싸름⁸⁾ 爲윙ᄒᆞ샨⁹⁾ 四ᄉᆞᆼ諦뎽法법¹⁰⁾ 니ᄅᆞ샤 生ᄉᆡᆼ老롤病뼝死ᄉᆞᆯ 벗기샤¹¹⁾

究귷竟겅涅넗槃빤킈¹²⁾ ᄒᆞ시고 辟벽支징佛뿛¹³⁾ 求꿀ᄒᆞᆯ 싸름 爲윙ᄒᆞ샨 十씹

二ᅀᅵᆼ 因힌緣원法법¹⁴⁾을 니르시고 菩뽕薩삻ᄃᆞᆯ 爲윙ᄒᆞ샨 六륙波방羅랑蜜밇¹⁵⁾

을 니ᄅᆞ샤 阿항耨녹多당羅랑三삼藐막三삼菩뽕提똉¹⁶⁾를

---

8) 싸름: 싸름(← 사름: 사람, 者, 의명) ※ '求홀 싸름'은 '求홇 사름'으로 표기되기도 한다. 따라서 '싸름'은 용언의 관형사형 뒤에서 일어나는 된소리를 소리나는 대로 표기한 것이다.

9) 爲ᄒᆞ샨: 爲ᄒᆞ[위하다, 爲: 위(爲: 불어) + -ᄒᆞ(동접)-]- + -샤(←-시-: 주높)- + -Ø(←-아: 연어) + -ㄴ(←-ᄂᆞᆫ: 보조사, 주제)

10) 四諦法: 사제법. 인생의 모든 문제와 그 해결 방법에 대한 네 가지의 근본 진리를 의미하는데, '고(苦)·집(集)·멸(滅)·도(道)'의 네 가지 진리로 구성되어 있다.

11) 벗기샤: 벗기[벗기다, 度: 벗(벗다, 脫)- + -기(사접)-]- + -샤(←-시-: 주높)- + -Ø(←-아: 연어)

12) 究竟涅槃킈: 究竟涅槃ᄒᆞ[← 究竟涅槃ᄒᆞ다(구경열반하다): 究竟涅槃(구경열반: 명사) + -ᄒᆞ(동접)-]- + -긔(-게: 연어, 사동) ※ '究竟涅槃(구경열반)'은 가장 높은 경지에 이른 열반, 곧 부처의 경계를 이른다. ※ '究竟(구경)'은 마지막에 이른 경지로, 가장 지극한 깨달음의 뜻이다.

13) 辟支佛: 벽지불. 부처의 가르침에 기대지 않고 스스로 도를 깨달은 성자(聖者)이다.(= 緣覺) 여기서는 벽지불의 지위를 이른다.

14) 十二因緣法: 십이인연법. 범부로서의 인간의 괴로운 생존이 열두 가지 요소의 순차적인 상관 관계에 의한 것임을 설명한 것이다. 무명(無明), 행(行), 식(識), 명색(名色), 육입(六入), 촉(觸), 수(受), 애(愛), 취(取), (有), 생(生), 노사(老死) 등이 있다.

15) 六波羅蜜: 육바라밀(육바라밀). 보살이 열반에 이르기 위해 실천해야 할 여섯 가지 덕목이다. '보시(布施)·인욕(忍辱)·지계(持戒)·정진(精進)·선정(禪定)·지혜(智慧)'가 있다.

16) 阿耨多羅三藐三菩提: 아뇩다라삼먁삼보리. 일체의 진상을 모두 아는 부처님의 무상의 승지(勝地), 곧 무상정각(無上正覺)이다.

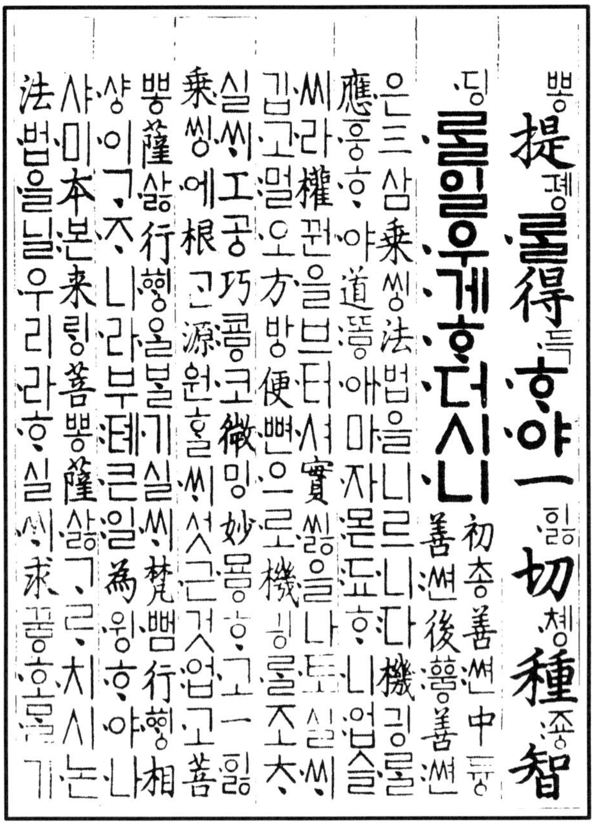
뽕提똉ᄅᆞᆯ得득ᄒᆞ야一힗切촁種죵智
딩ᄅᆞᆯ일우게ᄒᆞ더시니【初총善쎤中듕善쎤後ᅘᅮᇢ善쎤
은三삼乘씽法법을니ᄅᆞ니다機긩ᄅᆞᆯ
應ᅙᅳᆼᄒᆞ야道ᄯᅩᇢ애마자몯됴ᄒᆞ니업슬
씨라權꿘을브터샤實씷을나토실ᄊᆡ
깁고멀오方방便뼌으로機긩ᄅᆞᆯ조ᄎᆞ실ᄊᆡ
工공巧쿙ᄅᆞᆸ微밍妙묳ᄒᆞ고一힗
乘씽에根근源원ᄒᆞᆯᄊᆡ섯근것업고菩
뽕薩삻行ᅘᆡᇰ올ᄇᆞᆯ기실ᄊᆡ梵뻠行ᅘᆡᇰ相
샹이ᄀᆞᄌᆞ니라부텨큰일爲윙ᄒᆞ야나
샤미本본來ᄅᆡᆼ菩뽕薩삻ᄀᆞᄅᆞ치시논
法법을닐우리라ᄒᆞ실ᄊᆡ求끃ᄒᆞ몰기

得(득)하여 一切(일체)의 種種(종종) 智慧(지혜)를 이루게 하시더니【初善(초선) · 中善(중선) · 後善(후선)은 三乘法(삼승법)을 이르니, 다 機(기)를 應(응)하여 道(도)에 맞아서 좋지 못한 것이 없는 것이다. 權(권)에 의지하여 實(실)을 나타내시므로 깊고 멀고, 方便(방편)으로 機(기)를 좇으시므로 工巧(공교) · 微妙(미묘)하고, 一乘(일승)에 根源(근원)하므로 섞인 것이 없고, 菩薩行(보살행)을 밝히시므로 梵行相(범행상)이 갖추어져 있으니라. 부처가 큰일을 爲(위)하여 나신 것이 本來(본래) 菩薩(보살)을 가르치시는 法(법)을 일으키리라 하시므로 求(구)함을 기다리지

得득ᄒᆞ야 一ᅙힰᆳ切쳉 種죵種죵 智딩慧ᅘᆒ[17]를 일우게[18] ᄒᆞ더시니【初총善쎤 中듀ᇰ善쎤 後ᅘᅮᇢ善쎤은 三삼乘씽法법[19]을 니르니 다 機긩[20]를 應ᅙᅳᆼᄒᆞ야 道뚜ᇢ애 마자 몯 됴ᄒᆞ니[21] 업슬 씨라 權꿘[22]을 브터셔 實씷을 나토실ᄊᆡ[23] 깁고 멀오 方바ᇰ便뼌으로 機긩를 조ᄎᆞ실ᄊᆡ 工고ᇰ巧콜코 微밍妙묘ᇢᄒᆞ고 一ᅙힰᆳ乘씽[24]에 根ᄀᆞᆫ源원ᄒᆞᆯᄊᆡ 섯근[25] 것 업고 菩뽀ᇰ薩사ᇙ行ᅘᅢᆼ[26]을 ᄇᆞᆯ기실ᄊᆡ[27] 梵뻠行ᅘᅢᆼ相샤ᇰ[28]이 ᄀᆞᄌᆞ니라[29] 부톄 큰 일 爲윙ᄒᆞ야 나샤미 本본來ᄅᆡᆼ 菩뽀ᇰ薩사ᇙ ᄀᆞᄅᆞ치시논 法법을 닐우리라[30] ᄒᆞ실ᄊᆡ 求꿀ᄒᆞᆯ 디ᄅᆞ드리디

---

17) 一切 種種 智慧: 일체 종종 지혜. '一切 鍾智(일체 종지)'를 풀어쓴 말인데, 모든 현상에 있는 있는 그대로의 평등한 모습과 차별의 모습을 두루 아는 부처의 지혜이다.

18) 일우게: 일우[이루다, 成: 일(이루어지다, 成: 자동)- + -우(사접)-]- + -게(연어, 사동)

19) 三乘法: 삼승법. 성문(聲聞)·연각(緣覺)·보살(菩薩)에 대한 세 가지 교법(敎法)이다.

20) 機: 기. 본래는 '조종'이나 '용수철 장치'라는 뜻이다. 불교에서는 석가의 가르침에 접하여 발 동되는 수행자의 정신적 능력이나, 중생의 종교적 소질·역량·기근(機根) 등을 이른다.

21) 됴ᄒᆞ니: 둏(좋다, 善)- + -Ø(현시)- + -은(관전) # 이(이, 것: 의명) + -Ø(←-이: 주조)

22) 權: 권. 그때그때의 형편에 따라 처치(處置)하는 수단이다.

23) 나토실ᄊᆡ: 나토[나타내다, 現: 낟(나타나다, 現: 자동)- + -호(사접)-]- + -시(주높)- + -ㄹᄊᆡ(-므로: 연어, 이유)

24) 一乘: 일승(eka-yāna). 승(乘)은 중생을 깨달음으로 인도하는 부처의 가르침을 뜻한다. 깨달음 에 이르게 하는 오직 하나의 궁극적인 부처의 가르침이다. 부처가 중생의 능력이나 소질에 따 라 여러 가지로 가르침을 설하였지만, 그것은 결국 하나의 가르침으로 귀착한다는 뜻이다.

25) 섯근: 섰(섞다, 섞이다, 雜)- + -Ø(과시)- + -은(관전)

26) 菩薩行: 보살행. 부처되기를 목적으로 하고 수행하는 자리(自利)·이타(利他)가 원만한 대행(大 行)이다. 곧 육바라밀(六波羅蜜) 등의 행업(行業)을 이른다.

27) ᄇᆞᆯ기실ᄊᆡ: ᄇᆞᆯ기[밝히다, 照明: 붉(밝다, 明: 형사)- + -이(사접)-]- + -시(주높)- + -ㄹᄊᆡ(-므 로: 연어, 연어, 이유))

28) 梵行相: 범행상. 맑고 깨끗한 행실의 상(相)이다.

29) ᄀᆞᄌᆞ니라: 굿(갖추어져 있다, 具)- + -Ø(현시)- + -니(원칙)- + -라(←-다: 평종)

30) 닐우리라: 닐[←니ᄅᆞ다(일으키다, 起): 닐(일다, 起)- + -ᄋᆞ(사접)-]- + -우(화자)- + -리(미 시)- + -라(←-다: 평종)

아니하셨니라. 聲聞(성문)은 生死(생사)의 苦(고)를 싫게 여겨 滅諦(멸제)가 적
은 果(과)를 가지므로 究竟涅槃(구경열반)에 나아오게 하시고, 辟支(벽지)는 날
카로운 智(지)요 菩薩(보살)은 큰 뿌리이므로 一切種智(일체종지)를 이루시니,
一切種智(일체종지)는 부처야말로 갖추어져 있으시니라. 】 다음으로 부처가
계시되 또 이름이 日月燈明(일월등명)이시고, 또 다음으로 부처가 계시되
또 이름이 日月燈明(일월등명)이시더니, 이와 같이 二萬(이만)의 부처가

아니ᄒᆞ시니라³¹⁾ 聲ᅀᅧᇰ聞문³²⁾은 生시ᇰ死ᄉᆞᆼ 苦콩ᄅᆞᆯ 슬히³³⁾ 너겨 滅몋諦뎅³⁴⁾ 져근³⁵⁾ 果광ᄅᆞᆯ 가질ᄊᆡ 究귷竟겨ᇰ涅녏槃빤애 나ᅀᆞ시고³⁶⁾ 辟벽支징는 ᄂᆞᆯ카ᄫᆞᆫ³⁷⁾ 智딩오 菩뽕薩ᇙ은 큰 불휠ᄊᆡ³⁸⁾ 一힔切촁種죠ᇰ智딩³⁹⁾ᄅᆞᆯ 일우시니 一힔切촁種죠ᇰ智딩ᄂᆞᆫ 부톄ᅀᅡ⁴⁰⁾ ᄀᆞᄌᆞ시니라 】 버거⁴¹⁾ 부톄 겨샤ᄃᆡ 쏜 일후미 日ᅀᅵᇙ月ᄫᅯᇙ燈드ᇰ明며ᇰ⁴²⁾이시고 쏜 버거 부톄 겨샤ᄃᆡ 쏜 일후미 日ᅀᅵᇙ月ᄫᅯᇙ燈드ᇰ明며ᇰ이러시니⁴³⁾ 이 ᄀᆞ티⁴⁴⁾ 二ᅀᅵᇰ萬먼 부톄

---

31) 아니ᄒᆞ시니라: 아니ᄒᆞ[아니하다, 不(보용, 부정): 아니(아니, 不: 부사, 부정) + -ᄒᆞ(동접)-]- + -시(주높)- + -Ø(과시)- + -니(원칙)- + -라(←-다: 평종)

32) 聲聞: 성문. 불교의 교설(敎說)을 듣고 스스로의 해탈을 위하여 정진하는 출가 수행자이다.

33) 슬히: [싫게, 厭(부사): 슬ᄒᆞ(← 슬ᄒᆞ다: 싫어하다, 厭: 동사)- + -이(부접)]

34) 滅諦: 滅諦(멸제) + -Ø(←-이: 주조) . ※ '滅諦(멸제)'는 사제법(四諦法)의 하나로서, 모든 욕망을 벗어나서 괴로움이 소멸한 열반의 경지를 이상이라고 풀이하는 진리를 이른다.

35) 져근: 젹(작다, 小)- + -Ø(현시)- + -은(관전)

36) 나ᅀᆞ시고: 나ᅀᅡ[나아가게 하다, 進: 낫(← 낫다, ㅅ불: 나아가다, 進)- + -ᅀᅩ(사접)-]- + -시(주높)- + -고(연어, 나열)

37) ᄂᆞᆯ카ᄫᆞᆫ: ᄂᆞᆯ캅[← ᄂᆞᆯᄏᆞ다, ㅂ불(날카롭다, 利): ᄂᆞᆯ캉(날, 칼날, 刃) + -갑(형접)-]- + -Ø(현시)- + -ᄋᆞᆫ(관전)

38) 불휠ᄊᆡ: 불휘(뿌리, 根) + -Ø(←-이-: 서조)- + -ㄹᄊᆡ(-ᄆᆞ로: 연어, 이유)

39) 種智: 종지. 현상계의 모든 존재의 각기 다른 모습과 그 속에 감추어져 있는 참 모습을 알아내는 부처의 지혜이다.(= 一切種智, 일체종지)

40) 부톄ᅀᅡ: 부텨(부처, 佛) + -ㅣ(← -이: 주조) + -ᅀᅡ(보조사, 한정 강조)

41) 버거: [다음으로, 次復(부사): 벅(다음가다, 次: 동사)- + -어(연어▷부접)]

42) 日月燈明佛: 일월등명불(Candra-Surya-Pradipa). 과거세에 출현하여 현세의 석가모니불과 같이 육서상(六瑞相)을 나타내며 법화경을 설한 부처이다. 부처의 광명이 하늘에서는 해와 달 같고, 땅에서는 등불과 같아 온누리 중생을 비춘다는 뜻이다. 과거세에 2만의 일월등명불이 있었는데, 똑같은 이름으로 계속해서 세상에 나타나 법화경을 설하였다고 한다. 이 2만 명의 일월등명불이 차례로 세상에 출현하였지만, 성(姓)이 모두 동일한 '바라타(頗羅墮)'이었으며 설하신 법문도 처음이나 중간 그리고 맨 나중이 모두 같았다고 한다. 문수보살은 그 마지막 부처의 상수제자(上首弟子)였다.

43) 日月燈明이러시니: 日月燈明(일월등명) + -이(서조)- + -러(←-더-: 회상)- + -시(주높)- + -니(연어, 설명 계속)

44) 이 ᄀᆞ티: 이(이, 이것, 此: 지대, 정칭) + -Ø(←-이: 부조, 비교) # ᄀᆞ티[같이, 如(부사): ᄀᆞᇀ(같다)- + -이(부접)]

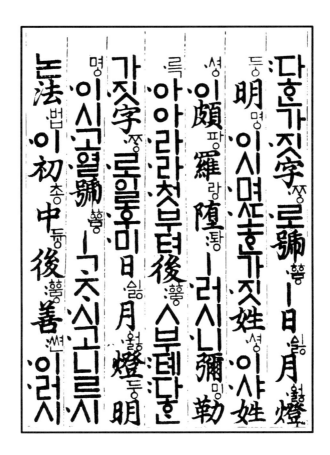

다 한 가지의 字(자)로 號(호)가 日月燈明(일월등명)이시며, 또 한 가지의
姓(성)이시어 姓(성)이 頗羅墮(파라타)이시더니, 彌勒(미륵)아 알아라. 첫 부
처, 後(후) 부처가 다 한 가지의 字(자)로 이름이 日月燈明(일월등명)이시
고, 열 號(호)가 갖추어져 있으시고, 이르시는 法(법)이 初(초)·中(중)·後善
(후선)이시더니,

다 ᄒᆞᆫ 가짓 字_쫑로⁴⁵⁾ 號_{ᅘᅩᇦ}ㅣ⁴⁶⁾ 日_{ᅀᅵᇙ}月_{ᅌᅯᇙ}燈_등明_명이시며 ᄯᅩ ᄒᆞᆫ 가짓 姓_셩이샤⁴⁷⁾ 姓_셩이 頗_팡羅_랑墮_탕ㅣ러시니⁴⁸⁾ 彌_밍勒_륵아⁴⁹⁾ 아라라⁵⁰⁾ 첫 부텨 後_{ᅘᅮᇢ}ㅅ 부톄 다 ᄒᆞᆫ 가짓 字_쫑로 일후미 日_{ᅀᅵᇙ}月_{ᅌᅯᇙ}燈_등明_명이시고 열 號_{ᅘᅩᇦ}ㅣ ᄀᆞᄌᆞ시고 니르시논⁵¹⁾ 法_법이 初_총 中_듕 後_{ᅘᅮᇢ}善_쎤이러시니

---

45) 字로: 字(자, 글자) + –로(부조, 방편) ※ '字(자)'는 글자이다.

46) 號ㅣ: 號(호) + –ㅣ(←–이: 주조) ※ '號(호)'는 본명이나 자(字) 이외에 쓰는 이름이다. 허물없이 쓰기 위하여 지은 이름이다.

47) 姓이샤: 姓(성) + –이(서조)– + –샤(←–시–: 주높)– + –Ø(←–아: 연어)

48) 頗羅墮ㅣ러시니: 頗羅墮(파라타) + –ㅣ(←–이–: 서조)– + –러(←–더–: 회상)– + –시(주높)– + –니(연어, 설명 계속) ※ '頗羅墮(파라타, Bharadvāja)'는 바라문 6성(姓)의 하나이다. 근기가 훌륭함(利根), 사유함이 남보다 빠르다(捷疾)는 뜻이다.

49) 彌勒아: 彌勒(미륵) + –아(호조, 아주 낮춤) ※ '彌勒(미륵)'은 사보살(四菩薩)의 하나로서, 내세에 성불하여 사바세계에 나타나서 중생을 제도하리라는 보살이다. 인도 파라나국의 브라만 집안에서 태어나 석가모니의 교화를 받고, 미래에 부처가 될 수기(受記)를 받은 후 도솔천에 올라갔다.

50) 아라라: 알(알다, 知)– + –아(확인)– + –라(←–다: 명종, 아주 낮춤)

51) 니르시논: 니르(이르다, 說)– + –시(주높)– + –ㄴ(←–ᄂᆞ–: 현시)– + –오(대상)– + –ㄴ(관전)

가장 後(후)의 부처가 出家(출가)를 아니하여 계실 적에 여덟 王子(왕자)를 두어 계시되, 한 이름은 有意(유의)요, 둘째의 이름은 善意(선의)요, 셋째의 이름은 無量義(무량의)요, 넷째의 이름은 寶意(보의)요, 다섯째의 이름은 增意(증의)요, 여섯째의 이름은 除疑意(제의의)요, 일곱째의 이름은 響意(향의)요,

ᄆᆞᆺ[52] 後ᅘᅮᇢㅅ 부텨 出ᄎᆔᇙ家강 아니 ᄒᆞ야 겨싫[53] 저긔[54] 여듧 王왕子ᄌᆞᆼ ᄅᆞᆯ 두 겨샤ᄃᆡ[55] ᄒᆞᆫ 일후믄 有ᅌᅮᇢ意ᅙᅴᆼ오[56] 둘찻[57] 일후믄 善쎤意ᅙᅴᆼ[58]오 세찻[59] 일후믄 無뭉量량意ᅙᅴᆼ[60]오 네찻[61] 일후믄 寶보ᇢ意ᅙᅴᆼ[62]오 다ᄉᆞᆺ찻[63] 일후믄 增증意ᅙᅴᆼ[64]오 여슷찻 일후믄 除뗭疑ᅌᅵᆼ意ᅙᅴᆼ[65]오 닐굽찻 일후믄 響향意ᅙᅴᆼ[66]오

52) ᄆᆞᆺ: 가장, 最(부사)
53) 겨싫: 겨시(계시다: 보용, 완료 지속)- + -ㅭ(관전)
54) 저긔: 적(적, 때, 時: 의명) + -의(-에: 부조, 위치)
55) 두겨샤ᄃᆡ: 두(두다, 有)- + -Ø(← -어: 연어) + 겨샤(← 계시다: 보용, 완료 지속, 높임) + -ᄃᆡ (← -오ᄃᆡ: -되, 연어, 설명 계속) ※ '두겨샤ᄃᆡ'는 '두어 겨샤ᄃᆡ'가 축약된 형태이다.
56) 有意오: 有意(유의) + -Ø(← -이-: 서조)- + -오(← -고: 연어, 나열) ※ '有意(유의)'는 큰 도에 뜻을 두었다는 뜻이다.
57) 둘찻: [둘째, 第二(수사, 서수): 둘(← 둘ㅎ: 둘, 二, 수사, 양수) + -차(-째: 접미, 서수)] + -ㅅ(-의: 관조)
58) 善意: 선의. 큰 도의 뜻을 잘 지녔다는 뜻이다.
59) 세찻: [셋째, 第三(수사, 서수): 세(← 세ㅎ: 셋, 三, 수사, 양수) + -차(-째: 접미, 서수)] + -ㅅ(-의: 관조)
60) 無量意: 무량의. 큰 지혜로 무량한 뜻을 이해할 수 있다는 뜻이다.
61) 네찻: [넷째, 第四(수사, 서수): 네(← 네ㅎ: 넷, 四, 수사, 양수) + -차(-째: 접미, 서수)] + -ㅅ(-의: 관조)
62) 寶意: 보의. 보배와 같은 여래의 성품을 잘 이해하여 진실한 도를 갖추었다는 뜻이다.
63) 다ᄉᆞᆺ찻: [다섯째, 第五(수사, 서수): 다ᄉᆞᆺ(다섯, 五: 수사, 양수) + -차(-째: 접미, 서수)] + -ㅅ(-의: 관조)
64) 增意: 증의. 최상의 행(行)을 닦아 큰 도에 뜻을 둔다는 뜻이다.
65) 除疑意: 제의의. 지혜가 늘어나 의혹이 제거된다는 뜻이다.
66) 響意: 향의. 빈 골짜기에서 메아리가 울리듯 법성(法性)이 비어 있다는 뜻이다.

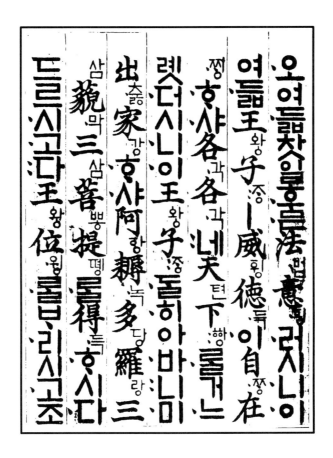

여덟째의 이름은 法意(법의)이시더니, 이 여덟 王子(왕자)가 威德(위덕)이 自在(자재)하시어 各各(각각) 네 天下(천하)를 거느려 있으시더니, 이 王子(왕자)들이 "아버님이 出家(출가)하시어 阿耨多羅三藐三菩提心(아뇩다라삼먁보리심)을 得(득)하셨다."고 들으시고, 다 王位(왕위)를 버리시고 (아버님을) 좇아서

여듧찻 일후믄 法_법意_힁러시니⁶⁷⁾ 이 여듧 王_왕子_중ㅣ 威_휭德_득⁶⁸⁾이

自_쭝在_찡ᄒᆞ샤⁶⁹⁾ 各_각各_각 네 天_텬下_행⁷⁰⁾를 거느롓더시니⁷¹⁾ 이 王_왕子_중

ᄃᆞᆯ히 아바니미⁷²⁾ 出_츓家_강ᄒᆞ샤 阿_항耨_녹多_당羅_랑三_삼藐_막三_삼菩_뽕提_똉를

得_득ᄒᆞ시다⁷³⁾ 드르시고⁷⁴⁾ 다 王_왕位_윙를 ᄇᆞ리시고⁷⁵⁾ 조차⁷⁶⁾

---

67) 法意러시니: 法意(법의) + −∅(←−이−: 서조) + −러(←−더−: 회상) + −시(주높) + −니(연어, 설명 계속) ※ '法意(법의)'는 깊은 법에 대해서도 그 뜻을 잘 이해한다는 뜻이다.

68) 威德: 위덕. 위엄과 덕망을 아울러 이르는 말이다.

69) 自在ᄒᆞ샤: 自在ᄒᆞ[자재하다: 自在(자재: 명사) + −ᄒᆞ(동접)−] + −샤(←−시−: 주높) + −∅(←−아: 연어) ※ '自在(자재)'는 저절로 갖추어져 있는 것이다.

70) 네 天下: 네 천하. '사주(四洲)'를 이른다. ※ '사주(四洲)'는 수미산을 중심으로 한 사방의 세계이다. 남쪽의 섬부주(贍部洲), 동쪽의 승신주(勝神洲), 서쪽의 우화주(牛貨洲), 북쪽의 구로주(俱盧洲)이다.

71) 거느롓더시니: 거느리(거느리다, 領)− + −어(연어) + 잇(← 이시다: 있다, 보용, 완료 지속)− + −더(회상)− + −시(주높)− + −니(연어, 설명 계속) ※ '거느롓더시니'는 '거느려 잇더시니'가 축약된 형태이다.

72) 아바니미: 아바님[아버님, 父親: 아바(← 아비: 아버지, 父) + −님(높접)] + −이(주조)

73) 得ᄒᆞ시다: 得ᄒᆞ[득하다: 得(득: 불어) + −ᄒᆞ(동접)−] + −시(주높)− + −∅(과시)− + −다(평종)

74) 드르시고: 들(← 듣다, ㄷ불: 듣다, 聞)− + −으시(주높)− + −고(연어, 나열)

75) ᄇᆞ리시고: ᄇᆞ리(버리다, 捨)− + −시(주높)− + −고(연어, 나열)

76) 조차: 좇(좇다, 따르다, 隨)− + −아(연어)

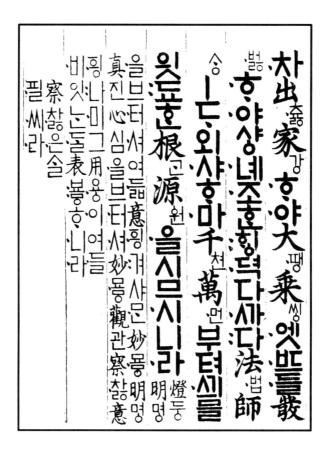

出家(출가)하여, 大乘(대승)의 뜻을 發(발)하여 늘 좋은 행적(行績)을 닦아
다 法師(법사)가 되시어, 이미 千萬(천만)의 부처께 모든 좋은 根源(근원)을
심으셨느니라. 【燈明(등명)을 비롯하여 여덟 意(의, 왕자)가 계신 것은 妙明(묘
명)의 眞心(진심)을 말미암아서 妙觀察意(묘관찰의)가 나는 것이 그 用(용)이
여덟이 있는 것을 表(표)하였느니라.

　　察(찰)은 살피는 것이다.

出_츓家_강ᄒ야 大_땡乘_씽엣⁷⁷⁾ ᄠᅳ들 發_벓ᄒ야 샹녜⁷⁸⁾ 조ᄒᆫ⁷⁹⁾ 힝뎍⁸⁰⁾ 다

까⁸¹⁾ 다⁸²⁾ 法_법師_{ᄉᆞᆼ}⁸³⁾ㅣ ᄃᆞ외샤⁸⁴⁾ ᄒᆞ마⁸⁵⁾ 千_쳔萬_먼 부텨씌 믈읫⁸⁶⁾ 됴

ᄒᆫ 根_{ᄀᆫ}源_원을 시므시니라⁸⁷⁾【燈_등明_명⁸⁸⁾을 브터셔⁸⁹⁾ 여듧 意_힁⁹⁰⁾ 겨샤ᄆᆞᆫ⁹¹⁾

妙_묠明_명⁹²⁾ 眞_진心_심을 브터셔 妙_묠觀_관察_챵意_힁⁹³⁾ 나미 그 用_용⁹⁴⁾이 여들비 잇ᄂᆞᆫ

들⁹⁵⁾ 表_병ᄒᆞ니라

　　　察_챵은 슬필 씨라⁹⁶⁾

---

77) 大乘엣: 大乘(대승) + -에(부조, 위치) + -ㅅ(-의: 관조) ※ '大乘(대승)'은 중생을 제도하여 부처의 경지에 이르게 하는 것을 이상으로 하는 불교이다. 그 교리, 이상, 목적이 모두 크고 깊으며 그것을 받아들이는 중생의 능력도 큰 그릇이라 하여 이렇게 이른다. 소승을 비판하면서 일어난 유파로 한국, 중국, 일본의 불교가 이에 속한다.

78) 샹녜: 항상, 常(부사)

79) 조ᄒᆫ: 조ᄒ(깨끗하다, 맑다, 梵)- + -Ø(현시)- + -ㄴ(관전)

80) 힝뎍: 행적(行績). ※ '조ᄒᆫ 힝뎍'은 '梵行(범행)'을 직역한 것으로 맑고 깨끗한 행실이나 불교에서 행하는 수행이다.

81) 다까: 닭(닦다, 修)- + -아(연어)

82) 다: [다, 悉(부사): 다(← 다ᄋᆞ다: 다하다, 盡, 동사)- + -아(연어▷부접)]

83) 法師: 法師(법사) + -ㅣ(←-이: 보조) ※ '法師(법사)'는 불법에 통달하고 언제나 청정한 수행을 닦아 남의 스승이 되어 사람을 교화하는 승려이다.

84) ᄃᆞ외샤: ᄃᆞ외(되다, 爲)- + -샤(←-시-: 주높)- + -Ø(←-아: 연어)

85) ᄒᆞ마: 이미, 已(부사)

86) 믈읫: 모든, 諸(관사)

87) 시므시니라: 시므(심다, 殖)- + -시(주높)- + -Ø(과시)- + -니(원칙)- + -라(←-다: 평종)

88) 燈明: 등명. 일월등명불(日月燈明佛)을 이른다.

89) 브터셔: 븥(붙다, 비롯하다, 從)- + -어(연어) + -셔(-서: 보조사, 위치 강조)

90) 意: 의. 가장 마지막 부처의 여덟 왕자의 이름이다.

91) 겨샤ᄆᆞᆫ: 겨샤(← 겨시다: 계시다, 在)- + -ㅁ(←-옴: 명전) + -은(보조사, 주제)

92) 妙明: 묘명. 진실로 묘한 밝은 마음이다.

93) 妙觀察意: 묘관찰의. 진실로 묘한 밝은 마음으로 모든 법을 살피는 것이다.

94) 用: 용. 작용(作用)이다.

95) 들: ᄃᆞ(것: 의명) + -ㄹ(←-ᄅᆞᆯ: 목조)

96) 씨라: ᄊᆞ(← ᄉᆞ: 것, 의명) + -이(서조)- + -Ø(현시)- + -라(←-다: 평종)

微微妙妙ᄇᆞᆯᄒᆞᆫ ᄆᆞᅀᆞ미 本본來링 뷰有ᇢ 意ᇰ
能ᄂᆞᆼ히 用ᇰ이 이실ᄊᆡ 미
ᄇᆞᆯᄊᆡ 일후미 微妙有ᇢ ᅵ라 微妙 ᄆᆞᅀᆞ매 微妙善
ᄆᆞᅀᆞ매 나 用ᇰ이 됴티 아니호미 업슬
ᄊᆡ 일후미 妙善意미니 이ᄂᆞᆫ 妙善
意라 量ᄋᆞᆯ 어루 아디 몯ᄒᆞᆯᄊᆡ
無量意미니 이ᄂᆞᆫ 妙量이라
量ᄋᆞᆫ 그르디 몯ᄒᆞᆯᄊᆡ 妙利 ᄅᆞᆯ
境意ᄋᆞᆯ 對ᄒᆞ야 길울ᄊᆡ 妙寶 ᅵ라
類ᄅᆞᆯ 觸ᄒᆞ야 길울ᄊᆡ 增
意미니 이ᄂᆞᆫ 妙增意 ᅵ라 類ᄅᆞᆯ 寶增意
能히 알

微妙(미묘)한 마음이 本來(본래) 비되 能(능)히 用(용)이 있으므로 이름이 '有意(유의)'이니, 이는 妙有(묘유)이다. 微妙(미묘)한 마음에서 나서 用(용)이 좋지 못한 것이 없으므로 이름이 '善意(선의)'이니, 이은 妙善(묘선)이다. 量(양)을 가히 알지 못하므로 이름이 '無量意(무량의)'이니, 이는 妙量(묘량)이다.

    量(양)은 그릇이니 (無量義는) 뜻이 커서 알지 못하는 것이다.

境(경)을 對(대)하여 利(이)롭게 쓰므로 이름이 '寶意(보의)'이니, 이는 妙寶(묘보)이다. 類(유)를 觸(촉)하여 길게 하므로 이름이 '增意(증의)'이니, 이는 妙增(묘증)이다. 能(능)히 잘 알므로

微밍妙묭흔 ᄆᆞᅀᆞ미 本본來ᄙᆡ 뷔유듸[97] 能ᄂᆞᆼ히 用용이 이실씨 일후미[98] 有ᄋᆞᆯ意힁니

이는 妙묭有ᄋᆞᆯᅵ라 微밍妙묭흔 ᄆᆞᅀᆞ매셔 나아 用용이 몯 됴ᄒᆞ니[99] 업슬씨 일후미

善쎤意힁니 이는 妙묭善쎤이라 量량ᄋᆞᆯ 어루[1] 아디 몯홀씨 일후미 無뭉量량意힁니

이는 妙묭量량이라

　　量량ᄋᆞᆫ 그르시니[2] 뜨디[3] 커 아디 몯홀 씨라

境경[4]을 對됭ᄒᆞ야 利링히[5] 쓸씨[6] 일후미 寶ᄇᆞᇰ意힁니 이는 妙묭寶ᄇᆞᇰᅵ라 類ᄅᆔᆼᄅᆞᆯ

觸쵸ᄒᆞ야[7] 길울씨[8] 일후미 增즈ᇰ意힁니 이는 妙묭增즈ᇰ이라 이대[9] 能ᄂᆞᆼ히 알씨

---

97) 뷔유듸: 뷔(비다, 空)- + -유듸(← -우듸: -되, 연어, 설명 계속)

98) 일후미: 일훔(이름, 名) + -이(주조)

99) 됴ᄒᆞ니: 둏(좋다, 善)- + -Ø(현시)- + -은(관전) # 이(이, 것: 의명) + -Ø(← -이: 주조)

 1) 어루: 가히, 능히(부사)

 2) 그르시니: 그릇(그릇, 皿) + -이(서조)- + -니(연어, 설명 계속)

 3) 뜨디: 뜯(뜻, 意) + -이(주조)

 4) 境: 경. 경계이다.

 5) 利히: [이롭게(부사): 利(리: 불어) + -ᄒᆞ(형접)- + -이(부접)]

 6) 쓸씨: 쓰(쓰다, 用)- + -ㄹ씨(-므로: 연어, 이유)

 7) 觸ᄒᆞ야: 觸ᄒᆞ[촉하다, 접촉하다: 觸(촉: 불어) + -ᄒᆞ(동접)-]- + -야(← -아: 연어)

 8) 길울씨: 길우[기르다, 길게 하다: 길(길다, 長)- + -우(사접)-]- + -ㄹ씨(-므로: 연어, 이유)

 9) 이대: [잘, 善(부사): 읻(좋다, 곱다, 善: 형사)- + -애(부접)]

씨 일후미 ·除뗭疑읭意·힝호미니 이 妙·묭
·覺·각·이·라 物·믏·을 ·應·ᄒᆞ·ᄃᆡ 妙·묭
響·향 ᄀᆞᆮ홀·ᄊᆡ 일·후·미 響·향意·ᅙᅵᆼ·니 이 妙·묭
響·향·이·라 萬·먼法·법·을 셰·우·ᄊᆡ 일·후·미 法·법
意·ᅙᅵᆼ·라 ᄒᆞ·니 이 妙·묭法·법·이·라 四·ᄉᆞᆼ天텬
下·ᅘᅡᆼ·ᄅᆞᆯ 거·ᄂᆞ·리·샤·ᄆᆞᆫ 物·믏·의 ᄠᆡ·ᄅᆞᆯ 몯 免·면
ᄒᆞ·샤·미·오 出·츓家·강·ᄒᆞ·샤·ᄆᆞᆫ 情·ᄍᆡᆼ·을 여·희·여 ᄠᆡ·ᄅᆞᆯ 아·ᅀᅡ 正·정覺·각·애 가·시·ᄂᆞᆫ 表·표·ㅣ·라
이 心심王·왕·이 三삼界·갱·예 나·면 八·밣識·식 이 조·차 나·아 法·법師·ᄉᆞᆼ 이 ᄃᆞ외·요·미 ᄯᅩ 이 ᄀᆞᆮ·ᄒᆞ·리·라
八·밣識·식·은 六·륙識·식·과 第·똉七·칧 末·맗那
·냥識·식·과 第·똉八·밣 阿·항賴·랭耶양識·식
·괘·라 眼·안 耳·ᅀᅵᆼ 鼻·삥 舌·ᅌᅥᆯ 身·신 意·ᅙᅵᆼ·ᄂᆞᆫ 六·륙

이름이 '除疑意(제의의)'이니, 이는 妙覺(묘각)이다. 物(물)을 應(응)하되 메아리 같으므로 이름이 '響意(향의)'이니, 이는 妙響(묘향)이다. 萬法(만법)을 세우므로 이름이 '法意(법의)'이니, 이는 妙法(묘법)이다. 四天下(사천하)를 거느리시는 것은 物(물)의 때(垢)를 못 免(면)하시는 것이요, 出家(출가)하시는 것은 情(정)을 떨쳐서 때(垢)를 앗아 正覺(정각)에 가시는 表(표)이다. 이 心王(심왕)이 三界(삼계)의 집에서 나면 八識(팔식)의 아들이 좇아 나서 法師(법사)가 되는 것이 또 이와 같으리라.

八識(팔식)은 六識(육식)과 第七(제칠)의 末那識(말나식)과 第八(제팔) 阿賴耶識(아뢰야식)이다. 眼(안) · 耳(이) · 鼻(비) · 舌(설) · 身(신) · 意(의)는 六根(육근)이요,

일후미 除_띵疑_읭意_힁니 이는 妙_묳覺_각이라 物_묧을 應_흥호ᄃᆡ 뫼ᅀᅡ리¹⁰⁾ ᄀᆞᆮᄒᆞᆯ씨¹¹⁾ 일

후미 響_향意_힁니 이는 妙_묳響_향이라 萬_먼法_법을 셸씨¹²⁾ 일후미 法_법意_힁니 이는 妙

_묳法_법이라 四_{ᄉᆞ}天_텬下_{ᅘᅡ} 거느리샤ᄆᆞᆫ¹³⁾ 物_묧의 ᄯᅴᄅᆞᆯ¹⁴⁾ 몯 免_면ᄒᆞ실 ᄊᆡ오 出_츓家_강

ᄒᆞ샤ᄆᆞᆫ 情_쪙을 여희여 ᄯᅴᄅᆞᆯ 아ᅀᅡ¹⁵⁾ 正_졍覺_각¹⁶⁾애 가시ᄂᆞᆫ 表_뵿ㅣ라 이 心_심王_왕¹⁷⁾이

三_삼界_갱 지븨 나면 八_밢識_식¹⁸⁾ 아ᄃᆞ리 조차 나 法_법師_{ᄉᆞ}¹⁹⁾ ᄃᆞ외요미 ᄯᅩ 이 ᄀᆞᆮᄒᆞ리

라

　　八_밢識_식은 六_륙識_식²⁰⁾과 第_똉七_칧 末_맗那_낭識_식²¹⁾과 第_똉八_밢 阿_항賴_랭耶_양

　　識_식괘라²²⁾ 眼_안 耳_{ᅀᅵ} 鼻_{삥} 舌_쎯 身_신 意_힁ᄂᆞᆫ 六_륙根_군²³⁾이오

---

10) 뫼ᅀᅡ리: 뫼ᅀᅡ리[메아리, 響: 뫼(← 뫼ㅎ: 산, 山) + 살(← 살다: 살다, 在)- + -이(명접)] + -Ø(← -이: -와, 부조, 비교)

11) ᄀᆞᆮᄒᆞᆯ씨: ᄀᆞᆮᄒᆞ(같다, 如)- + -ㄹ씨(-므로: 연어, 이유)

12) 셸씨: 셰[세우다, 起: 셔(서다, 立: 자동)- + -ㅣ(← -이-: 사접)-]- + -ㄹ씨(-므로: 연어, 이유)

13) 거느리샤ᄆᆞᆫ: 거느리(거느리다, 領)- + -샤(← -시-: 주높)- + -ㅁ(← -옴: 명전) + -ᄋᆞᆫ(보조사, 주제)

14) ᄯᅴᄅᆞᆯ: ᄯᅴ(때, 垢, 구) + -ᄅᆞᆯ(목조)

15) 아ᅀᅡ: 앗(← 앗다, ㅅ불: 앗다, 빼앗다, 奪)- + -아(연어)

16) 正覺: 정각. 일체의 참된 모습을 깨달은 더할 나위 없는 지혜이다.

17) 心王: 심왕. 의식 작용의 본체인 마음이다.

18) 八識: 팔식. 여덟 가지 인식 작용을 이르는 말이다. 안식(眼識), 이식(耳識), 비식(鼻識), 설식(舌識), 신식(身識)의 오식(五識)과 의식(意識), 말나식(末那識), 아뢰야식(阿賴耶識)을 이른다.

19) 法師: 법사. 불법에 통달하고 언제나 청정한 수행을 닦아 남의 스승이 되어 사람을 교화하는 승려이다.

20) 六識: 육식. 육근(六根)에 의하여 대상을 깨닫는 여섯 가지 작용이다. '안식(眼識)·이식(耳識)·비식(鼻識)·설식(舌識)·신식(身識)·의식(意識)'을 이른다.

21) 末那識: 말나식. 삼식(三識)의 하나. 모든 감각이나 의식을 통괄하여 자기라는 의식을 낳게 하는 마음의 작용이다. 말나식은 객관의 사물을 자아로 여겨 모든 미망(迷妄)의 근원이 되는 잘못된 인식 작용을 이른다.

22) 阿賴耶識괘라: 阿賴耶識 + -과(접조) + -ㅣ(← -이-: 서조)- + -Ø(현시)- + -라(← -다: 평종) ※ 阿賴耶識(아뢰야식)은 삼식(三識)의 하나로서, 모든 법의 종자를 갈무리하며, 만법(萬法) 연기(緣起)의 근본이 된다.

23) 六根: 육근. 육식(六識)을 낳는 '눈·귀·코·혀·몸·뜻'의 여섯 가지 근원이다.

> 룍根(근)곤이오 色(식) 聲(셩) 香(향) 味(밍) 觸(쵹)
> 法(법)은 六(륙)塵(띤)이니 누네 보논 거시 色(식)이오
> 고해 마토미 香(향)塵(띤)이오 귀예 드로미 聲(셩)塵(띤)이오
> 혀에 맛보미 味(밍)塵(띤)이오 모매 더러부미 觸(쵹)塵(띤)이오
> ᄠᅳ데 著(땩)호미 法(법)塵(띤)이라 모도아 十二(씹싱)處(청)ㅣ라
> 六(륙)識(식)은 本來(본ᄅᆡ) 제 ᄒᆞᆫ ᄆᆞᅀᆞ미로ᄃᆡ 六根(륙근)을 다 브터
> 六(륙)識(식)이 ᄃᆞ외ᄂᆞ니 보ᄆᆞᆯ 조차 眼識(안식)이 ᄃᆞ외며
> 드로ᄆᆞᆯ 조차 耳識(ᅀᅵ식)이 ᄃᆞ외며 마토ᄆᆞᆯ 조차 鼻識(삥식)이 ᄃᆞ외며
> 맛보ᄆᆞᆯ 조차 舌識(쎯식)이 ᄃᆞ외며 더러부ᄆᆞᆯ 조차 身識(신식)이 ᄃᆞ외며
> 分別(분별)호ᄆᆞᆯ 조차 意識(ᅙᅴ식)이

色(색)·聲(성)·香(향)·味(미)·觸(촉)·法(법)은 六塵(육진)이니, 눈에 보는 것이 色塵(색진)이요, 귀에 듣는 것이 聲塵(성진)이요, 코에 맡는 것이 香塵(향진)이요, 혀에 맛보는 것이 味塵(미진)이요, 몸에 더러운 것이 觸塵(촉진)이요, 뜻에 執著(집착)하는 것이 法塵(법진)이니, (육근과 육진을) 합하여 十二處(십이처)이다. 또 六識(육식)은 本來(본래) 스스로 한 마음이로되, 六根(육근)을 다 의지하여 六識(육식)이 되나니, 보는 것을 좇아 眼識(안식)이 되며, 듣는 것을 좇아 耳識(이식)이 되며, 맡는 것을 좇아 鼻識(비식)이 되며, 맛보는 것을 좇아 舌識(설식)이 되며, 더러움을 좇아 身識(신식)이 되며, 分別(분별)하는 것을 좇아 意識(의식)이

色_식 聲_성 香_향 味_밍 觸_쵹 法_법은 六_륙塵_띤²⁴⁾이니 누네 보미 色_식塵_띤이오 귀예 드로미 聲_성塵_띤이오 고해²⁵⁾ 마토미²⁶⁾ 香_향塵_띤이오 혀에 맛보미 味_밍塵_띤이오 모매 더러부미²⁷⁾ 觸_쵹塵_띤이오 뜨데 着_땩호미²⁸⁾ 法_법塵_띤이니 어울워²⁹⁾ 十_씹二_싱處_청ㅣ라³⁰⁾ 쏘 六_륙識_식은 本_본來_링 제³¹⁾ 혼 므스미로딕³²⁾ 六_륙根_군을 다 브터³³⁾ 六_륙識_식이 드외느니 보물 조차 眼_안識_식이 드외며 드로물 조차 耳_싱識_식이 드외며 마토물 조차 鼻_뼁識_식이 드외며 맛보물 조차 舌_쎯識_식이 드외며 더러부믈 조차 身_신識_식이 드외며 分_분別_볋호믈³⁴⁾ 조차 意_힁識_식이

---

24) 六塵: 육진. 육식(六識)의 대상인 '육경'(六境)을 달리 이르는 말이다. 중생의 참된 마음을 더럽히는 것들이라는 뜻이다. 색(色), 성(聲), 향(香), 미(味), 촉(觸), 법(法)이다.

25) 고해: 고ㅎ(코, 鼻) + -애(-에: 부조, 위치)

26) 마토미: 맡(맡다, 嗅)- + -옴(명전) + -이(주조)

27) 더러부미: 더럽(← 더럽다, ㅂ불: 더럽다, 汚)- + -움(명전) + -이(주조)

28) 着호미: 着ㅎ[着ㅎ다(착하다, 집착하다): 着(착: 불어) + -ㅎ(동접)-]- + -옴(명전) + -이(주조)

29) 어울워: 어울우[합치다, 合: 어울(어울리다, 합쳐지다, 合: 자동)- + -우(사접)-]- + -어(연어)

30) 十二處ㅣ라: 十二處(십이처) + -ㅣ(←-이-: 서조)- + -∅(현시)- + -라(←-다: 평종) ※ '十二處(십이처)'는 육근(六根)과 육경(六境)을 합한 것으로, 불교에서 우리가 살고 있는 현실 세계와 그 이면을 설명하는 기본 구조를 이룬다. 불교에서는 눈·귀·코·혀·몸의 다섯 감각 기관을 오근(五根)이라 하며, 이를 통솔하는 마음을 의근(意根)이라 하는데, 이 두 가지가 육근을 이룬다고 한다. 그리고 육근이 인식하는 대상, 즉 눈으로 보는 것(色境), 귀로 듣는 것(聲境), 코로 냄새를 맡는 것(香境), 입으로 맛을 아는 것(味境), 몸으로 부딪혀 아는 것(觸境), 마음으로 느껴 아는 것(法境)을 합해서 육경이라 한다.

31) 제: 저(저, 자기, 自: 인대, 재귀칭) + -ㅣ(←-의: 관조) ※ '제'는 문맥을 감안하여 '스스로'로 의역하여 옮긴다.

32) 므스미로딕: 므슴(마음, 心) + -이(서조)- + -로딕(←-오딕: -되, 연어, 설명 계속)

33) 브터: 븥(붙다, 말미암다, 의지하다)- + -어(연어)

34) 分別호믈: 分別ㅎ(분별하다, 구분하다)- + -옴(명전) + -을(목조)

흥(興)識(식)이 두외ᄂᆞ니 根(근)塵(진)識(식)
어우러 十(십)八(팔)界(계)ᄅ 드외ᄂᆞ니 異(이)熟(숙)
이여 듧 가짓 識(식)이 세 가짓 能(능)히 變(변)
변호미 ᄀᆞ자 잇ᄂᆞ니 ᄒᆞ나ᄂᆞᆫ 異(이)熟(숙)
이니 ○ 異(이)ᄂᆞᆫ 다ᄅᆞᆯ 씨오 熟(숙)ᄋᆞᆫ
니라 둘흔 思(사)量(량)이니 곧 第(제)七(칠)識(식)
곧 第(제)八(팔)識(식)이 異(이)熟(숙)性(성)이
이 時(시)常(상) 子(자)細(세)히 思(사)量(량)홀
라 이 세 혼 境(경)이니 곧 第(제)六(륙)識(식)이니
멀터뷘 境(경)을 알 씨 마리라 ○ 阿(아)賴(뢰)
눈 藏(장)識(식)이라 ○ 諸(제)法(법)種(종)
올 能(능)히 含(함)藏(장)홀 씨
변호미 두 가지 잇ᄂᆞ니 ᄒᆞ나ᄂᆞᆫ 因(인)能(능)變(변)

되나니, 根(근)·塵(진)·識(식)이 아울러서 十八界(십팔계)가 되느니라. ○ 이 여덟 가지의 識(식)이 세 가지의 能(능)히 變(변)하는 것이 갖추어져 있으니, 하나는 異熟(이숙)이니,

異(이)는 다른 것이요 熟(숙)은 익은 것이다.

곧 第八識(제팔식)이 異熟性(이숙성)이 많기 때문이니라. 둘은 思量(사량)이니, 곧 第七識(제칠식)이 時常(시상) 子細(자세)히 思量(사량)하기 때문이니라. 셋은 了境(요경)이니, 곧 앞의 六識(육식)이 대략 境(경)을 알기 때문이니라. ○ 阿賴耶(아뢰야)는 藏識(장식)이라 한 말이니, 諸法種(제법종)을 能(능)히 含藏(함장)하기 때문이니라. ○ 能(능)히 變(변)하는 것이 두 가지가 있나니, 하나는 因能變(인능변)이니

ᄃᆞ외ᄂᆞ니 根ᄀᆞᆫ 塵띤 識식이 어우러[35] 十씹八밣界갱 ᄃᆞ외ᄂᆞ니라 ○ 이 여듧 가짓

識식이 세 가짓 能ᄂᆞᆼ히 變변호미 ᄀᆞᄌᆞ니[36] ᄒᆞ나ᄒᆞᆫ[37] 異잉熟쓕[38]이니

    異잉ᄂᆞᆫ 다를 씨오 熟쓕은 니글[39] 씨라

곧 第똉八밣識식 異잉熟쓕性셔ᇰ이 할씨니라[40] 둘흔[41] 思ᄉᆞᆼ量랴ᇰ[42]이니 곧 第똉七칧識

식[43]이 時씽常쌰ᇰ 子ᄌᆞ細솅히 思ᄉᆞᆼ量랴ᇰ홀씨니라[44] 세흔 了료ᇢ境겨ᇰ[45]이니 곧 알ᄑᆡᆨ[46]

六류ᇰ識식이 멀터비[47] 境겨ᇰ을 알씨니라 ○ 阿ᄒᆞᆼ賴랭耶양ᄂᆞᆫ 藏짜ᇰ識식이라 혼 마리니

諸져ᇰ法법種죠ᇰ[48]을 能ᄂᆞᆼ히 숨ᄒᆞᆷ藏짜ᇰ홀씨니라[49] ○ 能ᄂᆞᆼ히 變변호미 두 가지 잇ᄂᆞ니

ᄒᆞ나ᄒᆞᆫ 因ᅙᅵᆫ能ᄂᆞᆼ變변[50]이니

---

35) 어우러: 어울(아우르다, 합하다, 合)- + -어(연어)

36) ᄀᆞᄌᆞ니: ᄀᆞᆺ(갖추어져 있다, 備)- + -ᄋᆞ니(연어, 설명 계속)

37) ᄒᆞ나ᄒᆞᆫ: ᄒᆞ나ᄒᆞ(하나, 一: 수사, 양수) + -은(보조사, 주제)

38) 異熟: 이숙. 과거세나 현세의 업(業)이 원인이 되어, 미래세에 과보가 생길 때에, 그 과보가 인(因)과 다른 형태로 나타나는 것이다.

39) 니글: 닉(익다, 熟)- + -을(관전)

40) 할씨니라: 하(많다, 多)- + -ㄹ씨(-므로: 연어) + -ㅣ(← -이-: 서조)- + -Ø(현시)- + -니(원칙)- + -라(← -다: 평종) ※ '할씨니라'는 '많기 때문이니라'로 의역하여 옮긴다.

41) 둘흔: 둘ㅎ(둘, 二: 수사, 양수) + -은(보조사, 주제)

42) 思量: 사량. 생각하여 헤아리는 것이다.

43) 第七識: 제칠식. 팔식(八識) 가운데 일곱 번째인 말나식(末那識)을 말한다.

44) 思量홀씨니라: 思量ᄒᆞ[사량하다: 思量(사량) + -ᄒᆞ(동접)-]- + -ㄹ씨(-므로: 연어) + -ㅣ(← -이-: 서조)- + -Ø(현시)- + -니(원칙)- + -라(← -다: 평종)

45) 了境: 요경. 요경은 대상을 파악하는 것이다.

46) 알ᄑᆡᆨ: 앒(앞, 前) + -익(관조)

47) 멀터비: [거칠게, 대강, 粗(부사): 멀텋(← 멀텁다, ㅂ불: 거칠다)- + -이(부접)]

48) 諸法種: 제법종. 모든 진리의 씨앗이다.

49) 숨藏홀씨니라: 숨藏ᄒᆞ[함장하다: 숨藏(함장) + -ᄒᆞ(동접)-]- + -ㄹ씨(-므로: 연어) + -ㅣ(← -이-: 서조)- + -Ø(현시)- + -니(원칙)- + -라(← -다: 평종) ※ '숨藏(함장)'은 포함하여 감추는 것이다.

50) 因能變: 인능변. 모든 사물의 원인이 되는 씨앗이 나타나 작용함으로써 현상이 되는 일이다.

第八識(제팔식) 中(중)에 있는 等流(등류)와 異熟(이숙)과 두 가지의 因(인)에 있는 習氣(습기)를 이르니, 等流習氣(등류습기)는 第七識(제칠식) 中(중)에 있는 善(선)·惡(악)·無記(무기)를 熏(훈)하여 길러 내는 것이요,

　　無記(무기)는 아쩔하여 아는 것이 없는 것이다. 熏(훈)은 發(발)하며 일으키
　　는 것이다.

異熟習氣(이숙습기)는 六識(육식) 中(중)에 있는 有漏(유루)와 善惡(선악)이 熏(훈)하여 길러 내는 것이다. 둘은 果能變(과능변)이니 앞의 두 가지의 習氣力(습기력)으로 八識(팔식)이나 種種(종종)의 相(상)을 나타내는 것을 이르니, 等流習氣(등류습기)의 因緣(인연)의 까닭으로 八識(팔식)의 體相(체상)이 여러 가지로 나나니 (그) 이름이 等流果(등류과)이니, 果(과)가

第떙八밣識식 中듕엣[51] 等듕流륳[52]와 異잉熟쓕과 두 가짓 因힌엣 習씹氣킝[53]를 니

르니 等듕流륳習씹氣킝[54]는 第떙七칧識식 中듕엣 善쎤 惡학 無뭉記긩[55] 熏훈ᄒ

야[56] 길어[57] 낼 씨오

　　無뭉記긩는 아줄ᄒ야[58] 아로미 업슬 씨라 熏훈은 發벓ᄒ며 닐윌[59] 씨라

異잉熟쓕習씹氣킝[60]는 六륙識식 中듕엣 有윰漏륳[61] 善쎤惡학이 熏훈ᄒ야 길어 낼

씨라 둘흔 果광能능變변[62]이니 알픠 두 가짓 習씹氣킝力륵으로 八밣識식이나 種

죵種죵 相샹 나토ᄆᆯ[63] 니르니 等듕流륳習씹氣킝 因힌緣원 젼ᄎ로 八밣識식 體톙

相샹[64]이 여러 가지로 나ᄂᆞ니 일후미 等듕流륳果광[65]ㅣ니 果광ㅣ

---

51) 中엣: 中(중) + -에(부조, 위치) + -ㅅ(-의: 관조) ※ '中엣'은 '中(중)에 있는'으로 옮긴다.

52) 等流: 등류. 같은 종류나 부류이다. 원인과 같은 결과를 초래하는 잠재력이다.

53) 習氣: 습기. 습관으로 형성된 기운이나 습성이다.

54) 等流習氣: 등류습기. 원인과 같은 결과를 초래하는 잠재력이다. ※ '習氣(습기)'는 습관으로 형성된 기운이나 기질이다.

55) 無記: 무기. 불교에서는 인간 의식이 외부로 표출되는 것을 선과 악과 무기의 3성(性)으로 구분하는데, 이 중 무기는 선악의 분별이 없는 상태이다.

56) 熏ᄒ야: 熏ᄒ[훈하다: 熏(훈: 불어) + -ᄒ(동접)-]- + -야(← -아: 연어) ※ '熏(훈)'은 불교에서 어떤 것에 계속하여 자극을 줄 때에, 그것의 언어, 동작, 생각이 점차 영향을 받는 작용이다.

57) 길어: 길[← 기르다(기르다, 養): 길(길다, 長)- + -으(사접)-]- + -어(연어)

58) 아줄ᄒ야: 아줄ᄒ[아찔하다, 혼미하다: 아줄(아찔: 불어) + -ᄒ(형접)-]- + -야(← -아: 연어)

59) 닐윌: 닐위[일으키다: 닐(일다, 起)- + -우(사접)- + -ㅣ(← -이-: 사접)-]- + -ㄹ(관전)

60) 異熟習氣: 이숙습기. 원인과 다른 성질로 성숙된 결과를 초래하는 잠재력이다. ※ '異熟(이숙)'은 과거세나 현세의 업이 원인이 되어 미래세에 과보가 생길 때에, 그 과보가 인(因)과 다른 형태로 나타나는 것이다.

61) 有漏: 유루. 삼루(三漏)의 하나로서 번뇌에 얽매이어 깨달음을 얻지 못한 범부의 경지를 이른다. ※ 누(漏)는 마음에서 더러움이 새어 나온다는 뜻으로 번뇌를 말한다.

62) 果能變: 과능변. 종자(種子)에 대한 결과로서의 팔식(八識)이 각각 그 힘에 따라 각자의 상분(相分), 견분(見分)으로 변하여 나타나는 일이다.

63) 나토ᄆᆯ: 나토[나타내다, 現: 낟(나타나다, 現: 자동)- + -호(사접)-]- + -ㅁ(← -옴: 명전) + -ᄋᆞᆯ(목조)

64) 體相: 체상. 본질인 체(體)와 그 본질이 밖으로 나타난 현상인 상(相)을 아울러 이르는 말이다.

65) 等流果: 등류과. 원인과 똑같은 성질을 지닌 결과이다.

ㅣ因인ᄒᆞᆫ과ᄀᆞᆮ

ᄒᆞ젼치라

果광ㅣ 因인ᄒᆞᆫ과ᄀᆞᆮ홀ᄊᆡ 等ᄃᆞᆼ流륳ㅣ라ᄒᆞ니 等ᄃᆞᆼ流륳ᄂᆞᆫ ᄒᆞᆫ주비라 ᄒᆞ논마

異잉熟쓕習씹氣킝ᄂᆞᆫ 增ᄌᆡᆼ上쌰ᇰ緣원이 ᄃᆞ외야 第똉八밣識식을 感감ᄒᆞ야

引인業ᅌᅥᆸ을 갑ᄂᆞᆫ히미

引인은 ᅘᅧᆯ씨니 引인業ᅌᅥᆸ은 아래 잇ᄂᆞ니라

時씽常쌰ᇰ서르 닛ᄂᆞᆯᄊᆡ 異잉熟쓕일후믈 지ᄒᆞ니라 알ᄑᆡᆺ六륙識식을 感감ᄒᆞ

因(인)과 같은 까닭이다.

　　果(과)가 因(인)과 같으므로 等流(등류)이라 하니, 等流(등류)는 한 무리이라
　　고 한 말이다.

異熟習氣(이숙습기)는 增上緣(증상연)이 되어 第八識(제팔식)을 感(감)하여 引
業(인업)을 갚는 힘이

　　引(인)은 끄는 것이니, 引業(인업)은 아래에 있느니라.

時常(시상) 서로 이으므로, 異熟(이숙)의 이름을 붙였니라. 앞에 있는 六識(육
식)을 感(감)하여

因인과 곧흔 젼치라[66]

　果광ㅣ 因인과 곧홀씨 等등流률ㅣ라 ᄒ니 等등流률는 흔 주비라[67] 흔 마리라

異잉熟쓕習씹氣킝는 增증上쌍緣원[68]이 ᄃ외야 第똉八밣識식을 感감ᄒ야 引인業업[69] 을 갑논[70] 히미

　引인은 혈[71] 씨니 引인業업은 아래 잇ᄂ니라

　時씽常쌍[72] 서르 니슬씨[73] 異잉熟쓕 일후믈 지흐니라[74] 알핏[75] 六륙識식을 感감ᄒ야

---

66) 젼치라: 젼ᄎ(까닭, 故) + -ㅣ(← -이-: 서조) - + -Ø(현시) - + -라(← -다: 평종)

67) 주비라: 주비(종류, 무리, 類) + -Ø(← -이-: 서조) - + -Ø(현시) - + -라(← -다: 평종)

68) 增上緣: 증상연. 다른 법을 일으키는 데에 힘이 되는 연(緣)이다. 다른 것이 생겨 나는 데 힘을 주어 돕는 '여력 증상연(與力 增上緣)'과 다른 것이 생겨 나는 것을 방해(妨害)하지 않는 '부장 증산연(不障增上緣)'의 두 가지가 있다. 이를테면 곡식(穀食)에 대(對)하여 온도(溫度)와 비를 주는 것은 여력 증상연이고, 폭풍(暴風)이 불지 않는 등(等)은 부장 증상연이다.

69) 引業: 인업. 과보를 가져오는 업이다.

70) 갑논: 갑(← 갚다: 갚다, 酬) - + -ㄴ(← -ᄂ-: 현시) - + -오(대상) - + -ㄴ(관전)

71) 혈: 혀(끌다, 끌다, 引) - + -ㄹ(관전)

72) 時常: 시상. 언제나 늘, 항상(부사)

73) 니슬씨: 닝(← 닛다, ㅅ불: 잇다, 繼) - + -을씨(-므로: 연어, 이유)

74) 지흐니라: 짛(이름을 붙이다, 作名) - + -Ø(과시) - + -으니(원칙) - + -라(← -다: 평종)

75) 알핏: 앎(앞, 前) + -익(-에: 부조, 위치) + -ㅅ(-의: 관조) ※ '알핏'은 '앞에 있는'으로 옮긴다.

야 滿만業업 갑ᄂᆞᆫ 거슨 異잉熟쓕을 브터 나닐씨 異잉熟쓕生싱이라 일홈 지코 異잉熟쓕이라 일홈 아니호문 굿ᄃᆞ루미 실씨니 異잉熟쓕과 熟쓕生싱果광ᄋᆞᆯ 異잉熟쓕果광이라 일홈ᄒᆞ니 果광이 因힌과 다ᄅᆞᆯ씨라 熟쓕因힌은 前쪈生싱앳 善쎤惡학業업이라 ○第똉八밣識식이 本본來ᄅᆡᆼ 阿항賴랭耶양ㅅ 일후미 업거늘 第똉七칧이 第똉八밣 見견分분을 자바 내라 ᄒᆞ야 第똉八밣이 阿항賴랭耶양 일후믈 언게ᄒᆞᄂᆞ니 아니 자ᄇᆞᆯ 쩨ᄂᆞᆫ 오직 일후믈 異잉熟쓕識식이라 호미 이 善쎤

滿業(만업)을 갚는 것은 異熟(이숙)을 의지하여 일어나므로 異熟生(이숙생)이라고 이름을 붙이고, 異熟(이숙)이라 이름을 아니 붙이는 것은 끌어듦이 있기 때문이니, 異熟(이숙)과 異熟生(이숙생)을 異熟果(이숙과)라고 이름을 붙이니, 果(과)가 因(인)과 다르기 때문이니라.

因(인)은 前生(전생)에 있은 善惡業(선악업)이다.

○ 또 第八識(제팔식)이 本來(본래) 阿賴耶(아뢰야)의 이름이 없거늘, 第七(제칠)이 第八(제팔)의 見分(견분)을 잡아 내라 하여 第八(제팔)이 阿賴耶(아뢰야)의 이름을 얻게 하나니, (체칠이 제팔의 견분을) 아니 잡을 적에는 오직 이름을 異熟識(이숙식)이라 하는 것은 이 善惡業果位(선악업과위)이니,

滿_만業_업⁷⁶⁾ 갑논 거스란⁷⁷⁾ 異_잉熟_쓕을 브터셔 닐씨⁷⁸⁾ 異_잉熟_쓕生_싱⁷⁹⁾이라 일훔 지코⁸⁰⁾ 異_잉熟_쓕이라 일훔 아니 지호ᄆ 굿드루미⁸¹⁾ 이실씨니 異_잉熟_쓕과 異_잉熟_쓕生_싱을 異_잉熟_쓕果_광⁸²⁾ㅣ라 일훔 짇ᄂᆞ니⁸³⁾ 果_광ㅣ 因_{ᅙᅵᆫ}과 다ᄅᆞᆯ씨니라⁸⁴⁾

因_{ᅙᅵᆫ}ᄋᆞᆫ 前_쪈生_싱앳 善_쎤惡_{ᅙᅡᆨ}業_업⁸⁵⁾이라

○ 쏘 第_똉八_밣識_식⁸⁶⁾이 本_본來_{ᄛᅵᆼ} 阿_{ᅙᅡᆼ}賴_랭耶_양 일후미 업거늘 第_똉七_칧⁸⁷⁾이 第_똉八_밣이 見_견分_뿐⁸⁸⁾을 자바 내라 ᄒᆞ야 第_똉八_밣이 阿_{ᅙᅡᆼ}賴_랭耶_양ㅅ 일후믈 얻게 ᄒᆞᄂᆞ니 아니 자ᄇᆞᆯ 쩌근⁸⁹⁾ 오직 일후믈 異_잉熟_쓕識_식⁹⁰⁾이라 호ᄆ 이 善_쎤惡_{ᅙᅡᆨ}業_업果_광位_윙⁹¹⁾니

---

76) 滿業: 만업. 별보(別報)의 결과를 끌어내는 업이다. ※ '별보(別報)'는 총보(總報)에 더하여 업인(業因)에 따라 제각기 달리 나타나는 과보(果報)이다.

77) 거스란: 것(것: 의명) + -으란(보조사, 주제)

78) 닐씨 : 닐(일어나다, 起)- + -ㄹ씨(-므로: 연어, 이유)

79) 異熟生: 이숙생. 원인과 다른 성질로 성숙된 것, 곧 이숙과이다.

80) 지코: 짛(붙이다, 附)- + -고(연어, 나열, 계기)

81) 굿드루미: 굿들[끌어들다: 굿(← 그스다: 끌다)- + 들(들다, 入)-]- + -움(명전) + -이(주조)

82) 異熟果: 이숙과. 오과(五果)의 하나로서, 이숙인(異熟因)으로 받는 과보이다. 곧, 원인과 다른 성질로 성숙된 결과로서, 원인은 좋거나 나쁜데 성숙된 결과는 좋지도 나쁘지도 않는 것이다.

83) 짇ᄂᆞ니: 짛(← 짛다: 붙이다, 附)- + -ᄂᆞ(현시)- + -니(연어, 설명 계속)

84) 다ᄅᆞᆯ씨니라: 다ᄅᆞ(다르다, 異)- + -ㄹ씨(-므로: 연어, 원인) + -ㅣ(← -이-: 서조)- + -Ø(현시)- + -라(← -다: 평종)

85) 善惡業: 선악업. 선업(善業)과 악업(惡業)을 아울러서 이르는 말이다.

86) 第八識: 제팔식. 팔식(八識) 가운데 여덟 번째인 아뢰야식(阿賴耶識)을 말한다.

87) 第七: 제칠. 제칠식이다. 팔식(八識) 가운데 일곱 번째인 말나식(末那識)을 말한다.

88) 見分: 견분. 사분(四分)의 하나이다. 객관의 사물이 인식하기에 적합하도록 주관에 나타나는 영상인 상분(相分)을 인식하는 작용이다.

89) 쩌근: 쩍(← 적: 적, 때, 時, 의명) + -은(보조사, 주제)

90) 異熟識: 이숙식. 아뢰야식(阿賴耶識)의 별명이다. 아뢰야식은 과거에 지은 행위의 과보로 일어나므로 이와 같이 말한다.

91) 善惡業果位: 선악업과위. 선악의 업에 따라서 받는 지위이다.

惡·학業·업果·광位·윙니 善·쎤惡·학業·업이 이 因힌이 ᄃᆞ외야 곧 블러 感·감·호·야 이 引인因힌果·광·ᄅᆞᆯ 得·득·호·야 前쪈世·솅 業·업이 因힌이 ᄃᆞ외야 이 善·쎤惡·학·ᄋᆞᆯ 因힌·ᄒᆞ·야 今금世·솅·예 第·똉八·밣 識·식·ᄋᆞᆯ 感·감·ᄒᆞ·니 이ᄀᆞ·티 無뭉記·긩 異·잉熟·쓩·이니 곧 果·광ㅣ니 果·광ㅣ 因힌·에 다·ᄅᆞᆯ·씨 일·후·믈 異·잉熟·쓩·이·라 ·ᄒᆞ·니·라 ·ᄯᅩ 네 ·ᄠᅳ·디 ·ᄀᆞ·ᄌᆞᆯ·씨 實·씷·와 常·쌍·과 徧·변·과 無뭉雜·짭·괘·니 이 일·후·미 眞진 異·잉熟·쓩識·식·이·라 問·문·호·ᄃᆡ 第·똉八·밣 眞진 異·잉熟·쓩識·식·을 엇·뎨 引인果·광ㅣ·라 ·ᄒᆞ·뇨 對·됭答·답·호·ᄃᆡ 善·쎤惡·학業·업·은 能능 引·인·이·오 第·똉八·밣·ᄋᆞᆫ 所송引·인·이·니

善惡業(선악업)이 因(인)이 되어 곧 불러 感(감)하여 이 引果(인과)를 得(득)하므로, 前世(전세)의 業(업)이 因(인)이 되어 이 善惡(선악)을 因(인)하여 今世(금세)에 第八識(제팔식)을 感(감)하니, 이것이 無記異熟(무기이숙)이니 곧 果(과)이니, 果(과)가 因(인)과 다르므로 이름을 異熟(이숙)이라고 하였느니라. 또 네 가지의 뜻이 갖추어져 있으니 實(실)과 常(상)과 徧(변)과 無雜(무잡)이니, 이것이 이름이 眞異熟識(진이숙식)이다. 묻되, "第八(제팔)의 眞異熟識(진이숙식)을 어찌 引果(인과)라고 하였느냐?" 對答(대답)하되, "善惡業(선악업)은 能引(능인)이요 第八(제팔)은 所引(소인)이니,

善_쎤惡_학業_업이 因_힌이 ᄃᆞ외야 곧 블러⁹²⁾ 感_감ᄒᆞ야 이 引_인果_광⁹³⁾를 得_득ᄒᆞᆯᄊᆡ 前_쪈世_셍業_업이 因_힌이 ᄃᆞ외야 이 善_쎤惡_학ᄋᆞᆯ 因_힌ᄒᆞ야 今_금世_셍예 第_똉八_밣識_식을 感_감ᄒᆞ니 이⁹⁴⁾ 無_뭉記_긩異_잉熟_쓕⁹⁵⁾이니 곧 果_광ㅣ니 果_광ㅣ 因_힌에셔 다ᄅᆞᆯᄊᆡ 일후믈 異_잉熟_쓕이라 ᄒᆞ니라 ᄯᅩ 네 가짓 ᄠᅳ디 ᄀᆞᄌᆞ니⁹⁶⁾ 實_씷와 常_썅과 偏_변⁹⁷⁾과 無_뭉雜_짭괘니⁹⁸⁾ 이 일후미 眞_진異_잉熟_쓕識_식⁹⁹⁾이라 무로ᄃᆡ¹⁾ 第_똉八_밣 眞_진異_잉熟_쓕識_식을 엇뎨 引_인果_광²⁾ㅣ라 ᄒᆞ뇨 對_됭答_답호ᄃᆡ 善_쎤惡_학業_업은 能_능引_인³⁾이오 第_똉八_밣은 所_송引_인⁴⁾이니

---

92) 블러: 블르(← 브르다: 부르다, 呼)- + -어(연어)

93) 引果: 인과. 중생이 받는 과보(果報) 가운데 총체적인 과보이다.

94) 이: 이(이, 이것, 此: 지대) + -∅(← -이: 주조)

95) 無記異熟: 무기이숙. 무기는 선악의 분별이 없는 상태이다. 곧 무기이숙은 선악의 분별이 없는 상태의 이숙(異熟)이다.

96) ᄀᆞᄌᆞ니: ᄀᆞᆽ(갖추고 있다, 備: 형사)- + -∅(현시)- + -ᄋᆞᆫ(관전) # 이(이, 사람, 者: 의명) + -∅ (← -이: 주조)

97) 偏: 변. 영향이나 작용 따위가 대상에 두루 미치는 것이다.

98) 無雜괘니: 無雜(무잡) + -과(접조) + -ㅣ(← -이-: 서조)- + -니(연어, 설명 계속)

99) 眞異熟識: 진이숙식. 아뢰야식(阿賴耶識)을 말한다. '이숙'과 '이숙으로 생긴 것'을 구분하여 앞엣것을 진인숙(眞異熟)이라고 하고, 뒤엣것을 이숙생(異熟生)이라고 한다.

1) 무로ᄃᆡ: 물(← 묻다, ㄷ불: 묻다, 問)- + -오ᄃᆡ(-되: 설명의 계속)

2) 引果: 인과. 원인과 결과. 현상을 생성시키는 것과 생성된 현상이다.(= 因果)

3) 能引: 능인. '능(能)'은 어떤 행위의 주체나 인식의 주관을 말한다. 따라서 '능인(能引)'은 주관적으로 인식하는 원인이다.

4) 所引: 소인. '소(所)'는 어떤 행위의 객체나 인식의 객관을 말한다. 따라서 '소인(所引)'은 객관적으로 인식하는 원인이다.

은이 滿에 眞이 ᄠᅳ 론호 광ㅣ 광 能
朕실 딴서 眞引 ·디니 ·거果 ㅣ라 ㅣ 능
능ㅆ 業르 異잉 ·곳 眞 ·슬광 니 ·라 引
·히니 ·업니 熟 광 ·디 ·일 報 一 ·힝 ·인
引라과ㅅ 熟 곧引 異잉 ·후봄 ·ᅙᅵᆯ六 ·니 ·ᄒᆞ
·인·녀 곧引 ·디인 心 眞 ·ᄒᆞᆼ 을 ·룩 그·는 ·지
業 ·다인 心異 ·니 熟 異 ·와 ·뿐識 ·빗
·업·몬 ·아業 ·니 ·쏙 熟 ·씨 善 ·식 이 果
·디轉 ·니 ·을 一 ·라 ·잉 ·오 ·이 ·션은 惣 ·광
·몬둳 ·ᄒᆞ니 ·一 ·가 ·오직 熟 ·쏙이 ·일 ·종 ·ᄅᆞᆯ
·ᄒᆞ識 一·가 ·ᅙᅵᆯ 第 ·ᄃᆞ 生 滿 報 引 ·인
·야·식 一 ·파 切識 ·뗑라 ·잉 ·만 ·봄 ·인果
·루 ·드 切識 ·녕식 八 ·이 各 ·업 主 ·과
·마니 ·라 時 八 ·발 ·라 ·각滿 ·즁
·씨·니 ·뼝 時 ·발 ·가 ·이業 別滿
·씽니 ·온 ·짓 ·ᄒᆞ ·를 ·ᄇᆞᆯ 果

能引(능인)하는 집에 있는 果(과)이므로 引果(인과)라고 하니, 그러므로 이것이 惣報主(총보주)이다. 앞에 있는 六識(육식)은 이름이 滿果(만과)이니, 一分(일분)의 善惡(선악)의 各別(각별)한 果報(과보)가 와서 차므로 이 滿業(만업)이 부른 것을 이름을 異熟生(이숙생)이라고 하나니, 眞異熟(진이숙)이 아니라서 네 가지의 뜻이 갖추어져 있지 못하니라. 오직 第八(제팔)은 이 引果(인과)인 眞異熟識(진이숙식)이니, 眞異熟心(진이숙심)이 一切時(일체시)에 서로 이어 引業(인업)를 갚아서 이끄나니, 滿業(만업)과 같지 아니하니 끌어듦이 있기 때문이니라. 다른 轉識(전식)은 能(능)히 引業(인업)하지 못하여

能_능引_인ᄒᆞᄂᆞᆫ 지빗⁵⁾ 果_광ㅣ ᄅᆞᆯ씨⁶⁾ 引_인果_광ㅣ라 ᄒᆞ니 그럴씨⁷⁾ 이 惣_종報_봄主_즁ㅣ⁸⁾라 알핏 六_륙識_식은 일후미 滿_만果_광ㅣ니 一_{ᅙᅵᆳ}分_뿐⁹⁾ 善_쎤惡_학 各_각別_{ᄫᅧᆯ}ᄒᆞᆫ 果_광報_봄¹⁰⁾ㅣ 와 츨씨¹¹⁾ 이 滿_만業_업 블룬¹²⁾ 거슬 일후믈 異_잉熟_쓕生_싱이라 ᄒᆞᄂᆞ니 眞_진異_잉熟_쓕이 아니라 네 가짓 ᄠᅳ디 ᄀᆞ디¹³⁾ 몯ᄒᆞ니라 오직 第_똉八_밦은 이 引_인果_광眞_진異_잉熟_쓕識_식이니 眞_진異_잉熟_쓕心_심이 一_{ᅙᅵᆳ}切_쳉時_씽¹⁴⁾예 서르 니서 引_인業_업을 가파 혀ᄂᆞ니¹⁵⁾ 滿_만業_업과 ᄀᆞᆮ디 아니ᄒᆞ니 긋드루미¹⁶⁾ 이실씨니라¹⁷⁾ 녀나ᄆᆞᆫ¹⁸⁾ 轉_둳識_식¹⁹⁾은 能_능히 引_인業_업디²⁰⁾ 몯ᄒᆞ야

---

5) 지빗: 집(집, 家) + -의(부조, 위치) + -ㅅ(관조) ※ '지빗'는 '집에 있는'으로 의역하여 옮긴다.

6) 果ㅣㄹ씨: 果(과) + -ㅣ(←-이-: 서조) + -ㄹ씨(-므로: 연어, 이유)

7) 그럴씨: [그러므로, 故(부사, 이유): 그러(←그러ᄒᆞ다: 그러하다, 형사) + -ㄹ씨(-므로: 연어 ▷부접)]

8) 惣報主: 총보주. 하나의 부류(部類)에 공통된 과보(果報)의 주체이다. ※ '惣報(총보)'는 같은 사람이라도 빈부귀천의 차이가 있기는 하지만, 그래도 사람으로 태어나는 과보는 같다.

9) 一分: 일분. 아주 작은.

10) 果報: 과보. 전생에 지은 선악에 따라 현재의 행과 불행이 있고, 현세에서의 선악의 결과에 따라 내세에서 행과 불행이 있는 일이다.

11) 츨씨: 츳(차다, 滿) + -ㄹ씨(-므로: 연어, 이유)

12) 블룬: 블ㄹ(←브르다: 부르다, 呼) + -Ø(과시) + -우(대상) + -ㄴ(관전)

13) ᄀᆞ디: ᄀᆞᆾ(←ᄀᆞᆾ다: 갖추어져 있다, 備) + -디(-지: 연어, 부정)

14) 一切時: 일체시. 모든 때이다.

15) 혀ᄂᆞ니: 혀(끌다, 引) + -ᄂᆞ(현시) + -니(연어, 설명 계속)

16) 긋드루미: 긋들[끌어들다: 긋(←그스다: 끌다) + 들(들다, 入)-] + -움(명전) + -이(주조)

17) 이실씨니라: 이시(있다, 有) + -ㄹ씨(-므로: 연어, 원인) + -ㅣ(←-이-: 서조) + -Ø(현시)- + -니(원칙) + -라(←-다: 평종)

18) 녀나ᄆᆞᆫ: [다른, 有餘(관사): 년(←녀느: 여느, 다른 사람, 他) + 남(남다, 餘: 동사) + -ᄋᆞᆫ(관전 ▷관접)]

19) 轉識: 전식. 안식(眼識)·이식(耳識)·비식(鼻識)·설식(舌識)·신식(身識)·의식(意識)·말나식(末那識)을 통틀어 일컬음. 이 칠식은 아뢰야식(阿賴耶識)에서 발생하여 작용하므로 이와 같이 말한다.

20) 引業디: 引業[←引業ᄒᆞ다(인업하다): 引業(인업) + -ᄒᆞ(동접)-] + -디(-지: 연어, 부정) ※ 引業(인업)은 전생의 업과를 말미암아 현세의 운명이 이루어지는 일이나 그 운명이다.

·轉뎐識·식·은 아래 잇ᄂᆞ니·라 오직 善쎤惡·ᅙᅡᆨ業·업엣 果·광識·식·은 三삼界·갱·예 ▽·득·기 잇·고 六·륙識·식·은 無뭉色·ᄉᆞᆨ界·갱·예 ▽득 몯·며 無뭉心심定·ᅇᅥᆼ等·등·에 ▽득 몯·ᄃᆞ니 ○ 末·맗那낭·ᄂᆞᆫ 意·ᄒᆡᆼ·라 혼 ᄆᆞ리·며 ᄯᅩ 내·라 자·받·다 혼 ᄆᆞ리·며 ᄯᅩ 分분別·ᄇᆞᆯ·이·라 혼 ᄆᆞ리·니 ᄀᆞ초 닐·옳·뎬 訖·흔利·링瑟·슳吒·당耶양末·맗那낭·ᅵ·라 혼 ·마리·니 染·셤汚·ᅙᅳᆼ ᅵ라 혼 ᄠᅳ디·니 染·셤汚·ᅙᅳᆼ·ᄂᆞᆫ 더·러ᄫᅳᆯ·씨·라

轉識(전식)은 아래에 있느니라.

오직 善惡業果(선악업과)에 와서 찰 뿐이니, 引果識(인과식)은 三界(삼계)에 가득히 있고 六識(육식)은 無色界(무색계)와 無心定(무심정) 等(등)에 가득하지 못하니라." ○ 末那(말나)는 '意(의)'라고 한 말이며 또 '나(我)라고 하는 것을 잡았다.'라고 한 말이며 또 '分別(분별)'이라고 한 말이니, 갖추어서 이른다면 訖利瑟吒耶末那(흘리실타야말나)라고 한 말이니, 染汚(염오)라고 한 뜻이니,

染汚(염오)는 더러운 것이다.

轉둰識식은 아래 잇ᄂᆞ니라

오직 善쎤惡ᅙᅡᆨ業ᅌᅥᆸ果광애 와 ᄎᆞᆯ ᄲᅮ니니[21] 引ᅙᅵᆫ果광識식은 三삼界갱예 ᄀᆞᄃᆞ기[22] 잇고 六륙識식은 無뭉色ᄉᆡᆨ界갱[23]와 無뭉心심定뗭[24] 等둥에 ᄀᆞᄃᆞᆨ디[25] 몯ᄒᆞ니라 ○ 末맗那낭[26]ᄂᆞᆫ 意ᅙᅴᆼ라 ᄒᆞᆫ 마리며 ᄯᅩ 내라[27] ᄒᆞ몰 잡다 ᄒᆞᆫ 마리며 ᄯᅩ 分분別볋이라 ᄒᆞᆫ 마리니 ᄀᆞ초[28] 닐옳뎬[29] 訖긇利링瑟슳吒당耶양末맗那낭[30] ㅣ라 ᄒᆞᆫ 마리니 染셤汚ᅙᅩᆼ[31] ㅣ라 ᄒᆞᆫ ᄠᅳ디니[32]

染셤汚ᅙᅩᆼᄂᆞᆫ 더러ᄫᅳᆯ[33] 씨라[34]

---

21) ᄲᅮ니니: ᄲᅮᆫ(뿐: 의명) + -이(서조)- + -니(연어, 설명 계속, 이유)

22) ᄀᆞᄃᆞ기: [가득이, 盈(부사): ᄀᆞᄃᆞᆨ(가득, 盈: 부사) + -Ø(← -ᄒᆞ-: 형접)- + -이(부접)]

23) 無色界: 무색계. '욕계(慾界), 색계(色界), 무색계(無色界)' 등 삼계(三界)의 하나이다. 육체와 물질의 속박을 벗어난 정신적인 사유(思惟)의 세계를 이른다.

24) 無心定: 무심정. 모든 마음의 작용을 완전히 소멸한 선정(禪定)이다. ※ '禪定(선정)'은 불교의 근본 수행방법 가운데 하나이다. 마음이 산란해지는 것을 멈추고, 마음을 고요하게 통일하여 입정삼매에 들어가는 것을 의미한다.

25) ᄀᆞᄃᆞᆨ디: ᄀᆞᄃᆞᆨ[← ᄀᆞᄃᆞᆨᄒᆞ다(가득하다, 滿): ᄀᆞᄃᆞᆨ(가득, 滿: 부사) + -ᄒᆞ(형접)-]- + -디(-지: 연어, 부정

26) 末那: 말나. 삼식(三識)의 하나이다. 모든 감각이나 의식을 통괄하여 자기라는 의식을 낳게 하는 마음의 작용이다. 객관의 사물을 자아로 여겨 모든 미망(迷妄)의 근원이 되는 잘못된 인식 작용을 이른다.

27) 내라: 나(나, 我: 인대) + -ㅣ(← -이-: 서조)- + -Ø(현시)- + -라(← -다: 평종)

28) ᄀᆞ초: [갖추, 모두 있는 대로, 具(부사): ᄀᆞᆽ(갖추어져 있다, 具: 형사)- + -호(사접)- + -Ø(부접)]

29) 닐옳뎬: 닐(← 니ᄅᆞ다: 이르다, 曰)- + -오(대상)- + -ㅭ뎬(-면: 연어, 조건, 가정)

30) 訖利瑟吒耶末那: 흘리슬타야말나.

31) 染汚: 염오. 마음이나 몸을 괴롭히는 노여움이나 욕망 따위의 망념(妄念)이다.

32) ᄠᅳ디니 : ᄠᅳᆮ(뜻, 義) + -이(서조)- -니(연어, 설명 계속)

33) 더러ᄫᅳᆯ: 더러ᇦ(← 더럽다, ㅂ불: 더럽다, 汚)- + -Ø(현시)- + -을(관전)

34) 씨라: ㅅ(← ᄉᆞ: 것, 의명) + -이(서조)- + -Ø(현시)- + -라(← -다: 평종)

那낭經경ㅅ頌쑝애니르샤阿항陁땅　　묽ᄒᆞ야일후믈第똉七칧識식이라○解갱深심當당密　　언ᄒᆞ고일후믈지ᄒᆞ니라ㅇ躰톙룰當당　　六륙識식은根곤ᄋᆞᆯ從쭝ᄒᆞ야일후믈　　잇·고·녀·意ᅙ라ᄒᆞᄂᆞ니라·또能ᄂᆞᆼ히ᄀᆞᆯ·히·야일후믈　　ᄆᆞᆫ아·ᄃᆞᆯᄉᆡ一ᅙᆷ識식에·업슬·ᄊᆡ·ᄒᆞ오·사일후믈　　밧·ᄀᆞᆫ·올·ᄉᆞ량·ᄒᆞ야혜·아·료·리第똉七칧第똉八·ᅙ·ᅵᆼ라　　思ᄉᆞ量량·ᄒᆞᆯᄊᆡ일후미意ᅙ·ᅵᆼ라時씽常썅子ᄌᆞ細셰　　染염汚옹ㅣ라時씽常썅子ᄌᆞ細셰　　我앙癡칭힝네感·혹이我앙見견我앙慢만我앙愛

我癡(아치)·我見(아견)·我慢(아만)·我愛(아애)의 네 惑(혹)이 항상 한데 있으므로, 이름이 染汚(염오)이다. 時常(시상) 子細(자세)히 思量(사량)하므로 이름이 意(의)이다. 第八(제팔)을 생각하여 헤아려서 나를 삼나니, 이같이 思量(사량)하는 것은 오직 第七(제칠)에 있고 다른 識(식)에 없으므로, 혼자 이름을 意(의)라 하느니라. 또 能(능)히 가려서 알므로 이름을 識(식)이라 하느니라. 앞에 있는 六識(육식)은 根(근)을 從(종)하여 이름을 얻고, 이 第七識(제칠식)은 體(체)를 當(당)하여 이름을 붙였니라. ○ 解深密經(해심밀경)의 頌(송)에 이르시되, "阿陀那識(아타나식)이 甚(심)히 微細(미세)하여

我_앙癡_팅 ³⁵⁾ 我_앙見_견 ³⁶⁾ 我_앙慢_만 ³⁷⁾ 我_앙愛_{ᅙᅵᆼ} ³⁸⁾ 네 惑_{ᅘᅫᆨ} ³⁹⁾ 이 샹녜⁴⁰⁾ ᄒᆞᆫ듸⁴¹⁾ 이실ᄊᆡ 일후미 染_{ᅀᅧᆷ}汚_{ᅙᅩᆼ}ㅣ라 時_씽常_쌍 子_{ᄌᆞ}細_솅히⁴²⁾ 思_{ᄉᆞᆼ}量_량ᄒᆞᆯᄊᆡ 일후미 意_{ᅙᅵᆼ}라 第_똉八_밣ᄋᆞᆯ ᄉᆞ랑ᄒᆞ야 혜아려 나를 삼ᄂᆞ니 이 ᄀᆞ티⁴³⁾ 思_{ᄉᆞᆼ}量_량호ᄆᆞᆫ 오직 第_똉七_칧에 잇고 녀느⁴⁴⁾ 識_식에 업슬ᄊᆡ ᄒᆞ오ᅀᅡ⁴⁵⁾ 일후믈 意_{ᅙᅵᆼ}라 ᄒᆞᄂᆞ니라 ᄯᅩ 能_능히 ᄀᆞᆯᄒᆡ야⁴⁶⁾ 알ᄊᆡ 일후믈 識_식이라 ᄒᆞᄂᆞ니라 알ᄑᆡᆺ⁴⁷⁾ 六_륙識_식은 根_군⁴⁸⁾을 從_쫑ᄒᆞ야 일후믈 얻고 이 第_똉七_칧識_식은 體_톙를 當_당ᄒᆞ야 일후믈 지ᄒᆞ니라⁴⁹⁾ ○ 解_갱深_심密_밇經_경⁵⁰⁾ㅅ 頌_쑝⁵¹⁾애 니ᄅᆞ샤ᄃᆡ⁵²⁾ 阿_{ᄒᆞᆼ}陀_땅那_낭識_식⁵³⁾이 甚_씸히 微_밍細_솅ᄒᆞ야

---

35) 我癡: 아치. 나의 참다운 모습을 알지 못하고 무아(無我)의 도리를 모르는 번뇌를 이르는 말이다.

36) 我見: 아견. 진정한 '나'는 없음에도 불구하고 있다고 믿는 그릇된 견해이다.

37) 我慢: 아만. 스스로를 높여서 잘난 체하고, 남을 업신여기는 마음이다.

38) 我愛: 아애. '나'에게 애착하는 번뇌를 이른다.

39) 惑: 깨달음에 장애가 되는 미망(迷妄)의 번뇌이다.

40) 샹녜: 항상, 常(부사)

41) ᄒᆞᆫ듸: [함께, 한데, 同(부사): ᄒᆞᆫ(한, 一: 관사, 양수) + 듸(데, 處: 의명)]

42) 子細히: [자세히(부사): 子細(자세, 仔細: 불어) + -ᄒᆞ(← -ᄒᆞ-: 형접) + -이(부접)]

43) ᄀᆞ티: [같이, 如(부사): ᄀᆞᇀ(← ᄀᆞᆮᄒᆞ다: 같다, 如, 형사)- + -이(부접)]

44) 녀느: 다른, 他(관사)

45) ᄒᆞ오ᅀᅡ: 혼자, 獨(부사)

46) ᄀᆞᆯᄒᆡ야: ᄀᆞᆯᄒᆡ(가리다, 分別)- + -야(← -아: 연어)

47) 알ᄑᆡᆺ: 앒(앞, 前) + -ᄋᆡ(-에: 부조, 위치) + -ㅅ(-의: 관조)

48) 根: 근. 어떤 작용을 일으키는 강력한 힘이다. 육근(六根)의 능력을 이른다.

49) 지ᄒᆞ니라: 짛(붙이다, 附)- + -Ø(과시)- + -ᄋᆞ니(원칙)- + -라(← -다: 평종)

50) 解深密經: 해심밀경. 법상종의 근본 경전이다. 유식(唯識) 사상에 대하여 경(境), 행(行), 과(果)를 여덟 품(品)으로 나누어 설명한 것으로, 중국 당나라 때에 승려 현장이 번역하였다. 5권.

51) 頌: 송. 부처님의 공덕을 기리는 글이나 문장이다.

52) 니ᄅᆞ샤ᄃᆡ: 니ᄅᆞ(이르다, 曰)- + -샤(← -시-: 주높)- + -ᄃᆡ(← -오ᄃᆡ: -되, 연어, 설명 계속)

53) 阿陀那識: 아타나식. 현장(玄奘) 계통의 법상종(法相宗)에서는, 아뢰야식(阿賴耶識)이 종자(種子)와 육근(六根)을 유지한다고 하여 아뢰야식의 별명으로 한다.

[52 앞]

아항陁땅那낭ᄂᆞᆫ 자바 디니다 혼 ᄠᅳ
디니 種子종와 根군身신을 자바
디니논 디 세 가지니 ᄒᆞ나
種子ᄌᆞᆫ 世솅間간 出츓世솅間
諸졍法법 種種ᄌᆞᆼ니라
ᄂᆞᆫ 根身을 자바 디녀 ᄒᆞ야디여 헐
디 아니케 호미오 둘흔 種ᄌᆞ
ᄅᆞᆯ 자바 디녀 흐터 일티 아니케 ᄒᆞ
미오 세흔 結겷 자바 가져 나미 서르
니ᅀᅳᆫ ᄠᅳ디니 곧 有ᅌᅮᆼ情쪙이 그ᅌᅦ 몸
두ᄂᆞ니 末ㅭ位윙 第똉八밣識식
처ᅀᅥᆷ ᄒᆞᆫ 念념이 受쓩生ᄉᆡᆼ홀 時씽節

阿陁那(아타나)는 '잡아 지녔다.'라고 한 뜻이니, 種子(종자)와 根身(근신)을 잡아 지녀서 나는 것이 서로 이은 뜻이니,

種子(종자)는 世間(세간)·出世間(출세간)·諸法(제법)의 種子(종자)이다. 잡아 지니는 것이 세 가지가 있나니, 하나는 根身(근신)을 잡아 지녀서 물러 헤어져 헐지 아니하게 하는 것이요, 둘은 種子(종자)를 잡아 지녀서 흩어져 잃지 아니하게 하는 것이요, 셋은 結(결)을 잡아 가져 나는 것이 서로 이은 뜻이니, 곧 有情(유정)이 거기에 몸을 두나니 末位(말위)의 第八識(제팔식)이 처음 한 念(염)이 受生(수생)할 時節(시절)을

阿항陁땅那낭는 자바 디니다[54] 혼 뜨디니 種종子중[55]와 根근身신[56]을 자바
디녀 나미 서르 니슨[57] 뜨디니

種종子중는 世솅[58] 出츓世솅間간[59] 諸졍法법 種종子중ㅣ라

자바 디뉴미[60] 세 가지 잇느니 호나혼 根근身신을 자바 디녀 헤믈어[61] 허
디[62] 아니케 홀 씨오 둘흔 種종子중를 자바 디녀 흐러[63] 일티[64] 아니케 홀
씨오 세혼 結겷[65]을 자바 가져 나미[66] 서르 니슨 뜨디니 곧 有융情쪙[67]이
그어긔[68] 모물 두느니 末맗位윙[69] 第똉八밣識식이 처섬[70] 혼 念념[71]이 受쓩
生싱[72]홀 時씽節졇을

---

54) 디니다: 디니(지니다, 持)- + -∅(과시)- + -다(평종)

55) 種子: 종자. 불교에서 모든 존재와 현상을 낳게 하는 원인의 씨앗을 비유적으로 가리키는 말
이다. 산스크리트 Bija의 번역이다.

56) 根身: 근신. 외계(外界)의 대상을 받아들이는 기관을 가진 몸이다.

57) 니슨: 닛(← 닛다, ㅅ불: 잇다, 繼)- + -∅(과시)- + -은(관전)

58) 世: 세. 세간(世間)이다. 영원하지 않은 것들이 서로 모여 있는 우주 공간이다.

59) 出世間: 출세간. 세속의 번뇌를 떠나 깨달음의 경지에 이르는 것이다.

60) 디뉴미: 디니(지니다, 持)- + -움(명전) + -이(주조)

61) 헤믈어: 헤믈[← 헤므르다(믈러 헤어지다): 헤(헤어지다)- + 므르(무르다)-]- + -어(연어)

62) 허디: 허(← 헐다: 헐다, 毁)- + -디(-지: 연어, 부정)

63) 흐러: 흘(← 흗다, ㄷ불: 흩어지다, 散)- + -어(연어)

64) 일티: 잃(잃다, 失)- + -디(-지: 연어, 부정)

65) 結: 결. 몸과 마음을 결박하여 자유를 얻지 못하게 하는 번뇌이다.

66) 나미: 나(나다, 出)- + -ㅁ(← -옴: 명전) + -이(주조)

67) 有情: 유정. 마음을 가진, 살아 있는 중생이다.

68) 그어긔: 거기에, 彼處(대명사, 지시, 정칭)

69) 末位: 말위. 끝 자리이다.

70) 처섬: [처음, 初: 첫(첫: 관사, 初) + -엄(명접)]

71) 念: 염. 주관인 마음이 객관인 대경(對境)을 마음에 분명히 기억하여 두고 잊지 아니하는 정신
이다. 과거의 일을 기억할 뿐만 아니라 현재에도 행하여서 마음으로 객관 대상을 분별할 때에
반드시 존재한다.

72) 受生: 수생. 몸을 받아 다시 태어나는 것이다. 예를 들어서 다시 사람으로 태어나는 것이다.

졀을 臨림ᄒᆞ야 結결을 자바 가져 나미 서르 니슨 ᄠᅳ디 이실씨라 結결은 ᄆᆡ이며 屬쑉ᄒᆞᆯ씨니 어미 ᄇᆡᆺ소개 ᄒᆞᆫ 念념으로 受쓔ᇢ生ᄉᆡᆼᄒᆞ야 곧 그ᅌᅦ ᄆᆡ야 屬쑉ᄒᆞᆯᄊᆡ 磁ᄍᆞᆼ毛몽石쎡이 鐵텷을 ᄲᆞ혀ᄃᆞᆺᄒᆞ니 磁ᄍᆞᆼ毛몽石쎡은 指南남石쎡이라 鐵텷은 父뿡母몰 精졍血ᅘᅯᇙ 두 點뎜과 ᄀᆞᆮᄒᆞ고 第똉八밣識식은 磁ᄍᆞᆼ毛몽石쎡과 ᄀᆞᆮᄒᆞ야 一힗刹챯那낭 ᄊᅀᅵ예 믄득 더위자바 이시면 ᄒᆞᆫ ᄢᅴ예 根ㄱᆫ塵띤 等ᄃᆡᆼ 種죵이 제 識식中듕을 브터 ᄯᅩ 現현行ᅘᆡᆼ을 낼씨 일후믈

臨(임)하여 結(결)을 잡아 가져서 나는 것이 서로 이은 뜻이 있느니라. 結(결)은 매이며 屬(속)하는 것이니, 어머니의 뱃속에 한 念(염)으로 受生(수생)함에 곧 거기에 매여 屬(속)하므로, 磁毛石(자모석)이 鐵(철)을 빨듯 하니 磁毛石(자모석)은 指南石(지남석)이다.

鐵(철)은 父母(부모)의 精血(정혈) 두 點(점)과 같고, 第八識(제팔식)은 磁毛石(자모석)과 같아서, 一利那(일찰나)의 사이에 문득 더위잡아 있으면, 한때에 根塵(근진) 等(등) 種(종)이 제 識中(식중)을 의지하여서 또 現行(현행)을 내므로, 이름을

臨_림ᄒ야 結_겷을 자바 가져 나미 서르 니슨 ᄠᅳᆮ 잇ᄂ니라 結_겷은 미예며⁷³⁾ 屬

쏙ᄒᆯ 씨니 어믜⁷⁴⁾ 빗소배⁷⁵⁾ 호 念_념으로 受_쓩生_{ᄉᆡᆼ}호매 곧 뎌어긔⁷⁶⁾ 미여⁷⁷⁾ 屬

쏙ᄒᆯ씨 磁_쯩毛_몰石_쎠⁷⁸⁾이 鐵_텷 ᄲᅡᆫ듯⁷⁹⁾ ᄒ니

　　磁_쯩毛_몰石_쎠은 指_징南_남石_쎠⁸⁰⁾이라

鐵_텷은 父_뿡母_뭏 精_졍血_훓⁸¹⁾ 두 點_뎜이 ᄀ고 第_똉八_밣識_식은 磁_쯩毛_몰石_쎠이

ᄀᄒ야 一_잃利_링那_낭⁸²⁾ㅅ ᄉᆡ예⁸³⁾ 믄득⁸⁴⁾ 더위자바⁸⁵⁾ 잇거든 호 ᄢᅴ⁸⁶⁾ 根_근塵

ᄯᅵᆫ⁸⁷⁾ 等_{ᄃᆡᆼ} 種_죵이 제⁸⁸⁾ 識_식中_듕⁸⁹⁾을 브터셔 쏘 現_현行_{ᅘᆡᆼ}⁹⁰⁾을 낼씨 일후믈

---

73) 미예며: 미예[매이다(자동): 미(매다, 繫: 타동)- + -예(←-이-: 피접)-]- + -며(연어, 나열)

74) 어믜: 엄(← 어미: 어머니, 母) + -의(관조)

75) 빗소배: 빗솝[뱃속: 비(배, 腹) + -ㅅ(관조, 사잇) + 솝(속, 內)] + -애(-에: 부조, 위치)

76) 뎌어긔: 저기에, 彼處(지대, 정칭) ※ 여기서 '뎌어긔'는 문맥을 감안하여 '거기에'로 의역하여 옮긴다.

77) 미여: 미예[매이다(자동): 미(매다, 繫: 타동)- + -예(←-이-: 피접)-]- + -어(연어) ※ '미여'는 '미여'의 강조 형태이다.

78) 磁毛石: 자모석. 지남철.

79) ᄲᅡᆫ듯: ᄲᅡᆫ(← ᄲᅡᆯ다: 빨다, 吸)- + -ㄷ듯(-듯: 연어, 흡사)

80) 指南石: 지남석. 자석이다.

81) 精血: 정혈. 생기를 돌게 하는 맑은 피이다.

82) 一利那: 일찰나. 아주 짧은 순간이다.

83) ᄉᆡ예: ᄉᆡ(사이, 間) + -예(←-에: 부조, 위치)

84) 믄득: 문득, 瞥(부사)

85) 더위자바: 더위잡[더위잡다, 움켜잡다: 더위(위로, 上: 접두)- + 잡(잡다, 執)-]- + -아(연어) ※ '더위잡다'는 높은 곳에 오르려고 무엇을 끌어 잡는 것이다.

86) 호 ᄢᅴ: 호(한, 一: 관사, 수량) # ᄢᅴ(← ᄢᅳ: 때, 時, 의명) + -의(-에: 부조, 위치, 시간)

87) 根塵: 근진. 육근(六根)에 끼는 육진(六塵)이다. '육근(六根)'은 '눈, 귀, 코, 혀, 몸, 생각' 등을 말하고, '육진(六塵)'은 육적(六賊)으로 지혜를 해치고 공덕을 덜게 하는 '색(色), 성(聲), 향(香), 미(味), 촉(觸),법(法)' 등의 욕정(欲情)을 가리킨다.

88) 제: 저(저, 彼: 인대, 재귀칭) + -ㅣ(←-의: 관조)

89) 識中: 식중. 의식(意識)의 가운데이다.

90) 現行: 현행. 아뢰야식(阿賴耶識)에 저장되어 있는 종자(種子)가 변화하고 성숙하여 일어나는 인식 작용이다.

結겷을 자바 가니라
一힗切쳉 種죵子중ㅣ 瀑뽁流륳ㅣ ᄀᆞᆮᄒᆞ니 瀑뽁ᄋᆞᆫ 노ᄑᆞᆫ ᄃᆡ 디ᄂᆞᆫ 瀑뽁布봉ㅣ니 瀑뽁ㅅ 므레 겨리 만히 나ᄂᆞ니 그 믌겨리 므를 브토미 五六七八이 다 이 識식을 브토미 ᄀᆞᆮᄒᆞ니라 내 凡뻠夫붕 어린 ᄃᆡ 펴 니ᄅᆞ디 아니호ᄆᆞᆫ 뎌ᇰ들히 分분別별 ᄒᆞ야 자바 내라 홀가 전ᄎᆞ로 ᄒᆞ시니 이 第똉八밣識식이 앏 六륙轉둰識식 轉둰ᄒᆞ야 내ᄂᆞ니라 第똉八밣識식은 前쪈世솅ㅅ 中듀ᇰ에 善쎤不붏善쎤業업으로 因힌ᄋᆞᆯ

'結(결)을 잡아 가져서 났다.'고 하였느니라.

一切(일체) 種子(종자)가 瀑流(폭류)와 같으니

> 瀑(폭)은 높은 곳에서 빠지는 폭포(瀑布)이니, 폭포의 물에 결이 많이 나나니, 그 물결이 물을 의지함과 五六七八(오륙칠팔)이 다 이 識(식)에 의지함과 같으니라.

내가 凡夫(범부)의 어리석은 데에 (설법으로) 펴서 이르지 아니하는 것은 저들이 '分別(분별)하여 잡아 내라.'고 할까 두려워한다."고 하시니, 이 第八識(제팔식)이 앞에 있는 六轉識(육전식)을 能(능)히 일으켜서 내기 때문이니라. 第八識(제팔식)은 前世(전세)의 中(중)에 善業(선업)과 不善業(불선업)으로 因(인)을

結_겷을 자바 가져 나다⁹¹⁾ ᄒᆞ니라

一_힗切_쳉 種_죵子_{ᄌᆞ}ㅣ 瀑_뽁流_륳ㅣ⁹²⁾ ᄀᆞᆮᄒᆞ니

瀑_뽁은 노피셔⁹³⁾ ᄲᅢ디ᄂᆞᆫ⁹⁴⁾ 복푀니⁹⁵⁾ 복폿 므레 겨리⁹⁶⁾ 만히 나ᄂᆞ니 그 믌겨리⁹⁷⁾ 므를 브툼과⁹⁸⁾ 五_옹 六_륙 七_칧 八_밢이 다 이 識_식 브투미⁹⁹⁾ ᄀᆞᆮ ᄒᆞ니라¹⁾

내 凡_뻠夫_붕²⁾ 어린³⁾ 거긔⁴⁾ 펴 니르디 아니호ᄆᆞᆫ⁵⁾ 뎨⁶⁾ 分_분別_{ᄫᅳᆶ}ᄒᆞ야 자바 내라 ᄒᆞᆯ가 젓노라⁷⁾ ᄒᆞ시니 이⁸⁾ 第_똉八_밢識_식이 알ᄑᆡᆺ 六_륙轉_둼識_식을 能_늫히 니르와다⁹⁾ 낼씨니라¹⁰⁾ 第_똉八_밢識_식은 前_쪈世_솅 中_듕에 善_쎤不_붏善_쎤業_업으로 因_{ᅙᅵᆫ}을

---

91) 나다: 나(나다, 出)- + -Ø(과시)- + -다(평종)

92) 瀑流ㅣ: 瀑流(폭류) + -ㅣ(←-이: 부조, 비교) ※ '瀑流(폭류)'는 폭포의 흐름이다.

93) 노피셔: 노피[높이, 높은 곳, 高(명사): 높(높다)- + -이(명접)] + -셔(-서: 보조사, 위치 강조) ※ '노피셔'는 '높은 곳에서'로 의역하여 옮긴다.

94) ᄲᅢ디ᄂᆞᆫ: ᄲᅢ디(빠지다, 溺)- + -ᄂᆞ(현시)- + -ㄴ(관전)

95) 복푀니: 복포(폭포, 瀑布) + -ㅣ(←-이-: 서조)- + -니(연어, 설명 계속)

96) 겨리: 결(결, 紋) + -이(주조)

97) 믌겨리: 믌결[물결, 波浪: 믈(물, 水) + -ㅅ(관조, 사잇) + 결(결, 紋)] + -이(주조)

98) 브툼과: 븥(붙다, 의지하다, 附)- + -움(명전) + -과(부조, 비교)

99) 브투미: 븥(붙다, 의지하다, 附)- + -움(명전) + -이(주조)

1) ᄀᆞᆮᄒᆞ니라: ᄀᆞᆮ(같다, 如)- + -Ø(현시)- + -ᄋᆞ니(원칙)- + -라(←-다: 평종)

2) 凡夫: 범부. 번뇌에 얽매여 생사를 초월하지 못하는 사람이다.

3) 어린: 어리(어리석다, 愚)- + -Ø(현시)- + -ㄴ(관전)

4) 거긔: 거긔(거기에: 의명)

5) 아니호ᄆᆞᆫ: 아니ᄒᆞ[←아니ᄒᆞ다(아니하다, 不: 보용, 부정): 아니(아니, 不: 부사, 부정) + -ᄒᆞ(형접)-]- + -옴(명전)- + -ᄋᆞᆫ(보조사, 주제)

6) 뎨: 뎌(저들, 彼: 인대, 정칭) + -ㅣ(←-이: 주조)

7) 젓노라: 젓(←젛다: 두려워하다, 畏)- + -ㄴ(←-ᄂᆞ-: 현시)- + -오(화자)- + -라(←-다: 평종)

8) 이: 이, 是(관사, 강조 용법)

9) 니르와다: 니르완[일으키다, 起: 닐(일어나다, 起)- + -으(사접)- + -완(강접)-]- + -아(연어)

10) 낼씨니라: 내[내다, 出: 나(나다, 出)- + -ㅣ(←-이-: 사접)-]- + -ㄹ씨(-ᄆᆞ로: 연어, 이유) + -Ø(←-이-: 서조)- + -니(원칙)- + -라(←-다: 평종)

올 ·사·마 ·ᄉᆞᆷ·이 今·금 生·ᄉᆡᆼ·엣 第·뗑 八·밣 異·잉 熟
心심·을 ·블·러 感·감·ᄒᆞ·ᄂᆞ·니 ·이·ᆯ 果·광·이·라
無·뮹 周·즁 徧·변·히·야 識·식·이 凡·뻠 聖·셩 境·경·에
各·각 別·볋·히 對·됭·ᄒᆞ·야 真진 性·셩·이 ·이·나·ᄂᆞ·니
머·리 ·ᄀᆞ·아·가 別·볋 對·됭·ᄒᆞ·ᄂᆞ·니
곧 合·ᄒᆞᆸ·디 ·아·니·ᄃᆞ·니 ·쎠·이 阿·항 賴·랭 耶·양 識·식 藏·짱·이
야·ᄒᆞ·아·ᄠᅳ·ᆮ 真진 心심·이 阿·항 賴·랭 耶·양 識·식 藏·짱
이 守·슣 ·ᄊᆞ·ᄂᆞ·ᆫ·가·져·라

삼아 今生(금생)에 있는 第八異熟心(제팔이숙심)을 불러 感(감)하나니, 이것이 果(과)이다. 묻되, "이 識(식)이 凡聖(범성)의 境(경)에 周徧(주변)하여 通(통)하니, 이를 떨쳐 버리고 各別(각별)히 眞性(진성)이 있느냐?" 또 곧 이 사람이 가서 對答(대답)하되, "하나가 아니며 다르지 아니하므로 이 識(식)의 이름을 得(득)하며, 合(합)하지 아니할 것이 合(합)하여 藏(장)의 뜻이 이루어지니, 이 阿賴耶識(아뢰야식)이 곧 이 眞心(진심)이 자기의 性(성)을 守(수)하지 못하여,

守(수)는 가져 있는 것이다.

사마 今금生싱앳[11] 第똉八밣異잉熟쓩心심을 블러 感감ᄒᆞᄂᆞ니 이 果광ㅣ라[12] 무로ᄃᆡ
이 識식이 凡뻠聖셩 境경[13]에 周즁徧변[14]ᄒᆞ야 通통ᄒᆞ니 이를 여희오 各각別볋히[15]
眞진性셩[16]이 잇ᄂᆞ니여[17] ᄯᅩ 곧 이[18]가 對됭答답호ᄃᆡ ᄒᆞ나 아니며 다ᄅᆞ디 아니홀
ᄊᆡ 이 識식 일후믈 得득ᄒᆞ며 合ᄒᆞ디[19] 아니ᇙ 거시 合ᄒᆞ야 藏짱ㄱ[20] ᄠᅳ디 이니[21]
이 阿항賴ᄅᆡᆼ耶양識식이 곧 이 眞진心심이 제 性셩을 守슣티[22] 몯ᄒᆞ야

　　守슣는 가져 이실 씨라

---

11) 今生앳: 今生(금생) + -애(-에: 부조, 위치) + -ㅅ(-의: 관조)

12) 果ㅣ라: 果(과) + -ㅣ(←-이-: 서조) + -Ø(현시)- + -라(←-다: 평종) ※ '果(과)'는 원인에 따라 일어나는 결과이다.

13) 凡聖 境: 범성 경. 범부와 성자의 경계이다.

14) 周徧: 주변. 모든 면에 다 두루 걸치는 것이다.

15) 各別히: [각별히, 따로(부사): 各別(각별) + -ᄒᆞ(←-ᄒᆞ-: 형접)- + -이(부접)]

16) 眞性: 진성. 사물이나 현상의 있는 그대로의 성질이다.

17) 잇ᄂᆞ니여: 잇(← 이시다: 있다, 有)- + -ᄂᆞ(현시)- + -니여(-느냐: 의종, 판정)

18) 이: 이(이, 이 사람, 此: 인대, 정칭) + -Ø(←-이: 주조)

19) 合디: 合[← 合ᄒᆞ다(합하다): 合(합: 불어) + -ᄒᆞ(동접)-]- + -디(-지: 연어, 부정)

20) 藏ㄱ: 藏(장) + -ㄱ(-의: 관조) ※ '藏(장)'은 창고의 뜻이다.

21) 이니: 이(← 일다: 이루어지다, 되다, 成)- + -니(연어, 설명 계속)

22) 守티: 守ᄒᆞ[← 守ᄒᆞ다(수하다, 지키다): 守(수: 불어) + -ᄒᆞ(동접)-]- + -디(-지: 연어, 부정)

染淨緣(염정연)을 좇아 合(합)하지 아니할 것이 合(합)하여, 一切(일체) 眞俗(진속)의 境界(경계)를 能(능)히 含藏(함장)하므로 이름이 藏識(장식)이니, 맑은 거울의 影像(영상)과 合(합)하지 아니하되 影像(영상)을 머금듯 하니,

影像(영상)은 그림자의 모습이다.

이는 和合(화합)한 뜻을 잡아 일렀느니라. 和合(화합)하지 아니한 뜻은 곧 體(체)가 항상 變(변)하지 아니하므로 號(호)를 眞如(진여)라 하나니, 合(합)하며 合(합)하지 아니하는 것을 의지하여 두 뜻에 나눌 뿐이지, 本來(본래) 한 眞心(진심)이 맑아서 움직이지 아니하느니라. 만일

染_셤淨_쪙緣_원²³⁾을 조차 合_합디 아니홇 거시 合_합ᄒ야 一_힣切_촁 眞_진俗_쑉²⁴⁾ 境_경界_갱를 能_능히 숨_함藏_짱²⁵⁾홀씨 일후미 藏_짱識_식²⁶⁾이니 믈ᄀᆞᆫ 거우뤼²⁷⁾ 影_형像_썅과 合_합디 아니호ᄃᆡ 影_형像_썅을 머굼ᄃᆞᆺ²⁸⁾ ᄒᄂᆞ니

影_형像_썅ᄋᆞᆫ 그리메²⁹⁾ 양ᄌᆡ라³⁰⁾

이ᄂᆞᆫ 和_{ᅘᅪᆼ}合_합ᄒᆞᆫ ᄠᅳ들 자바 니ᄅᆞ니라 和_{ᅘᅪᆼ}合_합디 아니ᄒᆞᆫ ᄠᅳ든 곧 體_톙³¹⁾ 샹녜 變_변티 아니홀씨 號_{ᅘᅩᇢ}를 眞_진如_셩³²⁾ ㅣ라 ᄒᄂᆞ니 合_합ᄒ며 合_합디 아니호ᄆᆞᆯ 브터 두 ᄠᅳ데 ᄂᆞ홀ᄲᅮᆫ뎡³³⁾ 本_본來_링 ᄒᆞᆫ 眞_진心_심이 믈가 뮈디³⁴⁾ 아니ᄒᄂᆞ니라 ᄒ다가³⁵⁾

---

23) 染淨緣: 염정연. 번뇌와 깨달음의 연(緣)이다. ※ '緣(연)'은 서로 관계를 맺게 되는 인연이다.

24) 眞俗: 진속. 참된 것과 속(俗)된 것이다.

25) 숨藏: 함장. 머금어서 간직하는 것이다.

26) 藏識: 장식. 삼식(三識)의 하나이다. 모든 법의 종자를 갈무리하며, 만법 연기의 근본이 된다.(= 아뢰야식, 阿賴耶識)

27) 거우뤼: 거우루(거울, 鏡) + -ㅣ(← -의: 관조)

28) 머굼ᄃᆞᆺ: 머굼(머금다, 숨)- + -ᄃᆞᆺ(-듯: 연어, 흡사)

29) 그리메: 그리메(그림자, 影) + -Ø(← -의: 관조)

30) 양ᄌᆡ라: 양ᄌᆞ(모습, 樣) + -ㅣ(← -이-: 서조)- + -Ø(현시)- + -라(← -다: 평종)

31) 體: 體(체) + -Ø(← -이: 주조) ※ '體(체)'는 '用(용)'에 대응되는 것으로서 사물의 본체 또는 근본적인 것을 가리키는 말이다. 우주 만물이나 일체 차별 현상의 근본으로서, 상주불변하는 진리의 본래 모습 또는 진리 그 자체이다.

32) 眞如: 진여. 사물의 있는 그대로의 모습이라는 뜻으로, 우주 만유의 본체인 평등하고 차별이 없는 절대의 진리를 이르는 말이다.

33) ᄂᆞ홀ᄲᅮᆫ뎡: ᄂᆞ호(나누다, 分)- + -ㄹᄲᅮᆫ뎡(-을뿐이지: 연어, 한정 강조와 대조) ※ '-을ᄲᅮᆫ뎡'은 하나만 특별히 강조하고 다른 것은 무관함을 나타내는 연결 어미이다.

34) 뮈디: 뮈(움직이다, 動)- + -디(-지: 연어)

35) ᄒ다가: 만일, 若(부사)

···藏짱 阿항賴랭耶양識식이 곧 如셩來링
다가 阿항賴랭耶양識식이 곧 各각別별·히
잃읧 일 分분히 호·디 眞진如셩理링·를 求
·리라·며 信신호·디 眞진如셩·ㅣ 變·변티
·호·며 緣원을 조·초·리·니 變·변티 아·니
惡·학慧·혜·니 變·변호·디 緣원을 조·초·며
·눈 ·들 ·꿰·몬·호·ㅣ·라 ○ 두 가·짓 執·집着·냑
내·니·라 ○ 起·킝信신論론·애 닐·오·딘 心심
·올 ·뜨·려 ·내·쏘·아 거·우·를 求쿻·호·미·라
·올 ·쁘·려 ·내·씨·니 生싱滅·멿心심·이 如셩
·올·뜨·리·니 生싱滅·멿·은 如셩來링藏짱·을
이 ·뜨·려 이·다·올·씨 生싱滅·멿因힌·호·야·눈
生싱滅·멿·이·다·올·씨 生싱滅·멿·이 無뭉明
生싱滅·멿·올 브·트·다·심

阿賴耶識(아뢰야식)이 곧 如來藏(여래장)인 것을 信(신)하지 아니하고 따로 眞如理(진여)의 理致(이치)를 求(구)하는 사람은 像(상)을 떨쳐 내고 가서 거울을 얻듯 하여, 곧 이것이 惡慧(악혜)이니, 變(변)하지 아니하되 緣(연)을 좇으며 緣(연)을 좇되 變(변)하지 아니하는 뜻을 꿰뚫어 알지 못해서, 두 가지의 執着(집착)을 내느니라. ○ 起信論(기신론)에 이르되, "마음의 生滅(생멸)은 如來藏(여래장)을 의지하므로 生滅心(생멸심)이 있나니

生滅(생멸)을 아니 하는 마음이 無明(무명)의 바람을 因(인)하여 움직여 生滅(생멸)이 되므로, 이르되 "生滅心(생멸심)이 生滅(생멸)을 아니 하는 마음을 의지했다."고

阿_항賴_랭耶_양識_식이 곧 如_셩來_링藏_짱인³⁶⁾ 둘 信_신티 아니ᄒᆞ고 各_각別_볋히 眞_진如_셩理_링³⁷⁾를 求_꿀ᄒᆞ는 사ᄅᆞᄆᆞᆫ 像_썅³⁸⁾ 여희여 가 거우루 얻ᄃᆞᆺ ᄒᆞ야 곧 이 惡_학慧_휑³⁹⁾니 變_변티 아니호ᄃᆡ 緣_원을 조ᄎᆞ며 緣_원을 조초ᄃᆡ 變_변티 아니ᄒᆞᄂᆞᆫ ᄠᅳ들 ᄉᆞᄆᆞᆺ⁴⁰⁾ 몯 아라 두 가짓 執_집着_땩⁴¹⁾을 내ᄂᆞ니라⁴²⁾ ○ 起_킝信_신論_론⁴³⁾애 닐오ᄃᆡ ᄆᆞᅀᆞ미 生_싱滅_몛은 如_셩來_링藏_짱을 브틀ᄊᆡ 生_싱滅_몛心_심이 잇ᄂᆞ니

生_싱滅_몛 아니 ᄒᆞ는 ᄆᆞᅀᆞ미 無_뭉明_명⁴⁴⁾ㅅ 부르물⁴⁵⁾ 因_힌ᄒᆞ야 뮈여 生_싱滅_몛이 ᄃᆞ욀ᄊᆡ⁴⁶⁾ 닐오ᄃᆡ 生_싱滅_몛心_심이 生_싱滅_몛 아니 ᄒᆞ는 ᄆᆞᅀᆞᆯ 븓다⁴⁷⁾

---

36) 如來藏인: 如來藏(여래장) + -이(서조)- + -Ø(현시)- + -ㄴ(관전) ※ '如來藏(여래장)'은 미계(迷界)에 있는 진여(眞如)이다. 미계의 사물은 모두 진여에 섭수(攝受)되었으므로 이렇게 일컫고, 진여가 바뀌어 미계의 사물이 된 때에는 그 본성인 여래의 덕이 번뇌 망상에 덮이지 않게 되었으므로 이렇게 부른다. 또한 미계의 진여는 그 덕이 숨겨져 있을지언정 아주 없어진 것이 아니고 중생이 여래의 본성과 덕을 갖추고 있으므로 이렇게 칭한다.

37) 眞如理: 진여리. 진여(眞如)의 이치이다.

38) 像: 상. 눈에 보이거나 마음에 그려지는 사물의 형체이다.

39) 惡慧: 악혜. 법상종 사람들이 가지는 원융(圓融)을 한번 맛보지 못하는 소견이나 나쁜 지혜이다. ※ '원융(圓融)'은 모든 현상이 각각의 속성을 잃지 않으면서 서로 걸림 없이 원만하게 하나로 융합되어 있는 모습이다.

40) ᄉᆞᄆᆞᆺ: [꿰뚫어, 貫(부사): ᄉᆞᄆᆞᆾ(← ᄉᆞᄆᆞᆾ다: 꿰뚫다, 貫, 동사)- + -Ø(부접)]

41) 執着: 집착. 어떤 것에 마음이 늘 쏠려 떨치지 못하고 매달리는 일이다.

42) 내ᄂᆞ니라: 내[내다, 出: 나(나다, 出)- + -ㅣ(←-이-: 사접)-]- + -ᄂᆞ(현시)- + -니(원칙)- + -라(←-다: 평종)

43) 起信論: 기신론. 대승 불교의 근본 뜻을 이론과 실천의 양면에서 이른 책이다. 석가모니가 열반에 든 후 600년 경에 인도의 아슈바고샤가 지었다고 하는데, 중국 양나라의 진제가 번역한 것과 당나라의 시크샤난다(śikṣānanda)가 번역한 것이 있다.

44) 無明: 무명. 십이연기(十二緣起)의 하나이다. 잘못된 의견이나 집착 때문에 진리를 깨닫지 못하는 마음의 상태를 이른다. 모든 번뇌의 근원이 된다.

45) 부르믈: 부룸(바람, 風) + -을(목조)

46) ᄃᆞ욀ᄊᆡ: ᄃᆞ외(되다, 爲)- + -ㄹᄊᆡ(-므로: 연어, 이유)

47) 븓다: 븓(← 븥다: 붙다, 附)- + -Ø(과시)- + -다(평종)

ᄒᆞ니라 그러나 이 두 ᄆᆞᅀᆞ미 乃냉終쥬ᇰ내 두 體톄 업건마론 오직 미 ᄆᆞ론 몯ᄒᆞ야셔 르ᄆᆞ론 부러 뮈ᄂᆞᆫ 므리 ᄃᆞ욀ᄊᆡ 動똥靜쪘미 ᄯᅩ 비록 다ᄅᆞ나 므릐 體톄ᄂᆞᆫ ᄒᆞ나ᄒᆡ며 ᄯᅩ 닐오ᄃᆡ 靜쪘水슈ᇰ를 브틀ᄊᆡ 動똥水슈ᇰ야 잇ᄂᆞ니 이 理링도 이 ᄀᆞᆮᄒᆞ야 ᄉᆞ라ᇰ야 보라 ᄒᆞ니 自ᄍᆞᆼ性셔ᇰ淸쳐ᇰ淨쪄ᇰ心심은 일후미 如ᅀᅧ來ᄅᆡᆼ藏짜ᇰ이니 無뭉明며ᇰ ᄇᆞᄅᆞᄆᆞᆯ 因ᅙᅵᆫ ᄒᆞ야 뮈여 生ᄉᆡᇰ滅며ᇙ이 ᄃᆞ욀ᄊᆡ 닐오ᄃᆡ 如ᅀᅧ來ᄅᆡᆼ藏짜ᇰ올 브터 生ᄉᆡᇰ滅며ᇙ心심 잇다 ᄒᆞ니라

하였니라. 그러나 이 두 마음이 끝내 두 體(체)가 없건마는 오직 두 뜻을 잡아 서로 의지한 것을 이르니, 아니 움직이는 물이 바람이 불어 움직이는 물이 되는 것과 같아서, 動靜(동정)이 비록 다르나 물의 體(체)는 하나이며, 또 이르되 "靜水(정수)를 의지하므로 動水(동수)가 있나니, 이 理(이)도 이와 같으니 생각하여 보라." 自性淸淨心(자성청정심)은 이름이 如來藏(여래장)이니, 無明(무명)의 바람을 因(인)하여 움직여 生滅(생멸)이 되므로, 이르되 "來藏(여래장)을 의지하여 生滅心(생멸심)이 있다."고 하였니라.

ᄒᆞ니라 그러나 이 두 ᄆᆞᅀᆞ미 乃ᄂᆡᆼ終즁내[48] 두 體톙 업건마ᄅᆞᆫ[49] 오직 두 ᄠᅳ들 자바 서르 브투믈[50] 니ᄅᆞ니 아니 뮈ᄂᆞᆫ 므릐[51] ᄇᆞᄅᆞᆷ 부러 뮈ᄂᆞᆫ 믈 ᄃᆞ외요미[52] ᄀᆞᆮᄒᆞ야 動똥靜쪙[53]이 비록 다ᄅᆞ나 므릐 體톙ᄂᆞᆫ ᄒᆞ나히며[54] ᄯᅩ 닐오ᄃᆡ 靜쪙水ᄉᆔᆼ[55]를 브틀ᄊᆡ 動똥水ᄉᆔᆼ[56] 잇ᄂᆞ니 이 理링도 이 ᄀᆞᆮᄒᆞ니 ᄉᆞ랑ᄒᆞ야[57] 보라 自ᄍᆞᆼ性셩淸청淨쪙心심[58]은 일후미 如셩來ᄅᆡᆼ藏짱이니 無뭉明명ㅅ ᄇᆞᄅᆞ믈 因ᅙᅵᆫᄒᆞ야 뮈여 生ᄉᆡᆼ滅몷이 ᄃᆞ욀ᄊᆡ 닐오ᄃᆡ 如셩來ᄅᆡᆼ藏짱ᄋᆞᆯ 브터 生ᄉᆡᆼ滅몷心심이 잇다 ᄒᆞ니라

---

48) 乃終내: [끝내, 결국(부사): 乃終(내종, 나중, 끝: 명사) + -내(부접)]

49) 업건마ᄅᆞᆫ: 업(← 없다: 없다, 無)- + -건마ᄅᆞᆫ(-건마ᄂᆞᆫ: 연어, 인정 대조)

50) 브투믈: 븥(붙다, 의지하다, 말미암다, 依)- + -움(명전) + -을(목조)

51) 므릐: 믈(물, 水) + -의(-에: 부조, 위치)

52) ᄃᆞ외요미: ᄃᆞ외(되다, 爲)- + -욤(←-옴: 명전) + -이(-과: 부조, 비교)

53) 動靜: 동정. 움직임(動)과 고요함(靜)이다.

54) ᄒᆞ나히며: ᄒᆞ나ᄒ(하나, 一: 수사, 양수) + -이(서조)- + -며(연어, 나열)

55) 靜水: 정수. 잔잔한 물이다.

56) 動水: 동수. 일렁이는 물이다.

57) ᄉᆞ랑ᄒᆞ야: ᄉᆞ랑ᄒᆞ[생각하다, 愛念: 사랑(생각: 명사) + -ᄒᆞ(동접)-]- + -야(←-아: 연어)

58) 自性淸淨心: 자성청정심. 본래부터 저절로 갖추고 있는 청정한 마음이다. ※ '自性(자성)'은 본디부터 갖추고 있는 불성(佛性)이며, '淸淨心(청정심)'은 망념과 집착을 버린 맑고 깨끗한 마음이다.

니르논 生싱滅멿 不뿛生싱不뿛滅멿이 야
링 不뿛識징 짱 自쫑性씽 不뿛滅멿은 우흿 心심
各각別볋 生싱滅멿 心심이 홀ᄊᆞ 生싱滅멿
심 合ᄒᆞᆸ 心심의 生싱滅멿 和ᅘᅪᆼ合ᄒᆞᆸ
無뭉明명을 因힌ᄒᆞ야 生싱滅멿이 아두 相샹滅멿
ᄂᆞᆯᄃᆞᆯ 本본覺각 올 從쯍滅멿ᄒᆞ야 生싱滅멿이 ᄒᆞ야 真진心심이
니 홀ᄊᆡᆯ 아ᄅᆡᄂᆡᆯ오 ᄃᆞ大땡海ᅘᆡᆼ水쉉ᄃᆞᆯ아

이른바 不生不滅(불생불멸)이 生滅(생멸)과 和合(화합)하여

　不生不滅(불생불멸)은 위에 있는 如來藏(여래장)의 自性淸淨心(자성청정심)
이니, 움직여서 生滅(생멸)이 되어 서로 떠나지 아니하므로 和合(화합)이라
고 하니, 各別(각별)한 生滅(생멸)이 와서 眞如(진여)에 合(합)한 것이 아니
라, 生滅心(생멸심)과 心(심)의 生滅(생멸)의 두 相(상)이 없으므로, 마음에
生滅(생멸)을 아니 하는 것이 無明(무명)을 因(인)하여 生滅心(생멸심)이 되
나니, 本覺(본각)을 從(종)하여 일어나서 두 體(체)가 없어서 서로 떠나지
아니하므로, 아래에 이르되 "大海水(대해수)가

니르논[59] 不붏生싱不붏滅멿[60]이 生싱滅멿와 和뽷合햅ᄒ야

不붏生싱不붏滅멿은 우흿[61] 如셩來링藏짱 自쫑性셩淸쳥淨쪙心심이니 뮈여 生싱
滅멿이 ᄃ외야 서르 여희디 아니ᄒᆞᆯ씨 和뽷合햅이라 ᄒ니 各각別볋ᄒᆞᆫ[62] 生싱滅
멿이 와 眞진如셩에 合햅ᄒᆞᆫ 디[63] 아니라[64] 生싱滅멿心심과 心심의 生싱滅멿이
두 相샹이 업슬씨 ᄆᆞᅀᆞ미 生싱滅멿 아니 호미 無뭉明명을 因힌ᄒ야 生싱滅멿
心심이 ᄃ외ᄂᆞ니 本본覺각[65]을 從쭁ᄒ야 니러[66] 두 體톙 업서 서르 여희디 아
니ᄒᆞᆯ씨 아래[67] 닐오ᄃᆡ 大땡海ᄒᆡᆼ水쉉

---

59) 니르논: 니르(이르다, 曰)-+-ㄴ(←-ᄂᆞ-: 현시)-+-오(대상)-+-ㄴ(관전) ※ '니르논'은 '이
른바(所謂)'로 의역하여 옮긴다.

60) 不生不滅: 불생불멸. 생겨나지도 않고 없어지지도 않고, 항상 그대로 변함이 없는 것이다. 곧,
모든 존재의 실상을 이른다.

61) 우흿: 우ㅎ(위, 上)+-의(-에: 부조, 위치)+-ㅅ(-의: 관조) ※ '우흿'은 '위에 있는'으로 의역
하여 옮긴다.

62) 各別ᄒᆞᆫ: 各別ᄒ[각별하다, 특정하다: 各別(각별)+-ᄒ(형접)-]-+-Ø(현시)-+-ㄴ(관전) ※
'各別(각별)한'은 '특정한'이나 '어떤'으로 의역하여 옮길 수 있다.

63) 디: ㄷ(←ᄃᆞ: 것, 의명)+-이(주조)

64) 아니라: 아니(아니다, 不)-+-라(←-아: 연어)

65) 本覺: 본각. 기신론에서 번뇌에 가려 드러나지 않은 청정한 깨달음의 성품이다. 혹은 중생이
본디 갖추고 있는 청정한 마음이다.

66) 니러: 닐(일다, 起)-+-어(연어)

67) 아래: 아래(아래, 下)

아·니니·:엄슬·씨라 샹·이神·씬解·갱 샹·애·애여 體·톙여·오·로:뮐·씨 곤·샹·ㅎ·야 :디·애여·니·ㅎ·다 ·므리유·體·톙축·ㅎ·로 :뮐·씨·며 ·르니·며·므·ㅎ·느·니 아水·슁相·샹因·힌·ㅎ·야·믈·겨 ·몰·씨 :믈 因·힌·ㅎ·야·믈

아·니니·ㅎ·며生·싱滅·몛相·샹 ·ㅎ·니·ㅎ·느·눈·무·수·미 ·믜·유·미·무·ㅎ·니·눈·무·미水·슁·도·쉬相·샹·이·며 ·미·며水·슁風·봉相·샹·이·믈·이·쉬·믄風·봉相·샹·이·믜 너·비서·리르·며·뮈·둣·ㅎ·야

·므·리·며·므·ㅎ·느·니아·니·ㅎ·느·니·미·며·미·ㅎ·며·믈·이·나·매風·봉相·샹·니·며·니·다·야

바람을 因(인)하여 물결이 움직이듯 하여, 水相(수상)과 風相(풍상)이 서로 떠나지 아니하느니라."고 하며, 널리 이르는 데에 이르러 "물이 움직이는 것이 이 風相(풍상)이며, 움직임이 축축한 것이 이 水相(수상)이니, 물이 體(체)가 온전히 움직이므로 물이 風相(풍상)에서 떠나지 아니하며, 움직이는 것이 축축하지 아니한 것이 없으므로 움직이는 것이 水相(수상)에서 떠나지 아니하나니, 마음도 이와 같아서 生滅(생멸)을 아니 하는 마음이 體(체)가 온전히 움직이므로 마음이 生滅相(생멸상)에서 떠나지 아니하며, 生滅相(생멸상)이 神解(신해)가 아닌 것이 없으므로,

ᄇᆞᄅᆞᄆᆞᆯ 因ᅟᅵᆫᄒᆞ야 믌겨리[68] 뮈ᄃᆞᆺ ᄒᆞ야 水ᄉᆗᆼ相샹[69] 風ᄫᅮᆼ相샹[70]이 서르 여희디 아니ᄒᆞᄂᆞ니라 ᄒᆞ며 너비[71] 닐오매[72] 니르러[73] 므리 뮈유미[74] 이 風ᄫᅮᆼ相샹이며 뮈유미[75] 축축호미[76] 이 水ᄉᆗᆼ相샹이니 므리 體톙 오로[77] 믈ᄊᆡ 므리 風ᄫᅮᆼ相샹애 여희디 아니ᄒᆞ며 뮈ᄂᆞᆫ 거시 축축디 아니ᄒᆞ니[78] 업슬ᄊᆡ 뮈유미 水ᄉᆗᆼ相샹애 여희디 아니ᄒᆞᄂᆞ니 ᄆᆞᅀᆞᆷ도 이 ᄀᆞᆮᄒᆞ야 生ᄉᆡᆼ滅ᄆᆗᇙ 아니ᄒᆞᄂᆞᆫ ᄆᆞᅀᆞ미 體톙 오로 믈ᄊᆡ ᄆᆞᅀᆞ미 生ᄉᆡᆼ滅ᄆᆗᇙ相샹애 여희디 아니ᄒᆞ며 生ᄉᆡᆼ滅ᄆᆗᇙ相샹이 神씬解ᅘᅢᆼ[79] 아니니[80] 업슬ᄊᆡ

---

68) 믌겨리: 믌결[바닷물결, 波: 믈(물, 水) + -ㅅ(관조, 사잇) + 결(결, 紋)] + -이(주조)

69) 水相: 수상. 물의 모양이다.

70) 風相: 풍상. 바람의 모양이다.

71) 너비: [널리, 廣(부사): 넙(넙다, 廣: 형사)- + -이(부접)]

72) 닐오매: 닐(←니르다: 이르다, 曰)- + -옴(명전) + -애(-에: 부조, 위치)

73) 니르러: 니를(이르다, 至)- + -어(연어)

74) 뮈유미: 뮈(움직이다, 動)- + -윰(←-움: 명전) + -이(주조)

75) 뮈유믜: 뮈(움직이다, 動)- + -윰(←-움: 명전) + -의(관조, 의미상 주격)

76) 축축호미: 축축ᄒᆞ[←축축ᄒᆞ다(축축하다, 濕): 축축(축축: 불어) + -ᄒᆞ(형접)-]- + -옴(명전) + -이(주조)

77) 오로: [온전히, 온통, 全(부사): 올(←오ᄋᆞᆯ다: 온전하다, 全)- + -오(부접)]

78) 아니ᄒᆞ니: 아니ᄒᆞ[아니하다, 不: 아니(아니, 不: 부사) + -ᄒᆞ(형접)-]- + -Ø(현시)- + ㄴ(관전) # 이(이, 것, 者: 의명) + -Ø(←-이: 주조)

79) 神解: 神解(신해) + -Ø(←-이: 주조) ※ '神解(신해)'는 신기하게 아는 것이다.

80) 아니니: 아니(아니다, 非)- + -Ø(현시)- + ㄴ(관전) # 이(이, 것: 의명) + -Ø(←-이: 주조)

神씬解ᄒᆡᆼ는 神씬
奇끵特·똑히 알·씨·라
生ᄉᆡᇰ滅·며ᇙᄒᆞ·미 心심相샤ᇰ·애 여·희·디 아·니·ᄒᆞ·니·이·ᄀᆞ·티 여·희·디 아·니·호·미 이·르·미 和ᅘᅪᆼ合·이·라
ᄒᆞᆫ가·지 아·니·며 다ᄅᆞ·디 아·니·호·미
眞진如ᅀᅧᆼ性·셔ᇰ·의 모·ᄃᆞᆫ 體·톙·며 뮐·씨 ᄆᆞᅀᆞᆷ·과 生ᄉᆡᇰ
滅·며ᇙ·왜 다ᄅᆞ·디 아·니·ᄒᆞ·며 時씨常쌰ᇰ 眞진
性·셔ᇰ·에 變·변·티 아·니ᄒᆞᇙ·씨 生ᄉᆡᇰ
滅·며ᇙ·이 다ᄅᆞ·디 아·니·ᄒᆞ·며 時씨
眞진性·셔ᇰ·에 變·변·티 아·니ᄒᆞᇙ·씨 楞릉伽꺙生ᄉᆡᇰ経겨ᇰ
滅·며ᇙ·와 七·칧識·식 染·념法·법·으로 生ᄉᆡᇰ
滅·며ᇙ·을 삼·고 如ᅀᅧᆼ來링藏짜ᇰ 淨쪄ᇰ生ᄉᆡᇰ法·법

神解(신해)는 神奇(신기)하게 아는 것이다.

生滅(생멸)이 心相(심상)에서 떠나지 아니하나니, 이와 같이 떠나지 아니하
는 것이 이름이 和合(화합)이다.

하나가 아니며 다르지 아니하는 것이

眞如(진여)의 모든 體(체)가 움직이므로 마음과 生滅(생멸)이 다르지 아니하
며, 時常(시상) 眞性(진성)에 變(변)하지 아니하므로 生滅(생멸)이 다르지 아
니하며, 時常(시상) 眞性(진성)에 變(변)하지 아니하므로 生滅(생멸)과 한가
지가 아니다. 棱伽經(능가경)에 七識(칠식) 染法(염법)으로 生滅(생멸)을 삼
고 如來藏(여래장)의 淨法(정법)으로

神씬解행는 神씬奇끵히 알 씨라

生싱滅멿이 心심相샹[81]애 여희디 아니ᄒᆞᄂᆞ니 이 ᄀᆞ티[82] 여희디 아니호미 일후
미 和행合합이라

ᄒᆞ나 아니며 다ᄅᆞ디 아니호미

眞진如셩[83] 온[84] 體톙밀씨 ᄆᆞᅀᆞᆷ과 生싱滅멿왜 다ᄅᆞ디 아니ᄒᆞ며 時씽常썅 眞
진性셩[85]에 變변티[86] 아니ᄒᆞᆯ씨 生싱滅멿왜 다ᄅᆞ디 아니ᄒᆞ며 時씽常썅 眞진性
셩에 變변티 아니ᄒᆞᆯ씨 生싱滅멿와 ᄒᆞᆫ 가지 아니라 楞릉伽꺙經경[87]에 七칧識식
染셤法법[88]으로 生싱滅멿을 삼고 如셩來링藏짱[89] 淨쩡法법[90]으로

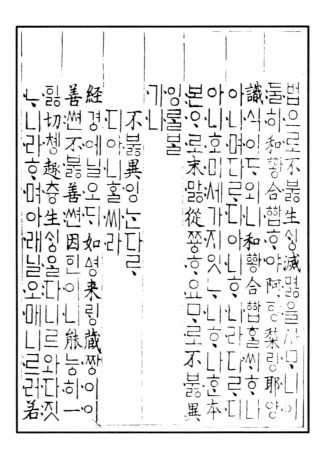

不生滅(불생멸)을 삼으니, 이 둘이 和合(화합)하여 阿梨耶識(아리야식)이 되니, 和合(화합)하므로 하나가 아니며 다르지 아니하였니라. 다르지 아니한 것이 세 가지가 있나니, 하나는 本(본)으로 末(말)을 從(종)하는 것으로 不異(불이)를 밝히니,

不異(불이)는 다르지 아니한 것이다.

經(경)에 이르되, "如來藏(여래장)이 이 善因(선인)과 不善因(불선인)이니 能(능)히 一切(일체)의 趣生(취생)을 다 일으켜서 짓느니라."고 하며, 아래에 이르는 것에 이르러 若生(약생)

不붏生싱滅몛을 사무니 이 둘히[91] 和ᅘᅪᆼ合ᅘᅡᆸᄒᆞ야 阿ᅙᅡᆼ梨링耶양識식[92]이 ᄃᆞ외니
和ᅘᅪᆼ合ᅘᅡᆸᄒᆞᆯᄊᆡ ᄒᆞ나 아니며 다ᄅᆞ디 아니ᄒᆞ니라 다ᄅᆞ디 아니호미 세 가지 잇ᄂᆞ
니 ᄒᆞ나ᄒᆞᆫ 本본ᄋᆞ로 末맗 從쭁ᄒᆞ요ᄆᆞ로[93] 不붏異잉를 ᄇᆞᆯ기니[94]

　　不붏異잉는 다ᄅᆞ디 아니홀 씨라

經경에 닐오ᄃᆡ 如영來링藏짱이 이 善쎤不붏善쎤因ᅙᅵᆫ[95]이니 能능히 一ᅙᅵᇙ切쳉
趣츙生싱[96]을 다 니르와다[97] 짓ᄂᆞ니라 ᄒᆞ며 아래 닐오매 니르러 若ᅀᅣᆨ生싱

---

91) 둘히: 둘ㅎ(둘, 二: 수사, 양수) + -이(주조)

92) 阿梨耶識: 아리야식. 아뢰야식(阿賴耶識)이다.

93) 從ᄒᆞ요ᄆᆞ로: 從ᄒᆞ[종하다: 從(종: 불어) + -ᄒᆞ(동접)-]- + -욤(← -옴: 명전)- + -ᄋᆞ로(부조, 방편)

94) ᄇᆞᆯ기샤: ᄇᆞᆯ기[밝히다, 照明: 붉(밝다, 明: 형사)- + -이(사접)-]- + -샤(← -시-: 주높)- + -Ø
(← -아: 연어)

95) 善不善因: 선불선인. 선인(善因)과 불선인(不善因)이다. ※ '선인(善因)'은 선과(善果)를 초래(招
來)하는 원인(原因)이 되는 선행(善行)이다. 반면에 '불선인(不善因)'은 악과(惡果)를 초래(招
來)하는 원인(原因)이 되는 악행(惡行)이다.

96) 趣生: 취생. 육취(六趣)의 생(生)이다. ※ '육취(六趣)'는 중생이 선악의 원인에 의하여 윤회하
는 여섯 가지의 세계로서, 삼악도와 삼선도(三善道)를 통틀어 이르는 말이다.

97) 니르와다: 니르왇[일으키다, 起: 닐(일어나다, 起: 자동)- + -으(사접)- + -왇(강접)-]- + -아
(연어)

若生ᅀᆞᆨ若滅멸이라 ᄒᆞ둘히라 經경에 닐오ᄃᆡ 佛뿛性ᄊᆡᆼ이 流륭를 조차 各각別별ᄒᆞᆫ 마ᄉᆞᆯ 일우ᄂᆞ니라 ᄒᆞ둘히라 둘흔 末말ᄋᆞᆯ 거두자바 本본애 가ᄆᆞ로 不붏異ᅌᅵᆼ를 ᄇᆞᆯ기니 經경에 닐오ᄃᆡ 衆즁生ᄉᆡᆼ이 곧 如ᅀᅧ ᅵ라 ᄒᆞ며 또 涅槃뻔애 닐오ᄃᆡ 十씹二ᅀᅵ因ᅙᅵᆫ緣윈이 곧 佛뿛性ᄊᆡᆼ이라 ᄒᆞ며 또 十씹地띵論론 第똉一힗義ᅌᅴᆼ諦뎡라 ᄒᆞ며 또 이 論론 아래 닐오ᄃᆡ 三삼界갱 오직 ᄒᆞ며 本본來링 平뼝等듬ᄒᆞ야 ᄒᆞᆫ가지로 ᄒᆞᆫ 覺각인 젼ᄎᆡ라 ᄒᆞ며 또 알ᄑᆡ 末맗애 나ᅀᅡ 本본애 갈뎬 本본이 四ᄉᆞᆼ相샹이

若滅(약멸)이라고 하는 것 들이다. 또 經(경)에 이르되 "佛性(불성)이 流(유)를 좇아 各別(각별)한 맛이 이루어지느니라."고 하는 것들이다. 둘은 末(말)을 다잡아서 本(본)에 가는 것으로 不異(불이)를 밝히니, 經(경)에 이르되 "衆生(중생)이 곧 如(여)이라."고 하며, 또 涅槃(열반)에 이르되, "十二因緣(십이인연)이 곧 佛性이라."고 하며, 또 十地論(십지론)에 이르되 "三界(삼계)의 오직 한 마음은 第一義諦(제일의제)이라."고 하며, 또 이 論(논) 아래에 이르되, "四相(사상)이 本來(본래) 平等(평등)하니 한가지로 한 覺(각)인 때문이라."고 하며, 또 앞에 末(말)에 나아가 本(본)에 갈진댄 本(본)이

若_약滅_멿이라 홈 들히라⁹⁸⁾ 坪 經_경에 닐오딕 佛_뿛性_셩이 流_률를 조차 各_각 別_볋혼 마시⁹⁹⁾ 이ᄂᆞ니라¹⁾ 홈 들히라 둘혼 末_맗을 거두자바²⁾ 本_본애 가ᄆᆞ로³⁾ 不_붏異_잉를 뵐기니 經_경에 닐오딕 衆_즁生_싱이 곧 如_셩ㅣ라 ᄒᆞ며 坪 涅_녏槃_빤⁵⁾애 닐오딕 十_씹二_싱因_힌緣_원⁶⁾이 곧 佛_뿛性_셩⁷⁾이라 ᄒᆞ며 坪 十_씹地_띵論_론⁸⁾애 닐오딕 三_삼界_갱 오직 혼 ᄆᆞᅀᆞᆷ 第_똉一_힗義_읭諦_뎽⁹⁾라 ᄒᆞ며 坪 이 論_론 아래 닐오딕 四_{ᄉᆞ}相_샹¹⁰⁾이 本_본來_링 平_뼹等_등ᄒᆞ니 혼 가지로 혼 覺_각 젼치라¹¹⁾ ᄒᆞ며 坪 알픠 末_맗애 나ᅀᅡ가 本_본애 갏뎬¹²⁾ 本_본이

---

98) 들히라: 들ㅎ(들, 등, 等: 의명) + -이(서조)- + -Ø(현시)- + -라(← -다: 평종)

99) 마시: 맛(맛, 뜻, 味) + -이(주조)

1) 이ᄂᆞ니라: 이(← 일다: 이루어지다, 成)- + -ᄂᆞ(현시)- + -니(원칙)- + -라(← -다: 평종)

2) 거두자바: 거두잡[걷어잡다, 다잡다, 攝取: 걷(걷다, 攝: 동사)- + -우(부접) + 잡(잡다, 取)-]- + -아(연어)

3) 가ᄆᆞ로: 가(가다, 去)- + -ㅁ(← -옴: 명전) + -ᄋᆞ로(부조, 방편)

4) 如: 여. 시공간을 초월하여 변하지 않는 그 자체이다.

5) 涅槃: 열반. 『열반경』(涅槃經)이다. 석가모니의 열반을 설명하기 위해서 편찬한 불교 경전으로, 소승과 대승의 두 경전이 있다.

6) 十二因緣: 십이인연. 과거에 지은 업(業)을 따라서 현재의 과보(果報)를 받으며, 현재의 업을 따라 미래의 고통을 받는 열두 인연(因緣)이다.

7) 佛性: 불성. 진리를 깨달은, 부처의 본성이다.

8) 十地論: 십지론. 십지경론(十地經論)이다. 인도의 논사 천친이 지었고 6세기 초 인도 출신의 학승 보리유지가 번역하였다. 총 12권으로 된 이 논은 보살이 닦는 불도의 내용을 10단계로 나누어 설법한 『십지경』(十地經)을 해석한 것이다.

9) 第一義諦: 제일의제. 그것 자신(自身)이 진실(眞實)인 이법(理法)이다. 곧 심묘(深妙)한 절대적(絶對的) 진리(眞理)이다. 열반, 진여, 실상, 중도, 법계 등 깊고 묘한 진리이다.

10) 四相: 사상. 중생이 실재라고 믿는 네 가지 상이다. 아상(我相), 인상(人相), 중생상(衆生相), 수자상(壽者相)을 이른다.

11) 젼치라: 젼ᄎᆞ(까닭, 故) + -ㅣ(← -이-: 서조)- + -Ø(현시)- + -라(← -다: 평종)

12) 갏뎬: 가(가다, 去)- + -ㅭ뎬(-ㄹ딘댄, -다면: 연어, 조건)

本:본生이 各·각別·볋·호·미 업슬·씨·오 ·직 生싱滅·멿 아 잇·고 本:본·이 업·서 各·각別·별 ·호·미 업·스·며 後:휻法·법·에 本:본·이 어·루 나·아 末·맗·애 가·달 오·미 末·맗·ᅙᆞ·뗸 末·맗·이 各·각 不·붏生싱滅·멿·이 잇·고 末·맗·이 르·달 오·미 업·스·며 各·각別·볋 ·라 ·세 法·법 本:본末·맗·이 平뼝等·ᄃᆞᆼ·호·미 不·붏異·잉·를 불·기·니 經경·에 닐·오·듸 甚·씸深심·호 如영來링藏·짱·이 七·칧識·식·과 ·호·듸 잇·ᄂᆞ·니·라 ·ᄯᅩ經경·에 닐·오·듸 阿ᅙᅡ梨링耶양ᅙ·識·식·이 일·훔·이 如영來링藏·짱·이·니 無뭉明명 七·칧識·식·과 ·호·듸

各別(각별)한 本(본)이 없으므로 오직 生滅(생멸)이 있고, 다시 各別(각별)한 法(법)이 가히 서로 다름이 없으며, 後(후)에 本(본)에 나아가 末(말)에 갈진대 末(말)이 各別(각별)한 末(말)이 없으므로 오직 不生滅(불생멸)이 있고, 또 各別(각별)한 法(법)이 가히 서로 다름이 없으니라. 셋은 本末(본말)이 平等(평등)한 것으로 不異(불이)를 밝히니, 經(경)에 이르되 "甚深(심연)한 如來藏(여래장)이 七識(칠식)과 함께 있느니라."고 하며, 또 經(경)에 이르되 "阿梨耶識(아리야식)이 이름이 如來藏(여래장)이니, 無明(무명)이 七識(칠식)과 함께 있는 것이

各_각別_별흔 本_본이 업슬씨 오직 生_싱滅_몙[13)]이 잇고 ᄂ외야[14)] 各_각別_별흔 法_법이 어루[15)] 서르 달오미[16)] 업스며 後_薈에 本_본애 나ᅀᅡ가[17)] 末_맗애 갏뎬 末_맗이 各_각別_별흔 末_맗이 업슬씨 오직 不_붏生_싱滅_몙[18)]이 잇고 ᄯᅩ 各_각別_별흔 法_법이 어루 서르 달오미 업스니라 세흔 本_본末_맗이 平_뼝等_등ᄒᆞ요ᄆᆞ로[19)] 不_붏異_잉를 불기니 經_경에 닐오ᄃᆡ 甚_씸深_심[20)] 如_셩來_링藏_짱이 七_칧識_식[21)]과 흔ᄃᆡ 잇ᄂᆞ니라 ᄒᆞ며 ᄯᅩ 經_경에 닐오ᄃᆡ 阿_{ᅙᅡᇰ}梨_링耶_양識_식이 일후미 如_셩來_링藏_짱이니 無_뭉明_명 七_칧識_식과 흔ᄃᆡ 이쇼미[22)]

---

13) 生滅: 생멸. 산스크리트어 utpāda-bhaṅga을 의역한 것이다. 생겨남과 소멸함. 모임과 흩어짐. 나타남과 사라짐. 변화함 등이다.

14) ᄂ외야: [다시, 거듭하여, 復(부사): ᄂ외(거듭하다, 復: 동사)- + -야(← -아: 연어 ▷부접)]

15) 어루: 가히, 능히, 能(부사)

16) 달오미: 달(← 다ᄅᆞ다: 다르다, 異)- + -옴(명전) + -이(주조)

17) 나ᅀᅡ가: 나ᅀᅡ가[나아가다, 進: 낫(← 낫다, ㅅ불: 나가다)- + -아(연어) + 가(가다)-]- + -아(연어)

18) 不生滅: 불생멸. 생멸이 아닌 것이다.

19) 平等ᄒᆞ요ᄆᆞ로: 平等ᄒᆞ[평등하다: 平等(평등) + -ᄒᆞ(형접)- + -욤(← -옴: 명전) + -ᄋᆞ로(부조, 방편)

20) 甚深: 심심. 마음의 표현 정도가 매우 깊고 간절하다. 여기서는 '아주 깊은'으로 의역하여 옮긴다.

21) 七識: 칠식. 팔식(八識) 가운데 아뢰야식(阿賴耶識)을 제외한 안식(眼識)·이식(耳識)·비식(鼻識)·설식(舌識)·신식(身識)·의식(意識)·말나식(末那識)을 말한다.

22) 이쇼미: 이시(있다: 보용, 완료 지속)- + -옴(명전) + -이(주조)

바룷믌겨리 샹녜 그긋디 아니홈 ᄀᆞᆮ호미라 ᄯᅩ 論론애 닐오ᄃᆡ 오직 眞진이면 나디 아니ᄒᆞ고 오직 妄망이면 이디 아니ᄒᆞᄂᆞ니 眞진과 妄망괘 和ᅘᅪᆼ合ᅘᅡᆸ호ᅀᅡ 홀 이리 잇ᄂᆞ니라 ᄒᆞ니 이 本본과 末맗괏 ᄀᆞᆺ과 귿괘 ᄂᆞᆫ호디 아니ᄒᆞᆯᄊᆡ 다ᄅᆞ디 아니타 ᄒᆞ니라 ᄒᆞ나 아닌 ᄠᅳ든 곧 알ᄑᆡᆺ 末맗ᄋᆞᆯ 자바 本본애 가미 오직 生ᄉᆡᇰ滅몋 아닐ᄊᆡ 뎌 本본ᄋᆞᆯ 자바 末맗애 가미 오직 生ᄉᆡᇰ滅몋法법과 ᄒᆞ나 아니라 이 ᄠᅳ들 브틀ᄊᆡ 經경에 닐오ᄃᆡ 如ᅀᅧ來ᄅᆡᆼ藏ᄍᆞᇰᄋᆞᆫ 阿梨링耶양識식 中듕에 잇디 아니ᄒᆞ니 이럴ᄊᆡ 七칧識식

바다의 물결이 항상 끊어지지 아니하는 것과 같다."고 하였느니라. 또 論(논)에 이르되 "한갓 眞(진)이면 나지 아니하고 한갓 妄(망)이면 이루어지지 아니하나니, 眞(진)과 妄(망)이 和合(화합)하여야 할 일이 있느니라."고 하니, 이는 本(본)과 末(말)의 가(邊)와 끝이 나누어지지 아니하므로 '다르지 아니하다.'고 일렀느니라. 하나가 아닌 뜻은 곧 앞에 있는 末(말)을 걷어잡아서 本(본)에 가는 것이 오직 生滅(생멸)이 아니므로, 저 本(본)을 걷어잡아서 末(말)에 가는 것이 오직 生滅法(생멸법)과 하나가 아니다. 이 뜻을 의지하므로 經(경)에 이르되 "如來藏(여래장)은 阿梨耶識(아리야식)의 中(중)에 있지 아니하니, 이러므로 七識(칠식)은

바룴²³⁾ 믌겨리²⁴⁾ 샹녜 긋디²⁵⁾ 아니호미²⁶⁾ 곧다 ᄒᆞ니라 ᄯᅩ 論_론애 닐오ᄃᆡ ᄒᆞᆫ

갓²⁷⁾ 眞_진이면 나디 아니코²⁸⁾ ᄒᆞᆫ갓 妄_망²⁹⁾이면 이디³⁰⁾ 아니ᄒᆞᄂᆞ니 眞_진妄_망

이 和_{ᅘᅪᆼ}合_{ᅘᅡᆸ}ᄒᆞ야ᅀᅡ ᄒᆞᅭᆯ³¹⁾ 이리 잇ᄂᆞ니라 ᄒᆞ니 이ᄂᆞᆫ 本_본末_맗 ᄀᆞᆺ³²⁾ 그지³³⁾

ᄂᆞᆫ호디³⁴⁾ 아니ᄒᆞᆯᄊᆡ 다ᄅᆞ디 아니타³⁵⁾ 니ᄅᆞ니라 ᄒᆞ나 아닌 ᄠᅳ든³⁶⁾ 곧 알ᄑᆡᆺ

末_맗ᄋᆞᆯ 거두자바 本_본애 가미 오직 生_{ᄉᆡᆼ}滅_멿이 아닐ᄊᆡ 뎌 本_본ᄋᆞᆯ 거두자바

末_맗애 가미 오직 生_{ᄉᆡᆼ}滅_멿法_법과 ᄒᆞ나 아니라 이 ᄠᅳ들 브틀ᄊᆡ 經_경에 닐오

ᄃᆡ 如_{ᅀᅧᆼ}來_{ᄅᆡᆼ}藏_짱ᄋᆞᆫ 阿_{ᅘᅡᆼ}梨_링耶_양 中_듕에 잇디 아니ᄒᆞ니 이럴ᄊᆡ³⁷⁾ 七_칧識_식ᄋᆞᆫ

---

23) 바룴: 바룰(바다, 海) + -ㅅ(-의: 관조)

24) 믌겨리: 믌결[물결, 波: 믈(물, 水) + -ㅅ(관조, 사잇) + 결(결, 紋)] + -이(주조)

25) 긋디: 긋(← 긏다: 끊어지다, 絕) + -디(-지: 연어, 부정)

26) 아니호미: 아니ᄒᆞ[← 아니ᄒᆞ다(아니하다, 不: 보용, 부정): 아니(아니, 不: 부사, 부정) + -ᄒᆞ(동접)-] + -옴(명전) + -이(-과: 부조, 비교)

27) ᄒᆞᆫ갓: [한갓(부사): ᄒᆞᆫ(한, 一: 관사) + 갓(← 가지: 의명)] ※ 'ᄒᆞᆫ갓'은 '다른 것 없이 겨우'의 뜻을 나타내는 부사이다.

28) 아니코: 아니ᄒᆞ[← 아니ᄒᆞ다(아니하다, 不: 보용, 부정): 아니(아니, 不: 부사, 부정) + -ᄒᆞ(동접)-] + -고(연어, 진행)

29) 妄: 망. 거짓이다.

30) 이디: 이(← 일다: 이루어지다, 成) + -디(-지: 연어, 부정)

31) ᄒᆞᅭᆯ: ᄒᆞ(하다: 보용, 당위) + -요(← -오-: 대상) + -ㄹ(관전)

32) ᄀᆞᆺ: 가, 가장자리, 邊.

33) 그지: 그지(한도, 끝, 限) + -Ø(← -이: 주조)

34) ᄂᆞᆫ호디: ᄂᆞᆫ호(나누어지다, 分) + -디(-지: 연어, 부정)

35) 아니타: 아니ᄒᆞ[← 아니ᄒᆞ다(아니하다, 不: 보용, 부정): 아니(부사, 부정) + -ᄒᆞ(형접)-] + -Ø(현시)- + -다(평종)

36) ᄠᅳ든: ᄠᅳᆮ(뜻, 義) + -은(보조사, 주제)

37) 이럴ᄊᆡ: 이러[← 이러ᄒᆞ다(이러하다, 如此): 이러(이러: 불어) + -Ø(← -ᄒᆞ-: 형접)-] + -ㄹᄊᆡ(-므로: 연어, 이유)

은 有ᅌᅮᇢ生싱 有ᅌᅮᇢ滅몛ᄒᆞ고 如셩來링藏쨩은 不붏生싱不붏滅몛이라 ᄒᆞ야ᄂᆞᆯ 사겨 닐오ᄃᆡ 이 中ᄃᆔᇰ에 오직 生싱滅몛은 이 七칧識식이오 오직 不붏生싱滅몛은 이 如셩來링藏쨩이니 두 ᄠᅳᆮ이 ᄒᆞ마 各각別볋ᄒᆞ야 梨링耶양ㅣ 各각別볋ᄒᆞᆫ 제 體톙 업슬ᄊᆡ 中ᄃᆔᇰ에 잇디 아니ᄒᆞ니라 ᄒᆞ니 이ᄂᆞᆫ ᄒᆞ나 아닌 ᄠᅳᆮ들 자바 니ᄅᆞᆯ ᄯᆞᄅᆞᆷ이언뎡 和ᅘᅪᇢ合ᄒᆞᆸ디 아니타 ᄒᆞ야 니ᄅᆞ논 디 아니라 엇뎨어뇨 ᄒᆞ란ᄃᆡ 이 中ᄃᆔᇰ에 如셩來링藏쨩ㅅ 不붏生싱滅몛이 곧 七칧識식의 生싱滅몛에 不붏生싱不붏滅몛ᄒᆞᆯᄊᆡ 自ᄍᆞᆼ生싱滅몛와 ᄒᆞ나 아니며 七칧識식

有生有滅(유생유멸)하고 如來藏(여래장)은 不生不滅(불생불멸)이라."고 하거늘, 풀이하여 이르되 "이 中(중)에 오직 生滅(생멸)은 이 七識(칠식)이요 오직 不生滅(불생멸)은 이 如來藏(여래장)이니, 두 뜻이 이미 나누어져 梨耶(이야)가 各別(각별)한 자기의 體(체)가 없으므로 中(중)에 있지 아니하다."고 하니, 이는 하나가 아닌 뜻을 잡아 이를 뿐이지 "和合(화합)하지 아니하였다."고 하여 이르는 것이 아니다. "(그것이) 어째서이냐?"고 한다면, 이 中(중)에 如來藏(여래장)의 不生滅(불생멸)이 곧 七識(칠식)의 生滅(생멸)에 不生不滅(불생불멸)이므로 自生滅(자생멸)과 하나가 아니며, 七識(칠식)의 生滅(생멸)이

有_율生_싱有_율滅_몛[38]ᄒ고 如_셩來_링藏_짱은 不_붏生_싱不_붏滅_몛[39]이라 ᄒ야ᄂᆞᆯ 사겨[40] 닐오ᄃᆡ 이 中_듕에 오직 生_싱滅_몛은 이 七_칧識_식이오 오직 不_붏生_싱滅_몛은 이 如_셩來_링藏_짱이니 두 ᄠᅳ디 ᄒ마 ᄂᆞᆫ호아 梨_링耶_양ㅣ 各_각別_볋ᄒᆞᆫ[42] 제[43] 體_톙 업슬ᄊᆡ 中_듕에 잇디 아니타[44] ᄒ니 이ᄂᆞᆫ ᄒᆞ나 아닌 ᄠᅳ들 자바 니ᄅᆞ디빙[45] 和_郯合_햅디[46] 아니타 ᄒ야 니ᄅᆞᄂᆞᆫ 디[47] 아니라 엇뎨어뇨[48] ᄒ란ᄃᆡ[49] 이 中_듕에 如_셩來_링藏_짱 不_붏生_싱滅_몛이 곧 七_칧識_식 生_싱滅_몛에 不_붏生_싱不_붏滅_몛일ᄊᆡ 自_쫑生_싱滅_몛와 ᄒᆞ나 아니며 七_칧識_식 生_싱滅_몛이

---

38) 有生有滅: 유생유멸. 나기도 하고 죽기도 하는 것이다.

39) 不生不滅: 나지도 않고 죽지도 않는 것이다.

40) 사겨: 사기(새기다, 풀이하다, 解)- + -어(연어)

41) 梨耶: 이야. '아리야(阿梨耶)'의 준말이다.

42) 各別ᄒᆞᆫ: 各別ᄒ[각별하다: 各別(각별) + -ᄒ(형접)-]- + -Ø(현시)- + -ㄴ(관전) ※ '各別ᄒᆞᆫ'은 '별도의'나 '특별한', '다른', '따로 된' 등으로 의역하여 옮길 수 있다.

43) 제: 저(저, 彼: 인대, 재귀칭) + -ㅣ(←-의: 관조)

44) 아니타: 아니ᄒ[← 아니ᄒᆞ다(아니하다, 不): 아니(부사, 부정) + -ᄒ(동접)-]- + -Ø(현시)- + -다(평종)

45) 니ᄅᆞ디빙: 니ᄅᆞ(이르다, 曰)- + -디빙(-는 것이지: 연어, 대조)

46) 和合디: 和合[← 和合ᄒᆞ다(화합하다): 和合(화합) + -ᄒ(동접)-]- + -디(-지: 연어, 부정)

47) 니ᄅᆞᄂᆞᆫ 디: 니ᄅᆞ(이르다, 曰)- + -ㄴ(←-ᄂᆞ-: 현시)- + -ㄴ(관전) # ᄃ(← ᄃᆞ: 것, 의명) + -이(주조)

48) 엇뎨어뇨: 엇뎨(어째서, 何) + -Ø(←-이-: 서조)- + -어(←-거-: 확인)- + -뇨(-냐: 의종, 설명)

49) ᄒ란ᄃᆡ: ᄒ(하다, 曰)- + -란ᄃᆡ(-다면: 연어, 조건)

싱滅멸 싱滅멸이 곧 如셩來링藏짱 不붏生

싱滅멸 멸엣 生싱滅멸일씨 自쭝不붏

生싱滅멸와 쏘 호니 아니호니라 이 中듕

에 호미 아니호라 나 아니고 홀씨 호나 아니

호니 다로미 如來링藏짱이어 緣원을 조디 아니

차滅 싱滅멸을 이럴씨 不붏生 싱滅멸 다

브터 生싱滅멸이 잇ᄂᆞ니 이다 不붏生

아니 호ᄂᆞ니 잇ᄂᆞ니 이 싱滅멸 다ᄅᆞ디

ᄃᆞ에니 真진妄망이 和鑁合햅ᄒᆞ야

곧 如來藏(여래장)의 不生滅(불생멸)에 있는 生滅(생멸)이므로, 自不生滅(자불생멸)과 또 하나가 아니다. 이 中(중)에 한갓 어기디 아니하며 다르지 아니함으로 하나가 아닌 것을 밝힐 뿐이 아니라 또 다르지 아니하므로 하나가 아닌 것이 되나니, "(그것이) 어째서이냐?" 한다면, 만일 如來藏(여래장)이 緣(연)을 좇아서 生滅(생멸)을 지을 적에 自不生滅(자불생멸)을 잃으며 生滅(생멸)이 있지 못하겠으니, 이러므로 不生滅(불생멸)을 의지하여 生滅(생멸)이 있나니, 이것이 다르지 아니하므로 하나가 아닌 것이다. 또 이 中(중)에 眞妄(진망)이 和合(화합)하여 여러 곧 如_성來_링藏_짱 不_붏生_싱滅_멿엣⁵⁰⁾ 生_싱滅_멿일씨 自_쭝不_붏生_싱滅_멿와 쏘 ᄒ 나 아니라 이 中_듕에 ᄒ갓 어긔디⁵¹⁾ 아니ᄒ며 다ᄅ디 아니호ᄆ로 ᄒ나 아 닌 고들⁵²⁾ 볼길 ᄲ니⁵³⁾ 아니라 쏘 다ᄅ디 아니홀씨 ᄒ나 아니로미⁵⁴⁾ ᄃ외 ᄂ니⁵⁵⁾ 엇뎨어뇨 ᄒ란딕 ᄒ다가⁵⁶⁾ 如_성來_링藏_짱이 緣_원⁵⁷⁾을 조차 生_싱滅_멿 지슬⁵⁸⁾ 저긔 自_쭝不_붏生_싱滅_멿을 일흐면 生_싱滅_멿이 잇디 몯ᄒ리니 이럴씨 不_붏生_싱滅_멿을 브터 生_싱滅_멿이 잇ᄂ니 이⁵⁹⁾ 다ᄅ디 아니홀씨 ᄒ나 아닌 고디라⁶⁰⁾ 쏘 이 中_듕에 眞_진妄_망⁶¹⁾이 和_ᅘ合_ᅘᄒ야 여러

---

50) 不生滅엣: 不生滅(불생멸) + -에(부조, 위치) + -ㅅ(-의: 관조)

51) 어긔디: 어긔(어기다, 違)- + -디(-지: 연어, 부정)

52) 불길: 불기[밝히다, 明: 붉(밝다, 明)- + -이(사접)-]- + -ㄹ(관전)

53) ᄲ니: ᄲᆞᆫ(뿐: 의명, 한정) + -이(보조)

54) 아니로미: 아니(아니다, 非)- + -롬(← -옴: 명전) + -이(보조)

55) ᄃ외ᄂ니: ᄃ외(되다, 爲)- + -ᄂ(현시)- + -니(연어, 설명 계속)

56) ᄒ다가: 만일, 若(부사)

57) 緣: 연. 원인을 도와서 결과를 낳게 하는 작용이다. 예를 들어서 벼에 대하여 씨는 '인(因)'이고, 물·흙·온도 따위는 '연'이 된다.

58) 지슬: 짛(← 짓다, ㅅ불: 짓다, 作)- + -ᅟᅳᆶ(관전)

59) 이: 이(이, 이것, 此: 지대, 정칭) + -Ø(← -이: 주조)

60) 고디라: 곧(것, 者: 의명) + -이(서조)- + -Ø(현시)- + -라(← -다: 평종)

61) 眞妄: 진망. 참과 거짓이다.

識(식)이 緣起(연기)한 것을 네 句節(구절)로 구분할 것이니, 하나는 如來藏(여래장)이 오직 生滅(생멸)을 아니한 것이 물의 축축한 性(성)과 같고, 둘은 七識(칠식)이 오직 生滅(생멸)한 것이 물의 결과 같고, 셋은 梨耶識(이야식)이 生滅(생멸)하며 또 生滅(생멸)하지 아니한 것이 바다의 動靜(동정)을 머금은 것과 같고, 넷은 無明(무명)이 거꾸로 된 執(집)이 生滅(생멸)이 아니며 不生滅(불생멸)이 일어나는 것이 물결을 일으키는 맹렬한 바람이 물이 아니며 물결이 아닌 것과 같으니, 이 네 뜻 中(중)에 한 뜻을 들은 것을 좇아서 곧 自體(자체)를 합하여 잡아 緣起(연기)하는 義(의)와 理(이)의 二相(이상)이

識식이 緣원起킝호물⁶²⁾ 네 句궁⁶³⁾로 글히욜⁶⁴⁾ 디니⁶⁵⁾ 호나흔 如셩來링藏짱이

오직 生싱滅몳 아니호미 므릐 축축한 性셩 ᄀᆞ고 둘흔 七칧識식이 오직 生싱

滅몳호미 므릐 겨리⁶⁶⁾ ᄀᆞ고 세흔 梨링耶양識식이 生싱滅몳ᄒᆞ며 ᄯᅩ 生싱滅몳

아니호미 바ᄅᆞᆯ릐⁶⁷⁾ 動똥靜쪙 머구무미⁶⁸⁾ ᄀᆞ고 네흔 無뭉明명 갓ᄀᆞᆫ⁶⁹⁾ 執집⁷⁰⁾

이 生싱滅몳 아니며 不붏生싱滅몳이 니로미⁷¹⁾ 믌결 니르와ᄂᆞᆫ⁷²⁾ 미ᄫᅳᆯ⁷³⁾ ᄇᆞᄅᆞ

미 ᄆᆞᆯ 아니며 믌결 아니로미⁷⁴⁾ ᄀᆞᄒᆞ니 이 네 ᄠᅳᆮ 中듕에 ᄒᆞᆫ ᄠᅳᆮ 드로물⁷⁵⁾ 조

차 곧 自쫑體톙ᄅᆞᆯ 어울워⁷⁶⁾ 자바 緣원起킝ᄒᆞᄂᆞᆫ 義읭 理링⁷⁷⁾ 二싱相샹이

---

62) 緣起호믈: 緣起ᄒᆞ[← 緣起ᄒᆞ다(연기하다): 緣起(연기) + -ᄒᆞ(동접)-]- + -옴(명전) + -ᄋᆞᆯ(목조)
    ※ '緣起(연기)'는 모든 현상이 생겨나고 소멸하는 법칙이다. 이에 따르면 모든 현상은 원인인 인(因)과 조건인 연(緣)이 상호 관계하여 성립하며, 인연이 없으면 결과도 없다.

63) 句: 구. 구절(句節)이다.

64) 글히욜: 글히(가리다, 分別)- + -요(← -오-: 대상)- + -ㅭ(관전)

65) 디니: ᄃᆞ(← ᄃᆞ: 것, 者, 의명) + -이(서조)- + -니(연어, 설명 계속)

66) 겨리: 결(결, 紋) + -이(-과: 부조, 비교)

67) 바ᄅᆞᆯ릐 : 바ᄅᆞᆯ(바다, 海) + -의(관조)

68) 머구무미: 머굼(머금다, 含)- + -움(명전) + -이(-과: 부조, 비교)

69) 갓ᄀᆞᆫ: 갓ᄀᆞ(← 갓ᄀᆞᆯ다: 거꾸로 되다)- + -Ø(과시)- + -ㄴ(관전)

70) 執: 집. 집착이다. 어떤 것에 늘 마음이 쏠려 잊지 못하고 매달리는 것이다.

71) 니로미: 닐(일다, 일어나다, 起)- + -옴(명전) + -이(주조)

72) 니르와ᄂᆞᆫ: 니르완[일으키다: 닐(일어나다, 起: 자동)- + -ᄋᆞ(사접)- + -완(강접)-]- + -ᄂᆞ(현시)- + -ㄴ(관전)

73) 미ᄫᅳᆯ: 밉(← 밉다, ㅂ불: 맵다, 맹렬하다, 사납다, 猛)- + -Ø(현시)- + -은(관전)

74) 아니로미: 아니(아니다, 不)- + -롬(← -옴: 명전) + -이(-과: 부조, 비교)

75) 드로믈: 들(← 듣다, ㄷ불: 듣다, 聞)- + -옴(명전) + -ᄋᆞᆯ(목조)

76) 어울워: 어울우[합치다, 合: 어울(어울리다, 합쳐지다, 合: 자동)- + -우(사접)-]- + -어(연어)

77) 義理: 의리. 모든 현상에 통하는 법칙이나 타당한 이치이다.

性·이 업·슬·ᄊᆡ 이 中듕에 안죽 축축ᄒᆞᆫ 性셩·이 일·티 아·니ᄒᆞᄂᆞᆫ ᄠᅳ·들 자·바 닐·옳·뎬 動·뚱靜·쪙·이 ᄒᆞ나 아·니·ᄅᆞᆯ 므·리 믌결 中듕에 잇·디 아·니ᄒᆞ·다 닐·언·ᄃᆞᆯ 어·늬 믌·겨·리 므·를 여·희·오 밧·긔 各·각別·별·히 體·톙 이시·리·오 다ᄅᆞᆫ ᄠᅳ·든 이·ᅌᅦ 마·초·아 ᄉᆞ라ᇰᄒᆞ·라 무·로·ᄃᆡ ᄒᆞ·마 動·뚱靜·쪙·이 ᄒᆞ나 아·니·라 닐·옳·뎬 如來藏·ᄋᆡ 七·칧識·식 中듕·에 잇·디 아·니ᄒᆞ·다 닐·어·ᅀᅡ ᄒᆞ·리어·늘 엇·뎨 梨링耶양 中듕·에 잇·디 아·니ᄒᆞ·다 닐·어·뇨 對·됭答·답·호·ᄃᆡ 梨링耶양·ㅣ 動·뚱靜·쪙·을 뫼·호·ᄆᆞᆯ 動·뚱靜·쪙·ㅅ 不·붏二·ᅀᅵ 梨링耶양·ㅣ어·늘 이·제 ᄒᆞ·마 動·뚱靜·쪙·이

없으므로, 이 中(중)에 아직 축축한 性(성)이 잃지 아니하는 뜻을 잡아 이른다면, 動靜(동정)이 하나가 아니므로 물이 물결의 가운데에 있지 아니하다고 말한들, 어찌 물결이 물을 떠나고 (그) 밖에 各別(각별)히 體(체)가 있으리오? 다른 뜻을 여기에 맞추어 생각하라. 묻되 "이미 動靜(동정)이 하나가 아니라고 이를진대, '如來藏(여래장)이 七識(칠식) 中(중)에 있지 아니하다.'고 일러야 하겠거늘, '어째서 梨耶(이야) 中(중)에 있지 아니하다.'로 이르느냐?" 對答(대답)하되 "梨耶(이야)가 動靜(동정)을 아우르므로 動靜(동정)의 不二(불이)가 梨耶(이야)이거늘, 이제 이미 動靜(동정)이

업슬씨 이 中듕에 안즉⁷⁸⁾ 축축흔 性셩이 일티⁷⁹⁾ 아니ᄒᆞ는 ᄠᅳ들 자바 닐옳
뎬⁸⁰⁾ 動똥靜쪙이 ᄒᆞ나 아닐씨 므리 믌겴 가온ᄃᆡ 잇디 아니타 니른들⁸¹⁾ 엇
뎨⁸²⁾ 믌겨리 므를 여희오 밧긔⁸³⁾ 各각別ᄇᆑᆯ히 體톙 이시리오 녀느⁸⁴⁾ ᄠᅳ들
예⁸⁵⁾ 마초아⁸⁶⁾ ᄉᆞ랑ᄒᆞ라⁸⁷⁾ 무로ᄃᆡ ᄒᆞ마 動똥靜쪙이 ᄒᆞ나 아니라 닐옳 디면⁸⁸⁾
如ᅀᅧ來ᄅᆡ藏짱이 七칧識식 中듕에 잇디 아니타 닐어ᅀᅡ⁸⁹⁾ ᄒᆞ리어늘⁹⁰⁾ 엇뎨 梨
ᄅᆡ耶양 中듕에 잇디 아니타 니르ᄂᆞ뇨⁹¹⁾ 對됭答답호ᄃᆡ 梨ᄅᆡ耶양ㅣ 動똥靜쪙을
어울울씨⁹²⁾ 動똥靜쪙 不붏二ᅀᅵᆼ⁹³⁾ 梨ᄅᆡ耶양ㅣ어늘 이제⁹⁴⁾ ᄒᆞ마 動똥靜쪙이

---

78) 안즉: 아직, 당분간, 當(부사)

79) 일티: 잃(잃다, 失)- + -디(-지: 연어, 부정)

80) 닐옳뎬: 닐(←니르다: 이르다, 曰)- + -옳뎬(-을진대, -면: 연어, 조건)

81) 니른들: 니르(이르다, 曰)- + -ㄴ들(-ㄴ들: 연어, 양보)

82) 엇뎨: 어찌, 何(부사)

83) 밧긔: 밝(밖, 外) + -의(-에: 부조, 위치)

84) 녀느: 다른, 他(관사)

85) 예: 여기에(부사)

86) 마초아: 마초[맞추다, 適(부사): 맞(맞다, 合: 동사)- + -호(사접)-]- + -아(연어)

87) ᄉᆞ랑ᄒᆞ라: ᄉᆞ랑ᄒᆞ[생각하다, 思惟: ᄉᆞ랑(생각, 思) + -ᄒᆞ(동접)-]- + -라(명종, 아주 낮춤)

88) 닐옳 디면: 닐(←니르다: 이르다, 曰)- + -오(대상)- + -ㅭ(관전) # ᄃ(←디: 것, 者, 의명) + -이(서조)- + -면(연어, 조건)

89) 닐어ᅀᅡ: 닐(←니르다: 이르다, 曰)- + -어ᅀᅡ(-어야: 연어, 필연적 조건)

90) ᄒᆞ리어늘: ᄒᆞ(하다: 보용, 필연적 조건)- + -리(미시)- + -어늘(← -거늘: 연어, 상황)

91) 니르ᄂᆞ뇨: 니르(이르다, 曰)- + -ᄂᆞ(현시)- + -뇨(-느냐: 의종, 설명정)

92) 어울울씨: 어울우[합치다, 竝: 어울(어울리다: 자동)- + -우(사접)-]- + -ㄹ씨(-ㅁ로: 연어, 이유)

93) 不二: 不二(불이) + -∅(← -이: 주조)

94) 이제: [이제, 今(부사): 이(이, 此: 관사, 지시, 정칭) + 제(제, 때, 時: 의명)]

눈 슬ᄊᆞ 中듕에 梨링耶양ㅣ 아니니 타 別볋體톙라 ᄒᆞ면 오직 生ᄉᆡᆼ滅ᄆᆱ動뚱靜쪙 ᄒᆞ면 通ᄐᆼᄒᆞᆯ 梨링耶양ㅣ 動뚱靜쪙에 通ᄐᆼᄒᆞ면 오직 生ᄉᆡᆼ滅ᄆᆱ門몬 中듕에 動뚱靜쪙 對됭答답호ᄃᆡ 靜쪙에 니르와다 動뚱ᄋᆞᆯ 일워 各각別볋ᄒᆞᆫ 動뚱體톙 업스니 이럴ᄊᆡ 靜쪙性셩이 動뚱ᄋᆞᆯ 조차 ᄯᅩ 生ᄉᆡᆼ滅ᄆᆱ 中듕에 잇ᄂᆞ니 梨링耶양ㅣ 動뚱靜쪙이 ᄀᆞ자 이셔 이 生ᄉᆡᆼ滅ᄆᆱ 中듕에 이실 ᄲᅮᆫ 아니라 ᄯᅩ 如셩來ᄅᆡᆼ藏짱 中듕에 動뚱 不붏動뚱호ᄃᆡ ᄯᅩ 이 門몬 中듕에 잇ᄂᆞ니 엇뎨어뇨 ᄒᆞ란ᄃᆡ 뎌 生ᄉᆡᆼ滅ᄆᆱ이 各각別볋ᄒᆞᆫ 體톙 업슨 젼ᄎᆡ니

나누어서 나서 梨耶(이야)가 別體(별체)가 없으므로 '中(중)에 있지 아니하다.'고 일렀니라." 묻되 "梨耶(이야)가 이미 動靜(동정)에 通(통)하면 오직 生滅門(생멸문)에 있는 것이 못하리라." 對答(대답)하되 "靜(정)에 일으켜서 動(동)을 이루어 各別(각별)한 動體(동체)가 없으니 이러므로 靜性(정성)이 動(동)을 좇아 또 生滅(생멸) 中(중)에 있나니, 梨耶(이야)가 動靜(동정)이 갖추어져 있어 이 生滅(생멸) 中(중)에 있을 뿐이 아니다. 또 如來藏(여래장)이 오직 不動(부동)하되 또 이 門(문) 中(중)에 있나니, '(그것이) 어째서이냐?'라고 한다면, 저 生滅(생멸)이 各別(각별)한 體(체)가 없는 까닭이니

ᄂᆞᆫ호아⁹⁵⁾ 나 梨_링耶_양ㅣ 別_볋體_톙⁹⁶⁾ 업슬씨 中_듕에 잇디 아니타 니ᄅᆞ니라⁹⁷⁾

무로ᄃᆡ 梨_링耶_양ㅣ ᄒᆞ마 動_똥靜_쪙에 通_통ᄒᆞ란ᄃᆡ⁹⁸⁾ 오직 生_싱滅_몂門_몬애 이

쇼미⁹⁹⁾ ᄆᆞᆮᄒᆞ리라 對_됭答_답호ᄃᆡ 靜_쪙에 니르와다¹⁾ 動_똥ᄋᆞᆯ 일워 各_각別_볋ᄒᆞᆫ

動_똥體_톙 업스니 이럴씨 靜_쪙性_셩이 動_똥ᄋᆞᆯ 조차 ᄯᅩ 生_싱滅_몂 中_듕에 잇ᄂᆞ

니 梨_링耶_양ㅣ 動_똥靜_쪙이 ᄀᆞ자²⁾ 이 生_싱滅_몂 中_듕에 이실 ᄲᅮ니³⁾ 아니라

ᄯᅩ 如_셩來_링藏_짱이 오직 不_붏動_똥호ᄃᆡ ᄯᅩ 이 門_몬 中_듕에 잇ᄂᆞ니 엇뎨어뇨

ᄒᆞ란ᄃᆡ 뎌 生_싱滅_몂이 各_각別_볋ᄒᆞᆫ 體_톙 업슨 젼치니⁴⁾

---

95) ᄂᆞᆫ호아: ᄂᆞᆫ호(나누다, 分)- + -아(연어)
96) 別體: 別體(별체) + -Ø(←-이: 주조) ※ '別體(별체)'는 별도의 본체(本體)이다.
97) 니ᄅᆞ니라: 니ᄅᆞ(이르다, 말하다, 曰)- + -Ø(과시)- + -니(원칙)- + -라(←-다: 평종)
98) 通ᄒᆞ란ᄃᆡ: 通ᄒᆞ[통하다: 通(통: 불어) + -ᄒᆞ(동접)-]- + -란ᄃᆡ(-다면: 연어, 조건)
99) 이쇼미: 이시(있다: 보용, 완료 지속)- + -옴(명전) + -이(주조)
 1) 니르와다: 니르완[일으키다, 起: 닐(일어나다, 起: 자동)- + -으(사접)- + -완(강접)-]- + -아(연어)
 2) ᄀᆞ자: ᄀᆞᆽ(갖추어져 있다, 具: 형사)- + -아(연어)
 3) ᄲᅮ니: ᄲᅮᆫ(뿐: 의명, 한정) + -이(보조)
 4) 젼치니: 젼ᄎᆞ(까닭, 이유) + -ㅣ(←-이-: 서조)- + -니(연어, 설명 계속, 이유)

나ᅀᆞ랑ᄒᆞ야 마초아 보라 ᄯᅢ가 ᄒᆞ
相샹ᄒᆞ라 호ᄃᆞᆫ댄 生ᄉᆡᆼ滅멿ᄒᆞᄂᆞᆫ 識식ᄒᆞ
真진心심이 滅멿盡ᄍᆡᆫᄒᆞ야 滅멿ᄒᆞ리니 그·러 真
ᄯᅢ면 過광ᄃᆞ란디리오
斷딴過광·애 ᄠᅥ디리오 光·애
過광ᄂᆞᆫ 허·므·리·라
ᄒᆞ다가 다·ᄅᆞ·다 호·ᄃᆞᆫ댄 無뭉明명風ᄫᅮᆼ
ᅙᆞᆫ 熏훈重훈動똥ᄒᆞᆯ 時씽節쪌을 브·터
熏훈은 ᄡᅥ 내니 ᄡᅥ니ᄅᆞ·다
靜쪙心심體톙 당·디 ·러·면 常쌍緣원過광·애
아·니ᄒᆞ·리·니 그·러·면 常쌍緣원을 좃ᄠᅢ디

생각하여 맞추어 보라. 또 만일 하나라고 한다면 生滅(생멸)하는 識相(식상)이 滅盡(멸진)할 時節(시절)에 眞心(진심)이 마땅히 滅(멸)하겠으니, 그러면 斷過(단과)에 떨어지리오?

　　過(과)는 허물이다.

만일 다르다고 할 것이면 無明(무명)의 風(풍)이 熏動(훈동)할 時節(시절)을 의지하여

　　熏(훈)은 일으켜 내는 것이다.

靜心(정심)의 體(체)가 마땅히 緣(연)을 좇지 아니하겠으니, 그러면 常過(상과)에 떨어지리라.

ᄉᆞ랑ᄒᆞ야 마초아⁵⁾ 보라 ᄯᅩ ᄒᆞ다가 ᄒᆞ나히라⁶⁾ 홀 딘댄⁷⁾ 生ᄉᆡᆼ滅ᄆᅜᇙᄒᆞᄂᆞᆫ 識식相

샹⁸⁾이 滅ᄆᅙᆯ盡찐ᄒᆞᇙ 時씽節졇에 眞진心심이 당다이⁹⁾ 滅ᄆᅙᆯᄒᆞ리니 그러면 斷돤過

광¹⁰⁾애 ᄠᅥ러디리오¹¹⁾

　　過광ᄂᆞᆫ 허므리라¹²⁾

ᄒᆞ다가 다ᄅᆞ다 홀 딘댄 無뭉明명 風봉이 熏훈動뚱ᄒᆞᇙ 時씽節졇을 브터

　　熏훈은 니르와다 낼¹³⁾ 씨라¹⁴⁾

靜쪙心심 體톙 당다이 緣원을 좃디¹⁵⁾ 아니ᄒᆞ리니 그러면 常쌍過광¹⁶⁾애 ᄠᅥ러디

리라

---

5) 마초아: 마초[맞추다, 適(부사): 맞(맞다, 合: 동사)-+-호(사접)-]-+-아(연어)

6) ᄒᆞ나히라: ᄒᆞ나ᄒᆞ[하나, 一: 수사, 양수)+-이(서조)-+-∅(현시)-+-라(←-다: 평종)

7) 홀 딘댄: ᄒᆞ(하다, 曰)+-오(대상)-+-ᇙ(관전) # ᄃ(←ᄃᆞ: 것, 의명)+-이(서조)-+-ㄴ댄(-면: 연어, 조건)

8) 識相: 식상. 식(識)의 모습이다.

9) 당다이: 당다이[마땅히, 當(부사): 당당(마땅: 불어)+-∅(←-ᄒᆞ-: 형접)-+-이(부접)]

10) 斷過: 단과(=斷見). 칠견(七見)의 하나이다. 세상만사가 무상하듯 사람도 한번 죽으면 몸과 마음이 모두 없어져 공무(空無)로 돌아간다는 그릇된 견해이다.

11) ᄠᅥ러디리오: ᄠᅥ러디[떨어지다, 落: ᄠᅥᆯ(떨다, 離)-+-어(연어)+디(지다: 보용, 피동)-]-+-이(미시)-+-오(←-고: -느냐, 의종, 설명)

12) 허므리라: 허믈(허물, 過)-+-이(서조)-+-∅(현시)-+-라(←-다: 평종)

13) 낼: 내[내다, 出: 나(나다, 出: 자동)-+-ㅣ(←-이-: 사접)-]-+-ㄹ(관전)

14) 씨라: ᄊ(←ᄉᆞ: 것, 의명)+-이(서조)-+-∅(현시)-+-라(←-다: 평종)

15) 좃디: 좃(←좇다: 좇다, 따르다, 從)-+-디(-지: 연어, 부정)

16) 常過: 상과(=常見). 칠견(七見)의 하나이다. 세계나 모든 존재, 인간의 자아가 실제로 영원히 존재한다고 고집하는 그릇된 견해를 이른다.

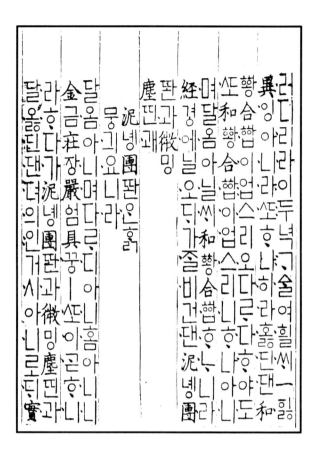

[62 앞]

이 두 녘의 가(邊)를 떠나므로 一異(일이)가 아니다. 또 '하나(一)이라.'고 할 것이면 和合(화합)이 없을 것이고, '다르다.'고 하여도 또 和合(화합)이 없을 것이니, 하나가 아니며 다름이 아니므로 和合(화합)하느니라. 經(경)에 이르되, "비유하건대 泥團(이단)과 微塵(미진)이

泥團(이단)은 흙을 뭉친 것이다.

다른 것이 아니며 다르지 아니한 것이 아니니, 金莊嚴具(금장엄구)가 또 이와 같으니라. 만일 泥團(이단)과 微塵(미진)이 다를 것이면 저것이 이루어진 것이 아니되, 實(실)에는

이 두 녁¹⁷⁾ ᄀᆞᆺ¹⁸⁾ 여흴씨 一ᅙᅵᆶ異잉¹⁹⁾ 아니라 ᄯᅩ ᄒᆞ나히라²⁰⁾ 홇 딘댄²¹⁾ 和ᅘᅪᆼ合ᅘᅡᆸ이

업스리오²²⁾ 다ᄅᆞ다 ᄒᆞ야도²³⁾ ᄯᅩ 和ᅘᅪᆼ合ᅘᅡᆸ이 업스리니 ᄒᆞ나 아니며 달옴²⁴⁾ 아닐씨

和ᅘᅪᆼ合ᅘᅡᆸᄒᆞᄂᆞ니라 經경에 닐오ᄃᆡ 가줄비건댄²⁵⁾ 泥녱團똰²⁶⁾과 微밍塵띤괘²⁷⁾

泥녱團똰ᄋᆞᆫ 흙²⁸⁾ 뭉긔요니라²⁹⁾

달옴 아니며 다ᄅᆞ디 아니홈 아니니 金금莊장嚴엄具꿍³⁰⁾ㅣ ᄯᅩ 이³¹⁾ ᄀᆞᆮᄒᆞ니라³²⁾ ᄒᆞ

다가 泥녱團똰과 微밍塵띤과 달옳 딘댄³³⁾ 뎌의³⁴⁾ 인³⁵⁾ 거시 아니로ᄃᆡ³⁶⁾ 實씷엔³⁷⁾

---

17) 두 녁: 두(두, 二: 관사, 양수) # 녁(녁, 쪽, 便: 의명)

18) ᄀᆞᆺ: ᄀᆞᆽ(← ᄀᆞᆺ: 가, 邊) + -ᄋᆞᆯ(목조)

19) 一異: 일이. 일(一)과 이(異)이다. 여기서 일(一)은 같은 것이며, 이(異)는 다른 것이다.

20) ᄒᆞ나히라: ᄒᆞ나ㅎ(하나, 一: 수사, 양수) + -이(서조)- + -Ø(현시)- + -라(← -다: 평종)

21) 홇 딘댄: ᄒᆞ(← ᄒᆞ다: 하다, 曰)- + -오(대상)- + -ㅭ(관전) # ᄃᆞ(← ᄃᆞ: 것, 의명) + -이(서조)- + -ㄴ댄(-면: 연어, 조건)

22) 업스리오: 없(없다, 無)- + -으리(미시)- + -오(← -고: 연어, 나열)

23) ᄒᆞ야도: ᄒᆞ(하다, 曰)- + -야도(← -아도: 연어, 불구, 양보)

24) 달옴: 달(← 다ᄅᆞ다: 다르다, 異)- + -옴(명전)

25) 가줄비건댄: 가줄비(비유하다, 비교하다, 比)- + -건댄(-면: 연어, 조건)

26) 泥團: 이단. 흙무더기이다.

27) 微塵괘: 微塵(미진) + -과(접조) + -ㅣ(← -이: 주조) ※ '微塵(미진)'은 아주 작은 티끌이나 먼지나 작고 변변치 못한 물건이다.

28) 흙: 흙, 土.

29) 뭉긔요니라: 뭉긔(뭉치다, 團)- + -Ø(과시)- + -요(← -오-: 대상)- + -ㄴ(관전) # 이(이: 것, 의명) + -Ø(← -이: 주조) + -Ø(현시)- + -라(← -다: 평종)

30) 金莊嚴具: 금장엄구. 금으로 만든 꾸민 장엄(莊嚴)의 기구이다.

31) 이: 이(이, 此: 지대, 정칭) + -Ø(← -이: -와, 부조, 비교)

32) ᄀᆞᆮᄒᆞ니라: ᄀᆞᆮᄒᆞ[같다, 如]- + -Ø(현시)- + -니(원칙)- + -라(← -다: 평종)

33) 달옳 딘댄: 달(← 다ᄅᆞ다: 다르다, 異)- + -오(대상)- + -ㅭ(관전) # ᄃᆞ(← ᄃᆞ: 것, 의명) + -이(서조)- + -ㄴ댄(-면: 연어, 조건)

34) 뎌의: 뎌(저, 저 사람, 彼: 인대, 정칭) + -의(관조, 의미상 주격)

35) 인: 이(← 일다: 이루어지다, 成)- + -Ø(과시)- + -ㄴ(관전)

36) 아니로ᄃᆡ: 아니(아니다, 非)- + -로ᄃᆡ(← -오ᄃᆡ: 연어, 설명 계속)

37) 實엔: 實(실, 실제) + -에(부조, 위치) + -ㄴ(← -는: 보조사, 주제)

ᄒᆞ며 가 다ᄅᆞᆫ대인 거시실ᄊᆡ 달옴 아니오 ᄒᆞ
다가 微밍塵띤이 差챵別별 識식ㅣ 藏짱識식ㅎ
려 닛ᄃᆞᆫ 泥녱團똰識ᅀᅡ과 다
ᄒᆞ다가 다ᄅᆞ면 藏짱識식 自쭝識식 眞진相샹이
아ᄂᆞ니 轉둰識식ᄒᆞᆫ 轉둰識식 藏짱識식ᄒᆞ
藏짱識식 自쭝識식 眞진相샹ᄋᆞᆫ 實씷로 滅멿
滅멿ᄒᆞᆫ 디 아니라 오직 業업 滅멿ᄒᆞᄂᆞ니라
相샹 滅멿ᄒᆞᆫ 如셩來링藏짱이오 眞진相샹
識식ᄋᆞᆫ 七칧識식이오 藏짱識식ᄋᆞᆫ 梨링耶양ㅣ라

저것이 이루어진 것이므로 다른 것이 아니요, 만일 다르지 아니할 것이면
泥團(이단)과 微塵(미진)이 差別(차별)이 없어야 하겠으니, 이와 같이 轉識
(전식)·藏識(장식)·眞相(진상)이 만일 다를 것이면 藏識(장식)이 因(인)이
아니며, 만일 다르지 아니할 것이면 轉識(전식)이 滅(멸)하거든 藏識(장식)
이 또 마땅히 滅(멸)할 것이거늘, 自眞相(자진상)은 實(실)로 滅(멸)하지 아
니하나니, 이러므로 自眞相(자신상)이 滅(멸)한 것이 아니라 오직 業相(업
상)이 滅(멸)하느니라. 풀이하여 이르되 "眞相(진상)은 如來藏(여래장)이요,
轉識(전식)은 七識(칠식)이요, 藏識(장식)은 梨耶(이야)이다."

뎨³⁸⁾ 인³⁹⁾ 거실씨⁴⁰⁾ 달옴 아니오 ᄒ다가 다ᄅ디 아니홇딘댄 泥_녱團_똰과 微_밍
塵_띤괘 差_창別_{ᄇᆑᆯ}이 업서ᅀᅡ⁴¹⁾ ᄒ려닛ᄃᆞᆫ⁴²⁾ 이 ᄀᆞ티 轉_둳識_식⁴³⁾ 藏_짱識_식⁴⁴⁾ 眞_진
相_샹⁴⁵⁾이 ᄒ다가 달옳 딘댄 藏_짱識_식이 因_{ᅙᅵᆫ} 아니며 ᄒ다가 다ᄅ디 아니홇
딘댄 轉_둳識_식이 滅_{ᄠᅵᇙ}커든⁴⁶⁾ 藏_짱識_식이 ᄯᅩ 당다이⁴⁷⁾ 滅_{ᄠᅵᇙ}홇 디어늘⁴⁸⁾ 自_{ᄍᆞᆼ}眞_진
相_샹⁴⁹⁾은 實_씷로 滅_{ᄠᅵᇙ}티 아니ᄒᄂ니 이럴씨 自_{ᄍᆞᆼ}眞_진相_샹이 滅_{ᄠᅵᇙ}혼 디⁵⁰⁾ 아
니라 오직 業_업相_샹⁵¹⁾이 滅_{ᄠᅵᇙ}ᄒᄂ니라 사겨 닐오ᄃᆡ 眞_진相_샹은 如_{ᅀᅧᆼ}來_링藏_짱
이오 轉_둳識_식은 七_칧識_식이오 藏_짱識_식은 梨_링耶_양ㅣ라*

---

38) 뎨: 뎌(저것, 彼: 지대, 정칭) + -ㅣ(←-이: 주조)

39) 인: 이(← 일다: 이루어지다, 成)- + -∅(과시)- + -ㄴ(관전)

40) 거실씨: 것(것: 의명) + -이(서조)- + -ㄹ씨(-므로: 연어, 이유)

41) 업서ᅀᅡ: 없(없다, 無)- + -어ᅀᅡ(연어, 필연적 조건)

42) ᄒ려닛ᄃᆞᆫ: ᄒ(하다: 보용, 당위)- + -리(미시)- + -어(확인)- + -니(연어, 설명 계속) + -잇ᄃᆞᆫ(보
조사, 한정 강조)

43) 轉識: 전식. 심체(心體)가 이미 일어난 업식(業識)을 의지하여 인식 주체(能見相)를 형성하는
과정을 가리킨다.

44) 藏識: 장식. 생멸하는 현상적 의식의 토대가 되는 근본적인 마음 혹은 심층 의식을 말한다.

45) 眞相: 진상. 잘 알려지지 않거나 잘못 알려지거나 감추어진, 사물(事物)의 참된 내용(內容)이나
사실(事實)이다.

46) 滅커든: 滅ᄒ[← 滅ᄒ다(멸하다): 滅(멸: 불어) + -ᄒ(동접)-]- + -거든(연어, 조건)

47) 당다이: 당다이[마땅히, 當(부사): 당당(마땅: 불어) + -∅(←-ᄒ-: 형접)- + -이(부접)]

48) 디어늘: ᄃ(← ᄃᆞ: 것, 의명) + -이(서조)- + -어늘(←-거늘: 연어, 상황)

49) 自眞相: 자진상. 자체의 참모습이다.

50) 滅혼 디: 滅ᄒ[← 滅ᄒ다(멸하다): 滅(멸: 불어) + -ᄒ(동접)-]- + -오(대상)- + -∅(과시)- + -
ㄴ(관전) # ᄃ(← ᄃᆞ: 것, 의명) + -이(보조)

51) 業相: 업상. 무명(無明)에 의해 최초로 마음이 움직이지만 아직 주관과 객관의 구별이 없는 상
태이다.

 * 『월인석보』 권 11의 내용을 상(上)과 하(下)로 구분하여 번역하였다. 곧, 상권은 『월인석보』
권 11의 제1장부터 제62장까지의 내용이며, 하권은 제63장부터 제129장의 내용을 실었다.

부록

'원문과 번역문의 벼리' 및
'문법 용어의 풀이'

부록 1. 원문과 번역문의 벼리

(가) 『월인석보 제십일(상)』의 원문 벼리

(나) 『월인석보 제십일(상)』의 번역문 벼리

부록 2. 문법 용어의 풀이

1. 품사
2. 불규칙 활용
3. 어근
4. 파생 접사
5. 조사
6. 어말 어미
7. 선어말 어미

(가) 『월인석보 제십일』 원문의 벼리

[1앞]月_윓印_힌千_쳔江_강之_징曲_콕 第_똉十_씹一_힗

釋_셕譜_봉詳_썅節_졇 第_똉十_씹一_힗

[第一卷 第一 序品]

其_끵二_싱百_빅七_칧十_씹二_싱

靈_령山_산애 天_텬花_황ㅣ 듣거늘 一_힗萬_먼二_싱千_쳔 羅_랑漢_한과 菩_뽕薩_삻 天_텬人_신 鬼_귕 다 모댓더시니

東_동方_방애 白_삑毫_홓ㅣ 비취샤 [1뒤]萬_먼八_밣千_쳔 世_솅界_갱와 地_띵獄_옥 色_식界_갱天_텬이 다 ᄇᆞᆯᄀᆞ시니

其_끵二_싱百_빅七_칧十_씹三_삼

諸_졍佛_뿛와 菩_뽕薩_삻 比_삥丘_쿻와 衆_즁生_{ᄉᆡᆼ}을 보ᅀᆞᄫᅥ며 說_쉃法_법音_흠聲_셩을 쏘 듣ᄌᆞᄫᆞ니

布_봉施_싱와 修_슣行_{ᅘᆡᆼ} 得_득道_똫와 [2앞]涅_넗槃_빤을 보ᅀᆞᄫᅥ며 舍_샹利_링 寶_봏塔_탑을 쏘 보ᅀᆞᄫᆞ니

其_끵二_싱百_빅七_칧十_씹四_숭

變_변化_황 뵈샤몰 彌_밍勒_륵이 疑_읭心_심ᄒᆞ샤 文_문殊_쓩ㅅ긔 무르시니

大_땡法_법 니ᄅᆞ싫 돌 文_문殊_쓩ㅣ 아ᄅᆞ샤 [11앞]彌_밍勒_륵ㅅ긔 對_됭答_답ᄒᆞ시니

부톄 王_왕舍_샹城_쎵 耆_낑闍_쌍堀_꿀山_산 中_듕에 겨샤 [15앞](부톄) 굴근 比_뼝丘_쿨衆_즁 萬_먼二_싱千_천 사ᄅᆞᆷ과 ᄒᆞᆫᄃᆡ 잇더시니 다 阿_항羅_랑漢_한이라 [15뒤]

諸_졍漏_률ㅣ ᄒᆞ마 다아 ᄂᆞ외야 煩_뻔惱_놀ㅣ 업서 己_긩利_링 得_득호매 미처 諸_졍有_{ᅌᅮᆯ}엣 結_겷이 다아 ᄆᆞᅀᆞ미 自_쭝在_찡ᄒᆞ니러니 [17뒤]그 일후미 阿_항若_샹憍_꿀陳_띤如_셩와 摩_망訶_항迦_강葉_셥과 優_{ᅙᅮᆯ}樓_률頻_삔羅_랑迦_강葉_셥과 伽_깡耶_양迦_강葉_셥과 那_낭提_똉迦_강葉_셥과 舍_샹利_링弗_붏와 大_땡目_목揵_껀連_련과 摩_망訶_항迦_강栴_젼延_연과 阿_항㝹_눃樓_률馱_땅와 劫_겁賓_빈那_낭와 [18앞]憍_꿀梵_뺌波_방提_똉와 離_링婆_뻉多_당와 畢_빓陵_룽伽_깡婆_뻉蹉_창와 薄_빡拘_궁羅_랑와 摩_망訶_항拘_궁絺_팅羅_랑와 難_난陀_땅와 孫_손陀_땅羅_랑難_난陀_땅와 富_붕樓_률那_낭彌_밍多_당羅_랑尼_닝子_중와 須_슝菩_뽕提_똉와 阿_항難_난과 羅_랑睺_흏羅_랑와 이러틋 ᄒᆞᆫ 모다 [18뒤]아논 大_땡阿_항羅_랑漢_한ᄃᆞᆯ히며 [19앞]

ᄯᅩ 學_{ᅘᅡᆨ}無_뭉學_{ᅘᅡᆨ} 二_싱千_천 사ᄅᆞᆷ과 [19뒤]摩_망訶_항波_방闍_쌍波_방提_똉 比_뼝丘_쿨尼_닝 眷_권屬_쑉 六_륙千_천 사ᄅᆞᆷ 드려와 이시며 羅_랑睺_흏羅_랑이 어마님 耶_양輸_슝陀_땅羅_랑 比_뼝丘_쿨尼_닝 ᄯᅩ 眷_권屬_쑉 드려와 이시며 [20앞]

菩_뽕薩_삺 摩_망訶_항薩_삺 八_밣萬_먼 사ᄅᆞ미 다 阿_항耨_녹多_당羅_랑三_삼藐_막三_삼菩_뽕提_똉예 므르디 아니ᄒᆞ샤 다 陀_땅羅_랑尼_닝와 樂_{ᅀᅭ}說_쉃辯_변才_찡ᄅᆞᆯ 得_득ᄒᆞ샤 므르디 아니ᄒᆞᇙ 法_법輪_륜을 그우리샤 無_뭉量_량 百_빅千_천 諸_졍佛_뿛을 供_공養_양ᄒᆞᅀᆞᄫᅡ 諸_졍佛_뿛ㅅ [20뒤]한 德_득 根_근源_원을 시므샤 샹녜 諸_졍佛_뿛이 일ᄏᆞ라 讚_잔嘆_탄ᄒᆞ시며

慈ㅉ로 몸 닷가 부텻 慧ㅞ예 잘 드르샤 大땡智딩예 通통達땷ᄒᆞ샤 뎌넉 ᄀᆞ새 다ᄃ

ᄅᆞ샤 名명稱칭이 無뭉量량 世솅界갱예 너비 들이샤 無뭉數숭혼 百빅千쳔 衆즁生ᄉᆡᆼ

을 [21앞] 잘 濟졩渡똥ᄒᆞ시는 분내러시니 [21뒤]

그 일후미 [22앞] 文문殊쓩師ᄉᆞᆼ利링菩뽕薩삻와 觀관世솅音흠菩뽕薩삻와 得득大땡

勢솅菩뽕薩삻와 常쌍精졍進진菩뽕薩삻와 不붏休휳息식菩뽕薩삻와 寶봏掌쟝菩뽕薩삻

와 藥약王왕菩뽕薩삻와 勇용施싱菩뽕薩삻와 寶봏月웛菩뽕薩삻와 月웛光광菩뽕薩삻

와 滿만月웛菩뽕薩삻와 大땡力륵菩뽕薩삻와 無뭉量량力륵菩뽕薩삻와 [22뒤] 大땡力륵

菩뽕薩삻와 無뭉量량力륵菩뽕薩삻와 越웛三삼界갱菩뽕薩삻와 跋뺧陁땅婆빠羅랑菩뽕

薩삻와 彌밍勒륵菩뽕薩삻와 寶봏積젹菩뽕薩삻와 導똫師ᄉᆞᆼ菩뽕薩삻와 이러틋 ᄒᆞᆫ 菩

뽕薩삻 摩망訶항薩삻 八밣萬먼 사ᄅᆞ미 다 와 겨시며 [24앞]

그제 [24뒤] 釋셕提똉桓ᅘ환因힌이 眷권屬쑉 二ᅀᅵᆼ萬먼 天텬子ᄌᆞᆼ 드려와 이시며 ᄯᅩ

名명月웛天텬子ᄌᆞᆼ와 普퐁香향天텬子ᄌᆞᆼ와 寶봏光광天텬子ᄌᆞᆼ와 四ᄉᆞᆼ大땡天텬王왕이

眷권屬쑉 萬먼 天텬子ᄌᆞᆼ 드려와 이시며

自ᄍᆞᆼ在찡天텬子ᄌᆞᆼ와 大땡自ᄍᆞᆼ在찡天텬子ᄌᆞᆼㅣ [25앞] 眷권屬쑉 三삼萬먼 天텬子

ᄌᆞᆼ 드려와 이시며 娑상婆빠世솅界갱 主즁 梵뻠天텬王왕 尸싱棄킝大땡梵뻠과 光광明

명大땡梵뻠 들히 [25뒤] 眷권屬쑉 萬먼二ᅀᅵᆼ 天텬子ᄌᆞᆼ 드려와 이시며

여듧 龍룡王왕 龍룡王왕 難난陁땅龍룡王왕과 跋뺧難난陁땅龍룡王왕과 娑상伽꺙

羅랑龍룡王왕과 和ᅘᅬᆼ修슣吉긿龍룡王왕과 德득叉창迦강龍룡王왕과 [26앞] 阿ᅙᅡᆼ那낭婆빠

達땷多당龍룡王왕과 摩망那낭斯ᄉᆞᆼ龍룡王왕과 優흫鉢밣羅랑龍룡王왕 들히 各각各각

若약干간 百빅千쳔 眷권屬쑉 드려와 이시며 [27앞]

네 緊긴那낭羅랑王왕 法법緊긴那낭羅랑王왕과 妙묳法법緊긴那낭羅랑王왕과 大땡

法법緊긴那낭羅랑王왕과 [27뒤]持띵法법緊긴那낭羅랑王왕이 各각各각 若약干간 百빅
千천 眷권屬쑉 드려와 이시며 네 乾껀闥탏婆빵王왕 美밍乾껀闥탏婆빵王왕과 [28앞]
樂악音흠乾껀闥탏婆빵王왕과 美밍乾껀闥탏婆빵王왕과 美밍音흠乾껀闥탏婆빵王왕이
各각各각 若약干간 百빅千천 眷권屬쑉 드려와 이시며

네 阿항脩슣羅랑王왕 [28뒤]婆빵稚띵阿항脩슣羅랑王왕과 佉컹羅랑騫컨馱땅阿항脩
슣羅랑王왕과 毗삥摩밍質짏多당羅랑阿항脩슣羅랑王왕과 羅랑睺훃阿항脩슣羅랑王왕이
各각各각 若약干간 百빅千천 眷권屬쑉 드려와 이시며 [31뒤]

네 迦강樓릏羅랑王왕 大땡威휭德득迦강樓릏羅랑王왕과 大땡身신迦강樓릏羅랑王
왕과 大땡滿만迦강樓릏羅랑王왕과 如영意힁迦강樓릏羅랑王왕이 [32앞]各각各각 若약
干간 百빅千천 眷권屬쑉 드려와 이시며

韋윙提똉希힁의 아들 阿항闍쌍世솅王왕이 若약干간 [32뒤]百빅千천 眷권屬쑉 드
려와 各각各각 부텻 바래 禮롕數숭ᄒᆞᇇ고 ᄒᆞᆫ녁 面면에 믈러 안ᄌᆞ니라 그제 世솅
尊존씌 四ᄉᆞ衆즁이 圍윙繞ᅀᅭᇢᄒᆞᅀᄫᅡ 이셔 供공養양ᄒᆞᅀᄫᆞ며 恭공敬경ᄒᆞᅀᄫᆞ며 尊존
重뜡히 너기ᅀᄫᅡ 讚잔嘆탄ᄒᆞᅀᆸ더니

菩뽕薩삻ᄃᆞᆯ 위ᄒᆞ샤 [33앞]大땡乘씽經경을 니르시니 일후미 無뭉量량義읭니 菩뽕
薩삻 ᄀᆞᄅᆞ치시논 法법이며 부텨 護훙念념ᄒᆞ시논 배라 부톄 이 經경 니르시고 結겷
加강趺뿡坐쫭ᄒᆞ샤 無뭉量량義읭處청三삼昧밍예 드르샤 몸과 ᄆᆞᅀᆞᆷ괘 움즉디 아니ᄒᆞ
야 겨시거늘 [33뒤]그제 하ᄂᆞᆯ해셔 曼만陁땅羅랑華ᅘᅯᆼ와 摩밍訶항曼만陁땅羅랑華ᅘᅯᆼ와
曼만殊쓩沙상華ᅘᅯᆼ와 摩밍訶항曼만殊쓩沙상華ᅘᅯᆼᄅᆞᆯ [34앞]부텻 우콰 大땡衆즁ᄃᆞᆯ히 그
에 비흐며 너븐 부텻 世솅界갱 여슷 가지로 震진動똥ᄒᆞ더니 [34뒤]

그 ᄢᅴ 會ᅘᅯᆼ中듕엣 比삥丘쿨 比삥丘쿨尼닝 優ᅙᅮᇂ婆빵塞ᄉᆞᆨ 優ᅙᅮᇂ婆빵夷잉 天텬 龍룡

夜양叉창 乾껀闥탏婆빵 阿항脩슣羅랑 迦강樓릏羅랑 緊긴那낭羅랑 摩망睺훟羅랑迦강人신非빙人신과 [35앞 ᄯᅩ 諸졍小숗王왕과 轉됸輪륜聖셩王왕과 이 大땡衆즁ᄃᆞᆯ히 녜 업던 이ᄅᆞᆯ 얻ᄌᆞ바 歡환喜흥 合햅掌장ᄒᆞ야 ᄒᆞᆫ ᄆᆞᅀᆞᄆᆞ로 부텨를 보ᅀᆞᄫᆞᆺ더니 그 ᄢᅴ 부톄 眉밍間간 白ᄈᆡᆨ毫홓相샹앳 光광明명을 펴샤 東동方방앳 萬먼八밣千쳔 世솅界갱ᄅᆞᆯ 비취샤ᄃᆡ 周즇徧변티 아니ᄒᆞᆫ [35뒤 ᄃᆡ 업스샤 [36앞 아래로 阿항鼻삥地띵獄옥애 니를오 우흐로 阿항迦강膩닝吒당天텬에 니르니

이 世솅界갱예셔 뎌 짜햇 六륙趣츙 衆즁生싱ᄋᆞᆯ 다 보며 ᄯᅩ 뎌 짜해 겨신 諸졍佛뿛도 보ᅀᆞᄫᆞ며 諸졍佛뿛 니르시논 [36뒤 經경法법도 듣ᄌᆞᄫᆞ며 뎌 比삥丘쿻 比삥丘쿻尼닝 優흫婆빵塞싱 優흫婆빵夷잉ᄋᆡ 修슣行혱ᄒᆞ야 得득道똫ᄒᆞᄂᆞ니도 조쳐 보며 ᄯᅩ 菩뽕薩삻摩망訶항薩삻ᄃᆞᆯ히 種죵種죵 因인緣원과 種죵種죵 信신解ᅘᆡᆼ와 種죵種죵 相샹貌몰로 [37앞 菩뽕薩삻 道똫 行혱ᄒᆞ시논 양도 보며 ᄯᅩ 諸졍佛뿛이 般반涅녏槃빤ᄒᆞ시ᄂᆞ니도 보ᅀᆞᄫᆞ며 ᄯᅩ 諸졍佛뿛이 般반涅녏槃빤ᄒᆞ신 後ᅘᆖᆼ에 부텻 舍샹利링로 七칧寶볼塔탑 세ᅀᆞᄫᆞᆫ 양도 보리러니 [38앞

그 ᄢᅴ 彌밍勒륵菩뽕薩삻이 너기샤ᄃᆡ 오ᄂᆞᆳ나래 世솅尊존이 神씬變변相샹ᄋᆞᆯ 뵈시ᄂᆞ니 엇던 因인緣원으로 [38뒤 이 祥썅瑞쒱 잇거시뇨 이제 世솅尊존이 三삼昧밍예 드르시니 이 不붏可캉思ᄉᆞᆼ議읭옛 希힁有윻ᄒᆞᆫ 이ᄅᆞᆯ 뵈시ᄂᆞ니 눌 더브러 무러ᅀᅡ ᄒᆞ리며 뉘ᅀᅡ 能ᄂᆞᆼ히 對됭答답ᄒᆞ려뇨 ᄒᆞ시고

ᄯᅩ 너기샤ᄃᆡ 文문殊쓩師ᄉᆞᆼ利링 法법王왕子ᄌᆞᆼㅣ [39앞 디나거신 無뭉量량 諸졍佛뿛의 ᄒᆞ마 親친近끈히 供공養양ᄒᆞᅀᆞ바 이실씨 당다이 이런 希힁有윻ᄒᆞᆫ 相샹ᄋᆞᆯ 보ᅀᆞ바 잇ᄂᆞ니 내 이제 무로리라

그 ᄢᅴ 比삥丘쿻 比삥丘쿻尼닝 優흫婆빵塞싱 優흫婆빵夷잉와 天텬 龍룡 鬼귕神씬

들히 [39뒤]다 너교ᄃᆡ 이 부텻 光광明명 神씬通통相샹 이제 눌 더브러 무르려뇨 ᄒᆞ더니 그 ᄢᅴ 彌밍勒륵菩뽕薩삻이 ᄌᆞ걋 疑읭心심도 決ᅗᅯᇙ호고져 ᄒᆞ시며 ᄯᅩ 比삥丘쿻 比삥丘쿻尼닝 優ᅙᅮᇢ婆뻐塞ᄉᆞᆨ 優ᅙᅮᇢ婆뻐夷잉와 天텬 龍룡 鬼귕神씬 等ᄃᆞᆼ 모ᄃᆞᆫ ᄆᆞ으믈 보시고 文문殊쓩師ᄉᆞ利링ᄭᅴ [40앞]묻ᄌᆞᄫᅡ샤ᄃᆡ 엇던 因ᅙᅵᆫ緣원으로 이 祥썅瑞쓍 겨샤 神씬通통相샹이 큰 光광明명 펴샤 東동方방 萬먼八밣千쳔 土통를 비취시니 뎌 부텻 國귁界갱 莊장嚴엄을 다 보ᄂᆞ니잇고

그 ᄢᅴ 文문殊쓩師ᄉᆞ利링 [40뒤]彌밍勒륵菩뽕薩삻摩망訶항薩삻와 諸정大땡士쌍 ᄃᆞ려 니르샤ᄃᆡ 善쎤男남子ᄌᆞᆼ들하 내 혜여 호니 이제 世셍尊존이 큰 法법을 니르시며 큰 法법雨ᅇᅮᆼ를 비흐시며 큰 法법螺뢍를 부르시며 큰 法법鼓공를 티시며 큰 法법義읭을 펴려 ᄒᆞ시ᄂᆞ다 [41앞]

善쎤男남子ᄌᆞᆼ들하 내 디나건 諸졍佛뿛ᄭᅴ 이런 祥썅瑞쓍를 보ᅀᆞᄫᅩ니 이런 光광明명을 펴시면 큰 法법을 니르시더니 이럴ᄊᆡ 아라라 이제 부톄 光광明명 뵈샴도 ᄯᅩ 이 ᄀᆞᆮᄒᆞ시니 衆즁生ᄉᆡᆼ을 一ᅙᅵᇙ切쳉 [41뒤]世솅間간앳 信신티 어려ᄫᅳᆫ 法법을 다 듣ᄌᆞᄫᅡ 알에 호리라 ᄒᆞ샤 이런 祥썅瑞쓍를 뵈시ᄂᆞ니라

善쎤男남子ᄌᆞᆼ들하 디나건 無뭉量량無뭉邊변 不붏可캉思ᄉᆞ議읭 阿항僧승祇낑 劫겁 時씽節겷에 부톄 겨샤ᄃᆡ 號ᅘᅭᇢ를 日ᅀᅵᇙ月ᄫᅯᇙ燈등明명 如셩來링 應ᅙᅳᆼ供공 正정徧변知딩 [42앞]明명行ᅘᅢᆼ足죡 善쎤逝쎙 世솅間간解ᅘᅢᆼ 無뭉上쌍士쌍 調뚈御엉丈땽夫붕 天텬人ᅀᅵᆫ師ᄉᆞ 佛뿛世솅尊존이러시니 [42뒤]正정法법을 불어 니르샤ᄃᆡ 初총善쎤 中듕善쎤 後ᅘᅮᇢ善쎤이러시니 그 ᄠᅳ디 깁고 멀며 그 말ᄊᆞ미 工공巧콜코 微밍妙묳ᄒᆞ야 섯근 거시 업서 淸쳥白ᄈᆡᆨᄒᆞᆫ 梵뻠行ᅘᅢᆼ相샹이 ᄀᆞ즈더시니 聲셩聞문 求꿀ᄒᆞᇙ [43앞]싸ᄅᆞᆷ 爲윙ᄒᆞ샨 四ᄉᆞ諦뎽法법 니르샤 生ᄉᆡᆼ老롤病뼝死ᄉᆞ를 벗기샤 究귷竟겅涅녏槃빤킈 ᄒᆞ시고 辟

벽支징佛뿛 求꿀홀 싸ᄅᆞᆷ 爲윙ᄒᆞ샨 十씹二ᅀᅵᆼ 因힌緣원法법을 니ᄅᆞ시고 菩뽕薩ᇙ들 爲윙ᄒᆞ샨 六륙波방羅랑蜜밇을 니ᄅᆞ샤 阿항耨녹多당羅랑三삼藐막三삼菩뽕提똉를 ^{[43} 뒤[]]得득ᄒᆞ야 一ᅙᅵᆶ切쳉 種죵種죵 智딩慧휑를 일우게 ᄒᆞ더시니 ^[44앞]

버거 부톄 겨샤ᄃᆡ ᄯᅩ 일후미 日ᅀᅵᆶ月윓燈등明명이시고 ᄯᅩ 버거 부톄 겨샤ᄃᆡ ᄯᅩ 일후미 日ᅀᅵᆶ月윓燈등明명이러시니 이 ᄀᆞ티 二ᅀᅵᆼ萬먼 부톄 ^[44뒤] 다 ᄒᆞᆫ 가짓 字쭝로 號ᅘᅩᇢㅣ 日ᅀᅵᆶ月윓燈등明명이시며 ᄯᅩ ᄒᆞᆫ 가짓 姓셩이샤 姓셩이 頗팡羅랑墮퉝ㅣ러시니

彌밍勒륵아 아라라 첫 부텨 後ᅘᅮᇢㅅ 부톄 다 ᄒᆞᆫ 가짓 字쭝로 일후미 日ᅀᅵᆶ月윓燈등明명이시고 열 號ᅘᅩᇢㅣ ᄀᆞᄌᆞ시고 니르시논 法법이 初총 中듕 後ᅘᅮᇢ善쎤이러시니 ^[45앞]

못 後ᅘᅮᇢㅅ 부톄 出츓家강 아니 ᄒᆞ야 겨싫 저긔 여듧 王왕子중를 두겨샤ᄃᆡ ᄒᆞᆫ 일후믄 有ᅌᅮᇢ意ᅙᅵᆼ오 둘찻 일후믄 善쎤意ᅙᅵᆼ오 세찻 일후믄 無뭉量량意ᅙᅵᆼ오 네찻 일후믄 寶봏意ᅙᅵᆼ오 다숫찻 일후믄 增증意ᅙᅵᆼ오 여슷찻 일후믄 除뗭疑ᅌᅴ意ᅙᅵᆼ오 닐굽찻 일후믄 響향意ᅙᅵᆼ오 ^[45뒤] 여듧찻 일후믄 法법意ᅙᅵᆼ러시니 이 여듧 王왕子중ㅣ 威윙德득이 自쭝在찡ᄒᆞ샤 各각各각 네 天텬下행를 거느롓더시니 이 王왕子중들히 아바니미 出츓家강ᄒᆞ샤 阿항耨녹多당羅랑三삼藐막三삼菩뽕提똉를 得득ᄒᆞ시다 드르시고 다 王왕位윙를 ᄇᆞ리시고 조차 ^[46앞] 出츓家강ᄒᆞ야 大땡乘씽엣 ᄠᅳ들 發벓ᄒᆞ야 샹녜 조ᄒᆞᆫ 힝뎍 닷ᄭᅡ 다 法법師ᄉᆞㅣ ᄃᆞ외샤 ᄒᆞ마 千쳔萬먼 부텨씌 믈읫 됴ᄒᆞᆫ 根ᄀᆞᆫ源원을 시므시니라 ^[84:2뒤]

그 ᄢᅴ 日ᅀᅵᆶ月윓燈등明명佛뿛이 大땡乘씽經경을 니ᄅᆞ시니 일후미 無뭉量량義ᅌᅴ니 菩뽕薩ᇙ ᄀᆞᄅᆞ치시논 法법이며 부텨 護ᅘᅩᆼ念념ᄒᆞ시논 배라 이 經경을 니ᄅᆞ시고 ^[85앞] 즉자히 大땡衆즁 中듕에 結겷加강趺붕坐쫭ᄒᆞ샤 無뭉量량義ᅌᅴ處쳥 三삼昧밍예 드르샤 몸과 ᄆᆞᅀᆞᆷ괘 뮈디 아니ᄒᆞ야 겨시거늘 그 저긔 하ᄂᆞᆯ해셔 曼만陁땅羅랑華ᅘᅪᆼ

와 摩_망訶_항曼_만陁_땅羅_랑華_勢와 曼_만殊_씁沙_상華_勢와 摩_망訶_항曼_만殊_씁沙_상華_勢를 [85뒤] 부텻 우콰 大_땡衆_즁둘히 그에 비흐며 너븐 부텻 世_솅界_갱 六_륙種_죵震_진動_똥ᄒ더니

그 ᄢᅴ 會_{ᄒᆑᆼ}中_듕엣 比_삥丘_쿨 比_삥丘_쿨尼_닝 優_홓婆_뺑塞_{ᄉᆡᆨ} 優_홓婆_뺑夷_잉 天_텬 龍_룡 夜_양叉_창 乾_껀闥_탏婆_뺑 阿_항脩_슗羅_랑 迦_강樓_룰羅_랑 緊_긴那_낭羅_랑 摩_망睺_{ᄒᆵ}羅_랑迦_강 人_{ᅀᅵᆫ}非_빙人_{ᅀᅵᆫ}과 [86앞] 쏘 諸_졍小_숗王_왕과 轉_둰輪_륜聖_셩王_왕과 이 大_땡衆_즁둘히 녜 업던 이ᄅᆞᆯ 얻ᄌᆞᄫᅡ 歡_환喜_횡 合_{ᅘᆸ}掌_쟝ᄒᆞ야 ᄒᆞᆫ ᄆᆞᅀᆞᄆᆞ로 부텨를 보ᅀᆞᄫᆡᆻ더니 그 ᄢᅴ 如_셩來_링 眉_밍間_간 白_{ᄤᆡᆨ}毫_{ᅘᅩᇢ}相_샹 光_광을 펴샤 東_동方_방 萬_먼八_밣千_쳔 佛_{ᄤᅮᇙ}土_통를 비취샤ᄃᆡ 周_즇徧_변티 [86뒤] 아니ᄒᆞᆫ ᄃᆡ 업더니 오ᄂᆞᆳ날 보ᅀᆞᆸ논 佛_{ᄤᅮᇙ}土_통ㅣ ᄀᆞᆮ더라

彌_밍勒_륵아 아라라 그 ᄢᅴ 會_{ᄒᆑᆼ}中_듕에 二_{ᅀᅵᆼ}十_씹億_흑 菩_뽕薩_{ᄉᆞᇙ}이 法_법 듣ᄌᆞᄫᅩ믈 즐기더니 이 菩_뽕薩_{ᄉᆞᇙ}둘히 이 光_광明_명이 佛_{ᄤᅮᇙ}土_통 너비 비취샤ᄆᆞᆯ 보ᅀᆞᆸ고 녜 업던 이ᄅᆞᆯ 얻ᄌᆞᄫᅡ 이 光_광明_명 爲_윙ᄒᆞ샨 因_힌緣_원을 [87앞] 알오져 ᄒᆞ더니

그 ᄢᅴ ᄒᆞᆫ 菩_뽕薩_{ᄉᆞᇙ} 일후미 妙_묳光_광이라 호리 八_밣百_빅 弟_뗑子_{ᄌᆞᆼ}를 뒀더니 그 ᄢᅴ 日_{ᅀᅵᇙ}月_{ᅀᅯᇙ}燈_등明_명佛_{ᄤᅮᇙ}이 三_삼昧_밍로셔 니르샤 妙_묳光_광菩_뽕薩_{ᄉᆞᇙ}을 因_힌ᄒᆞ야 大_땡乘_씽經_경을 니르시니 일후미 妙_묳法_법蓮_련華_勢ㅣ니 菩_뽕薩_{ᄉᆞᇙ} ᄀᆞᄅ치시논 法_법이며 [87뒤] 부텨 護_{ᅘᅩᆼ}念_념ᄒᆞ시논 배라 여쉰 小_숗劫_겁을 座_쫭애 니디 아니ᄒᆞ시니 모다 듣ᄌᆞᄫᆞ리도 ᄒᆞᆫ 고대 안자 여쉰 小_숗劫_겁을 몸과 ᄆᆞᅀᆞᆷ괘 뮈디 아니ᄒᆞ야 부텻 마ᄅᆞᆯ 듣ᄌᆞᄫᅩᄃᆡ 밥 머글 ᄊᆞᅀᅵ 만 너겨 ᄒᆞ나토 잇븐 ᄠᅳᆮ 내리 업더라 [88앞]

日_{ᅀᅵᇙ}月_{ᅀᅯᇙ}燈_등明_명佛_{ᄤᅮᇙ}이 여쉰 小_숗劫_겁을 이 經_경 니르시고 즉자히 梵_뻠 魔_망 沙_상門_몬 婆_뺑羅_랑門_몬과 天_텬人_{ᅀᅵᆫ} 阿_항脩_슗羅_랑 衆_즁 中_듕에 니ᄅᆞ샤ᄃᆡ [88뒤] 如_셩來_링 오ᄂᆞᆳ 밤中_듕에 無_뭉餘_영涅_녏槃_빤애 들리라 [89뒤]

그 ᄢᅴ ᄒᆞᆫ 菩_뽕薩_{ᄉᆞᇙ} 일후미 德_득藏_짱이러니 [90앞] 日_{ᅀᅵᇙ}月_{ᅀᅯᇙ}燈_등明_명佛_{ᄤᅮᇙ}이 授_쓯記

경ᄒᆞ야 比ᄈᆡᆼ丘쿨ᄃᆞ려 니ᄅᆞ샤ᄃᆡ 이 德득藏ᄍᆞᆼ菩뽕薩삻이 버거 부톄 ᄃᆞ외야 號ᅘᅩᇂᆯ 淨쪙身신多당陁땅阿ᅙᅡᆼ伽꺙度똥阿ᅙᅡᆼ羅랑訶항三삼藐막三삼佛뿛陁땅ㅣ라 ᄒᆞ리라

부톄 授쓔ᇢ記긩 다 ᄒᆞ시고 곧 밦中듕에 ^[90뒤]無뭉餘영涅녏槃빤애 드르시니라 부톄 滅멿度똥ᄒᆞ신 後ᅘᅮᇢ에 妙묳光광菩뽕薩삻이 妙묳法법蓮련華ᅘᅪᆼ經경을 가져 八밣十씹 小숗劫겁을 사ᄅᆞᆷ 爲윙ᄒᆞ야 불어 니르더니 日ᅀᅵᇙ月ᅌᅯᇙ燈등明명佛뿛ㅅ 여듧 아ᄃᆞ니미 다 妙묳光광ᄋᆞᆯ 스승 사ᄆᆞ신대 妙묳光광이 ᄀᆞᄅᆞ쳐 ^[91앞]阿ᅙᅡᆼ耨녹多당羅랑三삼藐막三삼菩뽕提똉예 구드시긔 ᄒᆞ니 이 王왕子ᄌᆞᆼ들히 無뭉量량 百ᄇᆡᆨ千천萬먼億흑 부텨를 供공養양ᄒᆞᅀᆞᆸ고 다 佛뿛道똫ᄅᆞᆯ 일우시니 ᄆᆞᆺ 後ᅘᅮᇢ에 成쎵佛뿛ᄒᆞ신 일후미 燃션燈등이시니라 ^[92앞]

八밣百ᄇᆡᆨ 弟똉子ᄌᆞᆼㅅ 中듕에 ᄒᆞ나히 일후미 求꿓名명이러니 利링養양ᄋᆞᆯ 貪탐著땩ᄒᆞ야 비록 한 經경을 讀똑誦쓩ᄒᆞ야도 通통利링티 몯ᄒᆞ야 해 니즐ᄊᆡ 일후믈 求꿓名명이라 ᄒᆞ더니 이 사ᄅᆞᆷ도 ᄯᅩ 善쎤根근 因ᅙᅵᆫ緣원을 심곤 젼ᄎᆞ로 無뭉量량 百ᄇᆡᆨ千천萬먼億흑 ^[92뒤]諸졍佛뿛을 맛나ᅀᆞᄫᅡ 供공養양 恭공敬경ᄒᆞ며 尊존重뜡 讚잔嘆탄ᄒᆞᅀᆞᄫᅵ니라

彌밍勒륵아 아라라 妙묳光광菩뽕薩삻ᄋᆞᆫ 다ᄅᆞᆫ 사ᄅᆞ미리여 내 모미 긔오 求꿓名명菩뽕薩삻ᄋᆞᆫ 그딋 모미 긔라 오ᄂᆞᆳ날 이 祥쌍瑞쒕를 보ᅀᆞᄫᅩᆫ딘 아래와 다ᄅᆞ디 ^[93앞]아니ᄒᆞ시니 이럴ᄊᆡ 혜여 호니 오ᄂᆞᆳ날 如셩來링 당다이 大땡乘씽經경을 니르시리니 일후미 妙묳法법蓮련華ᅘᅪᆼㅣ니 菩뽕薩삻 ᄀᆞᄅᆞ치시ᄂᆞᆫ 法법이며 부텨 護ᅘᅩᆼ念념ᄒᆞ시ᄂᆞᆫ 배라

[94뒤] 其_끵二_싱百_빅七_칧十_씹五_옹

三_삼昧_밍로 니르샤 妙_묳法_법 아니 [95앞] 니르실씨 舍_샹利_링弗_붏이 請_청ᄒᆞᆸ더니

四_{ᄉᆞᆼ}衆_즁도 疑_의心_심ᄒᆞᆯ씨 妙_묳法_법 닐오려 터시니 增_즁上_쌍慢_만이 믈러나ᅀᆞᄫᅳ니

그 ᄢᅴ 世_솅尊_존이 三_삼昧_밍로 겨샤 ᄌᆞᅌᅵᆨᄌᆞᄂᆞ기 니르샤 舍_샹利_링弗_붏ᄃᆞ려 [95뒤] 니르샤ᄃᆡ 諸_졍佛_붏ㅅ 智_딩慧_쀓 甚_씸히 깁고 그지업스샤 智_딩慧_쀓ㅅ 門_몬이 아로미 어려ᄫᅳ며 드루미 어려ᄫᅵ니 一_{ᅙᅵᆮ}切_촁ㅅ 聲_셩聞_문 辟_벽支_징佛_붏의 能_능히 아디 몯ᄒᆞᇙ 거시라 [96뒤] 엇뎨어뇨 ᄒᆞ란ᄃᆡ 부톄 아래 百_빅千_쳔萬_먼億_흑 無_뭉數_숭 諸_졍佛_붏씌 갓가ᄫᅵᄒᆞ야 諸_졍佛_붏ㅅ 그지업슨 道_뜰法_법을 다 行_{ᅘᅵᆼ}ᄒᆞ야 勇_용猛_밍히 精_졍進_진ᄒᆞ야 名_명稱_칭이 너비 들여 甚_씸히 기픈 녜 업던 法_법을 일워 맛당ᄒᆞᆫ 고ᄃᆞᆯ 조차 니르논 마리 ᄠᅳᆮ 아로미 어려ᄫᅵ니라 [97뒤]

舍_샹利_링弗_붏아 내 成_쎵佛_붏ᄒᆞᆫ 後_{ᅘᅮᇢ}로 種_죵種_죵 因_힌緣_원과 種_죵種_죵 譬_핑喩_융로 말ᄊᆞᆷ을 너비 불어 無_뭉數_숭ᄒᆞᆫ 方_방便_뼌으로 衆_즁生_{ᄉᆡᆼ}을 引_인導_뜰ᄒᆞ야 諸_졍着_땩을 여희의 ᄒᆞ노니 엇뎨어뇨 ᄒᆞ란ᄃᆡ 如_셩來_링는 [98앞] 方_방便_뼌 知_딩見_견 波_방羅_랑蜜_밇이 다 ᄀᆞᄌᆞᆯ씨니라

舍_샹利_링弗_붏아 如_셩來_링ㅅ 知_딩見_견이 크고 깁고 머러 無_뭉量_량과 無_뭉礙_{ᅌᅢᆼ}와 [98뒤] 力_륵과 無_뭉所_송畏_휭와 禪_쎤과 定_뗭과 解_갱脫_퇋와 三_삼昧_밍예 기피 드러 ᄀᆞᆺ 업서 一_{ᅙᅵᆮ}切_촁 녜 업던 法_법을 일우느니라 [99앞]

舍_샹利_링弗_붏아 如_셩來_링 能_능히 種_죵種_죵으로 글히야 諸_졍法_법을 工_공巧_콜히 닐어 말ᄊᆞ미 보ᄃᆞ라ᄫᅡ 모든 ᄆᆞᅀᆞ매 맛당케 ᄒᆞᄂᆞ니 [99뒤] 舍_샹利_링弗_붏아 모도아 니

르건댄 無뭉量량無뭉邊변흔 녜 업던 法법을 부톄 다 일우니라

말라 舍샹利링弗붏아 구틔여 다시 니ᄅ디 마라ᅀᅡ ᄒ리라 엇뎨어뇨 ᄒ란ᄃᆡ 부텨 일우온 第똉一힔엣 希횡有ᅟᅳᆯ흔 아로미 [100앞] 어려븐 法법은 부텨와 부텨왜ᅀᅡ 能늠히 諸졍法법 實씷相샹을 다 아ᄂᆞ니라 니르논 諸졍法법의 如셩是씽相샹과 如셩是씽性셩과 [100뒤] 如셩是씽體톙와 如셩是씽力륵과 如셩是씽作작과 如셩是씽因힌과 如셩是씽緣원과 如셩是씽果광와 如셩是씽報봏와 如셩是씽本본末맗究귷竟겅 들히라 [103앞]

그 ᄢᅴ 大똉衆즁 中듕에 聲셩聞문漏륳를 다ᄋᆞᆫ 阿항羅랑漢한 阿항若ᅀᅣᆨ憍꿓陳띤如셩 等등 千쳔二ᅀᅵᆼ百ᄇᆡᆨ 사름과 聲셩聞문 辟벽支징佛뿛 ᄆᆞ슴 發벓흔 比삉丘쿻 [103뒤] 比삉丘쿻尼닝 優ᅙᅮᇢ婆빵塞ᄉᆡᆨ 優ᅙᅮᇢ婆빵夷잉 各각各각 너교ᄃᆡ 오ᄂᆞᆶ날 世솅尊존이 엇던 젼ᄎᆞ로 方방便뼌을 브즈러니 일ᄏᆞ라 讚잔歎탄ᄒᆞᄉᆡ 니ᄅ샤ᄃᆡ 부텨 得득혼 法법이 甚씸히 기퍼 아로미 어려부며 一힔切촁 聲셩聞문 辟벽支징佛뿛의 [104앞] 能늠히 밋디 몯ᄒᆞᆶ 배라 ᄒᆞ거시뇨 부텨 니르시논 解갱脫뤓을 우리도 得득ᄒᆞ야 涅넗槃빤애 다ᄃᆞ로니 오ᄂᆞᆶ날 이 ᄠᅳ들 몯 아ᅀᆞᄫᅵ로다

그 ᄢᅴ 舍샹利링弗붏이 四ᄉᆞᆼ衆즁의 疑읭心심도 [104뒤] 알며 자내도 몰라 부텻긔 ᄉᆞᆲ보ᄃᆡ 世솅尊존하 엇던 因힌緣원으로 諸졍佛뿛ㅅ 第똉一힔 方방便뼌과 甚씸深심 微밍妙묳흔 아디 어려븐 法법을 브즈러니 讚잔嘆탄ᄒᆞ시ᄂᆞ니잇고 내 아래브터 부텻긔 이런 마를 몯 듣ᄌᆞᄫᅵ며 [105앞] 오ᄂᆞᆶ날 四ᄉᆞᆼ衆즁둘히 다 疑읭心심ᄒᆞᄂᆞ니 願원ᄒᆞ든 世솅尊존이 이 이를 펴 니르쇼셔 世솅尊존이 엇던 젼ᄎᆞ로 甚씸深심 微밍妙묳흔 아로미 어려븐 法법을 브즈러니 일ᄏᆞ라 讚잔歎탄ᄒᆞ시ᄂᆞ니잇고

그 ᄢᅴ 부톄 舍샹利링弗붏ᄃᆞ려 니ᄅ샤ᄃᆡ 말라 말라 구틔여 다시 [105뒤] 니ᄅ디 마라ᅀᅡ ᄒᆞ리니 ᄒᆞ다가 이 이ᄅᆞᆯ 니르면 一힔切촁 世솅間간앳 諸졍天텬과 사름괘

다 놀라 疑_읭心_심ᄒ리라 舍_샹利_링弗_붏이 다시 ᄉᆞᆯ보ᄃᆡ 世_솅尊_존하 願_원ᄒᆞᆫᄃᆞᆫ 니르쇼셔 願_원ᄒᆞᆫᄃᆞᆫ 니르쇼셔 엇뎨어뇨 ᄒ란ᄃᆡ 이 會_횅옛 無_뭉數_숭 百_{ᄇᆡᆨ}千_쳔萬_먼億_흑 [106앞] 阿_항僧_승祇_낑 衆_즁生_{ᄉᆡᆼ}이 아래 諸_졍佛_뿛을 보ᅀᄫᅡ 諸_졍根_군이 ᄂᆞᆯ캅고 智_딩慧_휑 ᄇᆞᆯ가 부텻 마ᄅᆞᆯ 듣ᄌᆞᄫᆞ면 能_능히 恭_공敬_경ᄒᆞ야 信_신ᄒᆞᅀᆞᄫᆞ리이다

부톄 ᄯᅩ [106뒤] 舍_샹利_링弗_붏을 말이샤ᄃᆡ ᄒᆞ다가 이 이ᄅᆞᆯ 니르면 一_힔切_쳉 世_솅間_간앳 天_텬人_{ᅀᅵᆫ} 阿_항脩_슣羅_랑ㅣ 다 놀라아 疑_읭心_심ᄒᆞ며 增_증上_썅慢_만 比_뼁丘_큫ㅣ 큰 구데 ᄣᅥ러디리라

舍_샹利_링弗_붏이 다시 ᄉᆞᆯ보ᄃᆡ 世_솅尊_존하 願_원ᄒᆞᆫᄃᆞᆫ [107앞] 니르쇼셔 願_원ᄒᆞᆫᄃᆞᆫ 니르쇼셔 이 모든 中_듕에 우리 ᄒᆞᆫ가짓 百_{ᄇᆡᆨ}千_쳔萬_먼億_흑이 世_솅世_솅예 ᄒᆞ마 부텨를 좃ᄌᆞᄫᅡ 敎_굘化_황를 受_쓯ᄒᆞᅀᆞᄫᅡ 잇ᄂᆞ니 이 ᄀᆞᆮᄒᆞᆫ 사ᄅᆞᆷ들히 반ᄃᆞ기 能_능히 恭_공敬_경ᄒᆞ야 信_신ᄒᆞᅀᆞᄫᅡ 긴 바민 便_뼌安_한ᄒᆞ야 饒_{ᅀᅭᆸ}益_혁호미 만ᄒᆞ리이다

그 ᄢᅴ 世_솅尊_존이 [107뒤] 舍_샹利_링弗_붏ᄃᆞ려 니ᄅᆞ샤ᄃᆡ 네 브즈러니 세 버늘 請_쳥ᄒᆞ거니 어드리 아니 니르료 네 ᄎᆞ려 드러 이대 思_{ᄉᆞᆼ}念_념ᄒᆞ라 내 너 爲_윙ᄒᆞ야 ᄂᆞᆫ호아 닐오리라 이 말 니ᄅᆞ실 쩌긔 모든 中_듕에 比_뼁丘_큫 比_뼁丘_큫尼_닝 優_{ᅙᅮᆸ}婆_빵塞_{ᄉᆡᆨ} 優_{ᅙᅮᆸ}婆_빵夷_잉 五_옹千_쳔 사ᄅᆞ미 座_쫭로셔 [108앞] 니러 부텻긔 禮_롕數_숭ᄒᆞᆸ고 믈러나니 엇뎨어뇨 ᄒ란ᄃᆡ 이 무리 罪_쬥根_군이 깁고 增_증上_썅慢_만ᄒᆞ야 몯 得_득혼 이ᄅᆞᆯ 得_득호라 너기며 몯 證_징혼 이ᄅᆞᆯ 證_징호라 너겨 이런 허므리 이실ᄊᆡ 잇디 몯ᄒᆞ거늘 世_솅尊_존이 ᄌᆞᆷᄌᆞᆷᄒᆞ샤 말이디 아니ᄒᆞ시니라 [108뒤]

그 ᄢᅴ 부톄 舍_샹利_링弗_붏ᄃᆞ려 니ᄅᆞ샤ᄃᆡ 내 이 衆_즁이 ᄂᆞ외야 가지와 닙괘 업고 다 正_졍ᄒᆞᆫ 여르미 잇ᄂᆞ니 舍_샹利_링弗_붏아 이런 增_증上_썅慢_만ᄒᆞᄂᆞᆫ 사ᄅᆞᄆᆞᆫ [109앞] 믈러가도 됴ᄒᆞ니라 네 이대 드르라 너 위ᄒᆞ야 닐오리라

舍_샹利_링弗_붏이 ᄉᆞᆯ보ᄃᆡ 唯_윙然_션 世_솅尊_존하 願_원ᄒᆞᆫᄃᆞᆫ 듣ᄌᆞᆸ고져 ᄒᆞ노이다 부톄

舍_샹利_링弗_붏ᄃ려 니ᄅ샤ᄃ 이 ᄀᆞᆮ흔 妙_묳法_법은 [109뒤]諸_졍佛_뿛 如_셩來_링 時_씽節_졇에ᅀᅡ 니르시ᄂᆞ니 優_ᇢ曇_땀鉢_밣華_{ᅘᅪᆼ}ㅣ 時_씽節_졇에ᅀᅡ ᄒᆞᆫ 번 現_현호미 ᄀᆞᆮᄒᆞ니라

舍_샹利_링弗_붏아 너희 부텻 마ᄅᆞᆯ 信_신ᄒᆞ야ᅀᅡ ᄒᆞ리라 말ᄊᆞ미 虛_헝妄_망티 아니ᄒᆞ니라 舍_샹利_링弗_붏아 [110앞]諸_졍佛_뿛이 맛당ᄒᆞᆯ 야ᅌᆞᆯ 조차 說_쉃法_법ᄒᆞ샤미 ᄠᅳ디 아로미 어려ᄫᅥ니라 엇뎨어뇨 ᄒᆞ란ᄃᆡ 내 無_뭉數_숭 方_방便_뼌과 種_죵種_죵 因_{ᅙᅵᆫ}緣_원과 譬_핑喩_ᇢ엣 말ᄊᆞᄆᆞ로 諸_졍法_법을 너펴 니ᄅ노니 이 法_법은 思_{ᄉᆞᆼ}量_량分_분別_{ᄫᅧᆯ}의 能_능히 아롤 배 아니니 오직 諸_졍佛_뿛이ᅀᅡ [110뒤]아ᄅᆞ시리라 엇뎨어뇨 ᄒᆞ란ᄃᆡ 諸_졍佛_뿛 世_솅尊_존이 다ᄆᆞᆫ 一_힗大_땡事_쑹因_{ᅙᅵᆫ}緣_원으로 世_솅間_간애 나시ᄂᆞ니 [111앞]

舍_샹利_링弗_붏아 엇뎨 諸_졍佛_뿛 世_솅尊_존이 다ᄆᆞᆫ 一_힗大_땡事_쑹因_{ᅙᅵᆫ}緣_원으로 世_솅間_간애 나시ᄂᆞ다 ᄒᆞ거뇨 諸_졍佛_뿛 世_솅尊_존이 衆_즁生_{ᄉᆡᆼ}ᄋᆞᆯ 부텻 知_딩見_견을 여러 淸_쳥淨_쪙을 得_득게 호려 ᄒᆞ샤 世_솅間_간애 나시며 [111뒤]衆_즁生_{ᄉᆡᆼ}이 그에 부텻 知_딩見_견을 뵈요리라 ᄒᆞ샤 世_솅間_간애 나시며 衆_즁生_{ᄉᆡᆼ}ᄋᆞᆯ 부텻 知_딩見_견을 알에 호려 ᄒᆞ샤 世_솅間_간애 나시며 衆_즁生_{ᄉᆡᆼ}이 부텻 知_딩見_견道_{ᄯᅩᇢ}애 들에 호려 ᄒᆞ샤 世_솅間_간애 나시ᄂᆞ니 [112뒤]舍_샹利_링弗_붏아 이 諸_졍佛_뿛이 一_힗大_땡事_쑹 因_{ᅙᅵᆫ}緣_원으로 世_솅間_간애 나샤미라 [113앞]

부톄 舍_샹利_링弗_붏ᄃ려 니ᄅ샤ᄃ 諸_졍佛_뿛 如_셩來_링 다ᄆᆞᆫ 菩_뽕薩_삻ᄋᆞᆯ 敎_굘化_황ᄒᆞ샤 믈읫 ᄒᆞ시ᄂᆞᆫ 이리 샹녜 이ᄅᆯ 爲_윙ᄒᆞ샤 오직 부텻 知_딩見_견으로 衆_즁生_{ᄉᆡᆼ}ᄋᆞᆯ 뵈여 알외시ᄂᆞ니 舍_샹利_링弗_붏아 如_셩來_링 다ᄆᆞᆫ ᄒᆞᆫ 佛_뿛乘_씽으로 衆_즁生_{ᄉᆡᆼ} 위ᄒᆞ야 說_쉃法_법ᄒᆞ시디비 녀나ᄆᆞᆫ 乘_씽이 둘히며 세히 업스니라 舍_샹利_링弗_붏아 [113뒤]一_힗切_촁 十_씹方_방 諸_졍佛_뿛이 法_법이 ᄯᅩ 이 ᄀᆞᆮᄒᆞ시니라

舍_샹利_링弗_붏아 過_광去_컹 諸_졍佛_뿛이 無_뭉量_량無_뭉數_숭 方_방便_뼌과 種_죵種_죵 因

인緣원과 譬핑喩융엣 말ᄊᆞ모로 衆즁生ᄉᆡᆼ 위ᄒᆞ야 諸졍法법을 불어 니르시니 이 法법이 다 ᄒᆞᆫ 佛뿛乘씽일ᄊᆡ [114앞] 이 衆즁生ᄉᆡᆼ들히 諸졍佛뿛의 法법 듣ᄌᆞᄫᅡ 乃냉終즁에 다 一ᅙᅵᆳ切쳉種죵智딩를 得득ᄒᆞ리며

舍샹利링弗붏아 未밍來링 諸졍佛뿛이 世셍間간애 나샤 ᄯᅩ 無뭉量량無뭉數숭 方방便뼌과 種죵種죵 因인緣원과 譬핑喩융엣 말ᄊᆞ모로 衆즁生ᄉᆡᆼ 爲윙ᄒᆞ야 諸졍法법을 [114뒤] 불어 니르시리니 이 法법이 다 ᄒᆞᆫ 佛뿛乘씽일ᄊᆡ 이 衆즁生ᄉᆡᆼ들히 부텻긔 法법 듣ᄌᆞᄫᅡ 乃냉終즁에 다 一ᅙᅵᆳ切쳉種죵智딩를 得득ᄒᆞ리며

舍샹利링弗붏아 現현在찡 十씹方방 無뭉量량百빅千쳔萬먼億흑 佛뿛土통 中듕엣 諸졍佛뿛 世셍尊존이 饒ᅀᅲ益혁을 만히 ᄒᆞ샤 [115앞] 衆즁生ᄉᆡᆼ을 安ᅙᅡᆫ樂락게 ᄒᆞ시ᄂᆞ니 이 諸졍佛뿛이 ᄯᅩ 無뭉量량無뭉數숭方방便뼌과 種죵種죵 因인緣원과 譬핑喩융엣 말ᄊᆞ모로 衆즁生ᄉᆡᆼ 爲윙ᄒᆞ야 諸졍法법을 불어 니르시ᄂᆞ니 이 法법이 다 ᄒᆞᆫ 佛뿛乘씽일ᄊᆡ 이 衆즁生ᄉᆡᆼ들히 부텻긔 法법 듣ᄌᆞᄫᅡ 乃냉終즁에 [115뒤] 다 一ᅙᅵᆳ切쳉種죵智딩를 得득ᄒᆞ리라

舍샹利링弗붏아 이 諸졍佛뿛이 다ᄆᆞᆫ 菩뽕薩삻을 敎굘化황ᄒᆞ샤 부텻 知딩見견으로 衆즁生ᄉᆡᆼ을 뵈오져 ᄒᆞ시며 부텻 知딩見견으로 衆즁生ᄉᆡᆼ을 알외오져 ᄒᆞ시며 衆즁生ᄉᆡᆼ을 [116앞] 부텻 知딩見견에 드리고져 ᄒᆞ시논 젼ᄎᆡ라

舍샹利링弗붏아 나도 이 ᄀᆞᆮ ᄒᆞ야 衆즁生ᄉᆡᆼ들히 種죵種죵 欲욕과 기픈 ᄆᆞᅀᆞ미 著땩ᄒᆞᆫ ᄃᆞᆯ 아라 제 本본性셩을 [116뒤] 말ᄊᆞᆷ과 方방便뼌力륵으로 說쉃法법ᄒᆞ노니 舍샹利링弗붏아 이 다 ᄒᆞᆫ 佛뿛乘씽 一ᅙᅵᆳ切쳉種죵智딩를 得득게 ᄒᆞ논 젼ᄎᆡ라 舍샹利링弗붏아 十씹方방 世셍界갱예 二ᅀᅵᆼ乘씽도 업거니 ᄒᆞᄆᆞᆯ며 세히 이시리여

舍샹利링弗붏아 諸졍佛뿛이 五옹濁똭惡학世셍예 나샤 [117앞] 劫겁濁똭 煩뻔惱놀

濁뙉 衆즁生싱濁뙉 見견濁뙉 命명濁뙉이니 이フ티 舍샹利링弗붏아 劫겁濁뙉 어즈러
본 時씽節겷에 衆즁生싱이 띡 므거버 앗기며 貪탐ᄒᆞ며 새오ᄆᆞ로 여러 가짓 됴티
몯ᄒᆞᆫ 根ᄀᆞᆫ源원을 일울ᄊᆡ 諸졍佛붏이 方방便뼌力륵으로 ᄒᆞᆫ 佛붏乘씽에 [117뒤] 글ᄒᆞ
야 세흘 니르시ᄂᆞ니라 [126뒤]

舍利弗(사리불)아, [127앞] ᄒᆞ다가 내 弟똉子즁ㅣ 제 너교ᄃᆡ 阿ᇬ羅랑漢한 辟벽支징
佛붏이로라 ᄒᆞ야 諸졍佛붏 如셩來링 다ᄆᆞᆫ 菩뽕薩삻 敎ᄀᆞᆯ化황ᄒᆞ시논 이ᄅᆞᆯ 듣디 몯ᄒᆞ
며 아디 몯ᄒᆞ면 부텻 弟똉子즁ㅣ 아니며 阿ᇬ羅랑漢한 辟벽支징佛붏이 아니니라

쏘 舍샹利링弗붏아 이 [127뒤] 이 比삥丘쿻 比삥丘쿻尼닝ᄃᆞᆯ히 제 너교ᄃᆡ ᄒᆞ마 阿
ᇬ羅랑漢한ᄋᆞᆯ 得득ᄒᆞ야 이 最죙後薈身신이며 究궇竟겅涅넗槃빤이라 ᄒᆞ야 ᄂᆞ외야 阿
ᇬ耨녹多당羅랑三삼藐막三삼菩뽕提똉를 求꿀티 아니ᄒᆞ면 알라 이 무른 다 增증上썅
慢만人신이니 엇뎨어뇨 ᄒᆞ란ᄃᆡ 比삥丘쿻ㅣ [128앞] 眞진實씷로 阿ᇬ羅랑漢한ᄋᆞᆯ 得득
ᄒᆞ고 이 法법 信신티 아니홀 줄 업스니라 부텨 滅몂度똥ᄒᆞᆫ 後薈에 現현ᄒᆞᆫ 알ᄑᆡ 부
텨 업슨 저근 더니 엇뎨어뇨 ᄒᆞ란ᄃᆡ 부텨 滅몂度똥ᄒᆞᆫ 後薈에 이 ᄀᆞᆮᄒᆞᆫ 經경을 受쓩
持띵 讀똑誦쑁ᄒᆞ야 ᄠᅳᆮ 알 사ᄅᆞ미 어두미 어려보니 ᄒᆞ다가 다른 부텨를 [128뒤] 맛
나면 이 法법 中듕에 決궗斷돤ᄒᆞ야 ᄉᆞᄆᆞᆺ 아로ᄆᆞᆯ 곧 得득ᄒᆞ리라

舍샹利링弗붏아 너희ᄃᆞᆯ히 ᄒᆞᆫ ᄆᆞᅀᆞᄆᆞ로 부텻 마ᄅᆞᆯ 信신解ᄒᆡᆼ 受쓩持띵ᄒᆞ라 [129
앞] 諸졍佛붏 如셩來링 말ᄊᆞ미 虛헝妄망티 아니ᄒᆞ시니 녀나ᄆᆞᆫ 乘씽이 업고 오직 ᄒᆞᆫ
佛붏乘씽이라

[129뒤] 月욇印힌千쳔江강之징曲콕第똉十씹一힗

釋셕譜봉詳썅節겷第똉十씹一힗【惣 百三十 張】

(나) 『월인석보 제십일』 번역문의 벼리

[1앞]月印千江之曲(월인천강지곡) 第十一(제십일)

釋譜詳節(석보상절) 第十一(제십일)

[第一卷(제일권) 第二(제일) 序品(서품)]

其二百七十二(기이백십십이)

靈山(영산)에 天花(천화)가 떨어지거늘 一萬二千(일만이천)의 羅漢(나한)과
菩薩(보살)과 天(천)·人(인)·鬼(귀)가 다 모여 있으시더니

東方(동방)에 白毫(백호)가 비치시어 [1뒤]萬八千(만 팔천) 世界(세계)와 地獄
(지옥)·色界天(색계천)이 다 밝아지셨으니.

其二百七十三(기이백칠십삼)

諸佛(제불)과 菩薩(보살)·比丘(비구)와 衆生(중생)을 보며, 說法(설법)의 音
聲(음성)을 또 들었으니.

布施(보시)와 修行(수행)·得道(득도)와 [2앞]涅槃(열반)을 보며 舍利(사리)·
寶塔(보탑)을 또 보았으니

[10뒤] 其二百七十四(기이백칠십사)

變化(변화)를 보이심을 彌勒(미륵)이 疑心(의심)하시어 文殊(문수)께 물으시
셨으니,

(彌勒이) 大法(대법)을 일으키실 것을 文殊(문수)가 아시어 [11앞]彌勒(미륵)

께 對答(대답)하셨으니.

부처가 王舍城(왕사성)의 耆闍堀山(기사굴산) 中(중)에 계시어 [15앞] 큰 比丘(비구) 衆(중) 萬二千(만이천)의 사람과 한데에 있으시더니 (이들은) 다 阿羅漢(아라한)이다. [15뒤]

(이들은) 諸漏(제루)가 이미 다하여 다시 煩惱(번뇌)가 없어 己利(기리)를 得(득)함에 미쳐서 諸有(제유)에 있는 結(결)이 다하여 마음이 自在(자재)한 이(人)이더니 [15뒤] 그 이름이 阿若憍陳如(아야교진여)와 摩訶迦葉(마하가섭)과 優樓頻羅迦葉(우루빈라가섭)과 伽耶迦葉(가야가섭)과 那提迦葉(나제가섭)과 舍利弗(사리불)과 大目揵連(대목건련)과 摩訶迦栴延(마하가전연)과 阿㝹樓馱(아누루타)와 劫賓那(겁빈나)와 [18앞] 憍梵波提(교범바제)와 離婆多(이바다)와 畢陵伽婆蹉(필릉가바차)와 薄拘羅(박구라)와 摩訶拘絺羅(마하구치라)와 難陁(난타)와 孫陁羅難陁(손타라난타)와 富樓那彌多羅尼子(부루나미다라니자)와 須菩提(수보리)와 阿難(아난)과 羅睺羅(나후라)와 이렇듯 한 모두 [18뒤] 아는 大阿羅漢(대아라한)들이며 [19앞]

또 學無學(학무학) 二千(이천) 사람과 [19뒤] 摩訶波闍波提(마하파사파제) 比丘尼(비구니)가 眷屬(권속) 六千(육천) 사람을 데려와 있으며 羅睺羅(나후라)의 어머님인 耶輸陁羅(야수다라) 比丘尼(비구니)가 또 眷屬(권속)을 데려와 있으며 [20앞]

菩薩摩訶薩(보살마하살) 八萬(팔만) 사람이 다 阿耨多羅三藐三菩提(아뇩다라삼먁삼보리)에서 물러나지 아니하시어, 다 陀羅尼(다라니)와 樂說辯才(요설변재)를 得(득)하시어 물러나지 아니할 法輪(법륜)을 굴리시어, 無量(무량)한 百千(백천)의 諸佛(제불)을 供養(공양)하여 諸佛(제불)께 [20뒤] 많은 德(덕)의 根源(근원)을 심으시어, 늘 諸佛(제불)이 일컬어서 讚嘆(찬탄)하시며, 慈(자)로 몸을 닦아 부처의 慧(혜)에 잘 드시어 大智(대지)를 通達(통달)하시어, 저쪽(彼岸, 피안)의 가에 다다르시어 名稱(명칭)이 無量(무량)한 世界(세계)에 널리 들리시어 無數(무수)한 百千(백천)의 衆生(중생)을 [21앞] 잘 濟渡(제도)하시는 분들이시더니,

그 이름이 文殊師利菩薩(문수사리보살)과 [21뒤] 그 이름이 [22앞] 文殊師利菩薩(문수사리보살)과 觀世音菩薩(관세음보살)과 得大勢菩薩(득대세보살)과 常精進菩薩(상정진보살)과 不休息菩薩(불휴식보살)과 寶掌菩薩(보장보살)과 藥王菩薩(약왕보살)과

勇施菩薩(용시보살)과 寶月菩薩(보월보살)과 月光菩薩(월광보살)과 滿月菩薩(만월보살)과 大力菩薩(대력보살)과 無量力菩薩(무량력보살)과 [22뒤] 大力菩薩(대력보살)과 無量力菩薩(무량력보살)과 越三界菩薩(월삼계보살)과 跋陁婆羅菩薩(발타바라보살)과 彌勒菩薩(미륵보살)과 寶積菩薩(보적보살)과 導師菩薩(도사보살)과 이렇듯 한 菩薩(보살) 摩訶薩(마하살) 八萬(팔만) 사람이 다 와 계시며, [24앞]

그때에 [24뒤] 釋提桓因(석제환인)이 眷屬(권속) 二萬(이만) 天子(천자)를 데려와 있으며, 또 名月天子(명월천자)와 普香天子(보향천자)와 寶光天子(보광천자)와 四大天王(사대천왕)이 眷屬(권속) 萬(만) 天子(천자)를 데려와 있으며,

自在天子(자재천자)와 大自在天子(대자재천자)가 [25앞] 眷屬(권속) 三萬(삼만) 天子(천자)를 데려와 있으며, 娑婆世界(사바세계)의 主(주)인 梵天王(범천왕) 尸棄大梵(시기대범)과 光明大梵(광명대범) 들이 [25뒤] 眷屬(권속) 萬二千(만이천) 天子(천자)를 데려와 있으며,

여덟 龍王(용왕)인 難陁龍王(난타용왕)과 跋難陁龍王(발난타용왕)과 娑伽羅龍王(사가라용왕)과 和修吉龍王(화수길용왕)과 德叉迦龍王(덕차가용왕)과 [26앞] 阿那婆達多龍王(아나파달다용왕)과 摩那斯龍王(마나사용왕)과 優鉢羅龍王(우발라용왕) 들이 各各(각각) 대략(若干) 百千(백천)의 眷屬(권속)을 데려와 있으며, [27앞]

네 緊那羅王(긴나라왕)인 法緊那羅王(법긴나라왕)과 妙法緊那羅王(묘법긴나라왕)과 大法緊那羅王(대법긴나라왕)과 [27뒤] 持法緊那羅王(지법긴나라왕)이 各各(각각) 대략(大略) 百千(백천)의 眷屬(권속)을 데려와 있으며 네 乾闥婆王(건달바왕)인 樂乾闥婆王(악건달바왕)과 樂乾闥婆王(악건달바왕)과 [28앞] 樂音乾闥婆王(악음건달바왕) 美乾闥婆王(미건달바왕)과 美音乾闥婆王(미음건달바왕)이 各各(각각) 대략(大略) 百千(백천)의 眷屬(권속)을 데려와 있으며,

네 阿脩羅王(아수라왕)인 [28뒤] 婆稚阿脩羅王(바치아수라왕)과 佉羅騫馱阿脩羅王(구라건타아수라왕)과 毗摩質多羅阿脩羅王(비마질다라아수라왕)과 羅睺阿脩羅王(나후아수라왕)이 各各(각각) 대략(大略) 百千(백천)의 眷屬(권속)을 데려와 있으며,

[31뒤] 네 迦樓羅王(가루라왕)인 大威德迦樓羅王(대위가루라왕)과 大身迦樓羅王(대신가루라왕)과 大滿迦樓羅王(대만가루라왕)과 如意迦樓羅王(여의가루라왕)이 [32앞] 各各(각각) 대략(大略) 百千(백천)의 眷屬(권속)을 데려와 있으며,

韋提希(위제희)의 아들인 阿闍世王(아사세왕)이 대략(大略) [32뒤]百千(백천)의 眷屬(권속)을 데려와 各各(각각) 부처의 발에 禮數(예수)하고 한쪽 面(면)에 물러 앉았니라. 그때에 世尊(세존)께 四衆(사중)이 圍遶(위요)하여 있어서, (세존을) 供養(공양)하며 恭敬(공경)하며 尊重(존중)히 여기어 讚歎(찬탄)하더니,

(세존이) 菩薩(보살)들을 위하시어 [33앞]大乘經(대승경)을 이르시니 (그) 이름이 無量義(무량의)이니, (무량의는) 菩薩(보살)을 가르치시는 法(법)이며 부처가 護念(호념)하시는 바이다. 부처가 이 經(경)을 이르시고 結跏趺坐(결가부좌)하시어 無量義處三昧(무량의처삼매)에 드시어 몸과 마음이 움직이지 아니하여 계시거늘, [33뒤]그때에 하늘에서 曼陁羅華(만다라화)와 摩訶曼陀羅華(마하만다라화)와 曼殊沙華(만수사화)와 摩訶曼殊沙華(마하만수사화)를 [34앞]부처의 위와 大衆(대중)들에게 흩뿌리며, 넓은 부처의 世界(세계)가 여섯 가지로 震動(진동)하더니, [34뒤]

그때에 會中(회중)에 있는 比丘(비구)·比丘尼(비구니)·優婆塞(우바새)·優婆夷(우바이)·天(천)·龍(용)·夜叉(야차)·乾闥婆(건달바)·阿脩羅(아수라)·伽樓羅(가루라)·緊那羅(긴나라)·摩睺羅迦(마후라가)·人非人(인비인)과 [35앞]또 諸小王(제소왕)과 轉輪聖王(전륜성왕), 이 大衆(대중)들이 옛날에 없던 일을 얻어서 歡喜(환희)·合掌(합장)하여 한 마음으로 부처를 보아 있더니,

그때에 부처가 眉間(미간)의 白毫相(백호상)에서 나오는 光明(광명)을 펴시어, 東方(동방)에 있는 萬八千(만팔천)의 世界(세계)를 비추시되, 周徧(주변)하지 아니한 [35뒤]데가 없으시어, [36앞]아래로 阿鼻地獄(아비지옥)에 이르고 위로 阿迦膩吒天(아가니타천)에 이르니,

이 世界(세계)에서 저 땅에 있는 六趣(육취)의 衆生(중생)을 다 보며, 또 저 땅에 계신 諸佛(제불)도 보며, 諸佛(제불)이 이르시는 [36뒤]經法(경법)도 들으며, 저 땅에 있는 比丘(비구)·比丘尼(비구니)·優婆塞(우바새)·優婆夷(우바이)가 修行(수행)하여 得道(득도)하는 사람도 겸하여 보며, 또 菩薩摩訶薩(보살마하살)들이 種種(종종)의 因緣(인연)과 種種(종종)의 信解(신해)와 種種(종종)의 相貌(상모)로 [37앞]菩薩(보살)의 道理(도리)를 行(행)하시는 모습도 보며, 또 諸佛(제불)이 般涅槃(반열반)하시는 것도 보며, 또 諸佛(제불)이 般涅槃(반열반)하신 後(후)에 부처의 舍利(사리)로 七寶塔(칠보탑)을 세우는 모습도 보겠더니, [38앞]

그때에 彌勒菩薩(미륵보살)이 여기시되 "오늘날에 世尊(세존)이 神變相(신변상)을 보이시나니, 어떤 因緣(인연)으로 [38뒤] 이 祥瑞(상서)가 있으시냐? 이제 世尊(세존)이 三昧(삼매)에 드시니 이 不可思議(불가사의)한 希有(희유)한 일을 보이시나니, 누구를 더불어 (그 인연에 대하여) 물어야 하겠으며, 누구야말로 能(능)히 對答(대답)하겠느냐?"고 하시고,

또 여기시되 "文殊師利(문수사리) 法王子(법왕자)가 [39앞] 지나신 無量(무량)의 諸佛(제불)께 이미 親近(친근)히 供養(공양)하여 있으므로 반드시 이런 希有(희유)한 相(상)을 보아 있으니, 내가 이제 (문수사리께) 물으리라."

그때에 比丘(비구)·比丘尼(비구니)·優婆塞(우바새)·優婆夷(우바이)와 天(천)·龍(용)·鬼神(귀신) 등(等)이 [39뒤] 다 여기되, "이 부처의 光明(광명) 神通相(신통상)을 이제 누구에게 묻겠느냐?"고 하더니, 그때에 彌勒菩薩(미륵보살)이 자기(당신)의 疑心(의심)도 決(결)하고자 하시며, 또 比丘(비구)·比丘尼(비구니)·優婆塞(우바새)·優婆夷(우바이)와 天(천)·龍(용)·鬼神(귀신) 등(等)의 모든 마음을 보시고, 文殊師利(문수사리)께 [40앞] 물으시되 "어떤 因緣(인연)으로 이 祥瑞(상서)가 있으시어, 神通相(신통상)이 큰 光明(광명)을 펴시어 東方(동방)의 萬八千(만팔천) 土(토)를 비추시니, 저 부처 國界(국계)의 莊嚴(장엄)을 다 봅니까?"

그때에 文殊師利(문수사리)가 [40뒤] 彌勒菩薩摩訶薩(미륵보살마하살)과 諸大士(제대사)에게 이르시되, "善男子(선남자)야, 내가 헤아려 보니, 이제 世尊(세존)이 큰 法(법)을 이르시며 큰 法雨(법우)를 흩뿌리시며 큰 法螺(법라)를 부시며 큰 法鼓(법고)를 치시며 큰 法義(법의)를 펴려 하신다. [41앞]

善男子(선남자)들아, 내가 지난 諸佛(제불)께(로부터서) 이런 祥瑞(상서)를 보니, (부처께서) 이런 光明(광명)을 펴시면 큰 法(법)을 이르시더니, 이러므로 (선남자들아) 알아라. 이제 부처가 光明(광명)을 보이신 것도 또 이와 같으시니, 衆生(중생)을 一切(일체)의 [41뒤] 世間(세간)에 있는 信(신)하기가 어려운 法(법)을 다 들어서 알게 하리라."고 하시어, 이런 祥瑞(상서)를 보이시느니라.

善男子(선남자)들아, 지난 無量無邊(무량무변)하고 不可思議(불가사의)한 阿僧祇(아승기)의 劫(겁) 時節(시절)에 부처가 계시되, 號(호)가 日月燈明(일월등명)·如來(여래)·應供(응공)·正遍知(정변지)· [42앞] 明行足(명행족)·善逝(선서)·世間解(세간해)·

無上士(무상사)·調御丈夫(조어장부)·天人師(천인사)·佛世尊(불세존)이시더니 [42뒤] (부처가) 正法(정법)을 퍼뜨려서 이르시되 初善(초선)·中善(중선)·後善(후선)이시더니, 그 뜻이 깊고 멀며 그 말씀이 工巧(공교)하고 微妙(미묘)하여, 전혀 섞인 것이 없어 淸白(청백)하고 梵行(범행)의 相(상)이 갖추어져 있으시더니, 聲聞(성문)을 求(구)할 [43앞] 사람을 爲(위)하시어는 四諦法(사제법)을 이르시어 生老病死(생로병사)를 벗기시어 究竟涅槃(구경열반)하게 하시고, 辟支佛(벽지불)을 求(구)하는 사람을 爲(위)하시어는 十二因緣法(십이인연법)을 이르시고, 菩薩(보살)들을 爲(위)하시어는 六波羅蜜(육바라밀)을 이르시어, 阿耨多羅三藐菩提(아뇩다라삼먁보리)를 [43뒤] 得(득)하여 一切(일체)의 種種(종종) 智慧(지혜)를 이루게 하시더니, [44앞]

다음으로 부처가 계시되 또 이름이 日月燈明(일월등명)이시고, 또 다음으로 부처가 계시되 또 이름이 日月燈明(일월등명)이시더니, 이와 같이 二萬(이만)의 부처가 [44앞] 다 한 가지의 字(자)로 號(호)가 日月燈明(일월등명)이시며, 또 한 가지의 姓(성)이시어 姓(성)이 頗羅墮(파라타)이시더니,

彌勒(미륵)아 알아라. 첫 부처, 後(후) 부처가 다 한 가지의 字(자)로 이름이 日月燈明(일월등명)이시고, 열 號(호)가 갖추어져 있으시고, 이르시는 法(법)이 初(초)·中(중)·後善(후선)이시더니, [45앞]

가장 後(후)의 부처가 出家(출가)를 아니하여 계실 적에 여덟 王子(왕자)를 두어 계시되, 한 이름은 有意(유의)요, 둘째의 이름은 善意(선의)요, 셋째의 이름은 無量意(무량의)요, 넷째의 이름은 寶意(보의)요, 다섯째의 이름은 增意(증의)요, 여섯째의 이름은 除疑意(제의의)요, 일곱째의 이름은 響意(향의)요, [45뒤] 여덟째의 이름은 法意(법의)이시더니, 이 여덟 王子(왕자)가 威德(위덕)이 自在(자재)하시어 各各(각각) 네 天下(천하)를 거느려 있으시더니, 이 王子(왕자)들이 "아버님이 出家(출가)하시어 阿耨多羅三藐三菩提心(아뇩다라삼먁보리심)을 得(득)하셨다."고 들으시고, 다 王位(왕위)를 버리시고 (아버님을) 좇아서 [46앞] 出家(출가)하여, 大乘(대승)의 뜻을 發(발)하여 늘 좋은 행적(行績)을 닦아 다 法師(법사)가 되시어, 이미 千萬(천만)의 부처께 모든 좋은 根源(근원)을 심으셨니라. [84:2앞]

그때에 日月燈明佛(일월등명불)이 大乘經(대승경)을 이르시니, (그) 이름이 無量義(무량의)이니, 菩薩(보살)을 가르치시는 法(법)이라서 부처가 護念(호념)하시는

바이다. (부처님이) 이 經(경)을 이르시고 [85앞] 즉시 大衆(대중) 中(중)에서 結跏趺坐(결가부좌)하시어, 無量義處(무량의처) 三昧(삼매)에 드시어 몸과 마음이 움직이지 아니하여 계시거늘, 그때에 하늘에서 曼陁羅華(만다라화)와 摩訶曼陀羅華(마하만다라화)와 曼殊沙華(만수사화)와 摩訶曼殊沙華(마하만수사화)를 [85뒤] 부처의 위와 大衆(대중)들에게 흩뿌리며, 넓은 부처의 世界(세계)가 六種震動(육종진동)하더니,

그때에 會中(회중)에 있는 比丘(비구)·比丘尼(비구니)·優婆塞(우바새)·優婆夷(우바이)·天(천)·龍(용)·夜叉(야차)·乾闥婆(건달바)·阿脩羅(아수라)·伽樓羅(가루라)·緊那羅(긴나라)·摩睺羅迦(마후라가)·人非人(인비인)과 [86앞] 또 諸小王(제소왕)과 轉輪聖王(전륜성왕), 이 大衆(대중)들이 옛날에 없던 일을 얻어서 歡喜(환희)·合掌(합장)하여 한 마음으로 부처를 보아 있더니, 그때에 如來(여래)가 眉間(미간)의 白毫相(백호상)에서 나오는 光明(광명)을 펴시어, 東方(동방)에 있는 一萬八千(일만팔천)의 佛土(불토)를 비추시되, 周徧(주편)하지 [86뒤] 아니한 데가 없더니, 오늘날에 보는 佛土(불토)와 같더라.

彌勒(미륵)아, 알아라. 그때에 會中(회중)에 二十億(이십억)의 菩薩(보살)이 法(법)을 듣는 것을 즐기더니, 이 菩薩(보살)들이 이 光明(광명)이 널리 佛土(불토)를 비추신 것을 보고, 옛날에 없던 일을 얻어서 이 光明(광명)을 爲(위)하신 因緣(인연)을 [87앞] 알고자 하더니,

그때에 한 菩薩(보살)이 (그) 이름이 妙光(묘광)이라고 하는 이가 八百(팔백)의 弟子(제자)를 두어 있더니, 그때에 日月燈明佛(일월등명불)이 三昧(삼매)로부터서 일어나시어, 妙光菩薩(묘광보살)로 因(인)하여 大乘經(대승경)을 이르시니 그 이름이 妙法蓮華(묘법연화)이니, (이는) 菩薩(보살)을 가르치는 法(법)이며 [87뒤] 부처가 護念(호념)하시는 바이다. (일월등명불이) 예순 小劫(소겁)을 座(좌)에서 일어나지 아니하시니, 모여서 (묘법연화경을) 들을 이도 한 곳에 앉아 예순 小劫(소겁)을 몸과 마음이 움직이지 아니하여 부처의 말을 듣되, (예순 소겁을) 밥 먹을 사이만큼 여겨서 하나도 고단한 뜻을 내는 이가 없더라. [88앞]

日月燈明佛(일월등명불)이 예순 小劫(소겁)을 이 經(경)을 이르시고, 즉시 梵(범)·魔(마)·沙門(사문)·婆羅門(바라문)과 天人(천인)·阿脩羅(아수라)의 衆(중)의 中(會中, 회중)에 이르시되 [88뒤] "如來(여래)가 오늘의 밤中(中)에 無餘涅槃(무여열반)

에 들리라.” [89뒤]

그때에 한 菩薩(보살)의 이름이 德藏(덕장)이더니, [90앞]日月燈明佛(일월등명불)이 授記(수기)하여 比丘(비구)더러 이르시되 “이 德藏菩薩(덕장보살)이 이어서 부처가 되어 號(호)를 淨身多陁阿伽度阿羅訶三藐三佛陁(정신다타아가도아라하삼먁삼불타)라고 하리라.”

부처가 授記(수기)를 다 하시고 곧 밤중에 [90뒤]無餘涅槃(무여열반)에 드셨니라. 부처가 滅度(멸도)하신 後(후)에 妙光菩薩(묘광보살)이 妙法蓮華經(묘법연화경)을 가져 八十(팔십) 小劫(소겁)을 사람을 爲(위)하여 퍼뜨려 이르더니, 日月燈明佛(일월등명불)의 여덟 아드님이 다 妙光(묘광)을 스승으로 삼으시니, 妙光(묘광)이 가르쳐 [91앞]阿耨多羅三藐三菩提(아뇩다라삼먁삼보리)에 굳으시게 하니, 이 王子(왕자)들이 無量(무량)한 百千萬億(백천만억)의 부처를 供養(공양)하고 다 佛道(불도)를 이루시니, 가장 後(후)에 成佛(성불)하신 이름이 燃燈(연등)이시니라. [92앞]

(묘광보살의) 八百(팔백) 弟子(제자)의 中(중)에 하나가 이름이 求命(구명)이더니 利養(이양)을 貪著(탐착)하여 비록 많은 經(경)을 讀誦(독송)하여도 通利(통리)하지 못하여 많이 잊으므로 이름을 求名(구명)이라 하더니, 이 사람도 또 善根(선근)의 因緣(인연)을 심은 까닭으로, 無量(무량)한 百千萬億(백천만억)의 [92뒤]諸佛(제불)을 만나서 供養(공양) 恭敬(공경)하며 尊重(존중) 讚嘆(찬탄)하였니라.

彌勒(미륵)아, 알아라. 妙光菩薩(묘광보살)은 다른 사람이겠느냐? 내 몸이 그이요, 求名菩薩(구명보살)은 그대의 몸이 그이다. 오늘날 이 祥瑞(상서)를 보면 예전과 다르지 [93앞]아니하시니, 이러므로 (내가) 헤아려 보니 오늘날의 如來(여래)가 마땅히 大乘經(대승경)을 이르시겠으니, (그) 이름이 妙法蓮花(묘법연화)이니 菩薩(보살)을 가르치시는 法(법)이며 부처가 護念(호념)하시는 바이다.

[第一卷(제일권) 第二(제삼) 方便品(방편품)]

[94뒤]其二百七十五(기이백칠십오)

三昧(삼매)로 이르시어 妙法(묘법)을 아니 [95앞]이르시므로 舍利弗(사리불)이

請(청)하더니

四衆(사중)도 疑心(의심)하므로 妙法(묘법)을 이르려 하시더니 增上慢(증상만)이 물러났으니

그때에 世尊(세존)이 三昧(삼매)로 계시어 자늑자늑하게 일어나시어, 舍利弗(사리불)더러 [95뒤] 이르시되 "諸佛(제불)의 智慧(지혜)가 甚(심)히 깊고 그지없으시어 智慧(지혜)의 門(문)이 아는 것이 어려우며 들어가는 것이 어려우니, 一切(일체)의 聲聞(성문)과 辟支佛(벽지불)이 能(능)히 알지 못할 것이다. [96뒤] "(그것이) 어째서이냐?"고 한다면, 부처가 예전에 百千萬億(백천만억)의 無數(무수)한 諸佛(제불)께 가까이하여, 諸佛(제불)의 그지없는 道法(도법)을 다 行(행)하여, 勇猛(용맹)히 精進(정진)하여 名稱(명칭)이 널리 들리어, 甚(심)히 깊은 '옛날에 없던 法(법)'을 이루어, (부처가) 마땅한 것을 좇아서 이르는 말의 뜻을 (일체의 성문과 벽지불이) 아는 것이 어려우니라. [97뒤]

舍利弗(사리불)아, 내가 成佛(성불)한 後(후)로 種種(종종)의 因緣(인연)과 種種(종종)의 譬喩(비유)로 말씀을 널리 퍼뜨리어, 無數(무수)한 方便(방편)으로 衆生(중생)을 引導(인도)하여 諸著(제착)을 떨치게 하니, "(그것이) 어째서이냐?"고 한다면, 如來(여래)는 [98앞] 方便(방편)과 知見(지견)의 波羅蜜(바라밀)이 다 갖추어져 있기 때문이니라.

舍利弗(사리불)아, 如來(여래)의 智見(지견)이 크고 깊고 멀어, 無量(무량)과 無礙(무애)와 [98뒤] 力(역)과 四無畏(사무외)와 禪(선)과 定(정)과 解脫(해탈)과 三昧(삼매)에 깊이 들어 가(邊)가 없어, 一切(일체)의 옛날에 없던 法(법)을 이루었니라. [99앞]

舍利弗(사리불)아, 如來(여래)가 種種(종종)으로 가려서 諸法(제법)을 工巧(공교)히 일러서 말씀이 보드러워 모든 마음에 마땅하게 하나니, [99뒤] 舍利弗(사리불)아, 모아서 이르면 無量無邊(무량무변)한 옛날에 없던 法(법)을 부처가 다 이루었니라.

말라, 舍利弗(사리불)아. 구태어 다시 이르지 말아야 하리라. "(그것이) 어째서이냐?"고 한다면, 부처가 이룬 第一(제일)가는 希有(희유)한, 알기가 [100앞] 어려운 法(법)은 부터와 부처야말로 能(능)히 諸法(제법)의 實相(실상)을 다 아느니라. 이른바 諸法(제법)의 如是相(여시상)과 如是性(여시성)과 [100뒤] 如是體(여시체)와 如是

力(여시력)과 如是作(여시작)과 如是因(여시인)과 如是緣(여시연)과 如是果(여시과)와 如是報(여시보)와 如是本末究竟(여시본말구경) 들이다. ^[103앞]

그때에 大衆(대중) 中(중)에 聲聞漏(성문루)가 다한 阿羅漢(아라한), 阿若憍陳如(아야교진여) 等(등) 一千二百(일천이백) 사람과 聲聞(성문)과 辟支佛(벽지불)의 마음을 發(발)한 比丘(비구)· ^[103뒤]比丘尼(비구니)· 優婆塞(우바새)· 優婆夷(우바이)가 各各(각각) 여기되, "世尊(세존)이 어떤 까닭으로 方便(방편)을 부지런히 일컬어 讚歎(찬탄)하시어 이르시되, '부처의 法(법)이 甚(심)히 깊어 아는 것이 어려우며, 一切(일체)의 聲聞(성문)과 辟支佛(벽지불)이 ^[104앞](부처의 법에) 能(능)히 미치지 못하는 바이다.'라고 하셨느냐? 부처가 이르시는 解脫(해탈)을 우리도 得(득)하여 涅槃(열반)에 다다르니, 오늘날 이 뜻을 못 알겠구나."

그때에 舍利弗(사리불)이 ^[104뒤]四衆(사중)의 疑心(의심)도 알며 자기도 (그 뜻을) 몰라 부처께 사뢰되, "世尊(세존)이시여, 어떤 因緣(인연)으로 '諸佛(제불)의 第一(제일)가는 方便(방편)'과 '甚深(심심)하고 微妙(미묘)하여 알기가 어려운 法(법)'을 부지런히 讚歎(찬탄)하십니까? 내가 예전부터 부처께 이런 말을 못 들었으며 ^[105앞]오늘날에 四衆(사중)들이 다 疑心(의심)하나니, 願(원)하건대 世尊(세존)이 이 일을 펴서 이르소서." 世尊(세존)이 어떤 까닭으로 甚深(심심) 微妙(미묘)한 알기 어려운 法(법)을 부지런히 일컬어 讚歎(찬탄)하십니까?

그때에 부처가 舍利弗(사리불)더러 이르시되, "말라, 말라. 구태여 다시 ^[105뒤]이르지 말아야 하겠으니, 만일 이 일이야말로 (내가) 이르면 一切(일체)의 世間(세간)에 있는 諸天(제천)과 사람이 다 놀라 疑心(의심)하리라."

舍利弗(사리불)이 다시 사뢰되, "世尊(세존)이시여, 願(원)컨대 이르소서." "(그것이) 어째서이냐?"라고 한다면, 이 會(회, 會中)에 있는 無數(무수)한 百千萬億(백천만억) ^[106앞]阿僧祇(아승기)의 衆生(중생)이 예전에 諸佛(제불)을 보아서 諸根(제근)이 날카롭고 智慧(지혜)가 밝아서, 부처의 말을 들으면 능히 恭敬(공경)하여 信(신)하겠습니다."

부처가 또 ^[106뒤]舍利弗(사리불)을 말리시되 "만일 이 일을 이르면, 一切(일체)의 世間(세간)에 있는 天人(천인)과 阿脩羅(아수라)가 다 놀라 疑心(의심)하며, 增上慢(증상만)하는 比丘(비구)가 큰 구덩이에 떨어지리라."

舍利弗(사리불)이 다시 사뢰되, "世尊(세존)이시여, 願(원)컨대 [107앞] 이르소서. 世願(원)컨대 이르소서. 이 모인 中(중, 會中)에 우리와 한가지인 百千萬億(백천만억)의 사람이 世世(세세)에 이미 부처를 좇아서 教化(교화)를 受(수)하여 있나니, 이 같은 사람들이 반드시 能(능)히 恭敬(공경)하여 信(신)하여 긴 밤에 便安(편안)하여 饒益(요익)함이 많겠습니다.

그때에 世尊(세존)이 [107뒤] 舍利弗(사리불)더러 이르시되 "네가 부지런히 세 번을 請(청)하니 어찌 아니 이르랴? 네가 (정신을) 차려 들어서 잘 思念(사념)하라. 내가 너를 爲(위)하여 가려서 이르리라."

이 말을 이르실 적에 모인 중(中)에 比丘(비구)·比丘尼(비구니)·優婆塞(우바새)·優婆夷(우바이) (등의) 五千(오천) 사람이 座(좌)로부터서 [108앞] 일어나 부처께 禮數(예수)하고 물러나니, "(그것이) 어째서이냐?"고 한다면, 이 무리가 罪根(죄근)이 깊고 增上慢(증상만)하여, 못 得(득)한 일을 得(득)하였다고 여기며, 못 證(증)한 일을 證(증)하였다고 여겨, 이런 허물이 있으므로 (그 자리에) 있지 못하거늘, 世尊(세존)이 잠잠하시어 (그들을) 말리지 아니하셨니라. [108뒤]

그때에 부처가 舍利弗(사리불)더러 이르시되, "내가 이 衆(중)이 다시 가지와 잎이 없고 다 正(정)한 열매가 있나니, 舍利弗(사리불)아 이런 增上慢(증상만)하는 사람은 [109앞] 물러가도 좋으니라. 네가 잘 들어라. 너를 위하여 이르리라."

舍利弗(사리불)이 사뢰되 " 唯然(유연). 世尊(세존)이시여, 願(원)컨대 듣고자 합니다." 부처가 舍利弗(사리불)더러 이르시되 "이 같은 妙法(묘법)은 [109뒤] 諸佛(제불)과 如來(여래)가 때가 되어야 이르시나니, (이는) 優曇鉢華(우담발화)가 때가 되어야 한 번 現(현)하는 것과 같으니라.

舍利弗(사리불)아, 너희가 부처의 말을 信(신)하여야 하리라. (부처의 말은) 허망하지 아니하니라. 舍利弗(사리불)아, [110앞] 諸佛(제불)이 마땅한 모습을 좇아서 說法(설법)하신 것이 (그) 뜻을 아는 것이 어려우니라. "(그것이) 어째서이냐?"고 한다면, 내가 無數(무수)한 方便(방편)과 種種(종종)의 因緣(인연)과 比喩(비유)로 하는 말씀으로 諸法(제법)을 펴뜨려서 이르니, 이 法(법)은 思量分別(사량분별)로 能(능)히 알 바가 아니니, 오직 諸佛(제불)이야말로 [110뒤] 아시리라. '(그것이) 어째서이냐?'고 한다면, 諸佛(제불)과 世尊(세존)이 다만 一大事因緣(일대사인연)으로 世

間(세간)에 나시느니라. [111앞]

舍利弗(사리불)아, '어찌 諸佛(제불)과 世尊(세존)이 다만 一大事因緣(일대사인연)으로 世間(세간)에 나신다고 하였느냐?' 諸佛(제불)과 世尊(세존)이 衆生(중생)에게 부처의 智見(지견)을 열어 淸淨(청정)을 得(득)하게 하려 하시어 世間(세간)에 나시며, [111뒤] "衆生(중생)에게 부처의 智見(지견)을 보이리라."고 하시어 世間(세간)에 나시며, 衆生(중생)을 부처의 智見(지견)을 알게 하려 하시어 世間(세간)에 나시며, 衆生(중생)을 부처의 智見道(지견도)에 들게 하려 하시어 世間(세간)에 나시나니, [112뒤] 舍利弗(사리불)아 이것이 諸佛(제불)이 '一大事(일대사)의 因緣(인연)'으로 世間(세간)에 나신 것(= 까닭)이다." [113앞]

부처가 舍利弗(사리불)더러 이르시되, "제불(諸佛)과 여래(如來)가 다만 菩薩(보살)을 敎化(교화)하시어, 모든 하시는 일이 항상 하나의 일을 爲(위)하시어, 오직 부처의 智見(지견)으로 衆生(중생)에게 보여서 깨우치시나니, 舍利弗(사리불)아 如來(여래)가 다만 한 佛乘(불승)으로 衆生(중생)을 위하여 說法(설법)하시지, 다른 乘(승)이 둘이며 셋이 없으니라. 舍利弗(사리불)아, [113뒤] 一切(일체) 十方(시방) 諸佛(제불)의 法(법)이 또 이와 같으시니라.

舍利弗(사리불)아, 過去(과거)의 諸佛(제불)이 無量無數(무량무수)한 方便(방편)과 種種(종종)의 因緣(인연)과 比喩(비유)하는 말씀으로 衆生(중생)을 위하여 諸法(제법)을 퍼뜨려 이르시니, 이 法(법)이 다 한(一) 佛乘(불승)이므로 [114앞] 이 衆生(중생)들이 諸佛(제불)께 法(법)을 들어 나중(乃終)에 다 一切種智(일체종지)를 得(득)하겠으며,

舍利弗(사리불)아 未來(미래)의 諸佛(제불)이 世間(세간)에 나시어, 또 無量無數(무량무수)한 方便(방편)과 種種(종종)의 因緣(인연)과 譬喩(비유)로 하는 말씀으로 衆生(중생)을 위하여 諸法(제법)을 [114뒤] 퍼뜨려 이르시겠으니, 이 法(법)이 다 한(一) 佛乘(불승)이므로 이 衆生(중생)들이 부처께 法(법)을 들어 나중(乃終)에 다 一切種智(일체종지)를 得(득)하겠으며,

舍利弗(사리불)아 現在(현재)의 十方(시방)의 無量(무량)한 百千萬億(백천만억)의 佛土(불토) 中(중)에 있는 諸佛(제불)과 世尊(세존)이 饒益(요익)을 많이 하시어 [115앞] 衆生(중생)을 安樂(안락)하게 하시나니, 이 諸佛(제불)이 또 無量無數(무량무

수)한 方便(방편)과 種種(종종)의 因緣(인연)과 譬喩(비유)로 하는 말씀으로 衆生(중생)을 위하여 諸法(제법)을 퍼뜨려 이르시나니, 이 法(법)이 다 한(一) 佛乘(불승)이므로 이 衆生(중생)들이 부처께 法(법)을 들어 나중(乃終)에 ^[115뒤] 다 一切種智(일체종지)를 得(득)하리라.

舍利弗(사리불)아, 이것이 諸佛(제불)들이 다만 菩薩(보살)을 敎化(교화)하시어, 부처의 智見(지견)으로 衆生(중생)에게 보이고자 하시며, 부처의 知見(지견)으로 衆生(중생)을 깨우치고자 하시며, 衆生(중생)을 ^[116앞] 부처의 知見(지견)에 들이고자 하시는 까닭이다.

舍利弗(사리불)아, 나도 이와 같아서 衆生(중생)들이 種種(종종)의 欲(욕)과 깊은 마음에 著(착)한 것을 알아서 제 本性(본성)을 좇아 種種(종종)의 因緣(인연)과 譬喩(비유)로 하는 ^[116뒤] 말씀과 方便力(방편력)으로 說法(설법)하나니, 舍利弗(사리불)아 이것이 다 한 佛乘(불승)의 一切種智(일체종지)를 得(득)하게 하는 까닭이다. 舍利弗(사리불)아, 十方(시방) 世界(세계)에 二乘(이승)도 없으니, 하물며 셋이 있겠느냐?

舍利弗(사리불)아, 諸佛(제불)이 五濁惡世(오탁악세)에 나시어 (오탁악세는) ^[117앞] 劫濁(겁탁), 煩惱濁(번뇌탁), 衆生濁(중생탁), 見濁(견탁), 命濁(명탁)이니, 이와 같이 舍利弗(사리불)아, 劫濁(겁탁)의 어지러운 時節(시절)에 衆生(중생)의 때(垢)가 무거워서, (중생이) 아끼며 貪(탐)하며 시샘으로 여러 가지의 좋지 못한 根源(근원)을 이루므로, 諸佛(제불)이 方便力(방편력)으로 한 佛乘(불승)에 ^[117뒤] 가려서 셋을 이르셨느니라. ^[126뒤]

舍利弗(사리불)아, ^[127앞] 만일 나의 弟子(제자)가 스스로 여기되 "(내가) 阿羅漢(아라한)과 辟支佛(벽지불)이다."라고 하여, 諸佛(제불)과 如來(여래)가 다만 菩薩(보살)만 敎化(교화)하시는 일을 듣지 못하며 알지 못하면, 부처의 弟子(제자)가 아니며 阿羅漢(아라한)과 辟支佛(벽지불)이 아니니라.

또 舍利弗(사리불)아, ^[127뒤] 이 比丘(비구)와 比丘尼(비구니)들이 자기가 여기되 "이미 阿羅漢(아라한)을 得(득)하여, 이것이 最後身(최후신)이며 究竟涅槃(구경열반)이다."고 하여, 다시 阿耨多羅三藐三菩提(아뇩다라삼먁삼보리)를 求(구)하지 아니하면, (너희는) 알아라. 이 무리는 다 增上慢人(증상만인)이니, "(그것이) 어째서이냐?"고 한다면, 比丘(비구)가 ^[128앞]眞實(진실)로 阿羅漢(아라한)을 得(득)하고 이 法(법)을 信(신)하지 아니할 바가 없으니라. 부처가 滅度(멸도)한 後(후)에 現(현)한 앞에 부처가 없는 적은 덜어 내니, "(그것이) 어째서이냐?"고 한다면, 부처가 滅度(멸도)한 後(후)에 이 같은 經(경)을 受持(수지)하고 讀誦(독송)하여 (그) 뜻을 아는 이를 (얻기가) 어려우니, 만일 다른 부처를 ^[128뒤]만나면 이 法(법) 中(중)에 決斷(결단)하여 꿰뚫어서 아는 것을 곧 得(득)하리라.

舍利弗(사리불)아, 너희들이 한 마음으로 부처의 말을 信解(신해)·受持(수지)하라. ^[129앞]諸佛(제불)과 如來(여래)의 말씀이 虛妄(허망)하지 아니하시니, 다른 乘(승)이 없고 오직 한 佛乘(불승)이다. ^[129뒤]

月印千江之曲(월인천강지곡) 第十一(제십일)

釋譜詳節(석보상절) 第十一(제십일) 【惣(총) 百三十(백삼십) 張(장)】

[부록 2] 문법 용어의 풀이

1. 품사

한 언어에 속하는 수많은 단어를 문법적인 특징에 따라서 갈래지어서 그 범주를 설정한 것이다.

가. 체언

'체언(體言, 임자씨)'은 어떠한 대상의 이름이나 수량(순서)을 나타내거나 명사를 대신하는 단어들의 부류들이다. 이러한 체언에는 '명사', '대명사', '수사'가 있다.

① 명사(명사): 어떠한 '대상, 일, 상황' 등의 이름을 나타내는 단어이다.

- 자립 명사: 문장 내에서 관형어의 도움 없이 홀로 쓰일 수 있는 명사이다.

    (1) ㄱ. 國은 나라히라 (나라ㅎ + -이- + -다)

        ㄴ. 國(국)은 나라이다.

- 의존 명사(의명): 홀로 쓰일 수 없어서 반드시 관형어와 함께 쓰이는 명사이다.

    (2) ㄱ. 어린 百姓이 니르고져 홇 배 이셔도 (바 + -이)   [훈언 2]
        ㄴ. 어리석은 百姓(백성)이 이르고자 할 바가 있어도…

② 인칭 대명사(인대): 사람을 직시하거나 대용하는 대명사이다.

    (3) ㄱ. 내 太子를 셤기ᅀᆞᄫᅩᄃᆡ (나 + -이)   [석상 6:4]
        ㄴ. 내가 太子(태자)를 섬기되…

③ 지시 대명사(지대): 명사를 직접 가리키거나 대용하는 말이다.

    (4) ㄱ. 내 이를 爲ᄒᆞ야 어엿비 너겨 (이 + -를)   [훈언 2]
        ㄴ. 내가 이를 위하여 불쌍히 여겨…

④ 수사(수사): 사람이나 사물의 수량이나 차례를 나타내는 체언이다.

---

* 이 책에서 사용된 문법 용어와 약어에 대하여는 '경진출판'에서 간행한 『학교 문법의 이해』와 『중세 국어의 이해』, 『중세 근대 국어의 강독』의 내용을 참조하기 바란다.

(5) ㄱ. 點이 둘히면 上聲이오 (둘ㅎ + -이- + -면)   [훈언 14]

　　ㄴ. 點(점)이 둘이면 上聲(상성)이고…

나. 용언

'용언(用言, 풀이씨)'은 문장 속에서 서술어로 쓰여서 주어로 표현되는 대상(주체)의 움직임이나 상태, 혹은 존재의 유무(有無)를 풀이한다. 이러한 용언에는 문법적 특징에 따라서 '동사'와 '형용사', '보조 용언' 등으로 분류한다.

① 동사(동사): 주어로 쓰인 대상의 움직임을 표현하는 용언이다. 동사에는 목적어 를 취하는 타동사(=타동)와 목적어를 취하지 않는 자동사(=자동)가 있다.

(6) ㄱ. 衆生이 福이 <u>다ᄋ거다</u> (다ᄋ- + -거- + -다)   [석상 23:28]

　　ㄴ. 衆生(중생)이 福(복)이 다했다.

(7) ㄱ. 어마님이 毘藍園을 <u>보라</u> 가시니 (보- + -라)   [월천 기17]

　　ㄴ. 어머님이 毘藍園(비람원)을 보러 가셨으니.

② 형용사(형사): 주어로 표현되는 대상의 성질이나 상태를 풀이하는 용언이다.

(8) ㄱ. 이 東山은 남기 <u>됴ᄒᆞᆯᄊᆞ</u> (둏- + -ᄋᆞᆯᄊᆞ)   [석상 6:24]

　　　ㄴ. 이 東山(동산)은 나무가 좋으므로…

③ 보조 용언(보용): 문장 안에서 홀로 설 수 없어서 반드시 그 앞의 다른 용언에 붙어 서 문법적인 뜻을 더해 주는 기능을 하는 용언이다.

(9) ㄱ. 勞度差ㅣ ᄯᅩ ᄒᆞᆫ 쇼를 지서 <u>내니</u> (내- + -니)   [석상 6:32]

　　ㄴ. 勞度差(노도차)가 또 한 소(牛)를 지어 내니…

다. 수식언

'수식언(修飾言, 꾸밈씨)'은 체언이나 용언 등을 수식(修飾)하면서 그 의미를 한정(限定)한다. 이러한 수식언으로는 '관형사'와 '부사'가 있다.

① 관형사(관사): 체언을 수식하면서 체언의 의미를 제한(한정)하는 단어이다.

(10) ㄱ. 녯 대예 <u>새</u> 竹筍이 나며   [금삼 3:23]

　　　ㄴ. 옛날의 대(竹)에 새 竹筍(죽순)이 나며…

② 부사(부사): 특정한 용언이나 부사, 관형사, 체언, 절, 문장 등 여러 가지 문법적인

단위를 수식하여, 그들 문법적 단위의 의미를 한정하거나 특정한 말을 다른 말에 이어 준다.

(11) ㄱ. 이거시 더듸 뻐러딜식　　　　　　　　　　　　　　　[두언 18:10]
　　　ㄴ. 이것이 더디게 떨어지므로

(12) ㄱ. 반득기 甘雨ㅣ 느리리라　　　　　　　　　　　　　　[월석 10:122]
　　　ㄴ. 반드시 甘雨(감우)가 내리리라.

(13) ㄱ. 흐다가 술웃 몯 먹거든 너덧 번에 눈화 머기라　　　　[구언 1:4]
　　　ㄴ. 만일 술을 못 먹거든 너덧 번에 나누어 먹이라.

(14) ㄱ. 道國王과 밋 舒國王은 實로 親흔 兄弟니라　　　　　　[두언 8:5]
　　　ㄴ. 道國王(도국왕) 및 舒國王(서국왕)은 實(실로)로 親(친)한 兄弟(형제)이니라.

라. 독립언

감탄사(감사): 문장 속의 다른 말과 문법적인 관계를 맺지 않고 독립적으로 쓰인다.

(15) ㄱ. 의 丈夫ㅣ여 엇뎨 衣食 爲흐야 이 근호매 니르뇨　　[법언 4:39]
　　　ㄴ. 아아, 丈夫여, 어찌 衣食(의식)을 爲(위)하여 이와 같음에 이르렀느냐?

(16) ㄱ. 舍利佛이 솔보듸 엥 올흐시이다　　　　　　　　　　[석상 13:47]
　　　ㄴ. 舍利佛(사리불)이 사뢰되, "예, 옳으십니다."

2. 불규칙 용언

용언의 활용에는 어간이나 어미가 불규칙적(개별적)으로 바뀌어서 교체되어) 일반적인 변동 규칙으로는 설명할 수 없는 것이 있다. 이처럼 불규칙하게 활용하는 용언을 '불규칙 용언'이라고 한다. 여기서는 'ㄷ 불규칙 용언, ㅂ 불규칙 용언, ㅅ 불규칙 용언'만 별도로 밝힌다.

① 'ㄷ' 불규칙 용언(ㄷ불): 어간이 /ㄷ/으로 끝나는 용언 중에서, 어간에 모음으로 시작하는 어미가 붙어서 활용할 때에, 어간의 끝 소리 /ㄷ/이 /ㄹ/로 바뀌는 용언이다.

　(1) ㄱ. 瓶의 므를 기러 두고사 가리라 (긷- + -어)　　　　[월석 7:9]
　　　　ㄴ. 瓶(병)에 물을 길어 두고야 가겠다.

② 'ㅂ' 불규칙 용언(ㅂ불): 어간이 /ㅂ/으로 끝나는 용언 중에서, 어간에 모음으로 시작

하는 어미가 붙어서 활용할 때에, 어간의 끝 소리 /ㅂ/이 /ㅸ/으로 바뀌는 용언이다.

    (2) ㄱ. 太子ㅣ 性 고보샤 (곱- + -ᄋ시- + -아)   [월석 21:211]

        ㄴ. 太子(태자)가 性(성)이 고우시어…

    (3) ㄱ. 벼개 노피 벼여 누우니 (눕- + -으니)   [두언 15:11]

        ㄴ. 베개를 높이 베어 누우니…

③ 'ㅅ' 불규칙 용언(ㅅ불): 어간이 /ㅅ/으로 끝나는 용언 중에서, 어간에 모음으로 시작
하는 어미가 붙어서 활용할 때에, 어간의 끝 소리인 /ㅅ/이 /ㅿ/으로 바뀌는 용언이다.

    (4) ㄱ. (道士들히)… 表 지ᅀᅥ 엳ᄌᆞᄫᆞ니 (짓- + -어)   [월석 2:69]

        ㄴ. 道士(도사)들이 … 表(표)를 지어 여쭈니…

3. 어근

어근은 단어 속에서 중심적이면서 실질적인 의미를 나타내는 실질 형태소이다.

    (1) ㄱ. 골가마괴 (골- + ᄀᆞ마괴), 싀어미 (싀- + 어미)

        ㄴ. 무덤 (묻- + -엄), 늘개 (늘- + -개)

    (2) ㄱ. 밤낮 (밤 + 낮), 쌀밥 (쌀 + 밥), 불뭇골 (불무 + -ㅅ + 골)

        ㄴ. 검붉다 (검- + 붉-), 오ᄂᆞ느리다 (오ᄂᆞ- + ᄂᆞ리-), 도라오다 (돌- + -아 + 오-)

ㆍ불완전 어근(불어): 품사가 불분명하며 단독으로 쓰이는 일이 없고, 다른 말과의
통합에 제약이 많은 특수한 어근이다(=특수 어근, 불규칙 어근).

    (3) ㄱ. 功德이 이러 당다이 부톄 ᄃᆞ외리러라 (당당 + -이)   [석상 19:34]

        ㄴ. 功德(공덕)이 이루어져 마땅히 부처가 되겠더라.

    (4) ㄱ. 그 부톄 住ᄒᆞ신 싸히 … 常寂光이라 (住 + -ᄒᆞ- + -시- + -ㄴ)   [월석 서:5]

        ㄴ. 그 부처가 住(주)하신 땅이 이름이 常寂光(상적광)이다.

4. 파생 접사

접사 중에서 어근에 새로운 의미를 더하거나 단어의 품사를 바꿈으로써, 새로운 단어
를 만들어 주는 것을 '파생 접사'라고 한다.

가. 접두사(접두)

접두사는 어근의 앞에 붙어서 새로운 단어를 형성하는 파생 접사이다.

> (1) ㄱ. 아ᅀᆞ와 <u>아ᄎᆞᆫ</u>아ᄃᆞᆯ왜 비록 이시나 (<u>아ᄎᆞᆫ-</u> + 아ᄃᆞᆯ)　　　　[두언 11:13]
>
> 　　ㄴ. 아우와 조카가 비록 있으나 …

나. 접미사(접미)

접미사는 어근의 뒤에 붙어서 새로운 단어를 형성하는 파생 접사이다.

① 명사 파생 접미사(명접): 어근에 뒤에 붙어서 명사를 파생하는 접미사이다.

> (2) ㄱ. ᄇᆞᄅᆞᆷ가비(ᄇᆞᄅᆞᆷ + -<u>가비</u>), 무덤(묻- + -<u>음</u>), 노픠(높- + -<u>의</u>)
>
> 　　ㄴ. 바람개비, 무덤, 높이

② 동사 파생 접미사(동접): 어근의 뒤에 붙어서 동사를 파생하는 접미사이다.

> (3) ㄱ. 풍류ᄒᆞ다(풍류 + -<u>ᄒᆞ</u>- + -다), 그르ᄒᆞ다(그르 + -<u>ᄒᆞ</u>- + -다), ᄀᆞᄆᆞᆯ다(ᄀᆞᄆᆞᆯ
>
> 　　　+ -<u>∅</u>- + -다)
>
> 　　ㄴ. 열치다, 벗기다; 넓히다; 풍류하다; 잘못하다; 가물다

③ 형용사 파생 접미사(형접): 어근의 뒤에 붙어서 형용사를 파생하는 접미사이다.

> (4) ㄱ. 녈갑다(녈- + -<u>갑</u>- + -다), 골프다(곯- + -<u>ᄇ</u>- + -다), 受苦ᄅᆞᆸ다(受苦 + -
>
> 　　　<u>ᄅᆞᆸ</u>- + -다), 외ᄅᆞᆸ다(외 + -<u>ᄅᆞᆸ</u>- + -다), 이러ᄒᆞ다(이러 + -<u>ᄒᆞ</u>- + -다)
>
> 　　ㄴ. 얕다, 고프다, 수고롭다, 외롭다

④ 사동사 파생 접미사(사접): 어근의 뒤에 붙어서 사동사를 파생하는 접미사이다.

> (5) ㄱ. 밧기다(밧- + -<u>기</u>- + -다), 너피다(넙- + -<u>히</u>- + -다)
>
> 　　ㄴ. 벗기다, 넓히다

⑤ 피동사 파생 접미사(피접): 어근의 뒤에 붙어서 피동사를 파생하는 접미사이다.

> (6) ㄱ. 두피다(둪- + -<u>이</u>- + -다), 다티다(닫- + -<u>히</u>- + -다), 담기다(담- + -<u>기</u>-
>
> 　　　+ -다), 듬기다(듬- + -<u>기</u>- + -다)
>
> 　　ㄴ. 덮이다, 닫히다, 담기다, 잠기다

⑥ 관형사 파생 접미사(관접): 어근의 뒤에 붙어서 부사를 파생하는 접미사이다.

> (7) ㄱ. 모ᄃᆞᆫ(몯- + -<u>ᄋᆞᆫ</u>), 오ᄋᆞᆫ(오ᄋᆞᆯ- + -<u>ㄴ</u>), 이런(이러- + -<u>ㄴ</u>)
>
> 　　ㄴ. 모든, 온, 이런

⑦ 부사 파생 접미사(부접): 어근의 뒤에 붙어서 부사를 파생하는 접미사이다.

    (8) ㄱ. 몯내(몯 + -내), 비르서(비릇- + -어), 기리(길- + -이), 그르(그르- + -∅)

        ㄴ. 못내, 비로소, 길이, 그릇

⑧ 조사 파생 접미사(조접): 어근의 뒤에 붙어서 조사를 파생하는 접미사이다.

    (9) ㄱ. 阿鼻地獄브터 有頂天에 니르시니 (븥- + -어)   [석상 13:16]

        ㄴ. 阿鼻地獄(아비지옥)부터 有頂天(유정천)에 이르시니…

⑨ 강조 접미사(강접): 어근의 뒤에 붙어서 강조의 뜻을 더하면서 새로운 단어를 파생하는 접미사이다.

    (10) ㄱ. 니르왇다(니르- + -왇- + -다), 열티다(열- + -티- + -다), 니르혀다(니르- + -혀- + -다)

        ㄴ. 받아일으키다, 열치다, 일으키다

⑩ 높임 접미사(높접): 어근의 뒤에 붙어서 높임의 뜻을 더하면서 새로운 단어를 파생하는 접미사이다.

    (11) ㄱ. 아바님(아비 + -님), 어마님(어미 + -님), 그듸(그+ -듸), 어마님내(어미 + -님 + -내), 아기씨(아기 + -씨)

        ㄴ. 아버님, 어머님, 그대, 어머님들, 아기씨

5. 조사

'조사(助詞, 관계언)'는 주로 체언에 결합하여, 그 체언이 문장 속의 다른 단어와 맺는 관계를 나타내거나 특별한 뜻을 더해 주는 단어이다.

가. 격조사

그 앞에 오는 말이 문장 안에서 일정한 문장 성분으로서의 기능함을 나타내는 조사이다.

① 주격 조사(주조): 주어로서 기능하는 것을 나타내는 격조사이다.

    (1) ㄱ. 부텻 모미 여러 가짓 相이 ᄀᆞᄌᆞ샤 (몸 + -이)   [석상 6:41]

        ㄴ. 부처의 몸이 여러 가지의 相(상)이 갖추어져 있으시어…

② 서술격 조사(서조): 서술어로서 기능하는 것을 나타내는 격조사이다.

    (2) ㄱ. 國은 나라히라 (나라ㅎ + -이- + -다)[훈언 1]

ㄴ. 國(국)은 나라이다.

③ 목적격 조사(목조): 목적어로서 기능하는 것을 나타내는 격조사이다.

    (3) ㄱ. 太子를 하늘히 글히샤 (太子 + -를)   [용가 8장]

        ㄴ. 太子(태자)를 하늘이 가리시어…

④ 보격 조사(보조): 보어로서 기능하는 것을 나타내는 격조사이다.

    (4) ㄱ. 色界 諸天도 ᄂ려 仙人이 ᄃ외더라 (仙人 + -이)   [월석 2:24]

        ㄴ. 色界(색계) 諸天(제천)도 내려 仙人(선인)이 되더라.

⑤ 관형격 조사(관조): 관형어로서 기능하는 것을 나타내는 격조사이다.

    (5) ㄱ. 네 性이 … 죵이 서리예 淸淨ᄒ도다 (죵 + -이)   [두언 25:7]

        ㄴ. 네 性(성: 성품)이 … 종(從僕) 중에서 淸淨(청정)하구나.

    (6) ㄱ. 나랏 말ᄊᆞ미 中國에 달아 (나라 + -ㅅ)   [훈언 1]

        ㄴ. 나라의 말이 中國과 달라…

⑥ 부사격 조사(부조): 부사어로서 기능하는 것을 나타내는 격조사이다.

    (7) ㄱ. 世尊이 象頭山애 가샤 (象頭山 + -애)   [석상 6:1]

        ㄴ. 世尊(세존)이 象頭山(상두산)에 가시어…

⑦ 호격 조사(호조): 독립어로서 기능하는 것을 나타내는 격조사이다.

    (8) ㄱ. 彌勒아 아라라 (彌勒 + -아)   [석상 13:26]

        ㄴ. 彌勒(미륵)아 알아라.

나. 접속 조사(접조)

체언과 체언을 이어서 명사구를 형성하는 조사이다.

    (9) ㄱ. 입시울와 혀와 엄과 니왜 다 됴ᄒ며 (혀 + -와)   [석상 19:7]

        ㄴ. 입술과 혀와 어금니와 이가 다 좋으며…

다. 보조사(보조사)

체언에 화용론적인 특별한 뜻을 덧보태는 조사이다.

    (10) ㄱ. 나ᄂᆞᆫ 어버ᅀᅵ 여희오 (나 + -ᄂᆞᆫ)   [석상 6:5]

        ㄴ. 나는 어버이를 여의고…

(11) ㄱ. 어미도 아ᄃᆞᆯ 모ᄅᆞ며 (어미 + -도)   [석상 6:3]

   ㄴ. 어머니도 아들을 모르며…

6. 어말 어미

'어말 어미(語末語尾, 맺음씨끝)'는 용언의 끝자리에 실현되는 어미인데, 그 기능에 따라서 '종결 어미, 연결 어미, 전성 어미'로 나누어진다.

가. 종결 어미

① 평서형 종결 어미(평종): 말하는 이가 자신의 생각을 듣는 이에게 단순하게 진술하는 평서문에 실현된다.

   (1) ㄱ. 네 아비 ᄒᆞ마 주그니라 (죽- + -∅(과시)- + -으니- + -다) [월석 17:21]
        ㄴ. 너의 아버지가 이미 죽었느니라.

② 의문형 종결 어미(의종): 말하는 이가 듣는 이에게 대답을 요구하는 의문문에 실현된다.

   (2) ㄱ. 엇뎨 겨르리 업스리오 (없- + -으리- + -고)   [월석 서:17]
        ㄴ. 어찌 겨를이 없겠느냐?

③ 명령형 종결 어미(명종): 말하는 이가 듣는 이에게 어떠한 행동을 하도록 요구하는 명령문에 실현된다.

   (3) ㄱ. 너희들히 … 부텻 마를 바다 디니라 (디니- + -라)   [석상 13:62]
        ㄴ. 너희들이 … 부처의 말을 받아 지녀라.

④ 청유형 종결 어미(청종): 말하는 이가 듣는 이에게 어떠한 행동을 함께 하도록 요구하는 청유문에 실현된다.

   (4) ㄱ. 世世예 妻眷이 ᄃᆞ외져 (ᄃᆞ외- + -져)   [석상 6:8]
        ㄴ. 世世(세세)에 妻眷(처권)이 되자.

⑤ 감탄형 종결 어미(감종): 말하는 이가 듣는 이를 의식하지 않고 자신의 감정을 표출하는 감탄문에 실현된다.

   (5) ㄱ. 義ᄂᆞᆫ 그 큰뎌 (크- + -∅(현시)- + -ㄴ뎌)   [내훈 3:54]
        ㄴ. 義(의)는 그것이 크구나.

나. 전성 어미

용언이 본래의 서술 기능을 유지하면서도 다른 품사처럼 쓰이도록 문법적인 기능을 바꾸는 어미이다.

① 명사형 전성 어미(명전): 특정한 절 속의 서술어에 실현되어서, 그 절을 명사처럼 쓰이게 하는 어미이다.

(6) ㄱ. 됴흔 法 닷고물 몯ᄒᆞ야 (닷-+-옴+-을)　　　　　[석상 9:14]

ㄴ. 좋은 法(법)을 닦는 것을 못하여…

② 관형사형 전성 어미(관전): 특정한 절 속의 용언에 실현되어서, 그 절을 관형사처럼 쓰이게 하는 어미이다.

(7) ㄱ. 어미 주근 後에 부텨씌 와 묻ᄌᆞᄫᆞ면(죽-+-∅-+-ㄴ)　　[월석 21:21]

ㄴ. 어미 죽은 後(후)에 부처께 와 물으면…

다. 연결 어미(연어)

이어진 문장의 앞절과 뒷절을 잇거나, 본용언과 보조 용언을 잇는 어미이다. 연결 어미에는 '대등적 연결 어미, 종속적 연결 어미, 보조적 연결 어미'가 있다.

① 대등적 연결 어미: 앞절과 뒷절을 대등한 관계로 잇는 연결 어미이다.

(8) ㄱ. 子ᄂᆞᆫ 아ᄃᆞ리오 孫은 孫子ㅣ니 (아ᄃᆞᆯ+-이-+-고)　　[월석 1:7]

ㄴ. 子(자)는 아들이고 孫(손)은 孫子(손자)이니…

② 종속적 연결 어미: 앞절을 뒷절에 이끌리는 관계로 잇는 연결 어미이다.

(9) ㄱ. 모딘 길헤 ᄢ러디면 恩愛ᄅᆞᆯ 머리 여희여 (ᄢ러디-+-면)　　[석상 6:3]

ㄴ. 모진 길에 떨어지면 恩愛(은애)를 멀리 떠나…

③ 보조적 연결 어미: 본용언과 보조 용언을 잇는 연결 어미이다.

(10) ㄱ. 赤眞珠ㅣ ᄃᆞ외야 잇ᄂᆞ니라 (ᄃᆞ외야: ᄃᆞ외-+-아)　　[월석 1:23]

ㄴ. 赤眞珠(적진주)가 되어 있느니라.

7. 선어말 어미

'선어말 어미(先語末語尾, 안맺음 씨끝)'는 용언의 끝에 실현되지 못하고, 어간과 어말 어미 사이에 실현되어서 문법적인 기능을 나타내는 어미이다.

① 상대 높임의 선어말 어미(상높): 말을 듣는 '상대(相對)'를 높여서 표현하는 선어말 어미이다.

    (1) ㄱ. 이런 고디 업스이다 (없- + -Ø(현시)- + -<u>으이</u>- + -다)   [능엄 1:50]

        ㄴ. 이런 곳이 없습니다.

② 주체 높임의 선어말 어미(주높): 문장에서 주어로 실현되는 대상인 '주체(主體)'를 높여서 표현하는 선어말 어미이다.

    (2) ㄱ. 王이 그 蓮花를 브리라 ᄒ시다   [석상 11:31]

           (ᄒ- + -<u>시</u>- + -Ø(과시)- + -다)

        ㄴ. 王(왕)이 "그 蓮花(연화)를 버리라." 하셨다.

③ 객체 높임의 선어말 어미(객높): 문장에서 목적어나 부사어로 표현되는 대상인 '객체(客體)'를 높여서 표현하는 선어말 어미이다.

    (3) ㄱ. 벼슬 노픈 臣下ㅣ 님그믈 돕ᄉᆞᄫᅡ (돕- + -<u>ᄉᆞ</u>- + -아)   [석상 9:34]

        ㄴ. 벼슬 높은 臣下(신하)가 임금을 도와⋯

④ 과거 시제의 선어말 어미(과시): 동사에 실현되어서 발화시 이전에 어떠한 일이 일어났음을 무형의 선어말 어미인 '-Ø-'이다.

    (4) ㄱ. 이 ᄢᅴ 아들들히 아비 죽다 듣고(죽- + -<u>Ø</u>(과시)- + -다)   [월석 17:21]

        ㄴ. 이때에 아들들이 "아버지가 죽었다." 듣고⋯

⑤ 현재 시제의 선어말 어미(현시): 발화시에 어떠한 일이 일어나고 있음을 나타내는 선어말 어미이다. 동사에는 선어말 어미인 '-ᄂᆞ-'가 실현되어서, 형용사에는 무형의 선어말 어미인 '-Ø-'가 현재 시제를 나타낸다.

    (5) ㄱ. 네 이제 ᄯᅩ 묻ᄂᆞ다 (묻- + -<u>ᄂᆞ</u>- + -다)   [월석 23:97]

        ㄴ. 네 이제 또 묻는다.

    (6) ㄱ. 이런 고디 업스이다 (없- + -<u>Ø</u>(현시)- + -으이- + -다)   [능엄 1:50]

        ㄴ. 이런 곳이 없습니다.

⑥ 미래 시제의 선어말 어미(미시): 발화시 이후에 어떠한 일이 일어날 것임을 나타내는 선어말 어미이다.

    (7) ㄱ. 아들ᄯᆞᄅᆞᆯ 求ᄒ면 아들ᄯᆞᄅᆞᆯ 得ᄒ리라 (得ᄒ- + -<u>리</u>- + -다)   [석상 9:23]

        ㄴ. 아들딸을 求(구)하면 아들딸을 得(득)하리라.

⑦ 회상 표현의 선어말 어미(회상): 말하는 이가 발화시 이전에 직접 경험한 어떤 때 (경험시)로 자신의 생각을 돌이켜서, 그때를 기준으로 해서 일이 일어난 시간을

나타내는 선어말 어미이다.

(8) ㄱ. 뜨데 몯 마즌 이리 다 願 ᄀ티 ᄃ외더라　　　　　　　　　[월석 10:30]

(ᄃ외- + -더- + -다)

ㄴ. 뜻에 못 맞은 일이 다 願(원)같이 되더라.

⑧ 확인 표현의 선어말 어미(확인): 심증(心證)과 같은 말하는 이의 주관적인 믿음에 근거하여, 어떤 일을 확정된 것으로 표현하는 선어말 어미이다.

(9) ㄱ. 安樂國이는 시르미 더욱 깁거다　　　　　　　　　　　　[월석 8:101]

(깊- + -∅(현시)- + -거- + -다)

ㄴ. 安樂國(안락국)이는 … 시름이 더욱 깊다.

⑨ 원칙 표현의 선어말 어미(원칙): 말하는 이가 객관적인 믿음에 근거하여, 어떤 일을 확정된 것으로 표현하는 선어말 어미이다.

(10) ㄱ. 사ᄅ미 살면 … 모로매 늙ᄂ니라　　　　　　　　　　　[석상 11:36]

(늙- + -ᄂ- + -니- + -다)

ㄴ. 사람이 살면 … 반드시 늙느니라.

⑩ 감동 표현의 선어말 어미(감동): 말하는 이의 '느낌(감동, 영탄)'의 뜻을 나타내는 태도 표현의 선어말 어미이다.

(11) ㄱ. 그듸내 貪心이 하도다　　　　　　　　　　　　　　　　[석상 23:46]

(하- + -∅(현시)- + -도- + -다)

ㄴ. 그대들이 貪心(탐심)이 크구나.

⑪ 화자 표현의 선어말 어미(화자): 주로 종결형이나 연결형에서 실현되어서, 문장의 주어가 말하는 사람(화자, 話者)임을 나타내는 선어말 어미이다.

(12) ㄱ. ᄒ오사 내 尊호라 (尊ᄒ- + -∅(현시)- + -오- + -다)　　[월석 2:34]

ㄴ. 오직(혼자) 내가 존귀하다.

⑫ 대상 표현의 선어말 어미(대상): 관형절이 수식하는 체언(피한정 체언)이, 관형절 에서 서술어로 표현되는 용언에 대하여 의미상으로 객체(목적어나 부사어로 쓰인 대상)일 때에 실현되는 선어말 어미이다.

(13) ㄱ. 須達이 지순 精舍마다 드르시며　　　　　　　　　　　[석상 6:38]

(짓- + -∅(과시)- + -우- + -ㄴ)

ㄴ. 須達(수달)이 지은 精舍(정사)마다 드시며…

(14) ㄱ. 王이 … 누븐 자리예 겨샤 (눕- + -Ø(과시)- + -우- + -은)   [월석 10:9]

　　ㄴ. 王(왕)이 … 누운 자리에 계시어…

〈 인용된 약어의 정보 〉

약어	문헌 이름		발간 연대	
	한자 이름	한글 이름		
용가	龍飛御天歌	용비어천가	1445년	세종
석상	釋譜詳節	석보상절	1447년	세종
월천	月印千江之曲	월인천강지곡	1448년	세종
훈언	訓民正音諺解 (世宗御製訓民正音)	훈민정음 언해본 (세종 어제 훈민정음)	1450년경	세종
월석	月印釋譜	월인석보	1459년	세조
능언	愣嚴經諺解	능엄경 언해	1462년	세조
법언	妙法蓮華經諺解(法華經諺解)	묘법연화경 언해(법화경 언해)	1463년	세조
구언	救急方諺解	구급방 언해	1466년	세조
내훈	內訓(일본 蓬左文庫 판)	내훈(일본 봉좌문고 판)	1475년	성종
두언	分類杜工部詩諺解 初刊本	분류두공부시 언해 초간본	1481년	성종
금삼	金剛經三家解	금강경 삼가해	1482년	성종

▌참고 문헌

⟨ 중세 국어의 참고 문헌 ⟩

강성일(1972), 「중세국어 조어론 연구」, 『동아논총』 9, 동아대학교.

강신항(1990), 『훈민정음연구』(증보판), 성균관대학교 출판부.

강인선(1977), 「15세기 국어의 인용구조 연구」, 석사학위 논문, 서울대학교.

고성환(1993), 「중세국어 의문사의 의미와 용법」, 『국어학논집』 1, 태학사.

고영근(1981), 『중세국어의 시상과 서법』, 탑출판사.

고영근(1995), 「중세어의 동사형태부에 나타나는 모음동화」, 『국어사와 차자표기 — 소곡 남
　　　　풍현 선생 화갑 기념 논총』, 태학사.

고영근(2010), 『제3판 표준 중세국어 문법론』, 집문당.

곽용주(1986), 「'동사 어간 —다' 부정법의 역사적 고찰」, 『국어연구』 138, 국어연구회.

교육인적자원부(2010), 『고등학교 교사용 지도서 문법』, (주)두산동아.

교육인적자원부(2010), 『고등학교 문법』, (주)두산동아.

구본관(1996), 「15세기 국어 파생법에 대한 연구」, 박사학위 논문, 서울대학교.

국립국어원, 『표준 국어 대사전』, 인터넷판.

권용경(1990), 「15세기 국어 서법의 선어말어미에 대한 연구」, 『국어연구』 101, 국어연구회.

김문기(1999), 「중세국어 매인풀이씨 연구」, 석사학위 논문, 부산대학교.

김소희(1996), 「16세기 국어의 '거/어'의 교체에 대한 연구」, 『국어연구』 142, 국어연구회.

김송원(1988), 「15세기 중기 국어의 접속월 연구」, 박사학위 논문, 건국대학교.

김영배(2010), 『역주 월인석보 4』, 세종대왕기념사업회.

김영욱(1990), 「중세국어 관형격조사 '인/의, ㅅ'의 기술과 관련된 문제 해결을 위하여」, 『주
　　　　시경학보』 8, 탑출판사.

김영욱(1995), 『문법형태의 역사적 연구』, 박이정.

김정아(1985), 「15세기 국어의 '-ㄴ가' 의문문에 대하여」, 『국어국문학』 94.

김정아(1993), 「15세기 국어의 비교구문 연구」, 박사학위 논문, 서울대학교.

김진형(1995), 「중세국어 보조사에 대한 연구」, 『국어연구』 136, 국어연구회.

김차균(1986), 「월인천강지곡에 나타나는 표기체계와 음운」, 『한글』 182, 한글학회.

김충회(1972), 「15세기 국어의 서법체계 시론」, 『국어학논총』 5, 6, 단국대학교.

나진석(1971), 『우리말 때매김 연구』, 과학사.

나찬연(2011), 『수정판 옛글 읽기』, 월인.

나찬연(2013ㄴ), 제2판 『언어·국어·문화』, 월인.

나찬연(2013ㄷ), 제2판 『훈민정음의 이해』, 월인.

나찬연(2017), 제5판 『현대 국어 문법의 이해』, 월인.

나찬연(2018ㄱ), 제2판 『학교 문법의 이해』 1, 경진출판.

나찬연(2018ㄴ), 제2판 『학교 문법의 이해』 2, 경진출판.

나찬연(2019ㄱ), 『국어 어문 규정의 이해』, 월인.

나찬연(2019ㄴ), 『현대 국어 의미론의 이해』, 경진출판.

나찬연(2020ㄱ), 『국어 교사를 위한 고등학교 문법』, 경진출판.

나찬연(2020ㄴ), 『중세 국어의 이해』, 경진출판.

나찬연(2020ㄷ), 『중세 근대 국어의 강독』, 경진출판.

남광우(2009), 『교학 고어사전』, (주)교학사.

남윤진(1989), 「15세기 국어의 접속어미에 대한 연구」, 『국어연구』 93, 국어연구회.

노동헌(1993), 「선어말어미 '-오-'의 분포와 기능 연구」, 『국어연구』 114, 국어연구회.

류광식(1990), 「15세기 국어 부정법의 연구」, 박사학위 논문, 건국대학교.

리의도(1989), 「15세기 우리말의 이음씨끝」, 『한글』 206, 한글학회

민현식(1988), 「중세국어 어간형 부사에 대하여」, 『선청어문』 16, 17집, 서울대학교 국어교육과.

박태영(1993), 「15세기 국어의 사동법 연구」, 석사학위 논문, 단국대학교.

박희식(1984), 「중세국어의 부사에 대한 연구」, 『국어연구』 63, 국어연구회

배석범(1994), 「용비어천가의 문제에 대한 일고찰」, 『국어학』 24, 국어학회.

성기철(1979), 「15세기 국어의 화계 문제」, 『논문집』 13, 서울산업대학교.

손세모돌(1992), 「중세국어의 'ᄇᆞ리다'와 '디다'에 대한 연구」, 『주시경학보』 9, 탑출판사.

안병희·이광호(1993), 『중세국어문법론』, 학연사.

양정호(1991), 「중세국어의 파생접미사 연구」, 『국어연구』 105, 국어연구회.

유동석(1987), 「15세기 국어 계사의 형태 교체에 대하여」, 『우해 이병선 박사 회갑 기념 논총』.

이광정(1983), 「15세기 국어의 부사형어미」, 『국어교육』 44, 45.

이광호(1972), 「중세국어 '사이시옷' 문제와 그 해석 방안」, 『국어사 연구와 국어학 연구-안
        병희 선생 회갑 기념 논총』, 문학과지성사.

이광호(1972), 「중세국어의 대격 연구」, 『국어연구』 29, 국어연구회.

이광호(1995), 「후음 'ㅇ'과 중세국어 분철표기의 신해석」, 『국어사와 차자표기-남풍현 선
        생 회갑기념』, 태학사.

이기문(1963), 『국어표기법의 역사적 연구-신정판』, 한국연구원.

이기문(1998), 『국어사개설 – 신정판』, 태학사.

이숭녕(1981), 『중세국어문법 – 개정 증보판』, 을유문화사.

이승희(1996), 「중세국어 감동법 연구」, 『국어연구』 139, 국어연구회.

이정택(1994), 「15세기 국어의 입음법과 하임법」, 『한글』 223, 한글학회.

이주행(1993), 「후기 중세국어의 사동법」, 『국어학』 23, 국어학회.

이태욱(1995), 「중세국어의 부정법 연구」, 박사학위 논문, 성균관대학교.

이현규(1984), 「명사형어미 '-기'의 변화」, 『목천 유창돈 박사 회갑 기념 논문집』, 계명대학
        교 출판부.

이홍식(1993), 「'-오-'의 기능 구명을 위한 서설」, 『국어학논집』 1, 태학사.

임동훈(1996), 「어미 '시'의 문법」, 박사학위 논문, 서울대학교.

전정례(995), 「새로운 '-오-' 연구」, 한국문화사.

정 철(1954), 「원본 훈민정음의 보존 경위에 대하여」, 『국어국문학』 제9호, 국어국문학회.

정재영(1996), 「중세국어 의존명사 'ᄃᆞ'에 대한 연구」, 『국어학총서』 23, 태학사.

최동주(1995), 「국어 시상체계의 통시적 변화에 관한 연구」, 박사학위 논문, 서울대학교.

최현배(1961), 『고친 한글갈』, 정음사.

최현배(1980=1937), 『우리말본』, 정음사.

한글학회(1985), 『訓民正音』, 영인본.

한재영(1984), 「중세국어 피동구문의 특성에 대한 연구」, 『국어연구』 61, 국어연구회.

한재영(1986), 「중세국어 시제체계에 관한 관견」, 『언어』 11-2, 한국언어학회.

한재영(1990), 「선어말어미 '-오/우-'」, 『국어 연구 어디까지 왔나』, 동아출판사.

한재영(1992), 「중세국어의 대우체계 연구」, 『울산어문논집』 8, 울산대학교 국어국문학과.

허웅(1975=1981), 『우리 옛말본』, 샘문화사.

허웅(1981), 『언어학』, 샘문화사.

허웅(1986), 『국어 음운학』, 샘문화사.

허웅(1989), 『16세기 우리 옛말본』, 샘문화사.

허웅(1992), 『15·16세기 우리 옛말본의 역사』, 탑출판사.

허웅(1999), 『20세기 우리말의 통어론』, 샘문화사.

허웅(2000), 『20세기 우리말의 형태론(고침판)』, 샘문화사.

허웅·이강로(1999), 『주해 월인천강지곡』, 신구문화사.

홍윤표(1969), 「15세기 국어의 격연구」, 『국어연구』 21, 국어연구회.

홍윤표(1994), 「중세국어의 수사에 대하여」, 『국문학논집』, 단국대학교 국어국문학과.

홍종선(1983), 「명사화어미의 변천」, 『국어국문학』 89, 국어국문학회.

황선엽(1995), 「15세기 국어의 '-(으)니'의 용법과 기원」, 『국어연구』 135, 국어연구회.

〈 불교 용어의 참고 문헌 〉

곽철환(2003), 『시공불교사전』, 시공사.
국립국어원(2016), 인터넷판 『표준국어대사전』(http://stdweb2.korean.go.kr/main.jsp).
두산동아(2016), 인터넷판 『두산백과사전』(http://www.doopedia.co.kr/).
운허·용하(2008), 『불교사전』, 불천.
원광대학교 종교문제연구소(1974), 인터넷판 『원불교사전』, 원광대학교 출판부.
한국불교대사전 편찬위원회(1982), 『한국불교대사전』, 보련각.
한국학중앙연구원(2016), 인터넷판 『한국민족문화대백과』(http://encykorea.aks.ac.kr/).
홍사성(1993), 『불교상식백과』, 불교시대사.

〈 불교 경전 및 불교 자료 인터넷 사이트 〉

『妙法蓮華經』(2016), 천태불교문화연구원 편찬.
불교문화유산 아카이브, https://kabc.dongguk.edu/
『釋迦譜』 제2권 제15. 〈釋迦父淨飯王泥洹記〉(석가부정반왕니원기)
『釋迦譜』 제2권 제14. 〈釋迦姨母大愛道出家記〉(석가이모대애도출가기)
『大方便佛報恩經』 자품(慈品) 제7. 〈華色比丘尼緣 五百群賊的佛緣〉(화색비구니연 오백군적적
　　　　불연〉
『大雲輪請雨經』(대운수청우경)

지은이 **나찬연**은 1960년에 부산에서 태어났다. 부산대학교 국어국문학과를 나오고(1986), 같은 학교 대학원에서 문학석사(1993)와 문학박사(1997)학위를 받았다. 지금은 경성대학교 국어국문학과에서 교수로 재직하고 있으면서 국어학, 국어 교육, 한국어 교육 분야의 강의를 맡고 있다.

* 홈페이지: '학교 문법 교실(http://scammar.com)'에서는 이 책의 내용과 관련된 자료를 온라인으로 제공합니다. 본 홈페이지에 개설된 자료실과 문답방에 올려져 있는 다양한 정보를 자유롭게 이용할 수 있고, 이 책의 내용에 대하여 저자의 답변을 받을 수 있습니다.
* 전화번호 : 051-663-4212
* 전자메일 : ncy@ks.ac.kr

주요 논저

우리말 이음에서의 삭제와 생략 연구(1993), 우리말 의미중복 표현의 통어·의미 연구(1997), 우리말 잉여 표현 연구(2004), 옛글 읽기(2011), 벼리 한국어 회화 초급 1, 2(2011), 벼리 한국어 읽기 초급 1, 2(2011), 제2판 언어·국어·문화(2013), 제2판 훈민정음의 이해(2013), 근대 국어 문법의 이해-강독 편(2013), 표준 발음법의 이해(2013), 제5판 현대 국어 문법의 이해(2017), 쉽게 읽는 월인석보 서, 1, 2, 4, 7, 8, 9, 10, 11, 12(2017~2023), 쉽게 읽는 석보상절 3, 6, 9, 11, 13, 19(2017~2019), 제2판 학교 문법의 이해 1, 2(2018), 한국 시사 읽기(2019), 한국 문화 읽기(2019), 국어 어문 규정의 이해(2019), 현대 국어 의미론의 이해(2019), 국어 교사를 위한 고등학교 문법(2020), 중세 국어의 이해(2020), 중세 국어 강독(2020), 근대 국어 강독(2020), 길라잡이 현대 국어 문법(2021), 길라잡이 국어 어문 규정(2021), 중세 국어 서답형 문제집(2021)

쉽게 읽는 월인석보 11(상) (月印釋譜 第十一 上)

©나찬연, 2023

1판 1쇄 인쇄_2023년 02월 15일
1판 1쇄 발행_2023년 02월 28일

지은이_나찬연

펴낸이_양정섭

펴낸곳_경진출판

　　　등록_제2010-000004호
　　　이메일_mykyungjin@daum.net
　　　사업장주소_서울특별시 금천구 시흥대로 57길(시흥동) 영광빌딩 203호
　　　전화_070-7550-7776 팩스_02-806-7282

값 23,000원

ISBN 979-11-92542-26-3 94710
ISBN 978-89-5996-507-6(set) 94080